高技术产业经济丛书

赵玉林 主编

高技术产业经济学

(第二版)

赵玉林 著

科学出版社

北京

内 容 简 介

本书综合运用产业经济学、区域经济学、计量经济学以及系统科学和生态学的原理和方法，系统考察和分析了高技术产业的形成和发展规律，涉及高技术产业特征和分类、高技术产业发展规律、高技术产业组织、产业关联、产业融合与产业结构、产业集聚与产业布局、高技术产业的创新体系、投融资体系和产业政策等内容。

本书可供从事高技术产业及相关领域教学、科研和管理的科技工作者、经济工作者、管理工作者及高等院校师生阅读，也可作为研究生和本科生相关课程的教学参考书。

图书在版编目(CIP)数据

高技术产业经济学／赵玉林著. —2版. —北京：科学出版社，2012
(高技术产业经济丛书)
ISBN 978-7-03-034334-5

Ⅰ. ①高… Ⅱ. ①赵… Ⅲ. ①高技术产业–产业经济学 Ⅳ. ①F276.44

中国版本图书馆 CIP 数据核字（2012）第 096368 号

丛书策划：林　剑
责任编辑：林　剑／责任校对：张怡君
责任印制：徐晓晨／封面设计：耕者工作室

科　学　出　版　社 出版
北京东黄城根北街 16 号
邮政编码：100717
http://www.sciencep.com

北京九州迅驰传媒文化有限公司 印刷
科学出版社发行　各地新华书店经销

*

2012 年 5 月第 一 版　开本：B5 (720×100)
2017 年 4 月第二次印刷　印张：22 1/4
字数：428 000

定价：128.00 元
（如有印装质量问题，我社负责调换）

《高技术产业经济丛书》序

高技术产业是高研发投入、高创新性的高智力密集型产业。自20世纪80年代以来，世界各国将高技术产业作为战略产业重点扶持，竞相发展，高技术产业成为新的经济增长点，成为世界各国科技和经济竞争的焦点。我国"863计划"和"火炬计划"的实施、高新技术产业开发区的建设，使高技术产业自20世纪90年代以来发展迅猛。"十一五"期间，我国高技术产品出口额连续5年保持世界第一，高技术产业增加值位居世界第二。2010年，我国高技术制造业总产值为76 156亿元，同比增长24.6%；高技术产品出口额达到4443.5亿美元，同比增长32.7%，比"十五"末翻了一番；高技术产业增加值达19 000亿元，同比增长16.6%，是2005年的2.3倍，对经济增长和产业结构升级起到了突破性的带动作用。其中，一批战略性新兴产业发展壮大，并转换为主导性高技术产业，对产业结构升级的带动和促进作用显著增强。然而，我国高技术产业发展与发达国家尚存在较大差距：一是高技术产业占制造业比重还不高，美国在1982年这一指标达到10%，日本在1984年达到这一指标，我国在2003年才接近10%（9.9%），且2006年以来又呈下降趋势；二是高技术产业的效率偏低，我国高技术产业全员生产率只是美国的1/6、日本的1/5、德国和法国的1/4；三是高技术产业的研发（R&D）投入强度仍然偏低，2008年我国高技术产业R&D投入占高技术产业总产值的比重为1.4%，远远低于美国（16.5%）、日本（10.6%）、英国（11.1%）等发达国家。因此，如何加快我国高技术产业发展，提升其国际竞争力，充分发挥其对经济发展方式转变和产业结构升级的促进作用，是一个亟待解决的热点和难点问题。

高技术产业发展是科技与经济的交叉研究领域，高技术产业经济是产业经济学研究的前沿领域。武汉理工大学科技创新与经济发展研究中心是以高技术产业经济为主要研究方向的湖北省人文社科重点研究基地，自20世纪90年代开创这一研究方向后，先后承担并完成了4项国家自然科学基金项目、2项国家社会科学基金项目和 20 余项省部级项目,包括"科技成果向现实生产力转化的供求结构研究"(国家自然科学基金,编号:79570052)、"高技术产业生态系统管理理论与管理创新研究"(国家自然科学基金,编号:79873042)、"高技术产业化的界面管理研究"(国家自然科学基金,编号:70073023)、"发展对经济增长有突破带动作用的高技术产业研究"(国家社会科学基金,编号:04BJY035)、"主导性高技术产业成长机制研究"(国家自然科学基金,编号:70773090)等。依托这些国家和省部级项目,陆续出版了《科技成果转化的经济学分析》(企业管理出版社,2000)、《高技术产业经济学》(中国经济出版社,2004)、《高技术产业化界面管理:理论及应用》(中国经济出版社,2004)、《创新经济学》(中国经济出版社,2006)、《高技术产业发展与经济增长》(中国经济出版社,2009)、《基于科技创新的产业竞争优势理论与实证》(科学出版社,2011)等学术著作10 余部,在权威和重要刊物发表论文 100 余篇,获湖北省科技进步奖二等奖 1 项、三等奖 1 项,获湖北省哲学社会科学优秀成果奖二等奖 1 项,获湖北省自然科学优秀学术论文奖二、三等奖 10 余篇。

武汉理工大学经济学院 1995 年获产业经济学硕士学位授予权,2003 年获产业经济学博士学位授予权,高技术产业经济是该学科点培养博士生和硕士生的第一方向,依托上述国家和省部级课题培养高技术产业经济方向博士研究生 10 余人、硕士研究生 50 余人,获湖北省和学校优秀博士学位论文、优秀硕士学位论文 10 余篇。

在这些工作的基础上,我们对多年来在高技术产业经济方面的研究成果进行系统整理,在科学出版社的大力支持下,出版这套《高技术产业经济丛书》。这套丛书第一批包括:《高技术产业经济学》(第二版)、《主导性高技术产业成长机制论》、《高技术产业关联理论与实证》、《高技术产业集聚》、《高技术产业融合》、《高技术产业组织》等六部。这套丛书的出版,既是我们多年来在高技术产业经济领域研究成果的系统总结,也是对高技术产业经济领域一系列重大理论和实践问题的探索,为读者对高技术产业经济理论有全面系统的认识,从而开展更深入的研究和思考奠定理论和实证基础;为政府制定加快高技术产业和战略性新兴产业发展的有关政策提供理论依据和决策参考;为高技术企业制定持续发展和不断提升竞争力的战略规划提供理论指导。

赵玉林
2011 年 6 月 6 日

第二版前言

本书是国内第一部从产业经济学角度系统研究高技术产业形成和发展的学术著作。本书第一版于 2004 年面世以来,受到学术界、高技术企业界、政府和高校相关专业师生的欢迎和好评。据不完全统计,《高技术产业经济学》被引用 200 余次;许多高校将其作为相关课程的教材或教学参考书,作为"基于学研教协同的产业经济学课程建设与教学实践"教学成果的重要组成部分,该书获得湖北省高等学校优秀教学成果奖二等奖;作为"高技术产业化规律与界面管理"科研成果的重要组成部分,该书获得湖北省科技进步奖二等奖。

自 2004 年起,中国的高技术产业进出口首次出现贸易顺差;2007 年中国的高技术产业产品出口额又首次超过美国成为世界第一。已有的战略性高技术产业陆续成长为主导性高技术产业,新一代高技术产业迅速崛起,成为战略性高技术产业;高技术产业发展的融合化、集聚化、生态化、知识化和全球化等新特征和趋势日益凸现。在国家社会科学基金、国家自然科学基金的资助下,我们又先后完成"发展对经济增长有突破带动作用的高技术产业研究"(2005~2007 年)、"主导性高技术产业成长机制研究"(2008~2010 年)等国家级课题,在《数量经济技术经济研究》、《科研管理》、《科学学研究》、《中国软科学》、《科学学与科学技术管理》等权威和重要刊物发表学术论文数十篇,在博士生和硕士生中开设的"高技术产业经济专题"课程,陆续推出新专题,教学内容不断更新。因此,第一版《高技术产业经济学》的有关内容亟待修订和更新。正是在这一背景下,在科学出版社的大力支持下,全面修订了《高技术产业经济学》第一版,完成这部《高技术产业经济学》第二版。本书的出版将为有关专业相关课程提供一本教学参考文献,同时也可供从事相关领域研究参考。

本书由第一版的十章调整为九章。为了更突出《高技术产业经济学》的经济学内容,且有关高技术产业化界面管理的内容已出版专著《高技术产业化界面管理:理论及应用》(赵玉林,2004),故本书第二版删除了第一版中"高技术产业化界面管理"一章；为了突出高技术产业经济的一般规律性，删除了时间性较强的"高技术及其产业发展态势"和"中国高技术产业国际竞争力"两节；为了更全面地阐述高技术产业形成和发展规律，将"高技术产业化的自组织演化机制"一章压缩为一节，增加了高技术产业形成和发展的协同作用规律、风险收益规律和生态系统演化规律的阐述；鉴于高技术产业的风险投资也是高技术产业投融资体系的重要组成部分，故将第一版中"高技术产业的投融资体系"与"高技术产业的风险投资"两章合并为一章；根据高技术产业的高创新性特点，增加了"高技术产业的科技创新体系"一章；根据高技术产业发展的新趋势和数据、有关高技术产业经济的最新研究成果，全面系统地修订了第一版的高技术产业组织、高技术产业关联、高技术产业结构、高技术产业布局和高技术产业政策的相关内容。《高技术产业经济学》第二版将以全新的面貌与读者见面。

  本书吸收了国家自然科学基金项目"高技术产业化的界面管理"（编号：70073023）、"主导性高技术产业成长机制研究"（编号：70773090）、国家社会科学基金项目"发展对经济增长具有突破带动作用的高技术产业研究"（编号：04BJY035）等课题的相关研究成果。特此向参加这些课题调研、数据处理、研讨和撰稿的人员表示衷心感谢。参加这些课题的主要成员有：黄蕙萍、汪芳、单元媛、张倩男、魏芳、阮光珍、周珊珊、李文超、贺丹、赵珏、叶翠红、魏龙、赵宏中、魏建国、刘树林、滕玉梅、董登珍、梁娟、夏劲、孙继刚、甘卫兵、张程凌、李晓霞、韩平、危平、蔡剑英、李彦、陈捷、王璐、陈静、吴志平、张学勇、杨捷、顾晓焱、单志霞、彭玮、陈伟、米建华、李志平、金涛、王刚、王志辉、郑志东等。其中，魏芳参加了本书第3章、第5章的修订工作；汪芳参加了本书第4章的修订工作；赵珏参加了本书第5章、第6章、第7章的修订工作；张倩男参加了本书第7章、第9章的修订工作。同时也要衷心感谢本书撰写过程中参阅过的诸多研究成果（包括国内的和国外的，参考文献已列出的和未列出的）的全部作者。感谢武汉理工大学经济学院、科学技术发展院、科技创新与经济发展研究中心对课题研究和本书出版给予的大力支持和帮助。

赵玉林
2011年12月12日

第一版前言

20世纪60年代以来，高技术产业的兴起给世界经济、政治、军事格局产生了深刻的影响。21世纪，人类进入知识经济时代。高技术产业是知识经济时代的支柱产业。目前，高技术产业已成为衡量一国综合国力的重要指标，加速高技术产业化进程和高技术产业发展，已成为世界各国经济竞争的焦点。因此，关于高技术产业化和高技术产业发展有关问题日益引起各国政府、科技界和企业界的高度关注。

本书是首次从产业经济学角度系统研究高技术产业化和高技术产业发展规律性问题的学术著作。近年来，关于高技术产业化问题和高技术产业发展方面的学术论文已有数千篇发表，但比较零散，也不够深入；也有一些关于高技术产业化和高技术产业发展方面的著作出版，但较少从经济学角度进行分析，从产业经济学角度进行研究的学术著作尚未发现。本书关于高技术产业化和高技术产业发展规律性的研究，将为国家制定高技术研究开发、产业化和高技术产业发展的有关政策提供理论依据；为高技术企业和高技术产业管理提供理论指导。本书作者多年在产业经济学专业硕士研究生中开设"高技术产业经济专题"课程，本书的主要内容都在该课程中讲授和讨论过。本书的出版也将为有关专业相关课程提供一本教学参考文献，同时也可供从事相关领域研究参考。

本书综合运用产业经济学、区域经济学、计量经济学以及系统科学和生态学的原理和方法，系统考察和分析了高技术产业的形成和发展规律，涉及高技术产业化的自组织演化机制、界面管理、投融资体系、风险投资，高技术产业组织、产业关联、产业结构、产业布局和产业政策等内容。全书共十章。第一章 高技术及其产业发展，重点讨论了高技术及其产业的概念界定、基本特征和发展态势；第二章至第五章主要讨论高技术产业化的规律、条件和对策问题，包括高技术产业化的自组织演化机制（第二章）、高技术产业化的界面管理（第三章）、高技术产业化的投融资体系（第四章）、高技术产业化的风险投资（第五章）；

第六章至第十章主要讨论高技术产业发展规律、组织结构和政策问题，包括高技术产业组织（第六章）、高技术产业关联（第七章）、高技术产业结构（第八章）、高技术产业布局（第九章）、高技术产业政策（第十章）。

本书为国家自然科学基金项目《高技术产业化的界面管理》（编号：70073023）的主要成果之一；另一成果《高技术产业化的界面管理：理论与应用》也将陆续出版。本课题和本书是集体智慧的结晶。参加本课题调研、数据处理和撰稿的人员有：赵宏中、魏建国、孙继刚、甘卫兵、张程凌、单元媛、李晓霞、滕玉梅、韩平、危平、汪芳、蔡剑英、李彦、陈捷、王璐、陈静、周珊珊、吴志平、张学勇、杨捷、顾晓焱、张倩男、单志霞、彭玮、陈伟、米建华、李志平等。本书由赵玉林提出总体设计和策划，并进行审稿和定稿。各章的撰稿人为：第一、二、三章（赵玉林）、第四章（赵玉林、米建华、李晓霞）、第五章（赵玉林、陈伟、周珊珊）、第六章（赵玉林、彭玮）、第七章（赵玉林、顾晓焱）、第八章（赵玉林、张倩男）、第九章（赵玉林、李志平）、第十章（赵玉林、单志霞）。在本课题研究过程中，承蒙国家自然科学基金委员会管理科学部、科学技术部高技术研究与产业化司、湖北省科技厅、湖北科技情报局、武汉市东湖高新技术开发区管委会、武汉理工大学等单位的大力支持和帮助，在此一并表示由衷的感谢。同时也要衷心感谢本书撰写过程中参阅过的诸多研究成果（包括国内的和国外的，参考文献已列出的和未列出的）的全部作者，感谢为本书出版付出艰辛劳动和汗水的中国经济出版社的魏民先生。作为一项开创性的系统研究工作，本书肯定会有不足和缺陷，真诚地企盼来日大量的研究成果和著作补上其缺憾，使我国的高技术产业经济研究不断深入并进一步发展。

赵玉林

2003 年 10 月 15 日

目　录

总序
第二版前言
第一版前言

第1章　高技术产业的特征和分类/1

1.1　高技术产业的含义和特征/2
1.2　高技术产业化/10
1.3　高技术产业分类/16

第2章　高技术产业形成和发展的基本规律/23

2.1　高技术产业形成和发展的自组织演化规律/24
2.2　高技术产业形成和发展的风险收益规律/40
2.3　高技术产业形成和发展的协同作用规律/46
2.4　高技术产业形成和发展的生态系统共生演化规律/52

第3章　高技术产业组织/62

3.1　高技术产业市场结构/63
3.2　高技术产业的市场行为/75
3.3　高技术产业的经济绩效/81
3.4　高技术产业组织模式/89

第4章 高技术产业关联/103

4.1 高技术产业关联分析方法/104
4.2 高技术产业之间的关联/108
4.3 高技术产业与传统产业间关联/118

第5章 高技术产业集聚与产业布局/128

5.1 高技术产业发展的集聚特征和趋势/129
5.2 高技术产业发展的集聚化布局/143
5.3 基于产业集聚的高技术产业开发区竞争力评价/151
5.4 高技术产业带的形成和发展/172

第6章 高技术产业融合与产业结构/180

6.1 高技术产业融合发展的特征和趋势/181
6.2 高技术产业融合的途径和方式/191
6.3 基于产业融合的高技术产业结构演化规律/198
6.4 中国高技术产业发展对产业结构升级的作用/211

第7章 高技术产业技术创新体系/216

7.1 高技术产业技术创新体系的构建/217
7.2 中国高技术产业技术创新能力评价/221
7.3 中国高技术产业的创新效率/244

第 8 章　高技术产业投融资体系/251

8.1　高技术产业投融资的基本特点/252
8.2　国外高技术产业投融资体系比较/255
8.3　中国高技术产业投融资体系的构建/275

第 9 章　高技术产业政策/292

9.1　高技术产业技术政策/293
9.2　高技术产业组织政策/307
9.3　高技术产业结构政策/315
9.4　高技术产业布局政策/327

参考文献/334

第 1 章
高技术产业的特征和分类

高技术产业经济学是关于高技术产业形成和发展规律、高技术产业间及其与传统产业间关系和高技术企业间关系变动规律的应用经济学学科。20世纪80年代以来，高技术产业的兴起和迅速发展给世界经济、政治、军事格局产生了深刻的影响（易全，2000）。目前，高技术产业已成为衡量一国综合国力的重要指标，是现代国际经济与科技竞争的焦点，对经济增长和产业结构升级具有突破性的带动作用（赵玉林，2006；2008）。高技术产业具有传统产业不同的特点和规律，对高技术产业进行经济学分析，首先要明确高技术产业的含义、特征和分类体系。

1.1 高技术产业的含义和特征

1.1.1 高技术的概念

高技术的概念最早出现在 20 世纪 70 年代初。1971 年，美国国家科学院在《技术和国家贸易》一书中首次明确提出了高技术（high technology，high-tech.）概念。1981 年，美国出版了用"高技术"命名的杂志。1982 年 8 月，日本新闻周刊和商业周刊相继发表了《日本的高技术》和《高技术》专集。随着高技术的蓬勃发展，高技术已成为世界各国报刊出现频率较高的术语之一。

从经济学的角度理解，认为高技术是对一类产品、产业或企业的技术评价术语，即凡是研究和开发（R&D）经费占产品销售额的比例、科技人员占雇员的比重、产品的技术复杂程度这三项指标超过一定标准时，这类产品就被称为高技术产品，生产和经营这类产品的企业就被称为高技术企业。

从技术的角度理解，认为高技术是以当代尖端技术为基础建立起来的技术群。在日本，列为高技术的有微电子技术、计算机、软件工程、光电子、通信设备、空间技术、电子机械、生物技术等。中国"863"计划和"火炬计划"提出重点发展的高技术有：新材料技术、信息技术、航空航天技术、生物技术、新能源及高效节能技术、激光技术、自动化技术（即光机电一体化技术）。

从产品或产业的技术密集程度角度理解，认为高技术是对知识密集、技术密集的一类产品或产业的统称。

无论从哪个角度理解，高技术概念实际上都包含了四层含义（史世鹏，1999）：

第一，高技术是一个具有时空性的动态概念。就某一项技术而言，在一定时期内是高技术范畴的，过了一段时间就变成传统技术了。因此高技术是一个相对概念，是一个不断创新和换代的新技术群。

第二，高技术是在较高水平或最新科学成就的摇篮里孕育滋生的新技术，是以尖端科学理论为理论基础的。它标志着高技术本身的水平是"高"的、"新兴"的、"前沿"的和"尖端"的。美国《韦氏新国际词典》认为，高技术是使用了尖端方法和先进仪器的技术；美国众议院提供的《科学技术决策工作词汇汇编》认为，高技术是指"一些比其他技术高科学输入的某些技术创新"；在日本的报刊上,经常将高技术表达为"高级尖端技术"。因而,高技术是知识密集度高、技术密集度高、智力密集度高的技术。

第三,高技术的概念与市场经济紧密联系。高技术是一个经济学概念,由高技术开发出的高技术产品具有巨大的商业价值,只要不失时机地开发具有独占性的高技术产品并占领市场,即可获得高额利润。因而,高技术是高投入、高风险、高附加值、高收益的技术,是资金密集度高的技术。

第四,高技术活动是技术创新、经济贸易、生产管理等多种社会活动的结合,它的渗透力远远超过了技术本身,对产业结构、社会变革、生产方式、思维方式乃至观念都将产生深远影响。因此,高技术是高增值性、高渗透性的技术。

根据这四层含义,可以将高技术概念定义为:高技术是知识密集、技术密集、资金密集的新兴高层次实在技术群。它既是新兴技术,又是高层次技术,还是实在技术,并具有很强的创新性和相对性。其中"新兴技术"是指新近才兴起并得到实际应用的技术,表明高技术具有巨大的发展前途和潜力,有着旺盛的生命力;"高层次技术"是指高技术本身的技术等级高,是现阶段的先进技术和尖端技术,而不是一般的成熟技术和传统技术,高技术一定是新技术,但新技术不一定是高技术;"实在技术"是指可以直接利用并转化为商品,能够获得巨大经济效益的技术,而不是那些需要从理论上重新探讨,在将来才实际利用的技术;"创新性"是指高技术是建立在最新科学成就基础上的技术,客观上具有技术变化迅速、产品寿命周期短、产品性能和生产工艺改进快等特点;"相对性"是指不同时代会有不同的高技术,今天的高技术明天可能会变成传统技术、成熟技术。

高技术对一个国家(地区)的经济、技术、政治、军事来说具有很高的战略性。它是一个国家(地区)技术实力、技术优势的标志,因此高技术掌握与应用程度关系到国家在世界政治经济中的地位。美国之所以能以世界霸主自居,主要原因就是在高技术方面有明显的优势。一个国家或地区要在某一经济格局中占领一席之地,其长期的、核心的战略是必须增强自己在高技术方面的创新能力,提高高技术产业化水平。

高技术的开发与应用作为一个经济范畴,与高投资、高风险、高收益相关联。高投资是高技术产业化的重要前提;高风险则是新技术研究与开发以及产业化过程的基本表现;而高收益则是高技术产业化的正常结果,但并不等于高技术一定产生高收益。只有产业化成功的高技术形成了现实生产力,才具有很高的经济效益。

人才是高技术的载体,智力因素是高技术成长发育极为关键的因素,"高智力"的特点也决定了高技术的周期短和渗透高。因为一旦高技术在高智力和流动性人才的推动下成熟并日益普及，其生命周期将结束，新的技术创新周期即等待开始。人才的流动性和地域性也决定了高技术及其产业具有民族性、地域性、流动性和技术辐射能力。高技术的这些特点决定了高技术产业具有其自身特有的发展规律。

1.1.2 高技术产业的含义

对于高技术产业的概念，国内外均有不同意见。美国学者 R. Nelson（1999）认为高技术产业是研究与开发密集型产业。J. BotKin 和 D. Dimancescu（1982）在《高技术》中指出，对"高技术产业的定义，主要依据：一是专业技术人员的比例高，二是销售收入中用于 R&D 的投资比例高"。中国台湾《国际贸易金融大辞典》中规定："高科技企业必须指利用电脑、超大型集成电路等最尖端科技产物为基础，并投入较高的研究开发经费，从事生产的智力密集型企业"（中华征信所，2010）。英国学者 R. P. 奥基认为，高技术产业不仅要生产高技术产品，而且生产的过程技术和生产设备也应是高技术的。

McQuaid 和 Langridge（1984）在一篇文章中指出，"高技术产业是指生产高技术产品的产业，而不是仅仅使用高技术产品或工序的产业"。这个产业生产的高技术产品不仅仅包括整机，而是一个产品系统，因此，在一些高技术产品的生产过程中使用了常规技术，但制作这些产品的产业应属于高技术产业，反之，一些使用高技术产品和工艺，不生产高技术产品的产业部门，则不能称为高技术产业。美国《韦氏国际辞典增补9000词》认为，"高技术"产业划分主要依据两点：①专业技术人员的比例应占企业总人数的40%~60%；②销售收入中用于研究与开发（R&D）的投资比例一般应在5%~15%，这两个比例比非高技术企业要高2~5倍。

按照经济合作与发展组织（OECD）定义，高技术产业是指 R&D 经费占产品销售额的比例远高于各产业平均水平的产业。1988~1995年，这类产业有6个：电子计算机及办设备制造业、航空航天器制造业、医药制造业、电子及通信设备制造业、电气机械制造业和科学仪器仪表制造业，其 R&D 经费占销售额的比例都超过5%；1995~2001年，这类产业有4个：航空航天器制造业、医药制造业、电子计算机及办公设备制造业、电子及通信设备制造业，其 R&D 经费占销售额的比例都超过8%；2001年又调整为5个：航天航空器制造业，医药品制造业，办公、会计及计算设备制造业，无线电、电视及通信设备制造业和医疗、精密及光学科学仪器制造业。

在我国实践中，常把高技术与新技术混在一起，统称为"高新技术产业"，如"火炬计划"，就称为是发展中国高新技术产业的指导性计划①，也因此多数学者的研究并非区分高技术与新技术，统称为"高新技术产业"（郭励弘，2000；吴敬琏，2002；史及伟，2007）；也有学者把高技术与新科学混在一起，统称为"高科技产业"（吴金明等，2001；贝政新，2008）。本书采用具有确定意义和范围的高技术产业。

我国科学技术部、财政部、国家税务总局2000年制定的《国家高新技术产业开发区高新技术企业认定条件和办法》②中规定了四个指标：①高新技术企业是知识密集、技术密集的经济实体；②具有大专及以上学历的人员占企业总数的30%以上，且从事研究开发的科技人员占企业职工总数的10%以上；③用于研究与开发的经费占销售额的3%以上；④技术性收入和高技术产品产值的总和占企业总产值的50%以上。在我国高技术产业发展水平不高的情况下，国家为了支持高技术企业成长的产业扶持政策，适当扩大高技术产业的范围，是符合我国国情的。企业为了争取优惠政策又出现使高技术产业的范围进一步扩大的趋势，其评价指标在地区间和行业间甚至存在很大差异。在各地高技术产业产值的统计中，统计口径也差别很大。

划分高技术产业，通常有产品法和产业法两种。有的地区按属于高技术产业的企业进行统计，有的地区按高技术产品进行统计，但高技术企业可能生产有传统技术的产品，传统技术企业可能生产有高技术产品；有用高技术生产的传统产品，也有用传统技术生产的高技术产品。各地区的统计结果不具有可比性。为了使高技术产业指标具有国际可比性，目前国际上普遍以OECD定义的高技术产业为基础，建立相应的评价指标。中国从2000年起采用了OECD对高技术产业的定义，并根据OECD的2001年新分类进行了调整。2002年国家统计局印发了《高技术产业统计分类目录的通知》③，按OECD 2001年关于高技术产业的新分类统一了口径，从2002年开始出版《中国高技术产业统计年鉴》④。

2008年，我国科学技术部、财政部、国家税务总局发布了《高新技术企业认定管理办法》⑤，提出六条高新技术企业认定条件：①在中国境内（不含中国

---

① "火炬计划"于1988年8月经中国政府批准，由科学技术部（原国家科委）组织实施。
② 《国家高新技术产业开发区高新技术企业认定条件和办法》（国科发火字［2000］324号）。
③ 《国家统计局关于印发高技术产业统计分类目录的通知》（国统字［2002］33号）。
④ 国家统计局、科学技术部、国家发展和改革委员会（原为国家计划发展委员会、国家经济贸易委员会）联合统计、编辑，由中国统计出版社出版，2003年出版第一部《中国高技术产业统计年鉴》（2002），以后每年出版一部。
⑤ 科学技术部、财政部和国家税务总局《关于印发高新技术企业认定管理办法的通知》（国科发火［2008］172号）。

港、澳、台地区）注册的企业，对其主要产品（服务）的核心技术拥有自主知识产权。②产品（服务）属于《国家重点支持的高新技术领域》规定的范围①。③具有大学专科以上学历的科技人员占企业当年职工总数的30%以上，其中研发人员占企业当年职工总数的10%以上。④研究开发费用总额占销售收入总额的比例，小、中、大型企业分别为6%、4%、3%②。其中，企业在中国境内发生的研究开发费用总额占全部研究开发费用总额的比例不低于60%。⑤高新技术产品（服务）收入占企业当年总收入的60%以上。⑥企业研究开发组织管理水平、科技成果转化能力、自主知识产权数量、销售与总资产成长性等指标符合《高新技术企业认定管理工作指引》③的要求。这些条件体现出了高技术产业的高研究开发投入、高创新性的特点，比较符合中国现阶段的国情，但与上述OECD的标准尚有较大差距。

综合上述理论研究成果和实践，可将高技术产业定义为：高技术产业是研究开发投入显著高、创新率高、收益高、风险高，在产业生命周期中处于初创期和成长时期的产业。

1.1.3 高技术产业的基本特征

1. 高研发投入强度

高技术产业具有显著高的研究开发经费投入强度。研发投入强度用该产业的研发投入经费占产品销售额或工业总产值或工业增加值的比例计量。在OECD国家，高技术产业的研发经费投入占该产业销售额的比重已超过10%，远高于传统产业部门的研发投入强度（表1-1）。所以，高技术是资本高度密集的产业，需要大大超过传统产业所需的资金投入。没有强大的资金支持，高技术产业是发展不起来的。高技术产业发展的每一个时期，都需要大量资金投入。资金投入是高技术产业发展的关键。

---

① 科学技术部、财政部和国家税务总局《关于印发高新技术企业认定管理办法的通知》附件：《国家重点支持的高新技术领域》（国科发火［2008］172号）。

② 小型企业为最近一年销售收入小于5000万元的企业；中型企业为最近一年销售收入在5000万~20 000万元的企业；大型企业为最近一年销售收入在20 000万元以上的企业。

③ 科学技术部、财政部、国家税务总局：关于印发《高新技术企业认定管理工作指引》的通知，国科发火［2008］362号。

表 1-1　部分国家高技术产业 R&D 经费占工业增加值比例　（单位:%）

国　别	制造业	高技术产业	飞机和航天器制造业	医药制造业	办公、会计和计算机制造业	广播、电视及通信设备制造业	医疗、精密仪器和光学器具制造业
美　国（2006年）	3.3	16.5	11.50	21.8	11.2	15.5	18.3
日　本（2006年）	3.7	28.90	11.51	37.08	—	13.38	31.93
德　国（2006年）	2.4	21.50	32.89	23.94	14.93	28.83	13.62
英　国（2006年）	2.4	26.64	31.15	42.26	1.37	23.95	7.76
法　国（2006年）	2.5	31.95	31.08	33.41	27.67	50.89	19.03
意大利（2006年）	0.6	11.09	45.24	4.99	8.44	11.63	6.75
韩　国（2006年）	2.0	21.30	26.09	6.29	14.24	25.09	10.27
芬　兰（2007年）	—	31.51	13.21	47.57	8.39	33.57	11.68

资料来源：根据《中国高技术产业统计年鉴》（2009）数据整理

2. 高创新性

由于高技术产业显著高的研究开发经费投入和人员投入，产品创新率和工艺创新率都处于较高的水平。高技术产业是最新科技发展的结晶，其生产所用的各种投入品涉及现代技术领域的许多尖端，其生产过程对技术和智力的要求非常高。

3. 高智力密集

高技术产业对高智力人才的需求迫切。高技术产业是智力密集产业，对专门人才的需求比例是传统产业的 5 倍；产业内企业间的竞争主要是对高级人才的竞争；人才作为高技术的载体，是高技术产业的灵魂。随着高技术产业的不断升级，需要的不仅是大量掌握尖端高技术的开发专门人才，更需要懂技术、通管理又有融资能力的通才。由于高技术企业的人才需求日益迫切，世界许多著名的大公司如 Microsoft、IBM、Motorola 等均实施"青苗工程"，在世界各国著名大学寻觅有潜质的青少年，出巨资培养成长后为其工作，这是高级人才的一种战略性占有和储备。

4. 高关联性

高技术产业的联系效应和带动效应大。高技术产业具有"种子"功能，加快传统产业的整体进步，催生新兴产业，使主导产业、关联产业和基础产业的体系日趋成熟，并将其增长效果扩散至国民经济各个部分，带动经济社会与世界共同进步。

5. 高需求收入弹性

高技术产品需求收入弹性高。高技术只为有创新意识和创新能力的主体掌握，导致高技术产品的市场竞争程度降低，其价格弹性系数小，而需求收入弹性系数大。因此高技术产业市场需求量和产值的世界增长率一直远高于传统产业。占有了高技术的企业，就意味着获得成本优势、技术独创性优势、市场份额优势等比较优势。在人均国民收入上升时期，高技术企业可望获得巨大市场份额，快速积累财富，为不断进行技术创新创造条件。

6. 高收益

由于高技术产业的高创新性以及创新产品的垄断性，高技术企业可以获取超额利润。在传统产业的产品进入微利时代时，高技术产品因其蕴含的技术成本、智力成本和资金成本而获得了很高的附加值。

7. 高风险

高技术产业的高收益伴随着高风险。由于高技术产业的高创新性，技术开发、生产开发、市场开发等环节均存在诸多不确定性，因而存在着高风险性。高技术企业要占据领先地位，拥有竞争优势，就必须加快技术开发、产品开发，客观上又缩短了产品周期，加大了创新的风险（图1-1）。一个新产品的诞生，一般要经过预先研究（A）、设计研制（B）、筹备生产设施（C）、批量生产、开拓市场（D），在产品投放市场以前，要付出大笔投资；投入市场之初，由于产量小、成本高仍不能获取收益，只有到 M 点时，才达到收支平衡，K 点收益最高，最后是产品衰退期，收益随之下降。高技术企业要赢利，就必须减少 ADM 的包络面，扩大 MKF 的包络面，使得

$$I_{\max} = \int_{t_m}^{t_f} f(t)\,\mathrm{d}t - \int_{t_0}^{t_m} f(t)\,\mathrm{d}t$$

因此，高技术企业要想获得高收益，就必须缩短产品生命周期，扩大产品种类，不断开发新产品，才能使收入 I 达到最大。

8. 对风险投资的高依赖性

高技术产业的高风险性决定其对风险资本的依赖性强。高技术企业在发展的不同阶段对资金有不同的需求，又由于其为资金密集型产业，创建高技术企业所费成本是传统产业的 10~20 倍，而对其投资的成功率却只有 20% 左右。以稳健

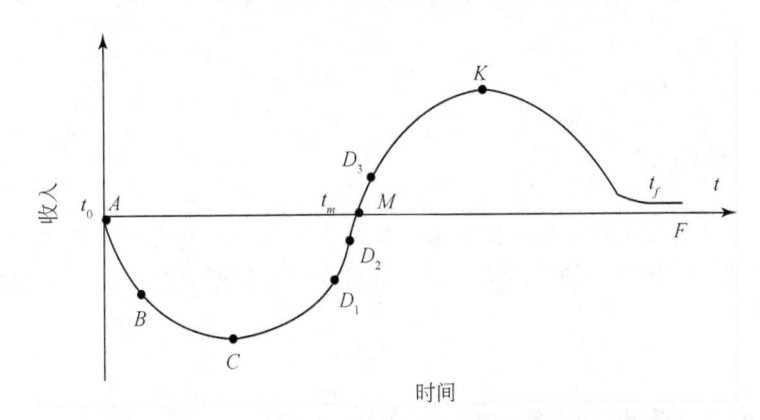

图 1-1　高技术产品创新风险与收益的关系

和赢利为原则的一般金融机构对于资信较差、缺乏担保履约能力的新兴高技术企业的融资要求往往不予受理；即使给予通融，企业的筹资成本也比较高。资金问题成为高技术产业发展的一个瓶颈，而打破"瓶颈"束缚最有力的工具是风险资本。风险资本是伴随着高技术产业发展起来的资本形态，以追求高风险下的高收益为经营理念。

若在市场处于均衡的条件下，

$$\varPi(1+\gamma^2)=1+\lambda$$
$$\phi=1+\varPi$$

式中，$\varPi$ 为风险投资成功概率；γ 为风险投资预期收益；λ 为市场均衡收益率；ϕ 为风险投资失败概率。

上式表明，若其他条件不变，ϕ 越高，γ 与 λ 之间的差异也就越大。对整个高技术产业而言，虽然风险投资失败概率 ϕ 较高，但同时也预示着 γ 越大，即收益越丰厚。对于单个项目的投资平均收益而言：

$$E_i=R_f[E(R_m)-R_f]\times\beta_i$$

式中，E_i 为单个项目投资平均收益率；R_f 为无风险收益率；R_m 为市场收益率；β_i 为单个项目投资的风险系数。$[E(R_m)-R_f]\times\beta_i$ 为项目的风险补偿；在理论上，β_i 值越大，E_i 值也越大，高风险是以高收益期望为回报的。

从上述分析可以看出，一方面因其独特的投资偏好及其组织运作机制，填补了高技术产业成长过程中某些阶段的资金空白，成为高技术产业的"催育者"和"助推器"。发达国家高技术产业发展历程已充分证明了风险资本之于高技术产业的重要性。另一方面，在风险资本推动下，不断发展的高技术产业又为风险资本的成长提供了日渐广阔的沃土。因此可以说，高技术产业的发展有赖于风险资本的日益壮大，而风险资本的生存也依赖于高技术产业的不断成长。

1.2 高技术产业化

高技术向高技术产业转化的过程，即从高技术的研究开发、技术创新、技术扩散至形成规模化生产的全过程，此为高技术产业的形成过程，通常称之为高技术产业化。

1.2.1 高技术产业化过程

高技术产业化过程是指从高技术产品或工艺的研究开发到通过技术创新实现商业化应用，通过技术扩散实现规模化生产的全过程。这一过程可以看成是一个从科学研究、试验发展、产品开发、生产制造、市场营销、成果扩散至规模化大生产各环节组成的系统，如图1-2所示。它实质上是一个纵向链条，链链相扣，由前至后顺序运作，任何一个链环衔接不畅，均会引起该纵向系统的功能障碍。

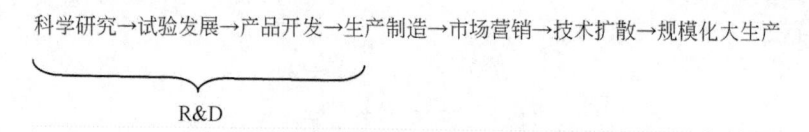

$$\underbrace{科学研究 \rightarrow 试验发展 \rightarrow 产品开发}_{R\&D} \rightarrow 生产制造 \rightarrow 市场营销 \rightarrow 技术扩散 \rightarrow 规模化大生产$$

图1-2 高技术产业化过程

高技术产业化过程也就是高技术成果向现实生产力转化的过程，亦即高技术通过R&D、生产制造，再与市场交换不断扩散，成功进入市场，从而形成生产力并辐射为产业群的过程。这一过程可以描述为孕育期→初创期→成长期→成熟期四个阶段的动态过程。

1. 孕育期

在高技术产业化的孕育期，主要是实验室阶段的高技术研究与开发，将专利技术变成产品的模型或样品。具有巨大的产业化潜力，但也面临严重的风险，这时主要是高技术不成熟的技术风险和技术开发失败的财务风险。在该时期，创新主体一般拥有自己的知识和产权，主要进行产品创新，并可通过产权保护使自己顺利进入市场；依产品差别化使技术水平与竞争对手拉开较大差距，使他人难以追随；基本形成规模经济所需要的核心能力中的高技术支撑点。

2. 初创期

在高技术产业化的初创期,主要是通过中试环节将实验室开发的产品模型或样品转化为新产品,并通过市场开发将新产品转化为新商品的过程,高技术研究开发成果通过技术创新实现首次商品化应用。这时,高技术企业普遍面临资金、产品质量、工艺方法、降低成本及市场创新等问题。这时要取得创新的成功,需要高技术专家与企业家相结合,组成知识互补、能力互补的既懂技术,又会经营、善管理的总经理班子;高技术与风险资本相结合,有专门从事风险投资的公司为高技术企业注入风险资金;创造品牌与营造市场相结合,即一方面瞄准市场需求,创造自己的产品品牌,并形成主导型高技术产品,另一方面用高层次的产品品牌去开拓,营造市场。

3. 成长期

在成长期,高技术企业规模迅速扩大,通过技术扩散生产同类产品的企业迅速涌现。一般而言,有30%~40%的高技术企业未进入高速成长期就被淘汰,其主要原因是未形成进入成长期的核心能力和核心能力支撑下的品牌。高技术企业孵化成功出站或毕业,产品适销对路,需求收入弹性高,生产规模不断扩大。为了降低生产成本,提高生产效率,需要进一步开展工艺创新。企业具备了资本运营能力,使风险及时分散,因为这时高技术企业已初具规模,企业形象、产品品牌在社会上已有一定的知名度和良好的信誉,已对社会各界投资产生了吸引力。

4. 成熟期

在成熟期,重点进行市场创新,不断扩大市场份额,技术迅速扩散,产品生产达到相当的规模,高技术产业形成。其产品在市场上占有较大比例,盈利额剧增,通过资本运营形成了较大规模,风险也逐渐减少,这时企业开始出现阻止创新的惰性和障碍。为此,企业要坚持创新发展战略,突出表现为组织创新、管理创新、技术创新和市场创新;造就企业文化,其目的在于培育和形成再创业的共同价值观,形成推进组织创新、管理创新、技术创新和市场创新的精神动力,并巧妙地把企业文化与社会氛围融于一体,恰当地处理了企业、顾客、社会的三角关系。

1.2.2 高技术产业化系统

在整个高技术产业化过程中,每根链条的每一环节中的活动要素相互联系、相互耦合、协调行动，产生各要素独自运作无法产生的整体效应，最终才能实现高技术成果向现实生产力转移的目标。从宏观系统角度出发，高技术产业化过程是一个复杂的动态过程系统，它所处的每一状态，都是受多方面、多层次因素制约、影响的结果，而这些因素又随着时间、空间的变化而变化着，因此，整个过程系统处在一个不断变化的状态。在实践中，科技与经济发展需求增大，会促进高技术成果向现实生产力的转移，从而呈现出正反馈现象；而高技术产业化活动又要克服资金、人才、管理、基础设施等方面的制约因素对成果产业化形成的负反馈效应，因此，整个高技术产业化系统是一个正负反馈交错的复杂的动态系统。

高技术产业化是诸要素相互依存、相互作用和相互协调的过程，其要素配置机制是高技术产业化系统诸要素相互作用，并最终实现高技术产品价值的机制。高技术产业化从横向来考察，是由高技术产业化的对象系统、主体系统、支撑系统和中介系统组成的系统。

1. 高技术产业化的对象系统

在高技术产业化的过程中，首先要有产业化的对象——高技术研究开发成果。我们必须首先要从科技发展的前沿动态去判断一项技术是否属于高技术，即是否是以当代尖端科学为基础的，是否是新兴的、高层的、实在的技术。高技术产业的高收益给高技术产业化提供了巨大的利益驱动，高技术企业寻求高技术成果的目标在于获得利润，并且还是为了获得高额利润。所以，高技术成果是高技术产业化源头。高技术产业化就是高技术成果，通过技术创新、组织创新、市场创新的相互作用，向产业演变的过程。

2. 高技术产业化的主体系统

在高技术产业化过程中，最关键的是要有技术创新主体和技术扩散的主体。技术创新主体和技术扩散主体是由研究开发部门、市场营销部门、生产制造部门通过协同作用构成的系统。这一系统三个组成部分可以全部集中在企业内部，即企业内设立研究开发中心或技术中心，或全部集中于科研机构（高等学校）内部，即科研机构（高等学校）自办科技型企业；也可能是企业与科研机构（高等学校）组成产学研联合体，或企业委托科研机构（高等学校）进行研究开发，或科研机构（高等学校）将研究开发成果转让给企业组织生产。无论哪种形式，都需要研究开发、生产制造、市场营销三者之间密切配合，通力合作。

3. 高技术产业化的支撑系统

政府制定的政策法律体系、按照市场机制形成的高素质的人力资源系统、高水平的资本运作系统、高效率的市场营销系统之间的反馈作用构成了高技术产业化的支撑系统。政府制定的政策法律体系规范了高技术产业化主体的创新行为，并对高技术产业化起了重要的导向作用；高素质的人力资源系统是高技术产业化的关键；高水平的资本运作系统是高技术产业化的根本保证；高效率的市场营销系统是高技术产业化的实现条件。这四个支撑条件是缺一不可的。由于高技术产业的智力密集性、技术密集性，无论创新主体是企业或科研机构，都少不了高素质的企业家、高技术专家和高级技术工人构成的人力资源系统。企业家要有战略眼光，能够敏锐地抓住潜在的赢利机会；要有胆识，敢冒风险；要有组织才能，能组织社会力量获得产业化所需资金，要实现企业家与高技术专家的密切配合。

4. 高技术产业化的中介系统

技术中介是科技与经济结合的切入点，是科技面向经济进入市场的重要渠道。从高技术产业化的全过程来看，一项创新技术成功转化的过程，即从获得技术信息到成功地进行商品化生产的过程，须经沟通、评价、预测、决策、协调、生产、经营等若干个环节。其中沟通主要指技术供需双方之间的信息联络和沟通；评价主要指对于拟采纳技术的先进性、科学性、经济性、适用性、风险性进行评价；预测主要指对技术转化后的市场前景进行预测；决策主要指根据拟采纳技术企业的人力、物力、财力和资源情况，对技术项目的取舍进行决策；协调主要指对技术转移方式和转移各方权益的协调；生产主要指职员招募、生产技术培训、资金融通、生产场地与设施筹备及技术难点咨询等；经营主要指技术采纳企业营销计划、营销策略和销售渠道等的制定、实施和选择。在高技术产业化过程的若干个环节中，无论其中的哪一个或几个环节出现障碍都会影响整个产业化的进程，因此，由技术经纪人、律师事务所、会计师事务所、资产评估事务所等中介机构构成的中介系统，也必然成为高技术产业化系统不可或缺的组成要素。

1.2.3 高技术产业化系统的要素配置

实现高技术产业化系统内的要素最优配置，主要是通过市场机制，实现外部交易内部化，内部合作市场化。市场要素凝集着供给与需求关系，它以价格符号显示出供给流与需求流的形象，通过供给与需求之间的无所不包、无时不在的不断反馈作用，产生出一种力量强大的牵引机制和实现机制，从而决定着高技术产业化的方向和高技术产品的最终实现，并显著地影响实现高技术产业化的匹配条件。可以认为，市场要素虽然外在于高技术企业，但由于它强大的牵引功能和产品实现功能以及对于实现高技术产业化匹配条件的巨大影响力，从而必然成为高技术产业化的指导力量。

市场作为牵动要素,为高技术企业提供了对某些高技术产品的需求动向,企业按照市场提供的信息做出决策;为高技术企业提供了作为交易对象的高技术成果;为高技术企业提供必要的科技人员、管理人才、资本和一般劳动力等生产要素。

高技术企业根据市场需求变动的方向和速度,选择好准备开发的高技术成果,然后迅速从市场寻求高素质的经营管理人员和科技人员及其他劳动者,迅速通过资本运作筹集到所需要的资金,最后,迅速地通过高效率的市场营销系统,把产品送到消费者手中,收回投资,获取高额利润。在高技术企业内部,作为高技术产业化支撑条件的"三高",它们之间是相互联系、相互作用的。首先,高素质的人力资源系统与高水平的资本运作系统相结合,就会产生一个双向作用过程:一方面,以高技术为手段并通过对资本的运用产生科技含量很高的使用价值,同时实现资本的价值增值;另一方面,资本运作以高技术成果为媒介支持人的发展,从而使人的素质得到进一步提高。其次,高素质的人力资源系统与高效率的市场营销系统相结合,也会产生一个双向作用功能:一方面,人们会以高技术产品为手段,通过市场营销系统,实现产品的价值,获取市场的动态信息,同时,高素质的人还会开拓市场,创造与引导新的产品需求;另一方面,高效率的市场营销使人们的高技术转化活动更加接近市场。最后,高水平的资本运作系统与高效率的市场营销系统相结合,同样也会产生一个双向作用的功能:一方面,高水平的资本运作体系,使高技术企业在市场营销方面得心应手;另一方面,良好的市场营销使高技术产品能顺利实现其自身的价值,同时为高技术产品开拓新的市场,从而实现资本的价值增值。

1.2.4 高技术产业化的动力

高技术产业化的动力因素很多,其中最主要的动因如下。

1. 科技发展是高技术产业化的重要推动力

追溯发达国家高技术产业化的历史,可归纳出高技术产业形成的一般路线为高技术→高技术产品→高技术产业。因此,高技术的前期研究构成了高技术产业发展整体的一个有机组成部分。从 20 世纪 60 年代、70 年代、80 年代直到 90 年代各个时期的高技术产业都是建立在当时最新、最先进的科学基础上的。随着科技的发展,新兴学科的不断产生,由此导致高技术产业不断向这些领域的转移。同时技术具有完成商业化过程的内在特征,一项技术一旦条件成熟、环境适宜,它的商业化过程即在必然。技术还具有自我淘汰和更替的特性，如果某项新的技术知识优于旧的技术，旧技术就会被淘汰。另外新技术的出现往往会迎合人们某些潜在的需求，或者创造和引发新的需求，在这种情况下科学技术作为满足需要的手段，就会很快进入商业化过程。

在高技术商业化和产业化过程中，还要借助于"技术扩散"的促进作用。在现实的经济活动中，"技术扩散"是通过高技术带来的效果示范来达到的，示范使市场中的消费主体（消费者个体或者公司）比较了解成果所显示的优越性从而最终达到接受这种成果。从消费市场方面来分析，高技术产业化进程与消费者接受新产品并愿意尝试的进程相关联。一般说来，随时准备尝试任何新产品、接受任何新思想的人只是一小部分，他们可以称为创新者，随之而来的是早期接受者→中期接受者→后期接受者。在整个过程中，技术示范起着重要的作用，通过以上的扩散过程，高技术得到商业化和产业化。

2. 市场需求是高技术产业化的重要牵引力

恩格斯曾说过"社会一旦有技术的需求，则这种需要比十所大学更能把科学推向前进"。事实上，社会发展到现在，由于经济、政治、军事、科研等方面对高技术的强烈需求，才加速了高技术的诞生和发展。在现实经济生活中，很容易验证这样一个事实：往往是市场需求牵动了技术创新，因为大多数的发明和创新都是为了满足人们的需要而产生的结果，新产品和新工艺常常试图满足市场需求、生产需求；而且往往是创新在前，而扩散和技术推动在后（C. Blackman O, 1998）。

对于一个高技术企业来讲，在进行一项科技革新或投产一个新项目之前，首先要考虑的是市场是否有巨大的需求潜力。因为只有这样，才是把企业推向市场，使企业按照市场经济的规律运作；也只有这样，才有可能实现高技术商品化、产业化。

3. 国际竞争是高技术产业化的重要压力

高技术本身就是国际政治、军事、经济、科技激烈竞争的产物，所以自它一诞生就面临着国际竞争的压力。由于国际竞争越趋激烈越迫使各国集中经济、技术力量抢夺高技术制高点，越有利于在国际竞争中占据有利地位，所以这种国际竞争的压力大大加速了高技术的发展。

1.3 高技术产业分类

高技术产业分类是研究高技术产业结构、产业关联和产业组织的基础。对高技术产业统计分类的研究，国外已有20多年的历史，这项研究在各国制定高技术产业发展战略、提高国家整体科技实力方面发挥了重要的作用。这一节在研究国外高技术产业分类方法的基础上，根据我国的具体国情，提出了我国高技术产业的分类内容。

1.3.1 经济合作与发展组织对高技术产业分类的研究

1. 高技术产业划分的标准

美国科学基金会提出，按每千名员工拥有25名以上科学家和工程师，净销售额的3.5%以上用于研究开发来划分高技术产业。美国劳动部普查局提出，按研究开发人员占员工比重以及研究开发经费占销售额比重高于制造业平均水平1倍以上来划分高技术产业。经济合作与发展组织（Organization for Economic Cooperation and Development，OECD）提出，按R&D经费占总产值的比重明显高于制造业平均水平来划分高技术产业，在1988~1995年划分的高技术产业其R&D经费占总产值的比重高于4%，1995年后划分的高技术产业其R&D经费占总产值的比重高于8%，OECD的成员国都按该组织确定的划分标准整理高技术产业资料并进行国际比较。

2. 高技术产业的计算程序

OECD基于其成员国制造业R&D占全部产业R&D比重达到95%的实际情况，将高技术产业测算范围确定在制造业（察志敏等，2001），并以国际标准产业分类（ISIC）为基础分层，来计算划分高技术产业，即首先计算大类的R&D密集程度，将R&D经费占总产值比重明显高的大类整体确定为高技术产业，再按相同办法计算未入选大类中的大组及未入选大组的R&D密集程度，由此划分出由大类、大组和组所组成的高技术产业。

3. 高技术产业分类的测定和变动情况

1986年，OECD第一次正式给出高技术产业的分类。OECD用R&D经费强度

(R&D 经费占产值的比重)作为界定高技术产业的指标,按照《国际标准产业分类(第 2 版)》(ISIC – REV.2)选择制造业的 22 个行业,依据 OECD 比较典型的 13 个成员国 20 世纪 80 年代初的有关数据,通过加权方法计算了 R&D 经费强度。

在 1988~1995 年 OECD 将 R&D 经费强度明显较高的 6 类产业,即:航空航天制造业、计算机及办公设备制造业、电子及通信设备制造业、医药品制造业、专用科学仪器设备制造业和电气机械及设备制造业确定为高技术产业,即高技术产业 6 分类(表 1-2)。

表 1-2　1988~1995 年高技术产业统计分类表

高技术产业名称	ISIC 代码	R&D 经费占总产值比重/%
航空航天制造业	3845	14.1
计算机与办公设备制造业	3825	9.0
医药制造业	3522	7.6
电子与通信设备制造业	3832	8.4
科学仪器仪表制造业	385	3.6
电气机械制造业	383	3.5

注:①此分类是以《国际标准产业分类》为基础经测算确定的(下表同);②表内数据为 1980 年测算数据

1994 年,OECD 重新计算了 22 个制造业的 R&D 经费强度。首先,选用 R&D 总经费(直接 R&D 经费 + 间接 R&D 经费)占总产值的比重、直接 R&D 经费占总产值的比重和直接 R&D 经费占增加值的比重三个指标,根据 10 个更为典型的成员国 1973~1992 年的数据,逐年计算了国际标准产业分类(ISIC)中 22 个制造业部门的技术密集度。然后,依据 1990 年的数据,将上述三个指标值均明显高的那些产业划定为高技术产业。

根据新的计算结果,OECD 将航空航天制造业、计算机及办公设备制造业、电子及通信设备制造业和医药品制造业确定为高技术产业。原来属于高技术产业范围的专用科学仪器设备制造业和电气机械及设备制造业,由于同其他上述高技术产业相比 R&D 经费强度偏低,而只能列入中高技术产业(表 1-3)。

表 1-3　调整后的高技术产业统计分类表

高技术产业名称	ISIC 代码	R&D 经费占总产值比重/%
航空航天制造业	3845	15.0
计算机与办公设备制造业	3825	11.5
医药制造业	3522	10.5
电子与通信设备制造业	3832	8.0

注:表内数据为 1990 年测算数据

随着《国际标准产业分类（第3版）》（ISIC-Rev.3）的广泛使用，OECD着手给出以其为基础的高技术产业新的分类标准。由于缺乏ISIC-Rev.3分类标准的投入—产出表，无法计算各国包含在中间品和资本货物中的间接R&D数据，因此，OECD新的高技术产业划分是依据R&D经费与产值和增加值的比值两个指标进行的。根据OECD 13个国家1991~1997年的平均R&D经费强度（R&D经费占产值和增加值的比重），OECD将制造业产业划分为高技术产业、中高技术产业、中低技术产业和低技术产业四个组。高技术产业包括五类行业：航天航空器制造业，医药品制造业，办公、会计及计算设备制造业，无线电、电视及通信设备制造业，医疗、精密及光学科学仪器制造业。

1.3.2 高技术产业划分的原则

1. 技术集约程度显著高的原则

OECD按技术集约程度的高低将各行业依次划分为高技术产业、中高技术产业、中低技术产业和低技术产业四种类型，确定高技术产业的基本原则是技术密集程度明显高于或数倍于其他产业，以此突出技术集约程度显著高这一基本特征。

2. 国际可比性的原则

OECD以ISIC作为划分高技术产业的分类基础，主要是考虑ISIC具有较大的包容性，与各国的产业分类具有较好的对应关系。各国可在本国行业分类的基础上，划分出高技术产业，然后再对应到ISIC上，可以满足进行同口径国际比较的需要。

3. 应遵循较强的可操作性原则

以本国标准产业分类或ISIC为基础划分高技术产业，表明高技术产业具有独立的产业形态，其特点是已形成从事相同经济活动的企业群体，在产业分类中能单独（大、中、小类）分列出来。因此，对处于成长阶段尚未形成产业形态的幼稚产业和非独立形态的产业来说，都难以被划入高技术产业。如数控机床属于高技术产品，但作为用途相同的机床制造，均由普通机械制造企业制造，其难以作为一个单独的行业划分出来；再如核工业设备制造具有较高的技术要求，但加工制造主要由普通机械制造企业承担，也难以作为一个行业被单独划分出来。

以制造业作为划分高技术产业的基本范围，也是考虑到制造业作为物质生产部门具有技术开发活动相对密集的特点，是R&D活动的主体，也是多数国家R&D统计的基本范围，而且，以制造业为基础进行划分能够满足国际比较和方便操作的要求。

4. 应遵循行业类别的完整性原则

ISIC 分为大类、类、大组、组四个层次。技术密集程度在各类之间、类以下的大组之间、大组以下之间分布很不均衡，只有采取分层测算的办法，才能把各层中技术密集程度显著高的行业划分出来。对分层测算选定的行业来说，尽管仍包含低技术生产行业，但不再细分，整体划归高技术产业。

5. 应遵循高技术产业是一个动态的概念的原则

任何高技术产业的发展都不是无源之水、无本之木，都不是凭空产生的，它是在传统产业的基础上发展起来的。高技术产业是相对于传统产业而言的，是一个动态的、历史的、发展的概念，并没有绝对意义上的高技术产业，当今是高技术产业，随着技术的进步，未来可能就变成了传统产业。因此，对高技术产业的划分需随着产品技术集约程度的变化，定期进行测算和调整。

1.3.3 中国高技术产业的统计分类

主要借鉴 OECD 采用的方法，用制造业 R&D 支出占总产值（销售收入、增加值）比重作为行业技术集约程度高低的标志，该划分标志已被西方工业化国家普遍采用。同时，考虑到我国制造业各行业不具有技术集约程度明显高的特征，采用美国劳工部普查局提出的 R&D 人员占职工人数比重作为行业技术集约程度高低的标志性指标。首先，按上述标准对国民经济行业大类进行排队测算，达到测算标准的大类，包括其中的中类和小类，都随着计入高技术产业（表 1-4）；然后，对未达到标准的大类里的中类进行排队测算，达到测算标准的中类，包括其中的小类，都随着计入高技术产业（表 1-5）；依次再对未达到标准的中类里的小类进行排队测算，将达到标准的小类计入高技术产业（表 1-6）；最后，为方便进行国际比较，将测算选出拟计入高技术产业的行业作一定的调整与补充（表 1-7），形成中国高技术产业统计分类体系。国家统计局、科学技术部、国家发展与改革委员会从 2002 年起每年按这一统计分类发布《中国高技术产业统计年鉴》，进入统计和国际比较的高技术产业划分为医药制造业、航空航天器制造业、电子及通信设备制造业、电子计算机及办公设备制造业、医疗设备及仪器仪表制造业 5 类 17 个部门（表 1-8）。

表1-4 按国民经济行业大类测算的技术集约度相对高的行业

行业代码	行业名称	R&D经费支出占总产值比重/%	制造业平均水平/%	R&D人员占职工比重/%	制造业平均水平/%	科技活动人员占职工比重/%	制造业平均水平/%
C	制造业平均	0.48	—	1.13	—	4.19	—
41	电子及通信设备制造业	0.96	101.8	2.93	159.9	10.10	141
27	医药制造业	0.86	79.1	1.70	50.4	5.47	30.5
42	仪器仪表及文化办公用机械制造业	0.84	75.4	1.96	74.3	8.47	102
37	交通运输设备制造业	0.77	61.0	2.37	110.7	7.68	83.3
40	电气机械及器材制造业	0.73	52.5	2.01	78.8	6.91	64.9

注：以上计算用数据为1997年、1998年、1999年三年平均数（下表同）

表1-5 按国民经济行业中类测算的技术集约度相对高的行业

行业代码	行业名称	R&D经费支出占总产值比重/%	制造业平均水平/%	R&D人员占职工比重/%	制造业平均水平/%	科技活动人员占职工比重/%	制造业平均水平/%
C	制造业平均	0.48	—	1.13	—	4.19	—
377	航空航天器制造业	2.83	492.5	6.17	447.5	17.42	315.8
275	生物制品业	1.79	274.9	4.95	339.0	11.58	176.4
423	电子测量仪器制造业	1.79	275.0	5.69	404.8	14.60	248.4
422	专用仪器仪表制造业	1.67	249.6	2.31	105.0	11.39	171.8
402	输配电及控制设备制造业	1.53	220.3	3.17	181.3	10.44	149.2

表1-6 27个国民经济行业小类划为高技术产业

行业代码	行业名称	行业代码	行业名称
3771	飞机制造业	4153	半导体器件制造业
3779	其他航空航天器制造业	4155	集成电路制造业
3786	飞机修理业	4160	电子元件制造业
4141	电子计算机整机制造业	4171	电视机、录像机、摄像机制造业
4143	电子计算机外部设备制造业	4172	收音机、录音机制造业
4256	复印机制造业	4173	电子计算器制造业
4111	传输设备制造业	2710	化学药品原药制造业
4112	交换设备制造业	2720	化学药品制剂制造业
4113	通信终端设备制造业	2730	中药材及中成药加工业
4119	其他通信设备制造业	2740	动物药品制造业
4121	雷达整机制造业	2750	生物制品业
4122	雷达专用配套设备及部件制造业	8310	软件开发咨询业
4130	广播电视设备制造业	8330	数据库服务业
4151	电真空器件制造业		

表1-7 需补充的国民经济行业中、小类的技术集约情况

行业代码	行业名称	R&D经费支出占总产值比重/%	制造业平均水平/%	R&D人员占职工比重/%	制造业平均水平/%	科技活动人员占职工比重/%	制造业平均水平/%
C	制造业平均	0.48	—	1.13	—	4.19	—
271	化学药品原药制造业	0.92	92.6	1.53	35.8	5.25	25.3
272	化学药品制剂制造业	0.86	80.1	1.68	49.1	5	19.3
273	中药材及中成药加工业	0.61	27.6	1.61	42.8	5.75	37.2
274	动物药品制造业	0.40	-15.3	1.24	9.8	4.32	3.6
3786	飞机修理业	1.01	112.4	1.43	27.0	5.15	22.9
4256	复印机制造业	0.44	-8.4	2.34	107.6	9.87	135.5
8310	软件开发咨询业	—	—	—	—	—	—
8330	数据库服务业	—	—	—	—	—	—

注:①以上测算用数据为1997年、1998年、1999年三年平均数;②软件开发咨询业和数据库服务业没有相应的统计数据

表1-8 我国高技术产业统计分类

大类	代码	小类	代码	大类	代码	小类	代码
医药制造业	27	化学药品制造	271 272	电子及通信设备制造业	40	通信设备制造	401
		中药材及中成药加工	274			雷达及配套设备制造	402
		生物制品制造	276			广播电视设备制造	403
航空航天器制造业	376	飞机制造及修理	3761			电子器件制造	405
		航天器制造	3762			电子元件制造	406
电子计算机及办公设备制造业	40	电子计算机整机制造	4041			家用视听设备制造	407
		电子计算机外部设备制造	4043			其他电子设备制造	409
		办公设备制造	4154 4155	医疗设备及仪器仪表制造业		医疗设备及其器械制造	368
						仪器仪表制造	411

第 2 章
高技术产业形成和发展的基本规律

高技术产业是研究开发投入显著高的产业，具有高创新性、高收益性、高风险性等特点，因而具有与传统产业发展不同的形成和发展规律。本章重点揭示高技术产业形成和发展的自组织演化规律、风险收益规律、协同作用规律和产业生态系统共生演化规律。

2.1 高技术产业形成和发展的自组织演化规律

从自组织理论的观点来看，高技术产业的形成和发展过程，也就是高技术产业化系统从无序向有序方向演化的过程（赵玉林，1996；2000）。因此，可以运用自组织理论所揭示的系统从无序向有序演化的理论，揭示高技术产业形成和发展的过程机制。要实现高技术产业化系统从无序到有序的演化，必须保持高技术产业主体系统、对象系统、扩散系统的开放性，并处于远离平衡状态，保证人员的流动、信息畅通、技术转移；充分发挥发明、创新等涨落因素的建设性作用，形成涨落放大的非线性相互作用机制。

2.1.1 开放系统是高技术产业形成和发展的必要条件

根据系统与环境的关系，可以将系统划分为孤立系统、封闭系统和开放系统三类。孤立系统是系统与环境既没有物质交换，也没有能量交换的系统；封闭系统是与环境有能量交换，但没有物质交换的系统；开放系统则是与环境既有物质交换，又有能量交换的系统。根据热力学第二定律，孤立系统只能向熵增加的方向演化，不可能形成新的有序结构；封闭系统可以形成"低温有序结构"，但这一结构不能适应环境的变化，是"死"的结构，因而也不可能形成新的有序结构。20世纪60年代末70年代初形成和发展起来的自组织理论揭示出，开放系统的熵变可以分成两个部分：系统内部的熵增和系统与环境进行物质和能量交换形成的熵流。系统内部的熵增恒为正，而熵流则可正可负。如果熵流为负，且绝对值大于系统内的熵增，则系统就有可能向熵减的方向即有序方向演化（ds = deS + diS < 0）。因此，尽管开放可能会带来干扰，但不开放就没有发展和演化的可能。高技术产业形成和发展的首要条件就是保持高技术产业化系统的开放性。

1. 开放缓解人才短缺的状况

高技术研究开发、技术创新，首先要有大批的科技人才。在知识经济背景下，智力资源已成为第一生产要素，高技术产业成为支柱产业。在高技术企业中，科技人员占全体职工的比例高达40%以上。随着技术创新周期的缩短，技术更新的速度加快，对从事高技术研究开发、技术创新的科技人员的数量和质量要求越来越高。而我国目前的人才，一方面严重短缺，另一方面又存在严重的人才浪费。造成这一状况的主要原因：一是长期计划体制下形成的用人体制和机制尚未完全打破，符合市场经济规律的人才流动机制尚未形成，在人才流动过程中尚存在许多不配套的制约因素，如户籍制度、保险制度、子女就学制度等。封闭的人才管理体制，造成了人员分工的无序化，报酬分配的均匀化，严重挫伤了广大科技人员的积极性，制约了科技人员潜力的发挥，降低了人才的使用效率。二是高技术产业布局的均匀化，无视科技条件、经济条件，高新技术开发区遍地开花，造成全国甚至省内重点项目重复建设，致使本来就紧缺的科技人才分散使用，不能形成合力，低水平地重复建设，人力资源、科技资源、自然资源都严重浪费。三是我国高校的教学内容陈旧，教学方法单一，理论脱离实际，学科技的不懂经济，学经济的不懂科技，这种状况至今尚未得到彻底改观，所培养的人才，远不能满足社会经济发展的需要。近两年出现的大学生就业难的问题，并不是有人所说的"高等教育发展过快"，而是一种结构性的过剩和结构性的短缺。这正是封闭式的办学体制所致。

封闭式的办学模式和用人体制，条块分割的发展格局，造成了人才短缺和浪费，加剧了人才供不应求的矛盾。只有开放，形成人才不断流动和交换的科技产业系统，才会有源源不断的人才资源，才能缓解高素质、高水平人才紧张的状况。通过对外开放，派出留学人员学习国外的先进科学技术，引进国外高水平、高素质的科技人才，来解决高层次人才，尤其是杰出人才短缺问题。新中国成立初期，4000余名科技人员回国，在中国科学技术事业的发展和经济建设中发挥了重要作用。自此回国的专家学者中，到1991年已有113人当选为中国科学院院士，约占1991年中国科学院院士的1/3以上。截至2004年，81%的中国科学院院士、54%的中国工程院院士、72%的"九五"期间国家"863"计划首席科学家都是留学回国人员，他们在载人航天工程、高温超导、人类基因组序列"工作框架图"绘等重大项目和高科技领域的重大突破中，作出了重大贡献。到2008年年底这一比例进一步上升，有77.7%的部属高校校长、84%的中国科学院院士、75%的中国工程院院士和62%的博士生导师都有留学经历。从1978年到2008年年底，我国各类出国留学人员总数达139.15万人，各类留学回国人员已近39万人，通过各种途径吸引他们长期或短期回国工作，进行学术交流和合作研究，必将极大地促进中国科学技术的发展，加快技术创新的步伐。

促进科研机构与企业间的人才流动，是提高技术创新效率和效果的重要举措。在产业化之初，必须有人才不断地从其他产业或产业系统之外，流入由某项科技成果创新引发的新生产业部门，否则新企业不可能建立，企业规模得不到扩大，高技术成果不可能实现产业化。随着新技术企业或产业规模不断扩大，一方面需要科技人才流入，从事更深层次的开发研究；另一方面又需要有人才流出，使技术向其他企业或地区扩散，从而不断扩大产业化规模。因此，产业与产业间以及产业与科技机构间不断的人才流动，正是高技术成果产业化的前提和保证。美国硅谷半导体产业的形成和发展就充分证明了这一点。在硅谷大约有70家半导体公司，其中半数是从仙童公司直接或间接分离后而创立的。1969年在森尼威尔举行的一次半导体工程师大会上的400位与会者中，有94%的人先后在仙童公司工作过。

因此要进一步健全人才市场，促进人才流动。近几年来，我国各地纷纷建立人才服务中心或人才市场，各省份每年都要举行若干次人才交流会，人才市场日益活跃。然而，受僵硬的户籍制度、计划体制形成的人事制度、条块分割的人才管理体制等因素的制约，顺畅的人才流动机制、健全的人才市场远未形成。许多单位至今仍沿用计划体制的人才管理模式，优秀的人才不能安排优秀的工作岗位，得不到优厚的待遇；分工无序、分配无序、内耗严重，但又以种种条件限制流动，甚至宁愿其出国也不同意调往国内其他单位。人才市场功能单一，信息不畅。因此，健全人才市场的服务功能，深化人事制度改革，已是当务之急。形成多形式、多渠道、多层次的人才流动机制，已成为促进技术创新的客观要求。

在市场经济条件下，已出现多种有效的人才流动形式。其一，兼职式流动，即不改变科技人员的行政隶属关系，在完成本职工作的前提下，以兼职身份参与其他企业的技术推广、应用活动，通过技术指导、技术培训、技术咨询，及时发现并解决技术应用过程中的现实问题，提高技术本身的成熟度，减少技术创新过程中由于对技术本身不熟悉所增加的风险。其二，交流式流动，即通过科技机构、高等学校与企业联合组织各种学术流动，如举行专题学术讨论会、学术报告会，组织人员互访和参观，大学与企业联合组建博士后流动站，企业技术人员到科技机构或高等学校做访问学者等，从而促进理论与实际紧密结合，克服技术创新过程中的界面障碍。其三，抽调式流动，即为了某一项目需要，不改变人员隶属关系，临时从科技机构、高等院校或企业抽一部分科技人员，组成开发小组或称风险小组，项目完成后回原单位工作，其知识产权由参加人员分享。

2. 开放提高技术成果的实用性

所谓高技术成果的实用性，就是针对实际需要进行高技术的研究开发，并在满足需要中产生较高的经济效益。在熊彼特看来，企业家之所在进行创新活动，是因为他们看到"创新"给他们带来盈利的机会。而曼斯菲尔德认为，采用新技术带来盈利的大小，决定着先进技术能否在同一行业被推广。卡曼与施瓦茨认为，技术创新使创新者在与对手竞争中获得较多的利润。这都说明，科技成果是否有效地实现创新的扩散，它与科技成果被采用后带来利润的多少有关，而科技成果实用性的高低，决定了其使用后利润率的大小。因此，科技成果的实用性决定了科技成果对企业的吸引力，是科技成果产业化的先决条件。

目前，我国很多科技成果具有先进性，但缺乏实用性，因而难以实现产业化。这主要是由于封闭式的科研体制和科研方法所致。迄今为止，我国科研与生产脱节的问题仍未得到很好解决。科研选题过多地考虑了课题的理论意义，而未把工业性实验、产业化和市场预测等放在首位。科研成果的评价标准，如国内领先、达到国际先进水平等，则为这种现象推波助澜。因此，要提高科技成果的实用性，科技机构必须走出高楼深圳特区院，面向市场、面向经济建设，以市场需求主导向，有针对性选择课题，使先进的技术与现实需求紧密结合，在保证科技成果先进性的同时，尽力提高其实用性。广泛开展国际交流与合作，实现科技系统与产业系统的直接结合，是保证和提高科技成果实用性的有效途径。我国自己研制的大型数字交换机——04机的产业化，就是一个典型的例子。

1991年，中国邮电工业总公司和解放军信息工程学院合作，开始了大型数字程控交换机的研制。他们在认真分析了我国对程控交换机的需求及该产品的市场特点的基础上，边研制边进行生产性试验，开始就选择了12个不同级别、不同使用属性的电话局，进行了5万线的开通实验（万线以上即为大型），到1992年年底，生产型的机器就可以批量生产了。在整个研制过程中，科研人员一直按项目、按任务跟踪在现场。正因为科研过程考虑了市场需求，因而到1993年年初，04杨具备了规模生产的能力，6个工厂同时开始生产，当年就生产出85万线，1994年生产达400万线，并开始出口，创造产值20亿元，被党中央领导誉为中国高技术领域"送来一股清风"。

因此要进一步搞活技术市场，促进技术转移。技术市场是沟通高等院校、科技机构与企业的桥梁和纽带。目前，我国技术市场尚处于发育阶段，其"中间切入，沟通两头，引导开发，推动应用"的功能远未发挥出来，其沟通、预测、评价、决策、协调等中介服务功能亟待加强。

技术中介是科技与经济结合的切入点，是科技面向经济进入市场的重要渠道，大力发展规范化的技术中介也是加速我国技术创新的一项极其重要、紧迫和艰巨的任务。从整个技术转化过程来看，一项创新技术成功转化的过程，即从获得技术信息到成功进行商品化生产的过程，须经沟通、评价、预测、决策、协调、生产、经营等若干个环节。其中沟通主要指技术供需双方之间的信息联络和沟通；评价主要指对拟采纳技术的先进性、科学性、经济性、适用性、风险性进行评价；预测主要指对技术转化后的市场前景进行预测；决策主要指根据拟采纳技术企业的人力、物力、财力和资源情况，对技术项目的取舍进行决策；协调主要指对技术转移方式和转移各方权益的协调；生产主要指职员招募、生产技术培训、资金融通、生产场地与设施筹备及技术难点咨询等；经营主要指技术采纳企业营销计划、营销策略和销售渠道等的制定、实施和选择。在技术转化过程的若干个环节中，无论其中的哪一个或几个环节出现障碍都会影响整个技术转化的进程，进而影响技术转化的成功率。由此看来，在我国技术中介业中应迅速建立起集"信息集散—技术评价—市场预测—决策支持—专家咨询—用户服务"为一体的全方位服务模式，以推动我国技术中介业的健康、高速和规范化发展。

3. 开放分散高技术产业化的风险

一般来说，风险是指由于事物的不确定性而导致人们发生损失的可能性。风险一般来自三个方面：外部环境的复杂性、多变性；系统内部的复杂性和不确定性；风险承担者的有关能力。由于高技术产业化的难度和复杂性，技术创新及其扩散的外部环境的不确立性，以及技术创新者与企业决策者知识水平的局限性，而导致技术创新的失败、中止或达到预期规模的可能。高技术产业化是高技术成果商品化、技术创新和扩散直至形成产业的过程。它是一项开创性的活动，受到政治、经济、文化、技术等多因素的影响，具有复杂性和较大的不确定性。因此高技术产业化存在较大的风险性。正因为这一点，我国大多数企业倾向于"短平快"的开发项目，重大科技成果很少有人问津。风险是制约高技术产业化的重要因素。因此，防范和分散高技术产业化过程中的风险，已成为解决高技术产业化问题的重要环节。

高技术产业化过程的风险防范和分散，是指采取适当措施，对技术创新进行风险辨识、风险降低、风险分摊和风险消除，以减少风险损失。系统开放则是防范和分散技术创新风险的有效措施。在开放系统条件下，科技机构、企业与外界不断进行信息、资金、人才、技术、产品等的交换，从而提高科技成果的成熟性、实用性以及决策的正确性，减少技术创新过程中的不确定性；打破行业界限、地区界限，组织合作开发，可以提高技术创新的成功率，从而降低风险，同时又可以分摊风险。科技机构、企业与保险系统相联系，实行科技保险，将风险部分地转移给保险公司；通过科技成果资本化，将科技成果作为股份，建立股份制企业，实现科技与生产结合，科技人员携带成果进入生产领域，直接参与生产环节，既可以提高转化的成功率，降低风险，同时又可以分摊风险。大力发展风险投资公司、风险投资基金，支持技术创新，实现技术创新过程中的风险分摊。

因此要进一步完善金融市场，促进资金融通。资金短缺是制约技术创新的关键因素，而由于技术创新的风险性，技术创新主体不愿也无力承担风险，政府的科技投入又十分有限，因此资金问题一直是技术创新的一个难题。完善金融市场，进一步促进资金流动，则是加速高技术产业化的有效手段。

1）建立技术创新专项基金。由政府、商业银行、科技机构、高等院校和企业共同发起成立促进技术创新专项基金，专门用于支持科技机构、高等院校和高技术企业的技术创新。凡是通过中试，具有经济效益，有望形成规模生产的科技项目，都可以申请该项基金，经评审后予以支持。

2）建立风险投资基金。以股份制形式和优惠政策吸纳社会闲散资金，建立主要用于技术创新的风险投资基金。风险投资基金的项目决策可以经基金董事会讨论决定，也可以委托基金管理者操作。

3）建立风险投资公司。风险投资公司是技术创新强有力的投资主体并能承担投资风险。国外的实践已证明，建立风险投资公司，是促进高技术产业化的重要支撑条件之一。

2.1.2 远离平衡是高技术产业形成和发展的动力源泉

根据系统的状态，可以将系统分为平衡系统、近平衡系统和远离平衡系统。平衡系统是系统内无差异的系统。如热力学平衡系统，经过物质的能量的流动，已经消除了各局部的温度和浓度的差异，熵增加到一个极大值，系统各处有一致的温度和浓度。与这种情况类似的是自给自足的小农经济（纯粹的自然经济），劳动者的技能和生产方式基本上没有什么差异，没有分工差异，没有产品的差异，没有分配差异，这是一个经济平衡系统。近平衡系统是系统内存在微小差异，可以用线性关系进行描述的系统，如小商品经济（或简单的商品经济），交换是以自足之后的剩余产品为基础的，因而量是不大的；交换的种类、多寡是围绕自给自足这个平衡态作微小波动。远离平衡系统是系统内存在显著差异，要用非线性关系进行描述的系统，如市场经济，分工非常发达，劳动者的技能、各种生产技术和产业之间的差异日益明显，各种生产要素（如劳动力、资金、原材料等）在时空中的分布极不均匀。热力学第二定律揭示出，平衡系统不可能产生有序状态，系统只能向熵增的方向演化（$ds \geq 0$）；最小熵产生原理进一步揭示出，近平衡系统虽不能到达熵最大状态，但可以到达熵的产生率最小状态（$d^2s/dt^2 \leq 0$），即不均匀分布恒定的状态，因此也不可能产生从无序到有序的演化。只有远离平衡系统，要素之间产生协同作用，内部存在的微小涨落放大为巨涨落，系统才有可能突然进入一个新的更有序状态，形成新的稳定有序结构即耗散结构。因此，自组织理论强调"非平衡是有序之源"（伊·普里戈金和伊·斯唐热，1987）。

1. 高技术产业化系统的平衡与非平衡

在高技术产业化系统中,无论是科技机构、高等院校,还是企业,如果内部没有分工差异、分配差异、投资差异,相互之间没有人才流动、技术流动、资金流动、信息流动,则该系统便处于平衡态。这种平衡态主要表现:人力资源不分能级,没有竞争机制,优秀的人才不能安排优秀的岗位,优秀的岗位又没有优秀的人才,职工的积极性受到严重的压抑;员工没有明确的分工,没有明确的职责,突出的贡献得不到奖励,出现事故无人负责;企业产品、工艺多年一贯制,人们习惯于传统的技术、传统的做法;资金的投入没有重点,企业的发展没有特色,员工的特长得不到充分的发挥。其非平衡主要表现:技术思想的对称破缺和非均匀化,从而不断有新的技术思想的形成,不断进行着技术思想的交流、技术转移;人员分工和分配的非均匀化,从而形成人才的流动,人才素质的不断提高,人才结构的高级化;投资的非均匀化和多元化,从而出现资金的流动。处于远离平衡态的企业,通过加大技术创新投入,加快技术创新步伐,不断开发出新的技术成果,从而远离四平八稳、死气沉沉的平衡态而保持旺盛的创新活力,并不断获得"超额利润"。例如,珠海在全国率先对科技人员实行重奖,高等学校设立特聘教授岗位,都有利于在科技系统形成远离平衡状态。

2. 远离平衡加速高技术产业化的进程

没有分工的差异,就不会有相互间的交流与合作,从而不可能有放大机制的形成;没有产品的差异,就不会有产品的交换,从而也就不可能有发展的动力和资金条件;没有技术的差异,就不会有技术转移和技术协作,从而也就不可能形成转化系统;没有投资的差异,也就不可能保证研究开发和技术创新的重点,从而也就不可能获得"超额利润"。由于创新投资的不可逆性,创新风险是明显存在的。一旦创新失败,便会带来巨大损失,因而使得许多企业因循守旧、小富即安而不敢创新。然而,殊不知,企业不冒创新的风险,就有可能冒被激烈的市场竞争淘汰的风险。总之,在均匀化、无差异的平衡态,不可能形成有效的高技术产业化系统。相反,在远离平衡的条件下,存在着分工的显著差异、分配的显著差异、投资的显著差异,充分调动科技人员的积极性和首创精神,保证研究开发和技术创新重点项目的资金投入,从而使微小涨落产生建设性作用,形成新的经济增长点。在远离平衡的条件下,有利于形成研究开发、设计、制造、营销之间的协同作用,形成技术、资金、研制者之间的相干作用,从而形成有效的高技术产业化系统。

因此,要打破平衡,真正建立技术创新激励机制。企业必须深化劳动人事制度改革，真正形成干部能上能下、职工能进能出、收入能高能低的动态激励机制；企业也要建立技术创新评价体系和知识产权管理体系，以利于形成技术创新激励机制。企业内部要形成一个干事创业的环境，对于企业员工来讲，心情舒畅的工作环境有利于创造性发挥。进一步改革科技人员收入分配制度，收入与技术水平和贡献挂钩。一旦确定创新课题，就要把任务落实到人，并建立个人业绩档案，形成一种自我加压、奖优罚劣、优上劣下的竞争机制。

远离平衡的高技术产业化系统，为加速高技术产业化提供了重要条件。促进高技术产业化，要以建立其动力机制为突破口，以激发科技人员和企业的积极性为核心，积极推进知识、技术要素的资本化，允许并鼓励发明者和有突出贡献的个人（如企业家等）将职务发明和成果转化中的创造性劳动转化为个人资本；形成分工的显著差异和分配的显著差异。科技成果的中试，即科技成果工程化、工业化试验是科技成果产业化的前提和基础。为克服我国科技成果中试的薄弱环节，加强高技术小试成果的深层次开发，要尽快在优势领域以"开放、流动、竞争、联合"的新机制组建行业工程技术研究中心和中间试验基地，并以产学研结合的形式，搞好产业化重大项目工程化中的关键技术攻关，带动相关领域设计与工艺技术进步。远离平衡的高技术产业化系统提供了产业化示范工程实施和放大的条件，各地可以选择一批具有明显优势和特色、拥有自主知识产权、工程化条件好的重大项目，组织实施科技成果产业化示范工程。要确保重点投资，确保优惠政策到位，尽快培育出本地高技术产业新的"增长极"。

集中有限资源、突出重点、实施科技成果产业化标志工程，是高技术产业化进入远离平衡状态，从而将科技优势转化为经济优势的重要举措。20世纪90年代中期，天津重点实施20项重大科技成果产业化工程，仅5年时间就形成了100亿元产值的产业规模；上海1997年重点推动了新型材料和汽车材料产业的形成和发展，带动了5大类17种高技术产品开发，使上海新材料化速度、规模、效益处于全国领先地位，实现产值116.7亿元。实施产业化标志工程，必须以重大项目为支撑，选择标志性工程的重大项目，有利于培育先导产业和壮大支柱产业，具有市场潜力，具有较强的竞争优势；要着眼于长远，新建开发一批具有超前性、工程化条件好、技术含量高的项目，培育高技术产业新的"发展极"；要坚决贯彻"重点支持，重点投入"的方针，明确责任分工，强化管理力度，围绕重点产品、重点项目，积极发展配套零部件、产品生产，带动相关产业、产品发展，形成以重点骨干企业为支柱，大批中小企业参与的高技术企业群体。

2.1.3 微小涨落是高技术产业形成和发展的内部诱因

"通过涨落达到有序"是自组织理论的基本原理。涨落是相对于系统宏观平均状态的偏离或波动。任何系统都必然存在着涨落，但涨落尺度的大小、涨落生长或衰减的方向则是随机的。在系统的近平衡态，涨落的存在破坏了系统的稳定性，因此，传统的思维方式总是畏惧涨落的出现；一旦出现涨落，总是设法消除之。然而，自组织理论指出，在远离平衡的开放系统，随机涨落则有可能被放大为巨涨落，从而破坏原来的结构，形成新的有序结构，即耗散结构。"耗散结构可以看成是远离平衡的开放系统通过与环境进行物质和能量交换而稳定化了的巨涨落"（普利高津，1982）。因此，在远离平衡的开放系统，涨落对系统起着建设性的作用。涨落是系统演化的内部诱因，系统的有序演化是通过涨落而实现的。没有涨落，系统就无从认知新的有序结构，就没有非线性相干作用的关联放大和序参量的形成，也就不可能有系统的进化。

1. 高技术产业化系统中的涨落因素

在高技术产业化系统中，由于内部和外部因素的作用，研究者和管理者不可能对未来做出确定无疑的预测，在实验室成功的科技成果，在中试过程中，在进入生产过程的创新过程中，总会存在成功与失败两种可能，因此，涨落是普遍存在着的。如技术水平高低（先进落后）的波动，人才素质高低、学术水平高低、研究开发能力高低的波动，资金增加减少、盈亏的波动，研究开发、技术发明，乃至商业化应用中成功和失败的波动；由于创新的成功与失败，则有生产效率高低的波动、产品品种的波动、产品质量的波动；由于政府政策的变化、消费者心理和习惯的变化，则出现产品的畅销与滞销的市场波动、投资增加与减少的资金波动、职工调入调出的人员波动，等等。新产品的推出、生产工艺的改进和装备水平的提高等研究开发成果的第一次商业应用，也正是通过非线性相互作用放大而形成的巨涨落。

R&D 是创新的重要前提，其产出是创新的投入。R&D 对技术创新的作用通过技术不平衡表现出来，R&D 某一环节的技术进步打破了原有的技术平衡，产生一个"瓶颈"，使创新主体把 R&D 集中在消除这个"瓶颈"的方法上，而这一方法又会造成新的"瓶颈"和新的解决方法。这样，R&D 作用的直接结果，是不断产生新的不平衡，产生新的知识和在经济系统中产生新的不确定性。这种新的不确定性，不仅可能带来新的"瓶颈"，还可能带来创新过程中的飞跃性突破，体现出创新过程是一种逻辑相关且非线性连续的特征。在这里，系统原有平衡受到创造性破坏并达到新的有序，而引发创造性破坏（使系统远离平衡）契机的主要原因就是 R&D。

当然，R&D 成果并不一定导致创新，创新的实现还要受技术可行性和潜在需求大小的影响。而对于创新主体而言，R&D 成果的多少与创新成果的多少并无必然联系。一项创新可以由许多分散的 R&D 成果组成，这些项目对创新的不同部分各有贡献。成功的创新可能来自一组 R&D 项目，也存在许多不成功的 R&D 项目。即使是由成功的 R&D 项目产生的创新成果，也可能被市场判定为不成功的。R&D 的成功与失败便构成了创新活动中的"涨"与"落"。

2. 涨落的建设性作用

对于高技术产业化系统的自组织而言，其涨落既可来自系统内部，也可来自外部。技术持续创新可通过①自行、合作或委托外单位进行研究开发；②技术引进；③企业兼并或收购而获得。一般而言，技术引进市场风险较小，收效较快。但引进技术的先进性、适应性、适时性都受到较大限制，这主要是由于国内外市场竞争的加剧，导致妨碍技术引进的因素逐渐增加。因此，企业技术创新不能主要依靠技术引进。企业兼并与收购，虽可扩大企业规模，改善内部开发机构，但不可能成为技术创新的经常性行为。由此可以得出结论，我国企业的技术创新，应该立足于提高自身的自主创新能力，技术引进与自主创新同时并重。而 R&D 既是自主创新的一个最基本的先决条件，也是引进技术消化吸收的重要环节，是创新活动的主要推动力。没有 R&D 就不可能实现创新进化。

根据熊彼特的创新理论，一旦一个企业实现了创新，其他企业就会相继模仿，形成创新浪潮；创新浪潮的出现，引起大量投资、信贷扩张和对生产资料的需求扩大，这样就会出现经济高潮，形成经济繁荣。当创新普遍化以后，创新所带来的超额利润便会逐渐消失。于是，人们为了追求新的超额利润，又开始新的创新，从而使经济发展进入一个新的循环。这里"创新浪潮"、"经济高潮"的形成，正是高技术产业化系统中微小涨落放大的结果。如果没有技术创新引起的产品品种的波动、产品质量的波动、产品数量的波动、生产效率的波动，就不可能有科技产业系统新的稳定有序结构的形成，也就不可能最终实现科技成果向现实生产力的转化。

技术创新的主要拉动作用来自市场需求。对西欧的一项研究表明，企业主要是从用户那里得到需求信息反馈，作为产品创新的基本根据。全新、首创新思路，100%来自用户；重大革新思路，58%来自用户，30%来自企业生产需求，12%来自于其他。美国仪器制造业对创新来源的一次调查表明，11 项首次发明的新仪器，思路100%来自用户；66 项重大改进，85%来自用户；83 项小改革，67%来自用户。因此，科技系统和产业系统都应对市场需求的波动、消费者预期的变动、用户的创新思想和建设等涨落因素给予高度重视。科技系统可以在这些涨落因素的引导下，通过研究开发活动引出新的发明（新的产品、工艺、生产经验和管理方法等），并努力将其加入生产过程；产业系统可以在这些涨落因素的引导下，有选择地吸纳最能满足市场需求的科技成果进行生产性试验，实现首次商业化，从而获得超额利润。

技术创新也受着持续不断发展的科学技术的推动。在近代第一次技术革命中起主导作用的蒸汽机技术的发明，导致了蒸汽机车的出现；蒸汽机车用于交通运输中，推动了铁路运输的商业化。这种新的发明，正是系统的涨落。协同学创始人哈肯（1988）就说过："在经济生活中，由什么来承担这一触即发的角色呢？这就是包括创新在内的经济上的各种因素，尤其是新的发明，诸如内燃机、飞机、电话、以至一种新的吸尘器。"因此，企业家也应对新发明这类涨落因素给予关注，并预期它的应用前景及市场前景，从而积极主动地抓住创新机会。

创新的主体是企业家。企业家的创新偏好能够激励创新过程，尤其是企业家的"灵机一动"，也是一种涨落因素。美国的管理学家彼得·F.德鲁克甚至认为，在"灵机一动"基础上形成的技术创新，恐怕比其他各种原因引发的创新的总和还要多。美国的专利创新中，大多都是"灵机一动"发明的，诸如拉链、圆珠笔、易拉罐等（德鲁克，2007）。因此，企业家应具有远见卓识、敢冒风险、积极进取的性格特质，具有对科技现象的好奇心和敏感性，善于利用"灵机一动"的诱发，而不应将这类涨落视为异想天开而简单地消除掉。

3. 通过涨落达到有序

发明、创新等涨落因素是高技术产业化系统向有序方向演化的内部诱因，科技成果实现产业化，正是这种涨落因素放大的结果，但并不是所有的涨落都会达到巨涨落，尽管80%的发明来源于"灵机一动"，但能获得商业化应用并获取商业利益的不足2%。那么，在高技术产业化系统中，微涨落怎样才能放大为巨涨落呢？这就必须具备两个基本条件：一是需求收入弹性条件；二是生产率上升率条件。若科技产业系统中微涨落能达到一定的临界水平（即达到一定的需求收入弹性和生产率上升率），这种微涨落就能得到放大而形成宏观尺度上的巨涨落，从而实现科技成果的产业化。

某产品的需求收入弹性，是指随着人均国民收入的提高，对其需求增加或减少的程度，即该产品的需求增长率与国民收入增长率的比。例如，我国20世纪80~90年代，家用电器就是需求收入弹性高的产品；21世纪初，住宅和小轿车成为需求收入弹性高的产品。一种新的科技成果要实现产业化，就必须以其产品有市场需求为前提条件。一种产品的收入弹性越大，随着经济的发展，人均收入的提高，这种产品的市场容量就越大，由此生产这种产品的产业的发展就越快，它在整个产业结构中所占的比重就越高。所谓生产率上升率，是指一种产品的生产率提高的快慢。这里的生产率，是综合生产率，即劳动生产率、资金生产率、能源生产率等的诸生产要素的生产率的加权平均。这个条件是从供给方面来刻画产品的生产能力的。因为仅仅有潜在的市场容量还不够，一种产品要想得到实在的市场，它就必须生产出一定批量并具有足够高的生产率，这样才能以物美价廉满足有购买力的需求。收入弹性和生产率上升率这两个条件结合在一起，决定了涨落的幅度。一个新生产业尽管开始时可能弱小，它的产生也可能完全是偶然的，但只要它的产品有较高的需求收入弹性和较高的生产率上升率，它就能迅速发展起来。而一个老产业的产品尽管曾经畅销一时，但随着收入的提高，它若没有以前那样高的收入弹性，也注定要停止（即对它的产品需求已经饱和）或衰亡下去（产品已被淘汰）。

一个新产业的勃兴，形成了巨涨落中的干流。若新产业的产品具有高收入弹性和高生产率上升率，且具有较高的感应度和带动度，便可带动为满足这一产业产品生产需要的其他行业的发展，满足需要这一产业产品的其他行业的需求，从而促进其发展。这样，一种新的有序的产业结构便形成了。在这种结构中，具有包含大量个别产业的相干协作状态所形成的滚滚洪流，微涨落终于变成稳定的巨涨落。微涨落在高于临界时演变成巨涨落，正是由于由技术创新导致的新产业的链锁反应（即上述的大量个别产业的相干协作状态）。这种链锁反应包括：向前链锁、向后链锁和旁侧链锁。向前链锁是指一个产业的发展可能引起"瓶颈"现象，造成新的短缺现象，从而诱导出新的突破；向后链锁是指一个产业的发展对向自身投入生产资料的各部门的影响；旁侧链锁是指一个产业对所在地区的影响，如形成新的城镇和服务业。主导部门的收入弹性越高，生产率上升得越快，所引起的链锁类型就越丰富，链锁效应的强度就越大。这样，放大的倍数就越大，巨涨落的幅度就越大，新产业结构的宏观图景表现得就越充分。

因此，企业要特别重视研究开发和技术创新的建设性作用，加强研究开发和技术创新管理，创造研究开发和技术创新等涨落因素的放大条件。为此，必须大力增加 R&D 投入。

2.1.4 非线性相互作用是高技术产业形成和发展的根本保证

自组织理论认为，系统中各要素或子系统间的非线性相互作用是系统向有序演化的根本机制。在非线性作用下，系统产生整体性行为。高技术产业化过程中要素间的非线性相互作用，主要体现在以下方面：创新主体内部资金、技术、劳动力之间的反馈作用；研究开发、技术创新、市场创新的相干作用；创新活动过程中科研、设计、生产制造之间的协同作用（赵玉林，1998）。

1. 资金、技术、劳动力之间的反馈作用

当一项技术创新的需求收入弹性与生产率上升率超过临界水平时，人们会发现这一创新扩散有利可图，因此资金、劳动力会流向这一技术创新引发的部门，产业化将从此开始。资金流入量的增加，一方面可以提高技术的成熟程度，另一方面可以增加对技术的需求，技术需求的增大提高了整个技术水平，这样又可以生产出更多的产品，提高整个国民收入，收入的提高又可以增加投资，如此循环下去，技术创新将不断扩散，从而形成新的产业。资金投入的增加，还可以增加劳动者的培训，提高劳动者素质，或增加劳动者收入，吸收高水平劳动者流向新的产业部门。劳动者与技术之间的相互作用，体现在劳动者水平的高低决定了对新技术的消化、吸收快慢的程度上，技术水平越高的劳动者越更易掌握新技术，反过来其本身的技术水平提高得越快。

创新主体内部资源的优化配置，是创新成功的基本前提条件。这里资源主要是指资金、技术、信息和劳动力。任何一个创新主体，所拥有的资源量总是有限的，合理的资源配置，可以产生较强的非线性相干作用，把微涨落放大成为巨涨落，推动创新成功，达到有序结构。因而资源的合理配置、生产要素重新组合应体现在增强创新能力上。而技术创新的成功，不仅仅取决于科技人员的水平和素质、技术水平和成熟程度，还必须有资金和劳动力素质的保证。要树立知识经济的观念，将知识、技术置于比资本等其他生产要素更重要的地位，鼓励科技人员把知识、技术折价入股投资，允许发明者和高技术产业化中有突出贡献的个人将职务发明和创造性劳动转化为个人资本，持有股权，这既可以调动科技人员的积极性和创造性，又可以降低高技术产业化中的风险，还可以促进科技人员与企业的密切结合。

我国许多高技术成果，其研究和设计水平都是很高的，但所生产出来的产品质量却是低下的，究其原因就在于我国的广大劳动者的素质水平低下，科技意识淡漠。1988年，华晶集团公司中央研究所成功地开发出了低频石英钟集成电路，从定型后转入中试，试产了几十万块集成电路投放市场，市场需求量很大。该厂将这项技术转让给某厂，并派出主要技术人员去现场指导。经过努力，试产出了合格的电路，但由于该厂技术人员的素质和操作工人的技能不能适应这项产品的生产，技术设备难以正常运行，致使这项科技成果的转化工作中途夭折。

在技术创新系统中，必须形成科学技术、资金、劳动者的反馈作用，才能保证其创新活力。因此，必须大力普及科学技术文化知识，提高广大劳动者的科技意识和知识水平，进行恰当的技术选择，使之与本企业职工和资金状况相适应。当前国有企业经济效益仍处于下降趋势，企业职工下岗人数继续增加，这正是对职工进行培训的时机。国家应采取有力措施，通过多条途径，加强企业职工培训。经过培训，职工队伍素质提高，企业可以吸纳先进的科技成果，实现产品创新、工艺创新、资源创新，从而获取超额利润。这样又可以有更多的资金用于职工培训、吸纳先进技术，使职工队伍的素质越来越高，使企业生产效益越来越高。因此，在研究和实施高技术产业化的对策时，应将通过教育提高劳动者的素质、使劳动者掌握现代科学技术这条途径提到特别重要的地位。这正是第二次世界大战后日本经济高速发展的成功经验之一。

2. 技术创新、市场创新、组织创新的相干作用

技术创新的性质决定了企业是技术创新活动的主体。但是我国具有较强创新意识和创新能力的企业则很少，相当多数仍未摆脱传统的单纯生产型或以低水平重复为特征的外延扩大再生产型的组织体制和发展模式，还没有形成以技术创新为内在机制的组织体制。其中，特别缺乏的是企业内部的研究开发体制。即使有的单位在形式上成立了研究开发机构，但远未形成研究开发、技术创新与市场创新相互促进的相干作用机制。

社会需求是推动科学技术发展的根本动力，但并不是有了社会需求就一定能促进科学技术的发展。社会需求只有与科学技术自身发展的逻辑以及社会对科学技术支持相整合，才能真正推动科学技术的发展。科学技术作为生产力系统的"序参量"，已成为社会进步第一位的推动力量，但并不是每项具体的科学技术成果都可以加入生产过程，推动社会的进步。只有科技成果的学科结构、门类结构、成熟结构等与市场需求结构相吻合，才能满足市场需求；只有能满足市场需求，才会得到市场主体、创新主体的选择和支持。获得国家科技进步奖一等奖的武汉长江二桥建设与施工技术成功的重要因素之一，就是研究开发与市场需求的紧密结合。武汉长江二桥是我国建桥技术进步的象征，反映了我国90年代的科学技术水平。武汉长江二桥的建设，形成了社会需求与已有科技成果不足的矛盾，为科学研究选题提供了重要的契机，为科技成果的商品化和产业化提供了重要的场所。武汉长江二桥的设计和施工单位将科技成果的需求信息及时地传递给有关科研单位，许多科研单位主动到建桥工地考察，争取科研课题。为了攻克武汉长江二桥建设过程中的一道道难关，先后有大桥局桥梁研究院、同济大学、南京航空学院、长江科学研究院、煤炭科学研究院、上海冶金研究所、长沙冶金研究所、哈尔滨焊接研究所、武汉工业大学等20多家科研机构参与了有关项目的勘测、试验、研究开发和研制，市场机制将各有关单位紧密地联系在一起，形成了高效率的、协同作战的科技力量，先后完成了30多项重大科研项目，创造出了大跨度斜拉桥、特大型双壁钢围堰、大直径深孔钻孔桩施工、短平台复合式牵索挂篮等一批全国领先甚至世界一流的建桥技术成就，高质量高速度地完成了武汉长江二桥建设和施工，使中国建桥技术从整体上跨入世界先进行列。

我国高技术产业化效率低的一个重要原因，就是没有形成科技—企业—市场

—科技的相干作用机制,即科技系统根据市场需求(包括现实需求和潜在需求)选题立项,组织研究开发,按市场需求评价科技成果;企业根据市场需求选择科技成果,实现技术创新,获取超额利润。这种相干作用机制的形成与持续,不仅要实现从计划体制向市场经济体制的转轨,而且也不能忽视政府的作用。在科技成果向现实生产力转化的过程中,政府的作用不仅是通过政策、法律、法规从系统外规范市场行为,而且还在于作用系统内的要素在高技术产业化过程中主动分担其资金困难和风险。日本在超大规模集成电路的研制方面国家投资占40%,在光电子集成电路研究开发过程中国家投资占50%,这是值得中国借鉴的。

3. 科研、设计、生产协同作用

我国科研、设计、生产人员相互独立,是高技术产业化难,甚至在转化过程中失败的重要原因之一。攀枝花钢铁公司钒钛铁矿的高炉冶炼技术就是典型一例。其科研是成功的,成果是可靠的,但由于科研人员未参加设计,结果设计出来的工艺技术,表面上看来与试验相似,但没有真正与试验吻合;生产操作也是表面上符合试验的工艺要求,但并未吃透其实质内容。高炉建成后,生产极度困难,生铁质量极差,大半是废品,产量只有正常高炉的1/4,工厂大量亏损。后来,冶金部将参加过扩大试验的科研人员、设计人、生产人员组成大型工作组,联合攻关,才使高炉转危为安,正常生产。近年来,国家建材局合肥水泥设计研究院的高技术产业化率已达80%以上,其成功的经验之一,就是科研人、设计人员、生产人员的紧密结合、密切配合。课题组每完成一项科研成果,其部分成员便开始推广;参与设计,提高设计水平;参与生产,及时解决成果用于生产过程后出现的技术难题。在合肥水泥设计研究院的设计中,广泛采用本院的技术成果,形成自己的特色,不仅提高了企业的技术水平,反过来也促进了该院科研总体水平的提高;该院的科研人员直接参与生产,进行售后服务,了解生产中的急需;及时解决生产中的技术问题,提出新的科研课题;将取得的经济收益再投入科研,保证科研资金,从而实现科研、设计、生产的协同作用,既加速了科研成果转化,又提高了经济效益。

大庆油田长期高产稳产的重要经验之一就是坚持科研、设计、生产协同作用的一体化运行机制。到20世纪70年代末,经过20多年的开发,大庆油田进入了高含水采油阶段,原油的开采难度越来越大。如果按照世界各大油田的发展常规,这时大庆油田的原油产量要从每年递减5%增加到每年递减10%左右。按此速度递减下去,到1985年,大庆原油将由盛产期的年产5000万吨下降到3100万吨。这对原油产量占全国一半的大庆油田来说,显然是一个十分严峻的问题。为此,大庆油田及时做出开展"大庆油田高含水期采油方式"研究的决策。从

1975年起，用了3年多时间的技术攻关，完成了保证大庆油田在高含水期继续保持稳产高产的18个专题和49项配套技术。特别是新一代铁人王德民等于1979年研制和不断发展的注水开发技术，保证了大庆油田又连续近20年的稳产高产，使大庆石油地质的可采储量增加了6亿吨，相当于又找到了一个大型油田。注水开发技术的成功，正是科研、设计、生产协同作用的结果。针对大庆油田稳产高产面临的严峻问题提出选题，其研究和开发具有明确的应用目标；不断壮大科研队伍，到80年代已有专业研究院12个，科技人员4.4万多人；从1981年起，实行了每年生产1吨原油就提取1元作为研究与开发专款的制度，每年拿出5000万元单独列账，作为科研发展基金，保证了研究开发的经费。研究开发和设计人员密切结合油田生产的实际开展科研，带着研究成果在油田专辟的30平方千米的试验油区进行生产性试验。在两年多时间里，他们在试验油区进行了10余项现场开发试验。经过对试验结果的分析、比较和综合，确认应采用分层注水、分层采油技术。在那里，实现了科研与生产的一体化。科研单位按生产发展的需要及时提供过硬的科技成果，并负责生产技术方案的编制，还要跟踪了解科技成果推广应用的情况和实际产生的效益，生产人员每年接受新技术推广的培训，提高技术的消化、吸收和应用能力。从而，既有效地解决了生产上面临的难题，又加速了科技成果向现实生产力的转化。

在市场经济的条件下，要使企业的组织体制具有创造性，适应和促进技术的持续创新，就必须建立起能够有效地实现产、学、研合作的组织创新体制，使产、学、研各方都能够充分发挥各自在技术创新活动不同阶段的优势和潜力，形成协同作用，从而充分发挥行业的整体优势作用。这就要求企业在领导体制、生产体制和管理体制等方面实行改变传统生产经营观念和方式的组织创新，同时还必须通过在企业内部建立强有力的研究开发机构，组建以企业为主导的产学研合作联合体，形成技术进步与生产发展走向良性循环的创新型组织体制，使企业逐渐发展成为以科技进步为内在动力的创新型企业。近年来科技部大力推进的产业技术创新战略联盟，就是企业、高等学校和科研机构协同合作的一种稳定形式，截至2010年年底，科学技术部批准的国家级产业技术创新战略联盟已有36家。

在高技术产业化过程中，企业必须成为技术创新的主体。企业集团和大中型企业应该把建立企业技术创新机制，提高技术创新能力作为建立现代企业制度的重要内容，要以市场为导向，以企业为主体，以效益为中心，促进新产品、新工艺、新装备的研究开发、生产和商业化。以产品为龙头带动生产资源的优化配置，提高企业效益和市场竞争力。要逐步建立与科研机构、高等学校联合等多种形式的技术开发机构，加强中试基地、工业性试验基地和工程技术开发中心的建设，政府部门也要积极创造条件，大力推进科研机构、高校与企业之间的联合与协作，提高系统性、配套性的工程开发能力。

任何一种工艺技术的开发、发展和提高，尤其是综合性的技术发展，都离不开其他工业部门的配合与支援，大学和研究开发机构应开发出更多更好的成熟的高技术和适用技术，从所提供的技术本身及转让后的技术服务等方面减少技术创新在技术上的失败率，提高技术创新的商业化成功率，从而尽快缩小与先进水平的差距，并最终达到国际先进水平。

总之，高技术产业形成和发展是一个自组织过程。只有在开放和远离平衡条件下，提高创新意识，改善创新组织，优化资源配置，构建和完善产业创新网络，才能增强高企业创新能力，不断产出研究开发成果，并在产学研合作等非线性机制作用下放大形成巨涨落，取得技术创新的成功，加速创新成果扩散，使高技术产业化系统达到新的有序状态，从而使其国际竞争力得到不断提高。

2.2 高技术产业形成和发展的风险收益规律

高技术产业具有高风险性。高技术产业的形成和发展过程中由于信息不对称并存在诸多不确定因素，存在着技术风险、市场风险、财务风险、管理风险，因而传统的融资渠道无法解决其创业和快速成长期的资金"瓶颈"问题。但由于高技术产业的智力密集、技术密集、资金密集，具有高附加值，因此，产业化一旦成功，便可获得巨额收益。要加速高技术产业化进程，克服其资金"瓶颈"，必须建立高技术产业化的多元化投融资体系，大力发展风险投资。

2.2.1 高技术产业形成和发展的风险特征

高技术产业的形成和发展是以高技术科研成果为起点，以市场为终点，经过技术开发、产品开发、生产能力开发和市场开发四个阶段，使知识形态的科研成果转化为物质财富，其最终目的是形成具有一定经济规模和世界先进水平的高技术产业，使其产品打入国内外市场，从而使其经济利益最大化。高技术产业形成和发展过程中面临着来自技术、市场、金融、政策及管理等方面的风险（赵玉林和张倩男，2003）。

1. 技术风险

由于高技术开发研究的复杂性以及产品技术方面存在的不确定因素，很难测定研究成果向工业化生产与新产品转化过程中的成功概率，这是高技术产业化过程中最大的风险来源。

该风险主要包括四个方面：①技术上成功的不确定性。一项技术能否按预期的目标实现应达到的功能在研制之前和研制过程中是不能确定的，因技术失败而终止创新的例子比比皆是。②产品生产和售后服务的不确定性。产品开发出来如果不能成功地生产，仍不能完成创新过程。工艺能力、材料供应、零部件配套及设备供应能力等都会影响产品的生产。产品生产出来以后，能否提供快速、高效的服务也将影响产品的销售和生产。③技术效果的不确定性。一项高技术产品即使能成功地开发、生产，在事先也难以确定其效果。④技术寿命的不确定性。由于高技术产品变化迅速、寿命周期短，因此极易被更新的技术代替，但被替代的时间是难以确定的。当更新的技术比预期提前出现时，原有技术将蒙受被提前淘汰的损失。除了以上主要方面外，新产品的生产成本过高、新产品对现有设备与工艺的高速要求难度大等因素也会带来一定的风险。

2. 市场风险

市场风险主要是由高技术产品市场的潜在性引起的，是指由于高技术产品销售不出去或迅速被替代而导致的风险。主要表现：一是难以确定市场的接受能力。高技术产品是全新的产品，顾客在产品的面世后很难及时对其主要性能和特点进行必要的了解，从而往往作出错误的判断或者采取等待观望的态度，因此使高技术企业对市场能否接受新产品以及接受能力都难以作出正确的判断和估计。二是难以确定市场的接受时间。高技术产品推出的时间与市场被诱导出需求的时间之间有一定的时滞，这一时滞的长短将对新产品的销售产生重大的影响，这一时滞过长将导致企业开发新产品的资金难以及时回收，从而影响企业的发展。三是难以确定新产品的竞争能力。高技术产品常常面临激烈的市场竞争，如果产品的成本过高将会影响其的市场竞争力。另外生产高技术产品的企业往往是小企业，缺乏强大的销售系统，在激烈的竞争中能否占领市场，能够占领市场的多大份额等在事先都是难以确定的。

除此以外，新产品也可能由于消费习惯的差距还没到接受此项产品的时机，从而不被市场所接受，被另一高技术产品所替代。卫星电话由于价格过高被市场拒绝，VHS录像带由于比VHP录像带稍逊色一点而被赶出了市场，这些都是十分典型的例子，体现了高技术产品的市场风险。

3. 财务风险

财务风险也称为金融风险，是指资金不能适时提供而导致创新失败的可能性。高技术项目投资不仅难以预测成功率，其财务预算也是难以准确确定的。

在高技术产业化过程中每一步都离不开资金的投入，据国外资料统计，高技术的技术开发、产品开发和生产能力开发三个环节所需的资金匹配是 1∶10∶100。一般来说，高技术资金投入的 50%～60% 为研究与开发人员的工资开支，物质投入少。而到后期阶段，要投入大量机器设备、仪表仪器、原辅材料、能源及建筑物等，具有资金密集的特点。由于高技术产品寿命周期短，市场变化快，获得资金支持的渠道少，从而容易出现因为某一阶段不能及时获得资金而失去时机，被潜在的市场竞争对手淘汰的危险。

4. 管理风险

管理风险是指由于的产业化项目的管理不力而造成的风险。在高技术产业化的过程中，往往缺乏管理经验，从而因管理不善而导致产业化的失败。管理风险的产生具体来说主要是由于企业领导者管理能力低，对市场、技术信息获取不足，组织管理和进度管理不力，另外项目实施者整体水平低，市场策略不合理等也会造成管理风险。

除了以上所说的四种主要风险外，外部的社会、政治、法律、政策等条件变化也会给高技术产业化过程带来一定的风险。由于高技术产业化过程中存在这样那样的多方面的风险，因此成功的可能性比一般的技术活动要低。

由于高技术产业化过程中的高风险性，决定了高技术产业很难像一般产业一样从普通融资渠道获得资金。从证券或债券市场上融资，企业必须显示成熟的产品与成熟的市场；而高技术产品往往是不成熟的，市场也是未知的。银行融资往往要求对借贷量与借贷年限有较准的预算，而现代高技术产品的开发往往难以准确预测投资量和投资年限。高技术产品的开发研究必须有充裕的资金支持才能获得成功，而一旦成功的巨额回报又吸引着资金拥有者。在如此的市场条件下，投资于高技术产业的风险投资不断出现，不断发展。

2.2.2 高技术企业与风险投资业协同成长

风险投资业与高技术企业之间的关系主要表现为一种投资与被投资的关系。风险投资业为高技术企业提供他们迫切需要的资金。由于高技术企业自身的特点决定其很难从传统的金融机构那里获得融资，而风险投资正好可以解决这一问题[①]。风险投资业与高技术企业之间不是一种简单的投资与被投资的关系，而是

---

① 有关风险投资的论述参见本书第 8 章。

相互依赖、协同成长的伙伴关系、师生关系、咨询关系、互动关系。

1. 伙伴关系

风险企业探索性强，技术不够成熟，市场前景不能明确，不确定因素很多。而有关研究表明，美国的风险企业中，成功率仅为20%~30%。这种风险性主要是由风险投资对象的性质决定的。高技术企业与风险投资公司都表现出高风险性，这种高风险性决定它们合作的伙伴关系。同时，风险投资业是以向高技术企业提供财力和物力来持续发展的，风险投资业本身没有新的发明和新的技术。在高技术企业与风险投资的系统中，高技术企业利用其技术优势，而风险投资业利用其资金优势，两者在风险企业中得以结合。如果风险企业获得成功，则是一种双赢的结果；如果失败，则高技术企业可能倒闭，风险投资业遭受资金损失。因此，高技术企业与风险投资业是一种利益与共的伙伴关系。

2. 师生关系

风险投资公司与高技术企业之间的关系还可以表现为一种师生关系，可以从以下几点进行模拟与阐述。

从对象的选择上看，风险投资公司根据高技术企业递交的商业计划书对众多的高技术企业进行筛选，学校根据学生入学考试的成绩对众多的学生进行筛选，决定合适的对象，如图2-1所示。

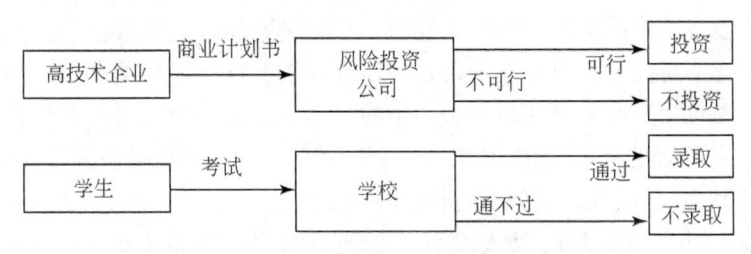

图2-1 高技术企业与风险投资的师生关系示意图

从期限上看，风险投资公司向高技术企业进行投资的期限与师生的期限类似。风险投资公司一般与高技术企业之间的投资关系只是一种中、短期的投资关系。风险投资公司对高技术企业的投资目的不同于其他的直接投资，风险投资是以最终上市、股权转让等退出阶段的高额利润为目的。风险投资公司以对不同的高技术企业的投入、退出为手段循环发展。类似于老师总是在一批学生离校后继续教育新的一批学生的变化。

从决定性因素来看，高技术企业本身的内因是决定其成功的关键，风险投资公司对高技术企业主要是指导、投入与扶助。对学生的成长而言，学生本身即内因也是决定学生是否优良的决定因素，老师以指导、教育、扶助来帮助学生的成长。

从决策上看，风险投资业根据高技术企业的不同发展状况来进行再投资的决策，类似于老师根据学生的进度因材施教。

从信息的传递上看，风险投资对高技术企业目前经营状况的判断主要是借助于高技术企业的财务报表，而老师对学生的学习状况的判断主要是成绩单。

3. 咨询关系

风险投资公司投资到高技术企业后，一般不直接参与企业的经营管理，而是对企业进行咨询指导。它们对高技术企业的指导一般为风险投资公司本身比较熟悉的问题，诸如银行贷款、公开上市、企业的管理运作等提出建议。同时，在财务、市场等方面，风险投资公司往往会推荐财务以及市场方面的专业人士，以加强企业管理的队伍建设。也有个别的风险投资公司希望直接控制一家高技术企业，它们采取控制董事会的办法或直接经营管理这家企业，对于一些只有专业技术构思的技术专家而言，这种做法可以使高技术企业家专心于技术的突破，而让风险投资公司负责资金筹集、生产管理、市场开拓等工作。

4. 互动关系

高技术企业与风险投资业表现为一种互动的协调发展。只有高技术企业的蓬勃发展才会有风险投资业的兴旺，同时，只有国家加大对风险投资业的政策和环境上的支持，高技术企业才能获得自身发展壮大所迫切需要的资金。高技术企业的繁荣与风险投资业的繁荣是几乎同步的。如美国进入20世纪90年代以后，风险投资开始了新的一轮的快速增长，1994年美国的风险投资不到50亿美元，1995年达到74亿美元，1996年新增100亿美元。从1978年以后，美国的风险投资的累计额由1978年的35亿美元增长到1995年年末的400多亿美元，平均每年递增14.5%（张景安，2000）。在这一时期高技术企业也呈现空前繁荣，中小型高技术企业大批涌现，技术创新速度加快，许多新产品一年以后就落伍了，80%的高技术企业第二年都会转向新技术和新产品的开拓。只有两者同时协调发展，才能促进高技术企业与风险投资业的共同进步。

2.2.3 风险投资助推高技术产业获取高收益

风险投资在高技术企业的发展的过程中起着推动器的重要作用。风险投资是高新技术产业化的重要"孵化器"。风险投资的发展程度决定着本国经济中的高技术产业化的发达程度。美国斯坦福大学国际研究所所长 W. 米勒曾说过，"在科学技术研究早期阶段，由于风险投资的参与和推动，使得科学技术研究转化为生产力的周期由原来的 20 年，缩短了 10 年以上"（郭励弘等，2000）。

1. 风险投资业为高技术企业提供科技成果转化和产业化的急需资金

科研成果从实验室走向市场，面临最大的障碍就是资金缺乏。从银行的间接融资来看，商业银行普遍存在资源配置上的"逆向选择"，即最需要资金、资金效率最高的项目往往得不到贷款，而发展成熟、收入趋于稳定的企业因风险较小而成为银行追求的对象。而风险投资业以基金或合伙的形式把银行、保险公司、养老基金、大公司、共同基金、富有的个人和外国投资者分散的资金集中起来，然后通过专业的运作为高技术企业提供资金支持，并获得高额回报。在美国，风险投资业对高技术企业发展的资金支持尤为明显。如硅谷的调查表明，硅谷 20 世纪 70 年代以后成立的风险企业，有 30% 把风险投资作为主要的创业资金来源，15% 的企业明确表示，在创业的前 5 年中，风险资本是它们最主要的资金支持。在过去的几十年中，风险投资业培育了许多著名的高科技企业。如美国研究发展公司培育了数据设备公司，风险资本家罗克支持了世界电子工业巨人英特尔公司，还有著名的康柏计算机公司、戴尔公司、SUN 计算机技术公司、苹果电脑公司、微软公司、LOTUS 发展公司、基因生物技术公司等都是在风险投资的支持下成长起来的。目前美国有 4000 多家风险投资公司，每年为 10 000 多家高技术企业提供资金支持。

2. 风险投资业为高技术企业提供了管理等增殖服务

风险投资业投资的高技术企业多为从事高新技术开发与创新的中小企业。这些企业一般是由一些具有创新精神的工程技术人员创办，他们有技术、有知识，但通常缺乏资金和管理经验。在这些中小企业的创立初期，甚至可能还是一种想法的时候，风险投资就开始介入，并贯穿从开发到成熟的整个过程。其间，风险投资公司往往会运用自己的经验、知识、信息和人际关系网帮助高新技术企业提高管理水平和开拓市场，提供增值服务。增值服务的提供对于高技术企业的发展起着不容忽视的作用。例如，风险投资家对一个项目经过硅谷高科技企业的项目论证之后，对风险企业投入首批资金，从而拥有了公司的股权；之后，风险投资家和风险投资公司积极参与风险企业的经营管理，为风险企业提供增值服务，以提高企业的价值；在第一阶段的投资后，风险投资公司将根据风险企业的发展和资金需求状况决定是否追加投资，在经过几期的投资后，风险投资公司会在适当时候促成风险企业上市，或者说服大公司收购兼并，然后出售大部分股权得到投资回报。这种增值服务有助于增强高技术企业的成长性。

3. 风险投资业培育了高技术产业的发展

风险投资家每年都会收到大量寻求投资的商业计划书，风险投资家对大量的计划书的筛选过程中实质上也是一个对高新技术产业进行市场筛选的过程。严格的项目评估过程使得任何一种有广阔市场前景、附加值高的技术，甚至仅仅只是一种创意都可能得到风险投资家的资助，实现产业化。例如，美国的风险投资业不仅仅促进了无数的高技术企业的发展，同时也极大地推进了美国高技术产业的发展和产业结构的升级，造就了美国的"新经济"时代。据统计，1996~1999年，美国的高科技产业占美国国内生产总值增长的27%。1992~1995年，英国风险投资扶持和培育并在伦敦股票交易所上市的企业占新上市企业的40%以上。

风险投资推动的高新技术产业化不仅仅创造一个高新技术产业，也不仅仅把高新技术产品作为生产要素供应给绝大多数厂商，它还把高新技术产品作为消费品供应给全社会的消费者，从而改变整体社会的生产和生活方式。科技风险投资催生的高新技术产业的发达程度，决定着本国相对于他国是否具有生产技术上的比较优势。风险投资的发展对中国科教兴国战略的实施、经济增长方式的转变、综合国力的提高、产业结构的升级等都具有非常重要的意义。风险投资不但为高科技企业提供了多渠道的资金供给，同时也有利于提高高技术企业资金的使用效率。

2.3 高技术产业形成和发展的协同作用规律

高技术产业具有高创新性。从创新主体来看，高技术产业是在高技术大企业与高技术小企业协同作用中形成和发展的。高技术大企业自主研发能力强，抵抗风险能力强，生产技术和管理手段先进，但创新动力不足，创新机制不活；而高技术中小企业创新机制灵活，创新效率高，但资金实力差，抵抗风险能力差。因此，高技术大企业与中小企业密切合作、产业关联、协同发展，会有利于加快高技术产业跨越式发展，提高本国高技术产业的国际竞争力。从创新对象来看，高技术产业又是在研究开发与成果转化的协同作用中形成和发展。

2.3.1 高技术产业形成和发展的协同演化模型

1. 变量的选取和依据

本书选取两个变量来进行。一是研究开发投入强度：用 R&D 经费内部支出与高技术产业增加值的比值（R_e）表示；二是高科技成果转化率：用科研项目数与新产品开发项目数的比值（T_e）表示。

选取 R_e 和 T_e 这两个变量来分析高技术产业系统的演化过程，主要原因有以下四点。

其一，R_e 采用 R&D 经费内部支出与高技术产业增加值的比值表示，用于代表研究开发投入强度。R&D 是创新的重要前提，其产出是创新的投入。R&D 对技术创新的作用通过技术不平衡表现出来，R&D 其一环节的技术进步打破了原有的技术平衡，产生了一个"瓶颈"，使创新主体将 R&D 集中在消除这个"瓶颈"的方法上，而这一方法又会造成新的"瓶颈"和新的解决方法。这样，R&D 作用的直接结果是不断产生新的不平衡，产生新的知识和在经济系统中产生新的不确定性。这种新的不确定性，不仅可能带来新的"瓶颈"，还可能带来创新过程中的飞跃性突破，体现出创新过程是一种逻辑相关且非线性连续的特征。系统原有平衡受到创造性破坏并达到新的有序，而引发创造性的破坏（使系统远离平衡）契机的主要原因就是 R&D。R&D 既是自主创新的一个最基本的先决条件，也是引进技术消化吸收的重要环节，是创新活动的主要推动力。没有 R&D 就不可能实现创新进化。发明、创新等涨落因素是高技术产业系统向有序方向演化的内部诱因，高科技成果实现产业化，也正是这种涨落因素放大的结果。

因此，研究开发投入强度 R_e，可以直接反映技术创新的投入情况，体现了高技术产业系统演化的特征。为此，本书选择可以代表技术创新的变量 R_e 作为哈肯模型的一个变量。

其二，T_e 采用科研项目数与新产品开发项目数的比值表示，用于代表高科技成果转化率，体现了科技成果向现实生产力转化的高技术产业化效率，反映了高科技系统向高技术产业系统演化的高技术产业化特征，所以本书将选择可以代表科技成果转化的变量 T_e 作为哈肯模型的另一个变量。

其三，哈肯模型本身要求两个变量参与运算。

其四，目前，我国高技术产业化效率低，相应的研究开发投入少，科技成果转化率低。在高技术系统内部，没有形成科技—企业—市场—科技的相干作用机制，即科技系统未能根据市场需求（包括现实需求和潜在需求）选题立项、组织研究开发，按市场需求评价科技成果；企业也未能根据市场需求选择科技成果，实现技术创新，获取超额利润。由此，本章选择的两个变量 R_e 和 T_e 正是反映了当前高技术产业系统特性的关键变量。

综上所述，R_e 和 T_e 这两个变量基本反映了高技术产业系统的本质特性，符合哈肯模型的变量要求，而且是当前我国高技术产业发展过程中的关键因素，而识别 R_e 和 T_e 哪一个变量的作用更为明显，对于推动高技术产业化过程和促进系统演化至关重要。因此，通过分析这两个变量，可以反映高技术产业系统的演化机制。

2. 模型的建立

设 R_e 为序参量，即 R_e 为 q_1，T_e 为 q_2，根据哈肯模型可以得到高技术产业系统的演化方程：

$$R_e(k+1) = (1-\lambda_1)R_e(k) - a\,T_e(k)R_e(k) \tag{2-1}$$

$$T_e(k+1) = (1-\lambda_2)T_e(k) + b\,R_e(k)R_e(k) \tag{2-2}$$

式中，变量 R_e 为研究开发投入强度，代表其中一个子系统；变量 T_e 为高科技成果转化率，代表另一子系统；a、b、λ_1、λ_2 都为控制参数，反映这两个子系统的相互作用关系；k 为时间变量。

3. 数据的测算

本书选取省份范围与高技术产业有关的数据为样本，所得结论对中国各区域高技术产业系统更具有现实意义。由此，本书从《中国高技术产业统计年鉴》的 31 个省份（西藏和新疆的数据缺失，予以去除）中选取北京、天津、上海、河北等 29 个省份为样本进行定量化的实证研究，用于反映我国高技术产业系统的现状。表 2-1 给出了 2002 年和 2003 年 29 个省份的 R_e 和 T_e 的测算结果。

表 2-1　2002 年、2003 年 29 个省市的 R_e 和 T_e 值

省 份	R_e 2002 年	R_e 2003 年	T_e 2002 年	T_e 2003 年	省 份	R_e 2002 年	R_e 2003 年	T_e 2002 年	T_e 2003 年
北京	0.086 0	0.085 5	0.714 5	0.612 2	河南	0.026 3	0.033 1	0.635 7	0.596 5
天津	0.029 4	0.034 0	0.777 6	0.738 3	湖北	0.034 6	0.030 0	0.515 5	0.468 3
河北	0.028 9	0.034 2	0.777 8	0.528 3	湖南	0.035 5	0.047 5	0.575 1	0.550 2
山西	0.004 5	0.010 6	0.827 4	0.563 6	广东	0.063 5	0.047 0	0.656 6	0.648 4

续表

省 份	R_e 2002年	R_e 2003年	T_e 2002年	T_e 2003年	省 份	R_e 2002年	R_e 2003年	T_e 2002年	T_e 2003年
内蒙古	0.000 9	0.001 0	0.375 0	0.714 3	广西	0.026 8	0.016 6	0.454 5	0.580 9
辽宁	0.059 5	0.044 1	0.240 1	0.544 4	海南	0.006 6	0.019 7	0.900 0	0.545 5
吉林	0.014 1	0.020 2	0.679 0	0.718 6	重庆	0.063 6	0.071 4	0.790 8	0.750 0
黑龙江	0.097 6	0.103 7	0.590 9	0.179 1	四川	0.029 8	0.048 7	0.623 1	0.921 1
上海	0.060 3	0.046 7	0.843 8	0.834 8	贵州	0.038 3	0.038 0	0.667 5	0.771 2
江苏	0.025 9	0.019 4	0.669 9	0.672 6	云南	0.025 6	0.016 5	0.713 0	0.720 9
浙江	0.024 4	0.038 5	0.647 7	0.704 9	陕西	0.122 1	0.136 3	0.614 8	0.647 5
安徽	0.057 1	0.081 1	0.837 7	0.824 2	甘肃	0.038 3	0.041 4	0.800 6	0.778 1
福建	0.023 3	0.029 1	0.783 2	0.451 2	青海	0.031 2	0.006 3	0.904 8	0.454 5
江西	0.018 0	0.039 0	0.719 5	0.804 7	宁夏	0.046 5	0.068 3	0.250 0	0.460 9
山东	0.069 5	0.049 5	0.530 0	0.722 3					

资料来源：根据《高技术产业统计年鉴》（2004）中各地区的相关数据，计算整理所得

4. 模型分析

根据2002年、2003年29个省份的高技术产业 R&D 经费内部支出、高技术增加值、科研项目数以及新产品开发项目数，计算所得的 R_e、T_e 见表2-1。

利用计算出来的 R_e、T_e 数据，应用 Eviews4.0 软件回归得

$$R_e(k+1) = 0.1056\ T_e(k)R_e(k) + 0.9616 R_e(k) \quad (2\text{-}3)$$
$$(0.3184) \qquad\qquad (4.4522)^{***}$$

$$R^2 = 0.8101 \quad \text{Adjusted}\ R^2 = 0.8031 \quad F = 115.1683$$

其中，回归方程下方括号中数字为 t 检验值（下同），*** 表示通过1%的显著性检验。

$$T_e(k+1) = 3.3731\ R_e(k)R_e(k) + 0.9095 T_e(k) \quad (2\text{-}4)$$
$$(0.3043) \qquad\qquad (13.7499)^{***}$$

$$R^2 = -0.6472$$

回归方程（2-3），不论从拟合优度 R^2，还是 F 检验值上看，回归拟合的效果都非常好，调整后的 R^2 都达到了 0.8031。方程（2-4），拟合优度出现负值，主要的原因在于这一回归方程中不存在常数项，而且 R_e 的平方值相对很低，对回归效果造成影响。两个式中系数，a、b 的 t 检验值略低，都没有通过10%的显著性检验，只能说明基期 R_e 的平方或 R_e 与 T_e 的乘积对报告期的 R_e 或 T_e 有一定影响，这也与 T_e 为慢变量的假设一致；综合考虑到式（2-3）和式（2-4）这两

个回归方程反映的是两个变量 R_e 与 T_e 变化的相对快慢，因此它们仍然具有解释意义。

由式（2-3）、式（2-4）中的系数，可以得到

$$1 - \lambda_1 = 0.9616$$

所以，$\lambda_1 = 0.0384$

$$1 - \lambda_2 = 0.9095，故 \lambda_2 = 0.0905$$

$\lambda_2 > |\lambda_1|$，即 R_e 与 T_e 相比，T_e 比 R_e 变化快，也就是说，R_e 为阻尼较小，变化较慢的序参量，与假设的一致。

这时，$a = -0.1056$，$b = 3.3731$。

a、b 这两个系数反映 R_e 与 T_e 相互作用的效果。

从而，可以得到反映 R_e 和 T_e 相互作用的微分方程组：

$$\dot{R}_e = -0.0384 R_e + 0.1056 T_e R_e \tag{2-5}$$

$$\dot{T}_e = -0.0905 T_e + 3.3731 R_e^2 \tag{2-6}$$

令 $\dot{T}_e = 0$，求得方程（2-6）的近似解为

$$T_e \approx \frac{b}{\lambda_2} R_e^2 = \frac{3.3731}{0.0905} R_e^2 = 37.2718 R_e^2 \tag{2-7}$$

它表示 T_e 随 R_e 的变化而变化，将式（2-7）代入式（2-5）中，得到序参量方程：

$$\dot{R}_e = -0.0384 R_e + 0.1056 R_e \times 37.2718 R_e^2$$
$$= -0.0384 R_e + 3.9345 R_e^3 \tag{2-8}$$

对公式（2-8）的相反数积分可求得势函数：

$$F = 0.0192 R_e^2 - 0.9836 R_e^4 \tag{2-9}$$

令 $\dot{R}_e = 0$，求得序参量方程的两个定态解为

$$R_e = \pm \sqrt{\frac{0.0384}{3.9345}} = \pm 0.0988$$

势函数 F 的二阶导数为

$$\frac{d^2 F}{d(R_e)^2} = 0.0384 - 11.8035 R_e^2 \tag{2-10}$$

将所求到的定态解 $R_e = \pm 0.0988$ 代入公式（2-10）中，得到 $\frac{d^2 F}{d(R_e)^2} = -0.0768 < 0$，这说明 $R_e = \pm 0.0988$ 这两点处，其势函数有极大值，势函数的形状如图 2-2 所示。势函数 F 的结构特性反映了高技术产业化过程机制，也就是当状态参量（q_1, q_2）和控制参数（a, b, λ_1, λ_2）发生变化时，系统的势函数

也会相应发生变化,由原来的稳定态变为不稳定态。

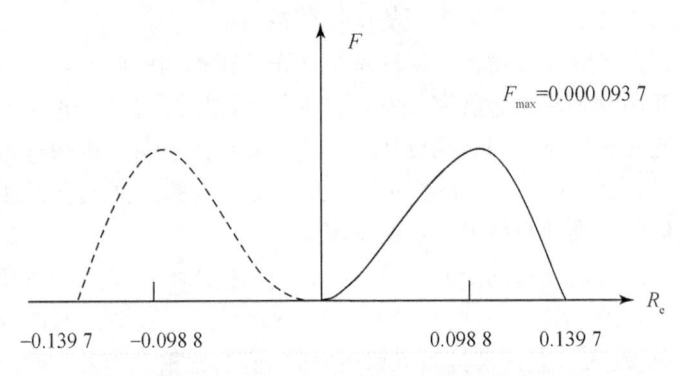

图 2-2　高技术产业系统演化的势函数曲线

从图 2-2 中可以看到,在适当的控制变量下,高技术产业系统内部的研究开发投入强度和高科技成果转化率两个变量会发生非零作用,形成新的稳定定态解 $R_e = \pm 0.0988$。也就是说,在稳定定态解处系统产生了新的有序结构,而从方程(2-1)、方程(2-2)可知,此时主宰系统演化的序参量是研究开发投入强度。

5. 规律的发现

通过上述分析,可以清晰地揭示高技术产业形成和发展的协同作用机制,发现代表研究开发投入强度的变量 R_e 是高技术产业发展过程中的决定因素,进而为高技术产业发展提供方向。由此,得出以下结论。

其一,研究开发投入强度是高技术产业发展过程中的序参量。公式(2-1)和公式(2-2)组成的高技术产业系统的演化方程组揭示了高技术产业系统演化的特征:在高技术产业化过程(即高科技成果系统向高技术产业系统演化)的临界点上,主宰系统演化的序参量是研究开发投入强度,目前我国大部分区域高技术产业系统还没有达到这个临界状态。因此,加速高技术产业化进程,就要特别重视研究开发和技术创新的建设性作用,加强研究开发和技术创新管理,创造研究开发和技术创新等涨落因素的放大因素。

其二,研究开发投入与高科技成果转化的协同作用促进高技术产业快速发展,所建立的模型中各个控制变量反映系统演化行为。

控制参数 a 为负值,反映高科技成果转化率促进研究开发和技术创新的进行,说明研究开发投入与高科技成果转化之间具有协同效益。

b 为正值,反映研究开发投入会推动高科技成果转化率的增长,说明这两个变量互相促进,两者同时提高可以使系统达到持续良好的循环。

因此,为了促进高技术产业的快速发展,必须加大研究开发投入,并注意科研经费的使用效益，提高高科技成果转化率，大力发挥研究开发投入与高科技成果转化的协同作用，使之产生更好的协同效益。

其三，加大研究开发投入，促进系统的正反馈机制的建立。参数 λ_1 为正值，表明系统内部还没有建立起研究开发和技术创新的不断提高的正反馈机制。为了促进建立系统的正反馈机制，既要加大研究开发投入总量上的快速增加，尤其是提高 R&D 占增加值的比重，又要注重研究开发投入的经济效益，使之更加有效地促进技术创新，推动高技术产业的发展。

研究开发投入是技术创新的物质基础，是高技术产业发展的重要前提和根本保障。目前，我国 R&D 投入的总量和强度仍显不足，从高技术产业发展看，大幅度增加 R&D 投入，尤其是提高 R&D 占增加值的比重，十分重要。在政府增加研究开发投入的同时，尤其要强化企业 R&D 投入主体的地位，提高企业的技术创新意识和创新原动力，建立以企业为主体、产学研结合的技术创新体系。这样，在非线性机制作用下放大形成巨涨落，取得技术创新的成功和高科技成果的产业化，使系统达到新的有序状态。

其四，加速高科技成果转化，促进系统协同作用机制形成。参数 λ_2 为正值，表明高技术产业系统内部科技成果转化率太低，这也正是我国近年来强调提高科技成果转化率的原因所在。

高技术产业对经济增长有突破性重大带动作用，加速高技术产业化，加快高技术产业发展，是调整经济结构、转变经济增长方式的一个重点。高技术产业的发展是一个复杂的系统工程，是科学、技术和商业的完美结合过程，是一种全新的商业和经济发展与运作模式。为此，要优化高技术产业化环境，继续加强国家高技术产业开发区等产业化基地建设，制定有利于促进国家高技术产业开发区发展并带动周边地区发展的政策，构建技术交流与技术交易信息平台，对国家大学科技园、科技企业孵化基地、生产力促进中心、技术转移中心等科技中介服务机构开展的技术开发与服务活动给予政策扶持。

综上所述，大力增加研究开发投入，加强研究开发和技术创新管理，发挥研究开发投入与高科技成果转化的协同作用，从而促进高技术产业形成和快速健康发展。

2.4 高技术产业形成和发展的生态系统共生演化规律

高技术产业发展具有集聚化的特点和趋势。高技术产业集聚区尤如自然界的生态系统，需要良好的环境、丰富的营养、强有力的相干作用和催化剂。高技术产业的形成发展仅有独立运行的高水平的研究型大学、风险资本、工业园、公共支持和优惠政策是远不够的，关键是要形成具有自组织功能产业共生的高技术产业生态系统。由交通、通信、孵化器、科技园等基础设施框架以及其他专门设施构成的良好的基础架构，对科技工作者有吸引力的氛围，以及支持冒险创立高技术企业的社会风气和体制，为高技术产业生态系统演化提供了必要条件；人才、资金、信息、文化等为高技术产业生态系统提供了必要的营养物质；政府采购与投资、推动开发新企业的关键人物等催化剂，为高技术产业生态系统演化提供了不可缺少的涨落因素；专业公司间的水平联系、价值链上各部分企业间的垂直联系，以及基于个人网络的知识共享与传播等高水平的相互作用是高技术产业生态系统演化的根本机制。

2.4.1 高技术产业生态系统

马歇尔 1920 年首次提出"工业区"后，经济学家们就对解释某部门（行业）多个企业聚集到一个小小的地理区域倍感兴趣。1991 年克鲁格曼指出三个卖方优势——劳动市场、专门中间产品和服务的供应以及技术扩散效应促使同行业集中，尤其当一项新技术刚出现，相关知识还处于默会阶段时动机更强（保罗·克鲁格曼，2000）。波特著名的"钻石模型"则归纳了四种竞争优势：需求条件、要素条件、企业战略与结构和相关支持产业（Porter，1985）。

人口生态学家们在著述中用了另一种源于对生物系统研究的方法，主要关注企业个体的产生率与死亡率，以及在既定经济环境中是否有某种特殊组织形式可得到最适宜的生存。尽管生物个体的类比有助于理解动态发展的过程和内部相互作用，但他们过分强调企业间的竞争，而对企业间合作行为的可能性重视不足。费尼格德提出的高技艺生态系统（high-skill ecosystems，HSE）理论可弥补此不足，它的关注点是在不同经济条件下导致成簇的企业生存或灭亡的因素和知识创造与扩散的过程。它包含催化剂、营养物质、良好的支持环境、高水平的相互作用四个要素（Finegold，1999）。从生态学的角度理解，催化剂是激起生命反应的事件或外部刺激；营养物质保持持续的生命成长；良好的支持环境是指一系列有利于年轻生命成熟的环境条件；高水平的相互作用使之成为一个系统而非仅仅是一组各自分离的部分。我们在费尼格德教授研究成果的基础上，借鉴生态学原理，建立起一个高技术产业生态系统模型（图 2-3）（赵玉林和陈静，2003）。

根据生态学原理，在一个生态系统中，生命体产生的每种东西都被另一种生命体的新陈代谢所耗用，物质流的循环是生态系统保持稳定的重要条件，因此，

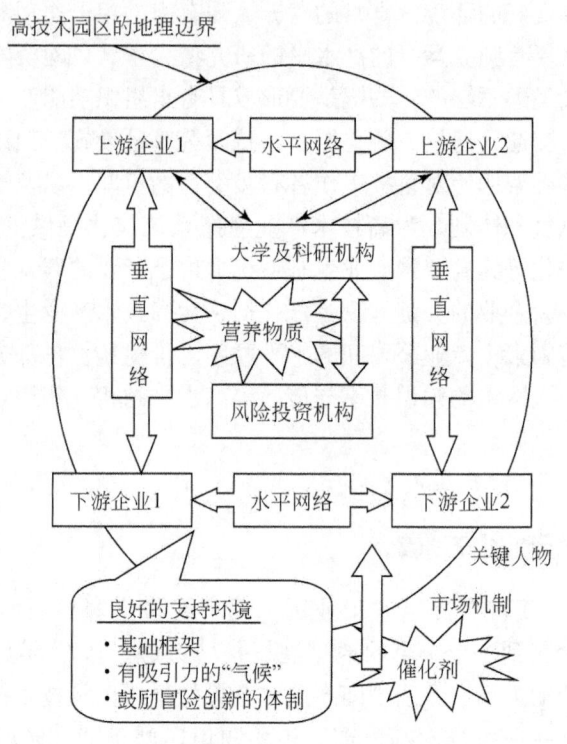

图 2-3 高技术产业生态系统模型

模型中突出了各个要素之间的联系与物质交换。适宜的自然环境和资源条件是高技术发展的前提条件。技术不断地快速革新是高技术产业的本质，正是有了技术资源的不断注入，高技术产业才有了其存在与发展的理由。高技术产业生态系统中，人才（包括研究人员和企业家）作为一种特殊的资源，在整个系统从形成到进化的每个环节都起着决定性的作用。强有力的资金支持，是吸引高层次人才、促进技术创新的保障。21世纪是网络化、信息化的时代，高技术产业的技术预测、市场预测及发展战略的制定都需要信息的引导。可见，自然环境和资源条件、技术、人才（研究人才和企业家）、资金、信息，对于高技术产业生态而言，是缺一不可的。就管理条件而言，则是在构建这一系统的"气候环境"条件，为高技术产业化提供制度、文化、政策以及其他背景条件。基础构架是高技术产业发展的平台。各国政府制定的相关产业政策、法规等都是为了使高技术产业生命系统在一个宽松的环境中成长、成熟和发展起来；一个国家的经济体制、相关产业发展状况、金融市场现状、人力资源市场现状、基础研究状况、市场需求等经济环境，都会对产业生态系统产生重要影响；文化规范着系统内管理者及其他成员的行为，进而规范着产业生态系统生命系统的行为，因此管理条件制约着产业生态系统的资源配置，进而也制约着系统的种群构成及物种成长方向。

高技术产业生态系统由上、中、下游企业群落，最终产品市场以及它们之间相互作用的循环网络构成。在与外界进行物质能量交换的同时，上游企业群落研究的技术成果被中游企业群落吸收、消化后转变为产业，下游企业群落又将中游企业群落的成果吸收、消化完成规模化形成最终产品，最终产品再由分解者——市场进行分解。这样上、中、下游企业群落和市场消费者就组成了简单的"食物链"，各种食物链的集合体构成产业生态系统。

美国David Finegold教授对美国加利福尼亚州地区高技术产业集群发展进行了详尽考察。我们依据David Finegold教授的考察结果，系统分析了美国加利福尼亚州地区高技术园区取得成功的原因，总结出对我国创建高技术生态系统演化并促进高技术产业发展的启示（赵玉林和陈静，2003）。高技术生态系统由良好的宿主环境、催化剂等中间因素和中间组织、营养物质、高水平的相互作用等四个要素构成。从生命科学的角度理解，良好的宿主环境是指一系列有利于年轻生命成熟的环境条件；催化剂是激起生命反应的事件或外部刺激；营养物质保持持续的生命成长；高水平的相互作用使之成为一个系统而非仅仅是一组各自分离的部分。

2.4.2 高技术产业生态系统的共生演化

1. 良好的硬件和软件基础条件形成高技术产业生态系统共生演化的有力支持环境

幼嫩的生命要想茁壮成长，必须生长在一个没有毒素、污染或严酷气候的良好环境中；同样，集群的高技术企业只有在合适的外部条件下才更可能繁荣发展。就高技术生态系统的外部支持环境而言，至少有以下三个要素。

良好的基础架构，包括基础设施框架（如交通及通信等）以及其他专门设施，是高技术产业生态系统演化的必要硬件条件。知识经济时代财富的主要来源已由大规模制造转向高技术产业，经济的内在基础也已经从自然资源（水、能源、铁等）的集中转变为在全球范围设计、销售新产品和服务的能力。显然，投资数十美元开发一种新药或一种预期寿命不到两年的半导体芯片若要取得合理回报，唯一的方法就是将它销到全世界。这意味着需要便捷的交通，使员工能在组织范围内就迅速与散布全球的遥远的顾客、合作者、供应商等会面；更重要的是高技术产业需要高效的电子通信以帮助企业和员工充分利用新技术（因特网、可视电话会议、EDI等）实现虚拟化合作，这对身处日新月异的科技前沿的全球性组织而言，尤其必需。

除了拥有高质量的基础设施框架，高技术园区为适应层出不穷的新兴高技术企业的要求，创造出很多专门化的架构，如孵化器、科技园。这些设施由大学、政府部门或企业创建，向小企业提供它们在发展过程中可能需要的系列服务，范围从日常需要（如秘书、影印）到专业化服务（如法律协助、财务会计、顾问咨询等）。在同一地区创建这样的架构有助于形成一个鼓励交换经验知识、产生新理念的非正式网络，且相互促进，加利福尼亚州计算机生态系统的架构就帮助了该地区生物制药生态系统的建立。

对知识工作者有吸引力的氛围是高技术产业生态系统演化不可缺少的软件条件。电子通信的发展给了知识工作者和雇佣他们的企业更多的地点选择，而外部环境的其他因素对确定高技术企业集聚地位置有更重要影响。一个人可能更关心他想在哪里住而非必须到哪里工作，因此他会把诸如气候、文化、娱乐休闲、住房、邻居、学校等作为首要考虑条件。不过，一个对知识工作者很明显更具吸引力的因素就是靠近与他们自己具有同样才干的其他人，因此，即使当某一地区不再拥有上述某些环境因素后，仍可能凭借已有的大批知识工作者对年轻的人才充满吸引力。

此外，支持冒险、支持创立新企业的社会风气和体制也是十分重要的软件条件。它要求去除一些低水平的规则，如工作时间硬性规定和其他阻碍创业者的公司操作；同时建立一系列法规，简化程序。

2. 中间因素与中间组织为高技术产业生态系统共生演化提供了强有力的催化剂

中间因素主要包括来自市场变化和科技、经济发展带来的"催化因素"和"自然选择因素"；中间组织则包括大量处于高技术企业群与科研机构群之间的企业和机构，如中介组织、风险投资机构等。

首先是政府需求与投资。现代达尔文主义认为，生物进化的基本单位是种群，而种群的进化主要取决于基因频率（某等位基因的数量）的变化，自然选择的主导作用在于定向改变种群的基因频率以适应不同的环境条件。与生态系统自然出现伴有很强的机会性一样，高技术生态系统的创建也要求一系列催化因素促成成功的高技术企业的发展，同时这些因素在系统自我调节机制下，也改变了系统的"基因频率"——即高技术区的核心技术能力和主导产品，从而使系统适应外部环境的变化。加利福尼亚州的计算机和生物制药工业的成长源自政府需求与投资、推动开发新企业的关键人物两方面的集合作用。硅谷的计算机高技术园区一个关键的推动因素是美国国防部对科研资助的猛增及四五十年代对电子军事硬件的需求激增。这促使一批航天企业在加利福尼亚州成立，随着它们的成长，一些企业看中圣克拉拉谷便宜的地价、邻近的军事基地和附近大学丰富的人才供应，纷纷在这里安营扎寨。

其次是关键人物。关键人物同样发挥了重要的催化作用：斯坦福大学工程教授特曼，鼓励他的两个学生 Hewlett 和 Packard 将自己的毕业论文转化成商品，从而缔造了惠普公司，它不仅是遍及电子领域的众多创新的发源地，还培养了大批后来离开惠普创立自己的企业的技术企业家。特曼促成了一些斯坦福与产业间早期的连接：包括向企业工程师授予非全日制学位的荣誉合作课程，以及世界最早的科学园之一——斯坦福研究园。因此，所谓催化剂绝不仅仅是机遇，它也是由现实基础决定的，正如研究型大学对加利福尼亚州地区 HSE 发挥的至关重要的催化作用。

在航天工业陷入低谷时，市场环境发挥自然选择的作用，促使加利福尼亚州地区高技术区的基因频率改变，核心技术转向专业芯片等商业化产品。这个地区的科技人员也很容易地从军工部门转业到其他电子部门。

最后是中介组织。业务范围广泛、涉及技术创新各个环节服务的中介组织为科研机构和高技术企业提供沟通的渠道，开展技术、信息等方面的服务，孵化新的高技术企业等；而风险投资机构为科研活动注入资金，提供创业指导等，这在下文将有详细的分析。

总之，中间因素和中间组织在整个高技术生态系统中发挥着重要的桥梁作用，它们为高技术企业群与科研机构群以及系统环境与各种群之间传递着能量；同时，它们还扮演了转化者的角色，通过对创新的激励、扶植，对知识的传播，改变着整个系统的架构、知识基础、文化等环境因素，将不断进化的能量传递给系统。

3. 物质循环与能量传递为高技术产业生态系统共生演化提供了丰富的营养物质

首先是人才吸纳。加利福尼亚州地区一流的研究型大学不仅为这些高技术园区提供有效的初始催化剂，还不断输送着维持这些高技术生态系统发展的最主要营养物质——人才。每年各个大学向当地公司提供数千学士、硕士、博士，这些人才不仅来自科学和工程学科，也有很多来自管理学科，如斯坦福就有世界一流的商学院，而且毕业生也倾向于在快速成长的高技术企业谋取职位。

一旦学院与企业间这种整合关系建立，毕业生进入周围企业和企业资助学校科研的相互作用就会自行维持，且成为吸引全世界最优秀学生的巨大磁场：美国有超过40%的科学、工程类博士授予了外国出生的学生，而加利福尼亚州各大学如加利福尼亚州大学伯克利分校、斯坦福大学、加利福尼亚州理工学院、南加利福尼亚州大学等都位列申请者首选。外国出生的学生、创业者们代表了全球最有才能的科技人力资源，他们对推动加利福尼亚州地区 HSE 的发展发挥了重要作用。

其次是风险投资。除了稳定的人才吸纳，另一个维持这些高风险又能高回报的企业发展的重要能量是资金。率先在加利福尼亚州出现的风险资本业在分担风险上起了重要作用：大大减轻科研者与创业家的财务负担，转而将其分散给众多投资者。加利福尼亚州的高技术区不仅提供也吸引了大量的风险投资，进硅谷的公司就接受占全美 23% 的风险投资。

风险资本运作过程也是高技术生态系统中可以自行维持的部分，第一代成功公司的奠基者成为后来者的"天使"，他们常常在公司具备与风险投资公司接触的条件之前即介入。不论是"天使"，还是投资公司，风险资本家为新企业提供的远不止资金，还包括重要的核心能力，如管理、财务、市场、法律等方面的运作能力，这些都是基于他们在此领域多年的经验，而这恰恰是创立企业的科学家或年轻工程师们所缺少的。另外，不同于大型企业董事会中的外部顾问，风险资本家往往在新公司日常运作中发挥积极作用，包括帮助构建企业战略，沟通与其他供应商和顾客的关系等。

4. 相互联系网络是高技术产业生态系统共生演化根本保证

生态系统的动态平衡是由生物群落的自我调节能力来维持的，而这种调节能力是通过各物种之间以食物链形式形成的一种网状生态结构来发挥作用的。"高技术生态系统"与同处一个地方的一群高技术企业之间的区别正在于它存在类似的生态结构。很多地方拥有以上所述的各要素，但最终未成为高技术生态系统，缺少的正是各企业（机构）间高度的合作，利于学习和知识交换的机制。一个有效的高技术生态系统应存在三种不同形式的相互联系网络：水平联系、垂直联系和个人网络。

第一种联系网络是专业公司间的水平联系。专业公司间的水平联系源于硅谷公司与传统职能等级式企业极为不同的基于团队的扁平结构，高技术企业常专注于某核心技术的开发，这种专业化形式要求其他组织的合作者有互补的专长。当公司壮大后，可以将这种网状组织内部化。如太阳微系统公司，将自己分为专门研制芯片、硬件、软件、系统集成的独立公司，它们之间成网状合作，又可独立决策。相反，失败的 DEC、王安电脑及 128 公路都将公司成长系于外部伙伴。

第二种联系网络是价值链上各部分企业间的垂直联系。价值链上各部分企业间的垂直联系对生物技术行业尤其重要，因为这一领域的初创企业一般缺乏庞大资本或必需的全球分销网。这种联系类似食物链：当一个小公司开发出专业化工具（如 DNA 测序仪、药品建模软件），另一公司用它来开发系列基因序列或某种新药，这种药可能被某个大型制药公司注册验证并大量投产。显然，需求拉动在这种顺价值链的垂直联系中发挥了传递信号的作用。

第三种联系网络是个人网络。高技术生态系统中不同的高度专业化公司能迅速对技术和顾客需求作出反应，而在一起又有集合的能力与资源，可以生产出供应全球的大量产品。这种灵活的专业化的关键是它们特有的基于个人网络的知识共享与传播，即第三种联系网络。如前文介绍，加利福尼亚州地区有大量中间机构，其中有很多的核心工作正是加强拓展这样的个人网络及知识共享：包括员工组织，比如 NOVA 私人事业顾问会等，在那里，企业在一起为相互利益共同商议诸如改善社区大学技术培训的广泛话题；也包括大量建立个人社交网络的途径，如继续教育课程和附近大学的毕业生协会、当地职业协会等。以圣迭哥的 CONNECT 为例，它创建于 1985 年，旨在提供一个日常性的会议场所，供教授们和他们的学生们展示他们对生物制药业最新的想法。而一群工业专家、风险资本家和其他专业人事会对之讨论、评价。不同形式联络网中的频繁交流还有助于建立加强知识交换所必需的信任感——不参与知识的交流和共享，就会逐渐被各个联系网排斥。

2.4.3 我国高技术产业生态系统的完善和优化

我国具备很多创建高技术生态系统的要素：每年各个大学向社会输送大批的高素质毕业生，而且数量不断增加；我国一些著名大学在相应学科领域已经或正在步入世界先进水平，它们将成为最强有力的"催化剂"；全国范围内已经建立起众多科学园、开发区、孵化器等配套设置，它们是整个系统的物质框架。但是，也存在着很多不利因素阻碍我国高技术产业生态系统的构建：多年来，我国一直是专业技术人才和优秀毕业生的净流出大国；风险资本业几乎刚起步，高技术企业公开募资的机会不足，创业家过多地承担新创企业的风险；我国长期延续的科研体制造成科研人员个人网络狭隘，尤其与企业界缺乏联系，产学研存在严重界面障碍；缺乏能够促进高技术企业成长和节约企业间交易成本的区域以及全球网络；从更高层面看，我国尚缺乏支持高技术系统发展的完善的市场经济体制和创新文化。

1. 增加基础研究的投入和前期风险投资

由于基础研究的高风险性和公益性特点，政府在这方面的投资占主导地位。基础研究不仅创造了新兴产业得以发展的推动性创新成果，而且为这些新兴产业的专家们提供了学习的过程。

要想保持这种对基础研究的扶持源源不断地带来创新和输送科技人才，新技术的资金缺口必须填补，政府可以设立一些前期创业投资基金，为有发展潜力的新技术创新提供种子资金，直至它们有了适当的收入流或者成型的实质性产品。这些基金可以吸纳合作伙伴，比如保险基金以及其他风险投资机构等。尽管会有部分初创企业不能走到盈利阶段，但另一部分成功的企业可以给基金带来丰厚的回报，这样，通过投资—回报—再投资的循环，政府最初设立的前期创业投资基金就能够自适应地持续发展了。

2. 加强区域内联系与合作

加利福尼亚州地区的计算机高技术区和其他成功的高技术区都验证了区域内企业与科研机构之间以及企业之间的合作对高技术生态系统发挥了多么重要的作用。这些合作性的机构或组织不仅引导了应用研究、短期培训等项目的方向，而且方便了知识的交换和个人网络的建立，从而大大提高了创新率。

高技术生态系统应以一批同处一个地区，具有相同行业优势的研究性大学、科研机构和高技术企业为核心，并集合风险投资、法律和商务咨询、外贸等服务公司，共同缔造一个自组织的区域网络。其开放性和非平衡性产生特殊的非线性反馈机制，使技术创新的各种资源，尤其是创意和发明及时地传播、涨落放大，形成推进整个系统和产业发展的巨大力量。

3. 加强企业家技能培训

并非一个有能力、有抱负，甚至又有天分的人就能成为一个成功的企业家，还需要具备专业的技能，而政府和教育机构完全可以对高技术管理人员和企业家的培养发挥积极的作用。

首先，应该向科学家和工程师们提供更多的有关创业的课程，这些培训可以帮助未来的企业家们少走弯路和避免重大错误。例如，斯坦福大学的创业类课程不仅是商学院最热门的课程，在工学院同样备受青睐。这类课程通常采用跨学科的交叉方式教学，并且聘请真正的企业家、中小企业研究学者和技术专家参与教学。

另外，还应该在鼓励国内学生出国留学的同时，吸引海外留学生回国创业发展。虽然我国目前还是一个人才净流出的大国，尤其是科学技术人才流失严重，但这不应该成为设立留学门槛的理由。因为，随着国内创业条件和整体经济环境的改善，日新月异的中国必将是留学生们创业的首选地，他们将带回先进的科技知识和管理方法。

4. 加强个人网络

要建立广泛传播知识的人际网络不能仅仅依靠固定形式的中间组织机构，特别是对于默会性知识而言，还需要非正式的个人网络。应该让大学和其他科研机构在建立个人网络上发挥出核心作用：第一，建立起双向人才流动体系，便于教授和学生离开校园创业或在企业兼职，同时引进优秀的高技术企业家到学院授课；第二，扩展夜校、周末班、远程教学等多种形式的继续教育，树立起真正终生学习的观念，加强产学研之间的联系；第三，在科学家和工程师们中发展特定学科的校友联络网，使他们更积极地参与论坛、教学、科研等知识交换活动；第四，在学生中开展商业创意竞赛，并请风险投资机构评判，更大的意义在于培育起创新文化和企业家精神的氛围。

5. 转化政府部门职能，实施市场化运作

从20世纪80年代开始，我国全国各地已经建立起一大批高技术园区，但很多地方的发展是一哄而上，数量多但质量低，技术成果产业化成绩并不理想。一个重要原因就是政府色彩过浓，我国的高新技术开发区多数设有管委会，属准政府性质；主持管理工作的人员大多有公务员背景却缺乏企业管理经验。在建立和发展高技术生态系统的过程中，政府的推动作用在初期或者重要转折时期可能十分必要，如上文所述催化剂的作用。但在发展期间，政府部门不能越俎代庖，亲自管理园区的实际运作，而应该把权杖交给市场，即转化其职能，根据市场需要提供全方位的宏观服务。例如，完善立法以规范高技术生态系统的发展，改进软硬件设施和创业环境等。

第 3 章
高技术产业组织

高技术经过创新和扩散形成高技术产业。从产业组织的角度讲,产业是由生产相同产品或具有替代关系产品的企业的集合,高技术产业是高技术企业的集合。高技术产业组织理论就是研究高技术企业间关系变动及其对绩效影响规律的理论。由于高技术产业的高创新性、高融合性和高集聚性等特征,形成了高技术产业的组织特征和组织模式。本章既运用经典产业组织理论的 SCP 分析框架分析高技术产业的市场结构、企业行为及经济绩效,也结合高技术产业的组织特征设计高技术产业组织模式。

3.1 高技术产业市场结构

所谓结构，是指构成某一系统的各要素之间的稳定联系方式。在产业组织理论中，产业市场结构是指企业在市场中的联系方式，它对市场内竞争程度及价格形成等产生战略性影响。决定市场结构的因素主要是市场集中程度、产品差别化程度和进入壁垒的高低（赵玉林，2008）。具体地说，高技术产业的市场结构是指在高技术产品市场上卖者之间、买者之间、买卖双方之间以及市场已有的卖方或买方与潜在进入的卖方或买方之间关系的状况及特征。这种结构特征将会直接影响到高技术产业中企业的行为和绩效以及高技术产业绩效；同时，高技术产业的市场结构又会受到高技术产业中企业的市场行为和绩效的影响。

3.1.1 影响高技术产业市场结构的因素

根据产业组织理论，影响高技术产业市场结构的因素一般包括市场集中度、产品差异化程度、企业规模和进入与退出壁垒等。前三个要素主要描述特定市场中企业之间的关系，或者市场的规模及企业的分布特征，最后一个要素描述的是市场内与市场外的潜在竞争者之间的关系。

1. 市场集中度

市场集中度主要反映的是市场中买者或卖者对产品的垄断程度，一般情况下，卖者数目越少，集中度越高，越容易出现垄断；同时，市场中若存在少量大买主和数量众多的小卖主时，则会出现买方垄断。通常集中度越高，大企业的市场势力就越大，市场竞争程度就越低。按照产业市场集中度可以将市场结构划分为四种类型：完全竞争市场、垄断竞争市场、寡头垄断市场、完全垄断市场。

市场集中度反映的是产业生产经营的集中程度，所以该产业内厂商的规模和市场容量就是两个直接影响市场集中度的因素。

从厂商规模变化来看，高技术产业的市场容量既定，少数大厂商的规模越大，集中度就越高；反之，则相反。导致厂商规模变化的主要因素：一是厂商有扩大规模的动机。这有两方面的原因：一是追求规模经济效益。在市场竞争的强制作用下，每一个追求利润最大化的厂商都力求把自己的规模扩展到单位产品的生产成本和销售费用达到最小的水平，即最优规模的水平。二是垄断的动机。厂商试图通过扩大规模，提高市场占有率，以力争一定的垄断地位，从而获取垄断利润。三是技术进步为厂商扩大规模提供了可能。随着工业生产技术的发展，产生了许多大型机械设备和大型生产线，使产品生产经营的规模扩大，厂商规模也相应得到扩大。四是政府经济政策和法律的影响。一方面，为了防止垄断对资源利用效率和竞争活力以及对消费者利益的损害，许多国家通过制定反托拉斯法，限制超过一定规模厂商之间的合并和联合，也即限制厂商规模的过分扩张；另一方面，许多国家为了提高本国企业在国际市场上的竞争实力，扩大出口，往往放宽对企业大规模合并和联合的限制，并采取一些优惠政策，鼓励厂商扩大规模。从长期的发展过程来看，上述因素综合作用的结果：厂商规模有扩大的趋势。

从市场容量变化来看，高技术产业市场容量扩大容易降低集中度，市场容量缩小或不变容易提高集中度；市场容量缩小或不变对提高集中度的促进作用大于市场容量扩大对降低集中度的作用。原因是大厂商常在市场容量缩小或不变时加强兼并，而在市场容量扩大时率先发展；只有出现很高的市场容量增长率并超过大厂商扩张的速度时，才有可能导致集中度的降低。

影响市场容量变化的主要因素：一是经济发展速度。经济发展速度是决定总需求的一个重要因素，因而也是市场容量的一个重要决定因素。某产业相关产业的发展速度，则是该产业市场容量的一个直接决定因素。二是居民收入水平和消费结构的变化情况。居民收入水平的变化反映了居民实际购买力的变化，消费结构的变化则反映了随着居民收入水平的变化，消费支出结构发生相应变化的趋势和特点，它们直接决定了最终消费品产业的市场容量变化情况，也是间接决定生产资料产业市场容量的一个因素。三是国家经济政策。主要有两方面：一是财政货币政策，它通过影响总需求的变化进而影响市场容量的变化。例如，扩张的财政货币政策刺激总需求的扩张，扩大对生产资料的需求，提高居民购买能力，进而起了促进消费品产业和生产资料产业市场容量扩大的作用。二是产业政策，它是通过一系列对产业发展的扶持和限制政策的作用影响相关产业市场容量的变化。例如，扶持重点产业的发展，则会引起与重点产业相关联的产业市场容量的扩大。限制某些产业的发展，则会对与这些产业相关联的产业市场容量起限制作用。

2. 产品差别化程度

产品差别化是指在高技术产业的产品生产中，不同厂商所提供的产品所具有的不同特点和差异。产品差异化程度表现在同类产品在质量、构造、外观、商标、广告和售后等方面存在的差异和以消费者的偏好为基础的"虚构"的差异。通过产品差别化，不同企业产品之间的替代性就减少了，这也就破坏了完全竞争的局面，使市场结构向垄断竞争、寡头垄断甚至是完全垄断方向发展。产品差别化主要是通过两种途径对市场结构产生影响：一是通过市场集中度影响市场结构。市场势力大的企业通过差异化策略可以更好地保证和提高市场占有率，提高市场集中度水平，使市场结构趋于垄断；市场势力小的企业通过差异化策略可以提高自身市场占有率，则会降低市场集中度水平，使市场结构趋于竞争。二是通过进入壁垒影响市场结构。产品差异化策略可能会吸引顾客对这类产品产生偏好，这对其他试图进入该市场的新企业来说就构成了进入壁垒。一般情况下，产品差异别程度越高，进入壁垒也越高。

3. 进入和退出壁垒

进入壁垒是指高技术产业外的新厂商或潜在进入者在进入该产业时所遇到的不利因素和限制；或者高技术产业内已有厂商对准备进入或正在进入该产业的新厂商所拥有的优势。由于市场容量和生产资源是有限的，新厂商一旦进入某一产业，必须与该产业内的原有厂商展开争夺市场和资源的竞争。如果某产业的进入壁垒高，就是新厂商在进入该产业时遇到的困难大，一般厂商就难以顺利进入，相对而言，该产业的竞争程度就要弱一些，垄断程度就要强一些。

形成进入壁垒的因素主要：一是规模经济障碍。新厂商在进入某一产业的初期，一般难以充分享受规模的经济性，相对于产业内已有的厂商其生产成本必然较高，这就是规模经济障碍。二是绝对费用障碍。原有厂商一般都占有一些稀缺的资源和生产要素。诸如在原料占有上的优势，对专利和技术诀窍的占有优势，产品销售渠道和运输条件上的优势，人才优势等。新厂商要进入某产业和原有厂商竞争就要获取这些资源，所需的费用就是绝对费用。由绝对费用而引起的新厂商成本大幅度增加被称为绝对费用障碍。三是产品差别化障碍。产品差别化障碍是指买者对原有厂商产品的偏好程度高于新厂商产品，以致引起新厂商产品进入市场的困难。一般来说，原有厂商利用广告宣传和其他促销手段，其产品和商标已为买者所熟悉，其市场形象和信誉已经确立。新厂商欲使自己的产品占领市场，必先让买者了解自己的产品，树立形象和信誉，这需要投入大量资金、加强广告宣传、建立销售网络和服务系统、培训销售人员等。这样新厂商的销售费用必然大大超过原有厂商，其产品成本也随之大量增加。四是政策和法规障碍。国家对新建企业的行政管理以及相关的经济政策和法规，也不同程度地形成了新厂商进入某些产业的障碍。例如，在某些产业中，开设企业需要经过复杂的批准程序，购买国外技术和进口设备、原材料都需要批准发证，资金的筹措分配也要受到政策和法规的制约。

退出壁垒是指高技术产业内某个厂商长期经营亏损、资不抵债，不能正常进行生产经营，转产或破产退出该产业时所遇到的障碍。退出壁垒主要包括以下几个方面：一是沉没成本。厂商投资形成的固定资产（设备、厂房及其他建筑物等），由于用于特定产品的生产及销售而变得专门化，在很多情况下不容易将厂商专用性资产转用或转卖给生产和销售其他产品的厂商。当厂商退出一个产业向其他产业转移时，由于部分设备的专用性特别强，厂商在转产时不得不废弃这些设备，这些设备的价值就不能收回。这种不能收回的费用就是厂商退出时的沉没成本。二是解雇费用。在大多数情况下，厂商退出某个产业时需要解雇工人。解雇工人要支付退职金、解雇工资，有时为了让工人改行，还需要培训费用和转移费用。这些费用就是厂商在退出某产业时要付出的代价。三是政府政策和法规。政府为了一定的目的，往往通过制定政策和法规来限制生产某些产品的厂商从产业中退出，如有的地方政府为了短期政绩，常常设法挽救濒临破产的厂商退出。

3.1.2 高技术产业市场结构的测度方法

产业组织理论认为，一个产业中企业的规模差异和企业数量决定了该产业是垄断的市场结构还是竞争的市场结构。一般来说，测定产业市场结构有三种方法（刘志彪，2005）：一是以产业内企业规模为基准的方法。该方法主要是通过对市场上卖方、买方的相对规模的分析，来判定市场上竞争和垄断程度，主要指标有绝对集中度、相对集中度、赫芬因德系数等。二是以产品为基准的市场测度方法。该方法主要是通过对产业内性能有所差别的同种产品之间相互替代程度的分析，来判定市场上竞争和垄断程度，主要指标有需求交叉弹性、供给交叉弹性等。三是以绩效为基准的市场结构度量方法。该方法主要是考察垄断市场对资源配置效果的影响程度，主要指标有勒纳指数和贝恩指数等。

基于数据的可获得性等原因，本书将主要采用第一种方法对高技术产业的市场结构予以分析。

绝对集中度（以下简称"集中度"）是指市场上处于前 n 位企业的生产、销售等在整个市场（企业总数为 N）的生产、销售总量中所占有的份额。若用 CR_n 表示该产业全部企业 N 中前 n 位企业的绝对集中度，用 X_i 表示第 i 个企业的生产、销售总量，则绝对集中度的计算公式表示为

$$CR_n = \sum_{i=1}^{n} X_i / \sum_{i=1}^{N} X_i$$

以 1987~1999 年的世界半导体产业为例。在 1987 年，世界半导体市场销售额是 382.5 亿美元，到 1999 年世界半导体市场的销售额增长到 1471.6 亿美元。在 1987 年、1994 年、1995 年、1997 年、1998 年和 1999 年，世界半导体市场上，排名前四位企业的市场集中度分别是 29.9%、29.9%、28.9%、32.1%、

32.2%、31.0%；排名前八位企业的市场集中度分别是 48.3%、48.8%、49.1%、48.4%、46.7%、46.0%（表3-1～表3-6）。从总体上来看，这期间世界半导体产业基本上属于垄断竞争型市场结构，按照贝恩的划分属于寡占 V 型市场结构①。

表 3-1 1987 年世界半导体市场集中度

公司名称	销售额/百万美元	市场份额/%	市场集中度（C_N）/%
①NEC	3 368	8.8	8.8
②Toshiba	3 029	7.9	16.7
③Hitachi	2 618	6.8	23.5
④Motorola	2 434	6.4	29.9
⑤Texas Instruments	2 127	5.6	35.5
⑥Fujitsu	1 801	4.7	40.2
⑦Philips	1 602	4.2	44.4
⑧Nat Semicond	1 506	3.9	48.3
其他	19 766	51.5	100.0
总计	38 251	100.0	

资料来源：依据 Dataquest 数据计算得到

表 3-2 1994 年世界半导体市场集中度

公司名称	销售额/百万美元	市场份额/%	市场集中度（C_N）/%
①Intel	10 099	9.2	9.2
②NEC	7 961	7.2	16.4
③Toshiba	7 556	6.9	23.3
④Motorola	7 238	6.6	29.9
⑤Hitachi	6 644	6.0	35.9
⑥Texas Instruments	5 552	5.0	40.9
⑦Samsung	4 832	4.4	45.3
⑧Fujitsu	3 869	3.5	48.8
其他	56 501	51.2	100.0
总计	110 252	100.0	

资料来源：依据 Dataquest 数据计算得到

---

① 贝恩按市场集中度将市场结构划分 6 种类型，其中寡占 V 型的市场集中度 $30 \leqslant CR_4 < 35$、$40 \leqslant CR_8 < 45$；$CR_4 < 30$、$CR_8 < 40$ 为竞争型市场结构。

表 3-3 1995 年世界半导体市场集中度

公司名称	销售额/百万美元	市场份额/%	市场集中度 (C_N) /%
①Intel	13 172	8.7	8.7
②NEC	11 314	7.5	16.2
③Toshiba	10 077	6.7	22.9
④Hitachi	9 137	6.0	28.9
⑤Motorola	8 732	5.8	34.7
⑥Samsung	8 329	5.5	40.2
⑦Texas Instruments	7 831	5.2	45.4
⑧Fujitsu	5 538	3.7	49.1
其他	77 142	50.9	100.0
总计	151 272	100.0	

资料来源：依据 Dataquest 数据计算得到

表 3-4 1997 年世界半导体市场集中度

公司名称	销售额/百万美元	市场份额/%	市场集中度 (C_N) /%
①Intel	21 746	14.7	14.7
②NEC	10 222	6.9	21.6
③Motorola	8 067	5.5	27.1
④Texas Instuments	7 352	5.0	32.1
⑤Toshiba	7 253	4.9	37.0
⑥Hitachi	6 289	4.3	41.3
⑦Samsung	5 856	4.0	45.3
⑧Fujitsu	4 622	3.1	48.4
其他	75 748	51.6	100.0
总计	147 155	100.0	

资料来源：依据 Dataquest 数据计算得到

表 3-5 1998 年世界半导体市场集中度

公司名称	销售额/百万美元	市场份额/%	市场集中度 (C_N) /%
①Intel	22 784	16.7	16.7
②NEC	8 227	6.0	22.7
③Motorola	7 088	5.2	27.9
④Toshiba	5 913	4.3	32.2

续表

公司名称	销售额/百万美元	市场份额/%	市场集中度（C_N）/%
⑤Texas Instruments	5 820	4.3	36.5
⑥Samsung	4 743	3.5	40.0
⑦Hitachi	4 668	3.4	43.4
⑧Philips	4 448	3.3	46.7
其他	72 467	53.3	100.0
总计	136 158	100.0	

资料来源：依据 Dataquest 数据计算得到

表 3-6 1999 年世界半导体市场集中度

公司名称	销售额/百万美元	市场份额/%	市场集中度（C_N）/%
①Intel	25 810	16.1	16.1
②NEC	9 216	5.8	21.9
③Toshiba	7 594	4.7	26.6
④Samsung	7 095	4.4	31.0
⑤Texas Instruments	7 095	4.4	35.4
⑥Motorola	6 425	4.0	39.4
⑦Hitachi	5 521	3.4	42.8
⑧STMicroelectronics N.V	5 080	3.2	46.0
其他	86 297	53.9	100.0
总计	160 133	100.0	

资料来源：依据 Dataquest 数据计算得到

由表 3-1 至表 3-6 可见，这期间，世界半导体市场的变化趋势及特点：一是世界半导体市场正以较快的速度在增长；二是世界半导体产业的市场集中度前四位呈下降趋势；前五位基本稳定；前八位和前十位呈下降趋势（图 3-1）。这说明，世界半导体产业中企业之间的竞争日益激烈，但前四位大企业的垄断地位却在加强。

绝对集中度只反映了高技术产业中前几位大企业整体上在整个产业中所占的比重，未反映单个企业在整个产业中的分布情况，因此不能完全反映该产业的企业在市场中的竞争与垄断状态，正如上述的世界半导体产业在 20 世纪 90 年代的绝对集中度，前四位大企业的市场占有率处于上升态势，而前八位大企业的市场

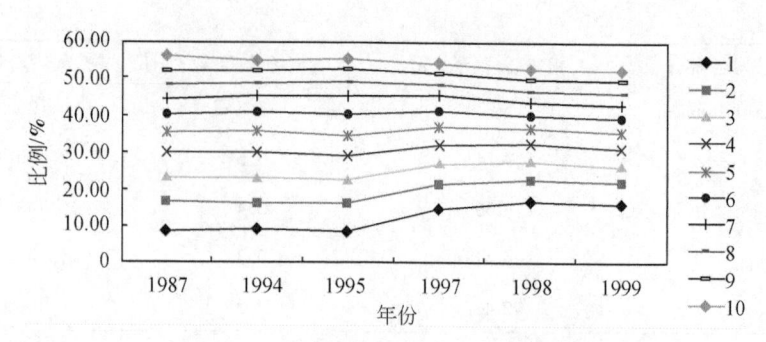

图 3-1 世界半导体市场集中度变动趋势
数据来源：依据表 3-1～表 3-6 数据整理得到

占有率却处于下降态势。所以，要全面把握高技术产业的企业在市场中的竞争与垄断状况，不仅要测量高技术产业的绝对集中度，还应测量其相对集中度。测量相对集中度的方法有洛伦兹曲线（Lorenz curve）、基尼系数（Gini coefficient）、赫芬达尔—赫希曼指数（Herfindahl-Hirdchman index）、熵指数（Entropy index）等（赵玉林，2008）。本书采用前 N 位大企业的平均规模与全产业的企业平均规模之比来测量高技术产业的相对集中度。若用 GR_n 表示该产业全部企业 N 中前 n 位企业的相对集中度，用 X_i 表示第 i 个企业的生产、销售总量，则相对集中度的计算公式表示为

$$CR_n = \sum_{n=1}^{n} \frac{X_i}{n} \Big/ \sum_{N=1}^{N} \frac{X_i}{N}$$

采用上述公式和表 3-1 至表 3-6 中的数据，可计算出在 1987 年、1994 年、1995 年、1997 年、1998 年和 1999 年，世界半导体市场上，排名前四位企业和前八位企业的相对市场集中度。

3.1.3 中国高技术产业的市场结构

1995 年以来，中国高技术产业规模有了较大提高，企业数、从业人员年平均人数、产值、销售额等指标，均呈现递增趋势。如表 3-7～表 3-10 所示，中国高技术产业企业数由 2000 年的 9758 个增长到 2008 年的 25 817 个；从业人数从 2000 年的 389.98 万人增长到 2008 年的 944.77 万人；2008 年当年价工业总产值为 57 087 亿元，同比增长 13.13%，是 2000 年的 5.5 倍，1995 年的 13.9 倍；2008 年主营业务收入 55 728.91 亿元，是 2000 年的 5.6 倍，1995 年的 14.2 倍。

表3-7　中国高技术产业企业数量的变动　　　　　　　　　　（单位：个）

产业部门	1995年	2000年	2004年	2005年	2006年	2007年	2008年
医药制造业	5 388	3 301	4 765	4 971	5 368	5 748	6 524
化学药品制造	2 348	1 619	2 023	2 037	2 138	2 218	2 459
中成药制造	1 974	1 180	1 221	1 288	1 348	1 386	1 479
生物、生化制品的制造	398	271	435	478	527	622	746
航空航天器制造业	219	176	177	167	173	181	217
飞机制造及修理	152	130	154	143	144	155	183
航天器制造	67	46	23	24	29	26	34
电子及通信设备制造业	7 202	3 977	8 044	7 781	8 606	9 963	12 871
通信设备制造	1 414	806	1 279	1 195	1 224	1 333	1 578
雷达及配套设备制造	50	47	47	47	52	47	60
广播电视设备制造	262	96	399	361	359	379	461
电子器件制造	824	513	1 413	1 285	1 433	1 671	2 289
电子元件制造	2 890	1 598	3 548	3 558	4 033	4 746	6 226
家用视听设备制造	930	453	919	855	898	990	1 182
其他电子设备制造	832	464	439	480	607	797	1 075
电子计算机及办公设备制造业	715	494	1 374	1 267	1 293	1 450	1 695
电子计算机整机制造	225	139	246	201	166	180	175
电子计算机外部设备制造	379	272	929	886	937	1 077	1 301
办公设备制造	111	83	199	180	190	193	219
医疗设备及仪器仪表制造业	5 310	1 810	3 538	3 341	3 721	4 175	4 510
医疗设备及器械制造	1 494	565	741	704	780	881	1 200
仪器仪表制造	3 816	1 245	2 797	2 637	2 941	3 294	3 310
合计	18 834	9 758	17 898	17 527	19 161	21 517	25 817

资料来源：根据《中国高技术产业统计年鉴》（2009年）数据整理

表3-8　中国高技术产业从业人数变动　　　　　　　　　　（单位：人）

产业部门	1995年	2000年	2004年	2005年	2006年	2007年	2008年
医药制造业	1 157 429	995 641	1 143 815	1 234 389	1 302 750	1 373 407	1 507 512
化学药品制造	737 936	612 191	595 401	641 919	660 821	691 642	734 497
中成药制造	318 400	300 633	333 398	350 233	363 805	366 185	396 798
生物、生化制品的制造	45 169	53 451	61 894	77 122	83 739	100 363	119 509

续表

产业部门	1995年	2000年	2004年	2005年	2006年	2007年	2008年
航空航天器制造业	590 713	456 531	271 785	304 691	297 826	301 418	314 070
飞机制造及修理	478 596	394 176	254 587	283 082	275 596	279 217	289 494
航天器制造	112 117	62 355	17 198	21 609	22 230	22 201	24 576
电子及通信设备制造业	1 815 230	1 737 523	3 041 097	3 466 681	3 933 366	4 554 095	5 232 248
通信设备制造	310 185	324 066	468 436	555 028	629 884	759 041	864 463
雷达及配套设备制造	86 164	54 161	34 742	39 307	41 597	40 622	42 660
广播电视设备制造	37 707	21 404	77 941	75 849	83 860	94 182	102 348
电子器件制造	297 400	268 611	530 852	616 231	709 202	854 958	1 055 998
电子元件制造	633 311	645 061	1 331 194	1 495 255	1 741 688	2 014 426	2 306 669
家用视听设备制造	374 354	317 255	508 851	553 288	568 309	586 040	579 221
其他电子设备制造	76 109	106 965	89 081	131 723	158 826	204 826	280 889
电子计算机及办公设备制造业	141 771	238 793	827 652	1 011 417	1 215 585	1 429 836	1 650 041
电子计算机整机制造	530 02	62 331	271 298	322 380	391 867	479 097	583 118
电子计算机外部设备制造	63 491	125 570	475 552	607 302	725 472	845 987	957 760
办公设备制造	25 278	50 892	80 802	81 735	98 246	104 752	109 163
医疗设备及仪器仪表制造业	779 096	471 297	584 512	616 244	695 367	770 826	743 829
医疗设备及器械制造	164 722	117 130	131 354	129 701	150 114	172 717	223 142
仪器仪表制造	614 374	354 167	453 158	486 543	545 253	598 109	520 687
合计	4 484 239	3 899 785	5 868 861	6 633 422	7 444 894	8 429 582	9 447 700

资料来源：根据《中国高技术产业统计年鉴》(2009年) 数据整理

表3-9　中国高技术产业当年价总产值变动情况　（单位：亿元）

产业部门	1995年	2000年	2004年	2005年	2006年	2007年	2008年
医药制造业	961.26	1 781.37	3 241.30	4 250.45	5 018.94	6 361.90	7 874.98
化学药品制造	641.74	1 077.51	1 852.00	2 405.91	2 720.53	3 426.97	4 198.24
中成药制造	232.06	533.01	838.30	1 048.18	1 234.64	1 472.09	1 715.32
生物、生化制品的制造	46.72	135.65	209.60	353.65	438.76	601.02	776.88
航空航天器制造业	268.97	387.58	501.60	797.23	828.01	1 024.44	1 199.12
飞机制造及修理	231.08	340.77	469.70	750.80	771.26	959.85	1 123.88
航天器制造	37.90	46.81	31.90	46.43	56.75	64.59	75.24
电子及通信设备制造业	2 181.67	5 981.38	14 006.70	16 867.13	21 217.64	25 088.04	28 151.41
通信设备制造	605.60	2 178.66	4 818.50	5 804.84	7 284.14	7 792.76	8 382.69

续表

产业部门	1995年	2000年	2004年	2005年	2006年	2007年	2008年
雷达及配套设备制造	109.11	37.64	64.50	102.69	129.25	133.56	153.78
广播电视设备制造	18.05	34.77	188.10	200.35	251.80	316.96	396.33
电子器件制造	349.97	950.35	2 672.60	3 039.28	3 894.51	5 043.25	6 350.77
电子元件制造	407.61	1 050.52	3 275.60	4 303.25	5 809.10	7 419.28	8 234.35
家用视听设备制造	616.01	1 458.82	2 790.10	3 062.11	3 303.86	3 592.52	3 589.51
其他电子设备制造	75.32	270.63	197.20	354.61	544.98	789.70	1 043.97
电子计算机及办公设备制造业	354.46	1 676.95	8 691.50	10 666.95	12 510.73	14 858.57	16 493.37
电子计算机整机制造	142.19	685.29	4 526.00	5 570.16	6 381.15	7 932.45	9 155.76
电子计算机外部设备制造	181.15	807.37	3 727.70	4 557.09	5 478.79	6 203.28	6 595.66
办公设备制造	31.11	184.29	437.90	539.70	650.79	722.84	741.96
医疗设备及仪器仪表制造业	331.40	584.20	1 327.40	1 785.35	2 420.66	3 128.21	3 368.51
医疗设备及器械制造	94.26	163.23	296.40	352.50	473.82	610.39	832.38
仪器仪表制造	237.14	420.97	1 031.00	1 432.85	1 946.84	2 517.83	2 536.12
合计	4 097.76	10 411.47	27 768.60	34 367.11	41 995.99	50 461.17	57 087.38

资料来源：根据《中国高技术产业统计年鉴》（2009年）数据整理

表3-10　中国高技术产业主营业务收入变动情况　（单位：亿元）

产业部门	1995年	2000年	2004年	2005年	2006年	2007年	2008年
医药制造业	902.67	1 627.48	3 033.00	4 019.83	4 718.82	5 967.13	7 402.33
化学药品制造	596.08	1 000.67	1 757.80	2 325.55	2 586.48	3 251.90	3 984.66
中成药制造	224.57	482.52	760.00	970.82	1 147.63	1 350.53	1 577.27
生物、生化制品的制造	42.90	112.28	194.00	318.23	408.52	557.57	710.33
航空航天器制造业	262.49	377.83	498.40	781.37	798.88	1 006.36	1 162.04
飞机制造及修理	232.11	335.07	468.20	735.35	746.74	943.51	1 088.67
航天器制造	30.38	42.76	30.10	46.02	52.14	62.86	73.36
电子及通信设备制造业	2 052.78	5 871.15	13 819.10	16 646.25	21 068.86	24 823.58	27 409.90
通信设备制造	560.20	2 162.21	4 860.40	5 834.04	7 328.43	7 798.96	8 190.38
雷达及配套设备制造	100.22	34.10	60.60	92.46	121.70	130.00	162.59
广播电视设备制造	16.67	33.13	183.30	196.02	247.57	310.47	382.46
电子器件制造	332.91	920.14	2 619.00	2 958.62	3 861.12	4 908.02	6 045.25
电子元件制造	379.20	993.82	3 172.40	4 167.03	5 700.58	7 253.47	8 044.23
家用视听设备制造	592.93	1 467.80	2 730.50	3 049.01	3 285.80	3 642.80	3 587.76

续表

产业部门	1995年	2000年	2004年	2005年	2006年	2007年	2008年
其他电子设备制造	70.66	259.95	193.00	349.07	523.66	779.86	997.22
电子计算机及办公设备制造业	378.51	1 599.12	9 192.70	10 722.15	12 634.18	14 887.28	16 499.01
电子计算机整机制造	156.91	657.31	5 041.10	5 688.97	6 600.16	8 128.67	9 371.93
电子计算机外部设备制造	189.65	763.02	3 705.20	4 508.79	5 385.41	6 061.89	6 396.13
办公设备制造	31.95	178.80	446.50	524.38	648.61	696.71	730.95
医疗设备及仪器仪表制造业	320.67	558.13	1 303.00	1 752.18	2 363.82	3 029.75	3 255.63
医疗设备及器械制造	90.50	150.16	285.00	341.58	454.01	588.12	795.40
仪器仪表制造	230.17	407.97	1 018.00	1 410.60	1 909.81	2 441.63	2 460.23
合计	3 917.12	10 033.72	27 846.20	33 921.79	41 584.56	49 714.10	55 728.91

资料来源：根据《中国高技术产业统计年鉴》（2009年）数据整理

2003年以来，中国高技术产业市场集中度呈下降趋势，2003年 $CR_4 = 7.25\%$，$CR_6 = 9.25\%$；2008年下降到 $CR_4 = 5.05\%$，$CR_6 = 6.6\%$，这表明中国高技术产业从整体来看是竞争型的市场结构。按照二位数产业进行测算，通信设备、计算机及其他电子设备制造业的前四位企业的市场集中度同样呈现下降态势，2008年 CR_4 为6.3%，比2003年下降了1.5个百分点。仪器仪表及文化、办公用机械制造业前四位企业的市场集中度下降幅度最大，从2004年的12.68%下降至2008年的3%，减少近10个百分点。相比之下，医药制造业的市场集中度是最高的，在2008年只有15.70%，较2003年下降了近20个百分点（图3-2）；通信设备、计算机及其他电子设备制造业，仪器仪表及文化办公用机械制造业，医药制造业这三大产业的前六位企业的绝对市场集中度在2008年只有8.15%、3.58%、20.1%，无疑属于完全竞争型的市场结构。

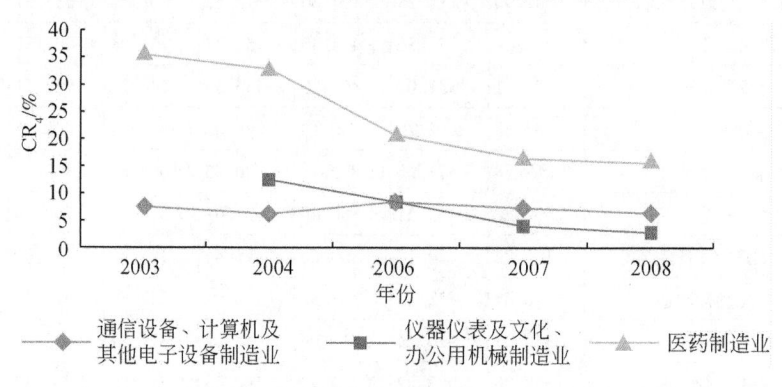

图3-2 二位数产业划分的高技术产业绝对市场集中度变动趋势

按五大部门划分的中国高新技术产业,市场集中度最高的是航空航天器制造业,有217家企业,前四位大企业的市场集中度CR_4只有28.54%,同样属于完全竞争型的市场结构,龙头企业优势并不显著,其他四大产业则更加分散;按17个产业部门细分的中国高新技术产业,市场集中度最高的是雷达及配套设备制造,CR_4为51.33%,其次是办公设备制造和电子计算机整机制造,分别为44.37%和42.91%,再次为航天器制造和飞机制造及修理业,前四位企业集中度分别为31.46%和30.47%。这7个产业属于垄断竞争型的市场结构,其他12个产业属完全竞争型的市场结构,其中生物、生化制品的制造,集中度最低,CR_4只有5.86%。

3.2 高技术产业的市场行为

企业在市场中的行为(简称为市场行为,或企业行为)是指企业在为实现其目标(如利润最大化、更高的市场占有率)而采取的适应市场要求不断调整其行为的策略性行为。市场行为可分为两大类:市场竞争行为和市场协调行为。市场竞争行为又可以分成四种具体的行为:定价行为、广告行为、创新行为和兼并行为。

3.2.1 高技术产业中的价格竞争行为

价格竞争包括旨在争取市场的降价竞争,旨在限制新企业进入价格的制定和旨在将对手挤出市场和吓退欲进入市场的潜在竞争对手,降低价格,待对手退出市场后它再行提价的掠夺性定价。在高技术产业中,竞争和掠夺性定价是较为常见的价格竞争方式。

在WPS2000正式上市的前一天,即1999年4月2日,Microsoft公司在友谊宾馆举行Office2000测试版,188元一套,在这一天,Office97也半价销售(刘韧,1999)。这是Microsoft公司试图以降价竞争行为阻击WPS2000的上市。除此之外,正如比尔·盖茨本人在1998年7月20日的 *Fortune* 杂志上的所言,Microsoft公司正在策划和促成其产品在中国的盗版泛滥,再以掠夺性的盗版价格来打击像金山这样的竞争对手(理查德·塞尔比,1996)。

在中国PC市场上,为了争取市场,长城电脑公司于1999年6月推出了飓风499电脑,将价格定在4999元。但随后实达电脑公司也立刻推出"世纪换机"活动,换机价格为3999元;TCL公司则将门槛降到了4888元。PC厂家展开了降价竞争。

在高技术产业的价格竞争中，不乏掠夺性定价竞争和恶性降价竞争的事例。中国政府应加强对市场上的价格竞争进行监督和管理，对市场上出现的不正当价格竞争进行严厉的打击。特别是要提防外国公司采用不正当的价格竞争手段挤垮中国的民族产业（张其金，1999）。

由于高技术产业中企业和产品的特殊性，其在制定价格策略时必须使用不同于传统产品价格策略的方式和手段。但我国高技术企业在制定价格策略时往往忽视这一点，而出现以下两个方面的问题：一是企业的竞争行为单纯依赖价格策略；二是价格策略脱离定位策略，不能反映产品或品牌定位。

营销行为的成功取决于企业为顾客提供的价值，高技术产品的价值首先取决于其技术含量。企业只有通过建立优势，在产品性能和质量方面造成差距，才能提高价格策略的灵活性。而且在高技术产业，价格策略只能作为竞争的辅助手段，而不能作为根本手段。企业目标的成功实现需要各方面因素的支持，而不能仅仅依赖价格的变化。在顾客需求准确把握的基础上正确定位，然后提供给顾客带来极大化价值的产品，才是高技术企业的成功之道。

根据营销理论，企业的价格/质量战略有9种，如表3-11所示。

表3-11 企业的价格/质量战略

产品质量		价 格		
		高	中	低
	高	溢价战略	高价值战略	超值战略
	中	高价战略	普通战略	优良价值战略
	低	骗取战略	虚假战略	经济战略

虽然由于质量与价格的不同匹配关系而有以上9种价格/质量战略可供选择，但由于顾客对高技术产品质量的要求，使高技术企业不能降低产品品质，所以高技术企业一般不能采取以中低产品品质为基础的价格策略。高技术企业只有首先着力于提高产品品质和产品中的技术含量，然后才能根据市场需求、自身的技术优势，以及被竞争对手追赶的难易程度这三个因素在溢价战略、高价值战略或超值战略中选择其一。而且高技术产品与传统产品的不同之处还在于高技术产品形成差异化的要素一般只限于技术特色，因此高技术企业要在竞争过程中拉大与竞争对手的价格差距，在价格策略上占据灵活主动的地位，一般应通过建立产品的技术特色来实现。

价格竞争是一种短视行为。企业只有本着竞争合作的思想，才能做大市场，才能在市场竞争中分得"一杯羹"。但是价格竞争又具有客观性和长期性，作为企业不能够回避这一问题，只有在理性应对的情况下，在细分市场的基础上实现产品的差异性，这才是摆脱恶性价格竞争的关键。优质服务才是强企之道。

3.2.2 高技术产业中的广告行为

广告宣传是增进用户对企业或企业的产品的了解，增加产品销售，提高企业知名度的一种有效手段。在高技术产业中，广告宣传也是企业之间竞争的一种有效手段。在1990年5月22日，美国纽约市立戏剧中心披红挂绿、张灯结彩，6000余人欢聚一堂共庆Windows3.0版软件问世。庆典的热烈场面通过卫星转播，传到了美国7个城市的分会场，此外，伦敦等五大洲的十二个城市也同时举行盛大的产品发布会。在这一天，Microsoft公司共投入了300万美元的巨额宣传费用，若再计入相关的广告、演示、赠送试用版等活动经费，Microsoft公司投入近上千万美元。Microsoft公司投入的巨额广告宣传费用当然也收到了巨大的回报，到1990年年底创下了累计销售100万套的最高纪录，到1992年推出Windows3.1版时，Windows3.0版的发售量已高达700多万套（侯书森，1999）。

目前，在高技术产业领域的广告宣传手段主要有：一是通过报刊、电视等传统广告的方式，来介绍产品的价格、产品的性能、销售代理商等信息。二是采用大型的产品发布会形式。在产品发布会上，除了演示产品使用方法和功能外，常常还给到会者赠送"使用版"。三是伴随着因特网的发展，企业还常常建立自己的站点或在有些门户站点上介绍本企业的产品性能、价格和销售商的联系方式等信息。另外，有些软件生产商还通过网络免费发放其试用版软件产品。四是在高技术产业中，还常常采用资助和直接举办各种培训班的形式，来挖掘潜在用户和达到宣传产品的目的。

3.2.3 高技术产业的技术创新行为

技术创新是高技术产业发展的主要动力之一。在1997年，带MMX的多功能奔腾芯片还十分畅销，然而于1998年就停止生产；在1998年上半年奔腾Ⅱ代233MHz还在市场独领风骚，而1998年下半年奔腾Ⅱ代266MHz就停止生产。正是由于Intel公司的摩尔规则在过去20年中一直引导着全球微处理器的创新步伐，这为Intel公司带来了近30%的超额利润，使Intel公司在过去的竞争中一直处于竞争优势。

Microsoft公司创建于1975年7月，它之所以能在短短20多年时间内，成为全球市场价值最大的公司，这与Microsoft公司的技术创新战略密不可分。在

Microsoft 公司的 MS-DOS 操作系统还非常流行的时候，Microsoft 公司就开始寻找替代 MS-DOS 的操作系统。从 1980 年起 Microsoft 公司开始集中全部力量开发图形操作系统，于 1985 年 11 月正式推出 Windows1.03 版操作系统，但 Microsoft 公司并没有满足于此，而是继续在 Windows 研究与开发上投资，于 1990 年推出了功能更强大的 Windows3.0 操作系统。Microsoft 公司在每推出一代 PC 操作系统软件之后，就立即开始研究新一代的操作系统。在 Office、IE 等软件的开发上，Microsoft 公司也采取了持续不断的技术创新战略。正是由于持续不断的技术创新战略，使 Microsoft 公司长期雄霸 PC 操作系统，并在浏览器、文字处理市场上也占有较大的市场份额。

随着技术更新速度的加快，规模经济已不能完全满足高技术产业的发展要求，规模已不是市场制胜的唯一武器。在某种程度上，追求创新和注重企业的成长态势，才是企业用来应付不断变化的产业环境，以期不被市场淘汰的有力武器。若一个企业要想在激烈的竞争中长期保持优势地位，就必须持续不断地进行技术创新。

3.2.4 高技术产业中的组织调整行为——兼并

企业兼并是指两个以上的企业在自愿的基础上依据法律通过订立契约而结成一个企业的组织调整行为。由于组织调整行为是对市场关系影响最大的市场行为，因此产业组织理论对企业兼并行为的研究非常重视。

企业兼并是资本集中的一种基本形式。它的特点有：①伴有产权关系的转移；②通过兼并，原有企业的业务将集中到合并后的新企业中；③多家企业的财产变成一家企业的财产，多个法人变成一个法人。

兼并是组织调整行为的主要形式。兼并是资本集中的一种基本形式，是一个企业通过产权交易获得其他企业的控制权，实现自身目标，扩张经济实力的行为。企业充分利用兼并手段，可使有限的、分散的资金、技术、人才合理优化配置，实现规模效应，增强竞争实力。

由于技术变革，新行业、新市场不断产生，这些行业、市场必然要经历一次并购的循环。旧行业、旧市场地位因为技术变化逐渐下降，也需要市场结构的重新组合。20 年前像 Microsoft 公司及 Worldcom 公司这样的巨头几乎都不存在，在传统行业中沃尔玛及 Home Depot 也仍未诞生。新的行业往往要经历新企业的诞生—扩张—经历过失败、合并、接管的过程，然后才有相对稳定及垄断竞争对手之间的共存。当今传统经济中核心产业的汽车业、飞机制造业、石油、化工、电子行业都经历了这一循环。新兴产业的电信、电子商务及生物技术也必须遵循这一产业发展规律。

在高技术产业中,由于信息技术更新速度的加快,原有业务范围和市场格局一再被打破,企业为了保持经营优势,必须尽快进入新的业务领域并在短时间内赢得竞争优势,于是寻找合适的目标并实施兼并战略,成为高技术产业中企业用来实现市场经营战略的重要手段。此外,由于技术创新速度的加快,企业来不及自己去一步步开发新技术,占领新市场;为了发展,企业需要迅速兼并所需要的其他公司已拥有的、自己缺乏的某一项技术、某一个产品,以至某一个市场领域和一个新的业务范围。基于以上两个方面的原因,在高技术产业中,兼并已经成为企业迅速扩张、超速发展的有效手段。

美国的 Microsoft、IBM、惠普公司和韩国大宇公司等几乎都是通过不断的兼并来实现企业规模的迅速扩张的。IBM 公司以 8.1 亿美元收购 Sequent 公司,不仅使原来由 IBM 与 Sequent 共同开发的新一代 Unix 版本 Project Monterey 变成 IBM 一家之事,而且使 Sequent 的 NUMA(非一致内存访问)技术也归了 IBM。惠普公司每年要收购十几家以上的企业,通过购买一些具有先进技术的小公司来延伸和加强自身的技术能力,并将之融合到公司的产品中去。

电脑行业的摩尔定律几十年来一直支配着这个行业的发展速度。而网络的增长速度则表现为每隔 6 个月翻一番。伴随着网络飞速发展,生活在各个角落的人们被网络连接成为一个大的市场,并且受到市场潜在利润的诱惑而改变着他们所控制资源的配置方式。兼并已成为高技术产业发展的第一驱动力,已成为企业发展过程中必不可少的一部分。据美国旧金山一家咨询公司 New Media Resource 的最新调查报告称,网络界的兼并行动 1999 年上半年比 1998 年上半年多了 22 倍,其中最大的一笔并购案是 @ Home 以 67 亿美元并购了 Excite。1999 年上半年共有 169 起基于 Web 的兼并案,总价值达 334 亿美元。1998 年上半年共有 56 起并购案,总价值达 15 亿美元。从 1998 年 1 月到 1999 年 6 月为止的 18 个月内,最大的四个买家分别是 Yahoo(5 起并购,价值 105 亿美元)、@ Home(1 起并购,价值 67 亿美元)、Healtheon(3 起并购,价值 62 亿美元)和 America Online(10 起并购,价值 44 亿美元)。

并购加速了高技术企业的扩张和高技术产业的融合,规模的扩大提高了大企业的垄断势力,产业融合又加剧了企业间的竞争,使竞争不仅发生在同一产业内部,不同产业的企业也由于生产了功能相同或具有替代性的产品,也形成了竞争,出现了可竞争性市场结构。

3.2.5 高技术产业的市场协调行为

所谓市场协调行为,是指同一个市场上的企业为了某些共同的目标而采取相互协调的市场行为。竞争和合作是两种最基本的市场关系。在某种情况下,企业之间存在激烈的竞争而势不两立,但是在某些情况下,企业之间不得不相互妥协以求实现共同有利的目标。企业之间的市场协调行为通常并不是以明确的协定和契约来加以规范的,而是采取暗中共谋的形式。市场协调行为可分为两大类,即价格协调行为和非价格协调行为。这里主要讨论价格协调行为。

所谓价格协调,就是企业间关于价格协调的协定和共同行为。最基本的价格协调形式就是卡特尔和价格领导制。在寡头垄断市场上,某一企业的利润不仅取决于其自身的决策和行为,而且受到其他企业决策和行为的影响。这种相互倚赖的关系使得追求企业利润的企业认识到它们可以通过结成同盟来避免竞争。若干个企业为达到稳固地垄断市场的目的而结成联盟,这样的组织就是卡特尔。

高技术企业的并购形成大企业之间的战略联盟,加强了集中程度。其采取的方式有联合研究及产品开发、合作制造、市场促销及分销协议、许可及特许合同、技术援助等。北美、欧洲、日本企业,每年新的合并数量在20世纪80年代翻了一番,90年代增速更快。电信业的AT&T及英国电信1998年将其国际业务的大部分放在一个收入100亿美元的合资公司中,以获取公司营业市场的更大份额,这意味着即使最大的通信巨头也感到其规模在全球市场单独运作还是不够大。

航空业的卡特尔安排更加突出。1978年放松管制后,美国公司就与许多外国航空公司结成合作伙伴,美洲航空与瑞士航空,Delta 与 Aerlingus 及法国航空,美国航空(U.S. Airways)与英国航空(British Airways)等。20 世纪 90 年代末,3 家国际联合公司占旅客里程收入(RPK)的 80%。由 American Airways,British Airways,Canadian Airways,Cathay Pacific,Iberia,JAI,Qreantas 及 U.S. Airways 组成的"世界联合"(One World Alliances)占国际旅客里程收入的 28%。世界主要芯片生产商和设备供应商 90 年代召开了数次会议策划"半导体国际技术路径图"。如果说跨国并购是难以规范和控制的,战略性联盟也是同样不容易管理,而且它们常常声称能共同管理风险,提高效率,有利于消费者利益。实际上对卡特尔涉及的公司及其股东则意味着更大的利润和对行业的更有效控制。

3.2.6 从市场行为看高技术产业组织的演进

市场行为主要由价格行为、非价格行为以及企业组织政策组成。当高技术产业的一个新领域开辟出来后,在市场发育初期,大多数企业由于技术创新薄弱,营销方式落后,对市场需求的影响和调节能力十分有限,一般情况下,价格策略是这时企业唯一可能有效运用的策略,加之初级阶段市场的层次较低,影响了竞争的空间和层次。因而大多数高技术企业这时都把竞争看成是一种威胁，只要有可能就尽量回避和减轻竞争，竞争的手段主要采取价格竞争，在制定价格时采取阻止进入定价行为与驱除竞争对手定价行为。当市场竞争者较为稳定时，企业可能也会采取成本加目标利润定价行为，从不合理的价格行为逐步向合理价格行为演进。

恶性竞争不但带来不合理价格行为，也会阻碍企业进行技术创新，不注重提高企业产品质量，致使市场无效率，因而在经过第一阶段的价格战为主的竞争后，企业认识到这不是有效获取更多市场份额的途径，开始注重以产品技术创新和产品质量树立自己的品牌，同时深入挖掘消费者的需求类别和层次，并提供相应的带有差异性的产品去适应和满足。企业开始对市场进行细分，并对细分的市场进行选择和培育，通过不断创新（包括技术、营销、组织等）"差别"寻找市场机会，这就为企业提供了差别竞争的可能，因此可以避免恶性竞争给双方所带来的损害。这种通过技术上的创新形成产品的差异性以扩大市场份额是第二阶段非价格行为的典型表现，并且会表现得越来越突出。因而该阶段高技术产业会以非价格行为不明显向明显演进。

随着市场往高层次大容量发展，进入各个细分市场的企业越来越多，这些市场也越来越成为成熟的市场。这时，为开拓市场新领域，技术创新需要投入的资金越来越大，而创新项目成功的概率却很小。在这种情况下，企业逐渐认识到个体在巨大的创新风险面前难以有所作为，而通过建立合作和联盟，或进行企业兼并重组以实现创新方面的优势互补、风险共担、成果共享，因而在这个阶段更多表现为垄断竞争特点。以全球电信市场为例，由于各国电信管制的放松，各国电信企业快速分化重组，已基本形成五大全球战略联盟：World Partners、Concert、Global one、Unisource 和 C&W。这些联盟的兴起使当今电信行业的发展跨入了一个崭新的时代，全球电信网也在向着无缝、无国界的方向发展。所以在该阶段信息产业从区域性企业兼并重组向全球性企业兼并重组演进。

综合来讲，从市场行为看，高技术产业组织将从价格行为向非价格行为演进，再从非价格行为向兼并重组行为演进。

3.3 高技术产业的经济绩效

1995 年以来，中国的高技术产业规模不断扩大，但市场集中度却不断下降，与此同时的市场绩效状况如何呢？这为分析市场结构、市场行为与市场绩效的关系提出了新课题。

3.3.1 中国高技术产业的利润率水平

产值利润率是产业绩效的重要指标。1995 年以来，中国高技术产业总体上看，利润率水平处于缓慢上升的趋势，由 1995 年 4.34% 上升到 2010 年的 6.53%，但略低于同期的制造业水平。其中，利润率水平最高的是医药制造业，2008 年的利润率为 10.07%，比 1995 的提升近 5 个百分点，说明我国的医药制造业已从初创期进入高速成长期，成为主导性高技术产业，尤其是生物、生化制品制造业，2008 年利润率达到 12.5%，居 17 个细分的高技术产业部门之首，是同期高技术产业平均水平的 2.6 倍，同期制造业平均水平的 2.5 倍。在 5 部门划分的高技术产业中，电子计算机及办公设备制造业利润率最低，只有 3.16%；在 17 部门划分的高技术产业中，利润率最低的是电子计算机整机制造业，其利润率只有 2.11%（表 3-12）。

表 3-12　中国高技术产业利润率不同行业的比较　（单位：亿元）

行　业	1995 年	2000 年	2004 年	2005 年	2006 年	2007 年	2008 年
制造业	0.025 2	0.036 4	0.049 4	0.044 5	0.046 7	0.055 5	0.049 1
高技术产业	0.043 4	0.064 7	0.044 8	0.041 4	0.042 3	0.047 5	0.047 7
医药制造业	0.053 6	0.076 7	0.084 8	0.079 6	0.074 2	0.091 4	0.100 7
化学药品制造	0.040 0	0.062 4	0.077 5	0.072 5	0.068 5	0.084 6	0.101 7
中成药制造	0.076 9	0.100 8	0.095 8	0.092 9	0.083 6	0.106 7	0.099 5
生物、生化制品的制造	0.144 9	0.104 2	0.118 8	0.107 4	0.100 5	0.118 4	0.125 0
航空航天器制造业	0.007 8	0.009 7	0.036 7	0.040 6	0.055 5	0.062 6	0.063 2
飞机制造及修理	0.016 0	0.011 0	0.032 4	0.036 6	0.052 9	0.060 4	0.061 7
航天器制造	-0.042 2	-0.000 2	0.100 3	0.106 6	0.090 1	0.095 5	0.085 1
电子及通信设备制造业	0.050 3	0.071 2	0.045 9	0.038 6	0.041 8	0.041 3	0.037 6
通信设备制造	0.081 2	0.096 9	0.067 1	0.047 9	0.047 8	0.037 5	0.036 9
雷达及配套设备制造	0.108 7	-0.003 5	0.072 9	0.063 5	0.066 9	0.085 8	0.084 6
广播电视设备制造	0.026 0	0.046 6	0.053 7	0.045 7	0.040 2	0.057 5	0.048 9
电子器件制造	0.102 6	0.087 1	0.045 8	0.021 5	0.030 6	0.040 0	0.030 3
电子元件制造	0.030 4	0.062 3	0.054 6	0.048 8	0.051 5	0.049 0	0.043 6
家用视听设备制造	-0.000 6	0.028 0	-0.002 2	0.021 0	0.021 2	0.028 8	0.029 4

续表

行业	1995年	2000年	2004年	2005年	2006年	2007年	2008年
其他电子设备制造	0.004 5	0.089 3	0.054 8	0.050 5	0.056 5	0.057 0	0.058 2
电子计算机及办公设备制造业	0.018 8	0.045 2	0.024 6	0.024 6	0.022 1	0.029 9	0.031 6
电子计算机整机制造	0.020 3	0.053 0	0.020 3	0.018 6	0.014 8	0.018 2	0.021 1
电子计算机外部设备制造	0.017 4	0.041 6	0.027 4	0.030 1	0.028 7	0.042 8	0.044 0
办公设备制造	0.019 9	0.031 7	0.044 5	0.040 4	0.038 5	0.047 5	0.051 0
医疗设备及仪器仪表制造业	0.024 4	0.054 0	0.070 9	0.077 9	0.081 0	0.086 3	0.081 9
医疗设备及器械制造	0.039 9	0.052 0	0.100 5	0.086 5	0.090 5	0.101 8	0.098 4
仪器仪表制造	0.018 2	0.054 8	0.062 4	0.075 8	0.078 7	0.082 6	0.076 5

资料来源：根据《中国高技术产业统计年鉴》（2009年）的数据计算所得

　　从企业产权来看，在2006年以前，三资企业的利润率普遍高于国有及国有控股企业；2007年后国有及国有控股企业利润率显著提升，整体上高于三资企业。2008年国有及国有控股企业高技术产业整体利润率5.41%，比1995年提高148.5%，比2006年提高47.6%，是三资企业当年利润率的1.4倍。其中，在医药制造业，三资企业一直处于较高的利润率水平，且基本上处于上升趋势，2008年达12.19%；而国有及国有控股企业利润率尽管上升幅度最高，2008年比1995年提高319%，比2006年提高49%，但仍低于三资企业。在航空航天器制造业，三资企业的利润率也一直高于国有及国有控股企业，在1995年三资企业的利润率是国有及国有控股企业的21.8倍，2008年国有及国有控股企业尽管有十分显著的提升，但近于三资企业20%多（表3-13）。这说明，国有及国有控股企业的优势主要集中在成长期后期产业领域，而三资企业的优势更集中于战略性新兴产业。

表3-13　中国高技术产业利润率不同产权的比较　（单位：亿元）

企业产权	行业	1995年	2000年	2004年	2005年	2006年	2007年	2008年
国有及国有控股企业	医药制造业	0.028 3	0.076 7	0.091 3	0.092 9	0.079 5	0.100 7	0.118 7
	航空航天器制造业	0.004 4	0.006 0	0.034 0	0.036 7	0.043 8	0.053 2	0.059 6
	电子及通信设备制造业	0.030 6	0.061 7	0.023 3	0.007 4	0.006 7	0.039 2	0.026 6
	电子计算机及办公设备制造业	0.023 0	0.055 3	0.042 2	0.021 7	0.033 9	0.037 5	0.044 6
	医疗设备及仪器仪表制造业	-0.011 8	0.025 9	0.025 0	0.074 4	0.090 2	0.103 4	0.083 0
	合计	0.021 8	0.057 7	0.039 6	0.032 4	0.036 6	0.060 9	0.054 1

续表

企业产权	行 业	1995年	2000年	2004年	2005年	2006年	2007年	2008年
三资企业	医药制造业	0.1102	0.0814	0.1053	0.0985	0.0927	0.1159	0.1219
	航空航天器制造业	0.0950	0.1473	0.0762	0.1039	0.1299	0.1083	0.0710
	电子及通信设备制造业	0.0601	0.0709	0.0503	0.0381	0.0418	0.0373	0.0329
	电子计算机及办公设备制造业	0.0136	0.0451	0.0235	0.0241	0.0208	0.0293	0.0310
	医疗设备及仪器仪表制造业	0.0653	0.0766	0.0790	0.0854	0.0895	0.0985	0.0820
	合计	0.0593	0.0662	0.0428	0.0369	0.0382	0.0404	0.0388

资料来源：根据《中国高技术产业统计年鉴》（2009年）的数据计算所得

从企业规模来看，中型企业的利润率普遍高于大型企业，就高技术产业整体而言，2008年大型企业的利润率只有中型企业的16%；按行业来分，大企业最高的是医药制造业，其2008年的利润率也只有中型企业的40%；最低的是航空航天器制造业，其2008年的利润率不足中型企业的11%（表3-14）。这正说明，高技术产业的高创新性是获得高利润的源泉，而不是规模经济性。

表3-14 中国高技术产业利润率不同规模的比较　　（单位：亿元）

企业规模	行 业	1995年	2000年	2004年	2005年	2006年	2007年	2008年
大型企业	医药制造业	0.0834	0.0873	0.0900	0.0930	0.0852	0.1030	0.1183
	航空航天器制造业	0.0069	-0.0001	0.0311	0.0283	0.0422	0.0493	0.0426
	电子及通信设备制造业	0.0818	0.0854	0.0593	0.0439	0.0434	0.0397	0.0344
	电子计算机及办公设备制造业	0.0287	0.0435	0.0234	0.0238	0.0202	0.0271	0.0317
	医疗设备及仪器仪表制造业	0.0296	0.0470	-0.0035	0.0464	0.0404	0.0622	0.0735
	合计	0.0671	0.0748	0.0425	0.0368	0.0351	0.0384	0.0388

续表

企业规模	行　业	1995 年	2000 年	2004 年	2005 年	2006 年	2007 年	2008 年
中型企业	医药制造业	2.106 5	1.389 1	0.465 0	0.388 6	0.363 5	0.325 8	0.293 5
	航空航天器制造业	2.785 4	2.172 8	0.718 4	0.546 2	0.502 1	0.433 7	0.391 5
	电子及通信设备制造业	1.750 6	0.627 8	0.229 4	0.245 3	0.233 3	0.232 2	0.244 0
	电子计算机及办公设备制造业	1.064 4	0.173 8	0.139 9	0.147 7	0.152 3	0.133 1	0.136 3
	医疗设备及仪器仪表制造业	3.189 5	1.994 1	0.534 3	0.452 2	0.406 1	0.375 9	0.337 1
	合计	2.017 2	0.850 8	0.263 6	0.264 9	0.253 9	0.241 0	0.242 5

资料来源：根据《中国高技术产业统计年鉴》（2009 年）的数据计算所得

3.3.2 中国高技术产业的劳动生产率

劳动生产率是评价产业绩效的重要指标。高技术产业由于其高智力密集、高技术密集、高知识密集性，其劳动生产率显著高于制造业的平均水平。1995 年以来，我国高技术产业的劳动生产率呈现出明显的上升趋势。全员劳动生产率从 1995 年的 9.1 万元/人，上升到 2010 年的 68.4 万元/人，是 1995 年的 7.5 倍；尽管制造业的全员劳动生产率 2008 年比 1995 年提高了 7.28 倍，但 2008 年仍比高技术产业低 3.3 万元。按原 5 部门划分的高技术产业中，电子计算机及办公设备制造业的劳动生产率最高，2008 年达成 100 万元/人；最低的是航空航天器制造业，只有 38.2 万元，远低于制造业的平均水平。按 17 部门划分的高技术产业中，电子计算机整机制造业劳动生产率最高，2008 年达到 157 万元/人；最低的是航天器制造业，只有 30.6 万元（表 3-15）。

表 3-15　中国高技术产业劳动生产率不同行业的比较

（单位：亿元/人）

行　业	1995 年	2000 年	2004 年	2005 年	2006 年	2007 年	2008 年
制造业	0.000 69	0.001 63	0.003 09	0.003 67	0.004 33	0.005 16	0.005 71
高技术产业	0.000 91	0.002 67	0.004 73	0.005 18	0.005 64	0.005 99	0.006 04
医药制造业	0.000 83	0.001 79	0.002 83	0.003 44	0.003 85	0.004 63	0.005 22
化学药品制造	0.000 87	0.001 76	0.003 11	0.003 75	0.004 12	0.004 95	0.005 72
中成药制造	0.000 73	0.001 77	0.002 51	0.002 99	0.003 39	0.004 02	0.004 32

续表

行　业	1995年	2000年	2004年	2005年	2006年	2007年	2008年
生物、生化制品的制造	0.001 03	0.002 54	0.003 39	0.004 59	0.005 24	0.005 99	0.006 50
航空航天器制造业	0.000 46	0.000 85	0.001 85	0.002 62	0.002 78	0.003 40	0.003 82
飞机制造及修理	0.000 48	0.000 86	0.001 84	0.002 65	0.002 80	0.003 44	0.003 88
航天器制造	0.000 34	0.000 75	0.001 85	0.002 15	0.002 55	0.002 91	0.003 06
电子及通信设备制造业	0.001 20	0.003 44	0.004 61	0.004 87	0.005 39	0.005 51	0.005 38
通信设备制造	0.001 95	0.006 72	0.010 29	0.010 46	0.011 56	0.010 27	0.009 70
雷达及配套设备制造	0.001 27	0.000 69	0.001 86	0.002 61	0.003 11	0.003 29	0.003 60
广播电视设备制造	0.000 48	0.001 62	0.002 41	0.002 64	0.003 00	0.003 37	0.003 87
电子器件制造	0.001 18	0.003 54	0.005 03	0.004 93	0.005 49	0.005 90	0.006 01
电子元件制造	0.000 64	0.001 63	0.002 46	0.002 88	0.003 34	0.003 68	0.003 57
家用视听设备制造	0.001 65	0.004 60	0.005 48	0.005 53	0.005 81	0.006 13	0.006 20
其他电子设备制造	0.000 99	0.002 53	0.002 21	0.002 69	0.003 43	0.003 86	0.003 72
电子计算机及办公设备制造业	0.002 50	0.007 02	0.010 50	0.010 55	0.010 29	0.010 39	0.010 00
电子计算机整机制造	0.002 68	0.010 99	0.016 68	0.017 28	0.016 28	0.016 56	0.015 70
电子计算机外部设备制造	0.002 85	0.006 43	0.007 84	0.007 50	0.007 55	0.007 33	0.006 89
办公设备制造	0.001 23	0.003 62	0.005 42	0.006 60	0.006 62	0.006 90	0.006 80
医疗设备及仪器仪表制造业	0.000 43	0.001 24	0.002 27	0.002 90	0.003 48	0.004 06	0.004 53
医疗设备及器械制造	0.000 57	0.001 39	0.002 26	0.002 72	0.003 16	0.003 53	0.003 73
仪器仪表制造	0.000 39	0.001 19	0.002 28	0.002 94	0.003 57	0.004 21	0.004 87

资料来源：根据《中国高技术产业统计年鉴》（2009年）的数据计算所得

3.3.3　中国高技术产业的国际市场竞争力

中国的高技术产品国际竞争力不断提高。高技术产品出口额从1991年的28.8亿美元，增长到2001年的464.5亿美元，10年间增长了15.1倍，年均增长率32.1%。2001年我国高技术产品进出口总额1105.73亿美元，占商品进出口总额的21.7%，其中出口464.57亿美元，比2000年增长25.4%，增幅高出外贸总出口18.6个百分点，在全国出口增量169.5亿美元中高技术产品占到55.5%，对全国外贸出口增长的贡献率首次突破一半；高技术产品出口占工业制成品的比重约为18%，比2000年提高了2个百分点。

2004年，中国高技术产品首次出现贸易顺差；2007年，中国的高技术产业产品出口额已占世界市场18.1%的份额，首次超越美国居世界第一位。几年来，我国高技术产品出口额大幅增长，出口增速大大高于进口，因此贸易顺差逐渐增大。高技术产品贸易顺差的不断扩大反映了我国高技术产品在国际市场上具有一定的出口优势，对经济增长的贡献也越来越大。2008年中国高新技术产品出口额首次突破4000亿美元，达到4156.06亿美元，比2007年增长19.49%；进口额为3418.20亿美元，比上年增长19.11%；贸易总额达到7574.25亿美元，比上年增长19.32%。2008年高技术产品进出口额虽然继续保持良好增长趋势，但受国际金融危机影响，增长速度明显放缓。从出口额来看，2003年增速达到最高点为62.3%，2008年下降为19.49%，比2007年低4.09个百分点。从进口额来看，2008年增长率也由2003年的44.02%降为19.11%。2009年的出口额、进口额和进出口总额都明显下滑，比2008年减少10%以上（表3-16）。

表3-16　中国高技术产业进出口增长　　　（单位：亿美元）

项目	2002年	2003年	2004年	2005年	2006年	2007年	2008年	2009年
进出口总额	1 507	2 296	3 267	4 160	5 288	6 348	7 574	6 868
进口额	828	1 193	1 613	1 977	2 473	2 870	3 418	3 099
出口额	679	1 103	1 654	2 183	2 815	3 478	4 156	3 769
差额	-150	-90	40	205	342	608	738	671

资料来源：http://www.most.gov.cn/kjtj

2008年中国高新技术产品出口的各类技术领域中，计算机与通信技术仍居首位，出口额达到3084亿美元，占高技术产品出口总额比重为74.22%；其次是电子技术，出口额首次突破500亿美元，占高技术产品出口总额的比重达到13.33%。但与2003年相比，上述两个技术领域产品的出口增长速度都出现了明显的下降。就出口额增长速度看，2008年光电技术的出口额增长速度最快，增长了约6倍。电子技术仍然是进口高技术产品最多的技术领域，2008年进口额达到1611.57亿美元，占高技术产品进口总额的47.15%。其次是计算机与通信技术，占高技术产品进口总额的比重为23.31%。与出口增速下降的趋势相同，计算机与通信技术和电子技术的进口额增速分别比2007年下降17.79个百分点和8.54个百分点。光电技术进口额增长速度最快，比上年增长了约11倍（表3-17）。

表3-17　中国主要高技术产品进出口情况

技术领域	出口额/亿美元	占出口总额/%	比上年增长/%	进口额/亿美元	占进口总额/%	比上年增长/%
计算机与通信技术	3 084.50	74.22	10.31	796.61	23.31	1.96
生命科学技术	133.94	3.22	50.21	80.63	2.36	24.74

续表

技术领域	出口额/亿美元	占出口总额/%	比上年增长/%	进口额/亿美元	占进口总额/%	比上年增长/%
电子技术	554.02	13.33	21.31	1 611.57	47.15	2.71
计算机集成制造技术	63.45	1.53	28.63	247.03	7.23	7.84
航空航天技术	32.13	0.77	27.59	131.35	3.84	1.69
光电技术	245.91	5.92	602.79	485.47	14.20	1 140.63
生物技术	2.63	0.06	-0.65	3.22	0.09	60.60
材料技术	36.21	0.87	70.57	57.63	1.69	12.44
其他技术	3.26	0.08	14.33	4.69	0.14	53.85
合计	4 156.06	100.00	19.49	3 418.20	100.00	19.11

资料来源：http://www.most.gov.cn/kjtj

2010年中国高技术产业保持高位平稳运行，全国高技术制造业累计完成总产值76 156亿元，同比增长24.6%；增加值同比增长16.6%，高出全国规模以上工业增速近1个百分点；全行业实现固定资产投资7351.6亿元，同比增长40.2%，占制造业投资比重超过10%。计算机产业止跌回升，实现总产值19 689.6亿元，同比增长20.3%。生物、航空、航天等新兴产业继续保持快速发展态势。2010年生物医药产业总产值突破万亿元大关，达到11 933.82亿元，同比增长27.07%；航空航天产业实现总产值1585.2亿元，同比增长21.66%（图3-3）。全年高技术产品出口额达到4443.5亿美元，同比增长32.7%。

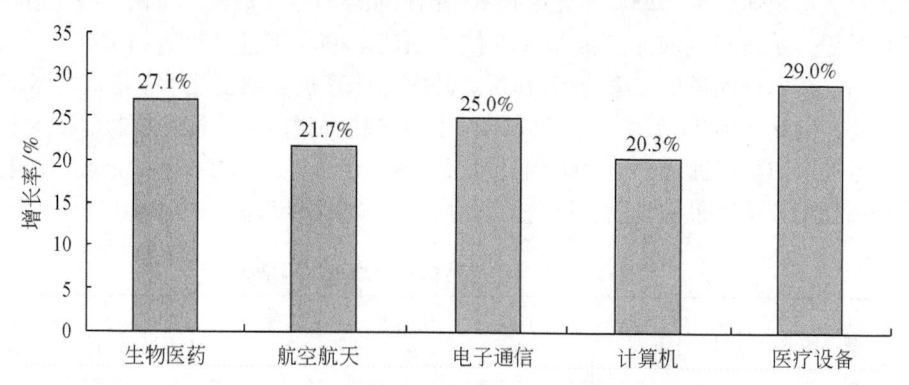

图3-3 2010年中国高技术产业各部门增长情况

资料来源：http://gjss.ndrc.gov.cn

3.4 高技术产业组织模式

高技术产业发展的集聚化、融合化、模块化等特征和趋势，使高技术产业形成了与传统产业不同的组织模式，其中最典型的是空间网络组织、横向联系组织和模块化产业组织。

3.4.1 空间网络组织

在高技术产业集聚条件下[①]，由于高技术企业共享基础设施、创新和市场信息、知识溢出和劳动力流动，相互之间不仅存在竞争而且更存在合作，从而形成了空间网络型产业组织模式。

1. 空间网络组织的含义

空间网络组织是按照专业化分工与协作的原则，由既竞争又合作的众多单个企业集聚在同一地区而形成的组织网络。在产业集聚基础上形成的空间网络组织，是由具有共性和互补性的相互联系的企业构成，类似于一个生物生态系统，是一个有机的、相互作用的、相互依存的企业共生体。

空间网络组织内部的各个企业，既相互竞争，同时又有着密切而广泛的合作，两者并行不悖。这些具有相对独立决策能力的企业构成了空间网络组织的结点。这些网络结点是通过信任—承诺—集体规范与标准的作用，建立起互赖、信任的特殊关系，从而形成长期而多样的经济交易活动，实现资源与信息的传播。空间网络组织中结点之间的联结方式多种多样，联结效果也不尽相同。网络结点之间的联结增多、关系的密切程度增强；结点规模的增大，包括数量的增多、企业自身的壮大，都会引起空间网络组织在规模、结构等方面发生动态的变动，从而造成网络集聚效果的变化。

2. 空间网络组织的特征

空间网络组织是一种介于企业和市场之间的中间性组织，具有其独特的运作机制，并非企业和市场的混合，而是一种准市场组织。它兼有市场的交易特征和企业科层的生产特征，同时在表现形式上又一定程度上偏离市场的交易特征和企

---

① 有关高技术产业集聚内容参见本书第 5 章。

业科层的生产特征。如图3-4所示,空间网络组织的中间性组织性质,使组织可以用较低的组织成本,获得了较高的生产一体化程度,同时可以用较低的交易成本,取得了较高的交易市场化程度。

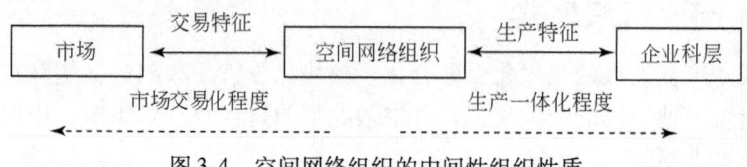

```
         交易特征              生产特征
市场 ←――――――→ 空间网络组织 ←――――――→ 企业科层
    市场交易化程度           生产一体化程度
 ←----------------    ---------------→
```

图3-4　空间网络组织的中间性组织性质

从经济学的角度看,准市场组织是介于科层形式的企业与纯粹市场之间的配置资源的制度安排,是一种"隐契约"关系的共生组织形式。由高技术产业集聚形成的空间网络组织,既可以实现规模经济,又具有灵活性,它比纯粹的市场节约交易成本,比科层组织节约管理成本;既优于科层制的大企业,又优于无组织的市场。

3. 空间网络组织的结构模式

由于形成产业集聚现象的原因不同,空间集聚过程中企业之间的组织结构表现也不相同,也就是网络组织中各结点之间关系排列、组合的方式也就不尽相同。正如麦卡恩(McCann,2002)所指出:"企业之间的联结关系是区别不同类型产业集聚的最重要的指标。"因此按照集聚内企业间的关联形式和分工的角度,本文将空间网络组织分成水平分工网络组织、垂直分工网络组织、混合分工网络组织三种结构模式。

其一,水平分工网络组织。水平分工网络组织是由相同产业产品的企业集聚而成(图3-5)。产业集聚区内的企业建立在水平分工的基础上,各企业之间呈现水平式的连接特征,并通过水平分工与合作取得网络经济效应。企业处于同一产业,共享相同的基础设施、劳动力市场、市场信息和知识溢出,但生产的产品具有一定的差异,各企业具有各自的市场定位,实行有意识的错位经营和水平分工。

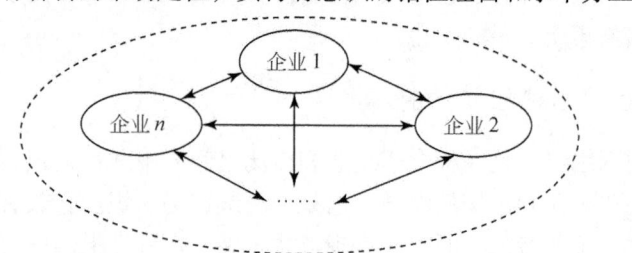

←――→ 表示企业间的竞争合作关系;企业1、企业2、……、企业n表示网络中的企业

图3-5　水平分工网络组织

由于网络内企业产品具有极大的替代性，彼此之间竞争比较激烈，因此正是这种产业内竞争在相当大的程度上促进了网络组织专用性资产的通用化；由于众多从事相似生产活动的企业的空间集聚，容易形成高知名度的企业或产品，有助于降低外部市场消费者的信息搜寻成本，网络内企业还可以共享市场需求信息，从而产生很强的外部效应；同时，各企业产品并非完全同质，均有自己的优势产品和技术专长，存在优势互补的可能性和内在动力。印度班加罗尔软件园、美国128公路地区、中国北京中关村电子信息产业集聚等都已形成了这种水平分工网络，而且存在许多跨国公司的分支机构或者许多企业参与了全球分工，这时的网络是嵌入在基于产业链的全球分工网络之中的，具有较高的外向性和全球化程度。

其二，垂直分工网络组织。与水平分工网络组织相对的是垂直分工网络组织，垂直分工网络组织建立在垂直分工的基础上，企业在网络结构上体现为产业链的上下游关联关系，企业之间互相交叉、集聚在一起。这种网络组织模式又可以分为三种：无核心企业型、单核心企业型、多核心企业型。

无核心企业型的垂直分工网络组织中，存在大量中小企业，产业集中度低，空间集中度高，没有哪个企业可以成为集聚网络的核心企业。企业之间按照产业链进行产业分工，按照设计、生产、销售等进行分工协作，形成地方生产网络系统，如图3-6（a）所示。江苏扬州杭集镇的牙刷产业集聚就是这种结构的典型代表。杭集镇拥有牙刷生产及相关配套企业1600多家，形成了一个从研发机构、设计公司、生产企业到销售企业垂直分工协作的产业链；全镇牙刷从业人员2万多人，牙刷品种1100多种。

单核心企业型和多核心企业型以核心企业的价值链和生产流程为主线进行垂直分工协作，其他企业作为配套企业围绕在核心企业周围，为其提供零部件生产、某项工序制作或其他生产与服务。配套企业可以分为生产性配套企业和服务性配套企业，前者主要包括原材料供应商、零配件生产企业、部件生产企业等，后者指的是为核心企业提供销售、代理、分包等服务的专业性企业，如图3-6（b）和图3-6（c）所示。

单核心企业型和多核心企业型的共同特点是核心企业在研发、生产、营销中发挥创新和导向作用、横向支撑作用、纵向纽带作用；其他小企业为核心企业提供配套产品或服务，实现生产组织网络化，既自己开拓市场又依靠核心企业和区内网络力量拓展市场。这种网络结构中的关系主要是核心企业与其他企业之间的上下游关系。在这种模式的产业集聚中，核心企业起着关键作用，一旦重要核心企业消失，集聚就很难形成。广东顺德是我国名声显赫的家电之都，拥有美的、格兰仕、科龙、容声、万家乐等国内知名的大型家电企业，千余家的小家电生产

(a)无核心企业型

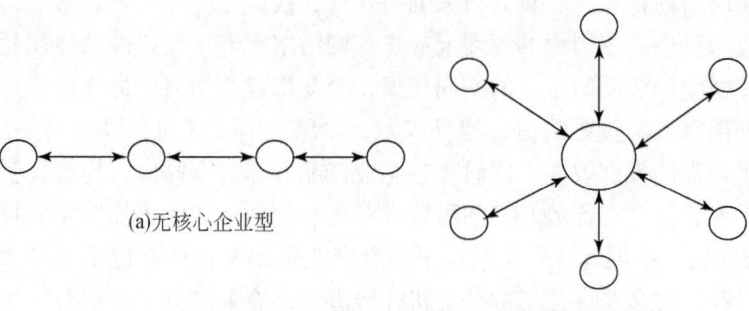

(b)单核心企业型

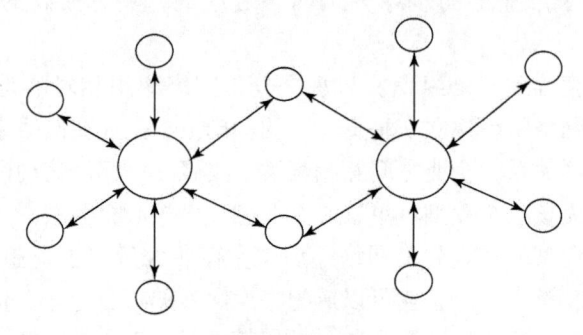

(c)多核心企业型

图 3-6 垂直分工网络组织

企业,同时,在诸多小家电生产厂家的背后还聚集了大批的上游供应商,从而构成了顺德家电产业集群网络。

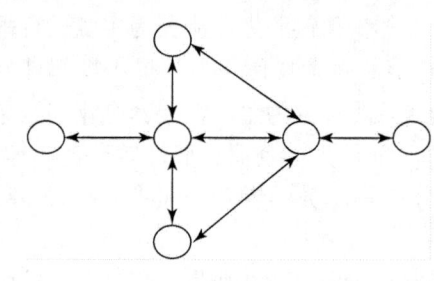

其三,混合分工网络组织。混合分工网络组织是指由水平分工和垂直分工交织在一起而形成的网络组织结构。集聚区内既存在大量处于同一产业但生产具有替代性产品的中小企业,又存在一个或多个核心企业以及众多与之配套的小企业。在混合分工网络组织结构中,水平分工和垂直分工并存,可以称为一种"混合"形式。许多企业按照产业链进行垂直分工,其他企业实行一体化经营,这些企业之间可能存在水平分工。也存在一些核心企业,它们是产业集聚区内的标志性企业,带动集聚成长,这些企业有的具有垂直分工体系,其他小企业为之配套,也有的实行一体化经营。在混合分工网络组织中,结点之间联系更加紧密,更加错综复杂。图 3-7 为混合分工网络组织的简单示

图 3-7 混合分工网络组织

意图。

美国硅谷的网络组织结构属于混合分工网络模式。硅谷里面既有像惠普、英特尔、苹果等世界领先的跨国公司,也有大量相关的生产或服务配套企业,同时也存在众多微小的软件研发企业。据统计,硅谷中的大多数企业是小企业,企业人数少于 10 个人的企业占 70%,企业人数少于 100 人的企业占 85%。这些小企业有些单独从事关键技术的研究开发活动,有些是专门为大型企业提供外包服务。它们与大企业共同协作与竞争,推动着硅谷的不断创新和发展。硅谷内的企业之间关系错综交叉,造成其网络结构复杂而多样化,而且随着硅谷的不断发展,其网络结构也是在不断变化的。

3.4.2 横向联系组织

在传统产业组织理论中,竞争只发生在同一产业内部的企业之间,不同产业企业之间不存在竞争关系。但在产业融合条件下[①],不同产业之间出现产业渗透、产业交叉和产业重组,市场结构由于产业融合而发生变革,使得原本没有竞争关系的产业部门之间打破了技术边界、业务边界、市场边界,不同产业企业之间产生竞争协同关系,这实质上会造成产业组织的创新,从而形成新的产业组织结,这就是横向产业联系的组织模式。

1. 横向联系组织的含义

横向联系组织是由跨产业的企业组成,相互间形成新型竞争协同关系的市场结构。产业组织内部的企业分别属于不同的产业,原本并没有竞争关系,但由于技术的广泛渗透,不同的产业采用了相同的技术,可建立共同的技术创新平台,或者采用不同的技术生产出功能相同或具有替代关系的产品,从而形成新型竞争协同的网络关系,产生复合经济效应。横向联系组织是在产业融合条件下产生的,组织内的参与企业处于不同产业,但它们因为使用了相同的技术或提供了功能相同的产品或服务,而形成一种横向的产业组织联系。

2. 横向联系组织的特征

横向联系组织是一种开放、动态的网络结构,其内部的企业以技术、产品或业务为联系纽带。在这种网络组织结构下,产业内企业与企业之间,企业和客户之间的联系都进一步加强。随着技术、业务、市场融合的不断发展,这种集多种

---

① 有关高技术产业融合的内容参见本书第 6 章。

联系为一体的网络组织，使得企业内部的联系和效率得到提高，企业的外部关联也得到加强，这有利于充分利用现有网络资源，实现企业间业务整合与独立业务的互补，降低单位企业的固定成本，产生协同效应。

横向联系组织的市场结构是可竞争的。在产业融合条件下，产业间传统的边界模糊化，在产业部门之间交叉地带，融为一体或衍生出新型的融合型产业。横向联系组织的企业处于产业交叉地带。由于资产专用性降低和技术的通用性增强，企业进入原来任何一个产业都没有生产技术、成本和人才等方面的竞争劣势，不存在市场进入壁垒，退出融合前的任一产业也没有沉没成本的损失，因此企业进入和退出市场是自由的，符合可竞争市场的假设条件。也就是说，以金融业为例，国外的一些全能银行以及其他进行混业经营的非银行金融机构，经常根据实际情况调整其业务范围，但银行、证券或保险业务的相互融合或分离都不会导致资产或客户资源的巨大浪费。

3. 横向联系组织的结构模式

其一，横向技术联系。同一技术运用于不同产业部门之后，产生一系列新的产业业态。这些新产业中的企业形成以技术联系为纽带的横向联系组织，称为横向技术联系。在产业融合的条件下，某一种技术在多个产业中应用，成为具有共性的技术。因此，处于不同产业的企业可以使用相同的技术平台，产生技术上的横向联系。横向技术联系如图 3-8 所示，框内的这些融合型企业因为采用同一技术而具有了相同的属性，形成新的产业，产生以技术联系为纽带的横向联系组织。

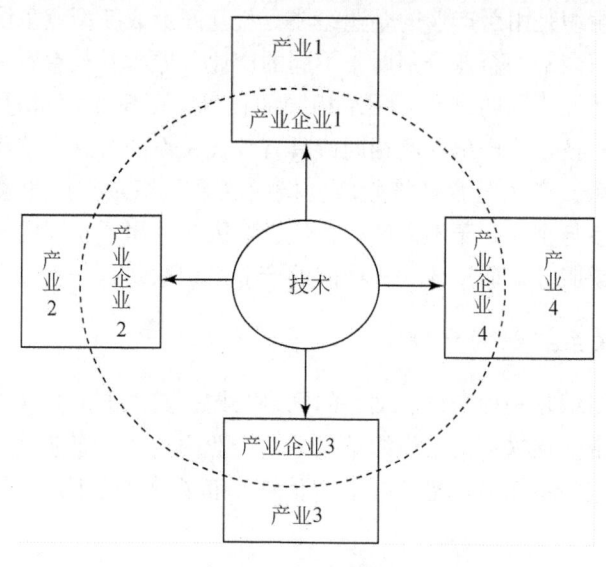

图 3-8　横向技术联系

第3章 高技术产业组织

高技术产业具有高带动性、高关联性、高渗透性等特点，使得高技术极易于通过各种方式实现在高技术产业之间以及高技术产业与其他产业之间的渗透。例如，随着数字技术、光缆技术、软件技术的迅速发展和广泛使用，电信网、计算机网和有线电视网打破了原有的技术界限，形成"三网融合"的景象，电信业、计算机产业、有线电视产业实现互动发展，实现了资源和技术平台的共享。分处于电信业、计算机业和有线电视业的企业，因为都使用通信网络技术而联系在一起，而形成一种跨产业的新型组织结构。

例如，汽车产业、航空产业、商业、出版印刷业这四个产业部门原本相互独立，并无竞争关系，由于采用了相同的电子信息技术，各不同产业的企业便降低资产专用性，实现低沉没成本或无沉没成本地退出本产业进入另一产业，因而形成竞争关系。汽车电子产业企业、航空电子产业企业、电子商务企业、电子图书企业等来自于不同产业的企业，因为采用相同的技术而形成以技术为纽带的横向联系组织。图3-9描述的就是电子信息技术引起的横向技术联系。图中虚框内企业都属于电子信息技术产业，产业内的企业由于技术联系形成横向联系组织。

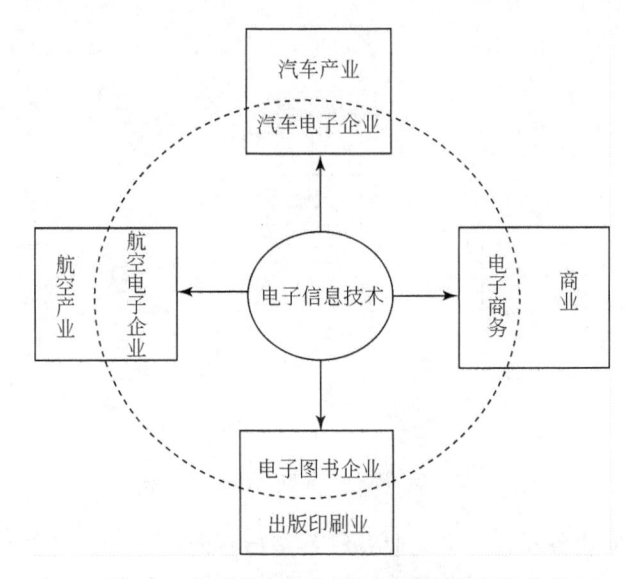

图3-9 电子信息技术引起的横向技术联系

具有横向技术联系的企业，由于具有同一技术基础，形成了新型的竞争协同关系。因此可以通过构建同一技术创新平台，实现创新资源共享，从而节约企业的研发支出和缩短研发时间，产生企业之间的协同经济。

其二，横向产品联系。横向产品联系是指不同产业的企业生产具有相同功能的产品，形成以产品联系为纽带的横向联系组织。企业与企业之间没有投入产出关系，使用的是技术可以是相同的，也可以是不同的，但所生产的产品可以实现同一功能或服务。横向产品联系组织中的企业提供的产品具有很强的替代性，可以满足用户不断变化的、全方位、个性化需求，因此这些处于不同产业的企业也产生了激烈的替代性竞争。例如，由于传统出版业、影视业、电信业的界限越来越模糊化，使处于这三大产业中的不同企业可以提供功能相同的产品，企业之间形成了横向产品联系。为了观赏影片，既可以放映音像出版物（VCD或DVD），也可以在电影院观看，还可以上网观看在线影视。为了传递数据文件，人们可以通过邮局邮寄信件，或通过网络平台发送电子邮件，或使用手机发送"短消息"等不同途径来完成此项功能。因此，分别处于传统邮政业、计算机产业和通信业的企业，由于可以提供相同功能的产品而联系在一起，产生竞争关系。如图3-10所示，邮政企业、互联网企业和电信企业因为提供相同功能的产品而形成以产品为纽带的横向联系组织。图3-10描述的就是由于提供相同功能的产品而产生的横向产品联系。图中的虚框表示，这些来自于不同产业的企业由于产品联系而形成的横向联系组织。

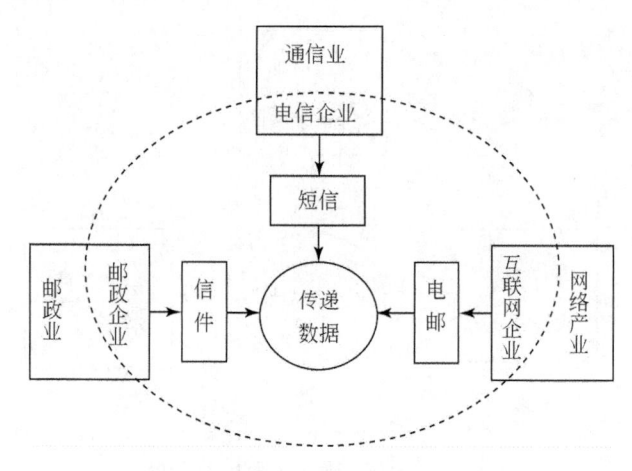

图3-10 横向产品联系的一个实例

其三，横向业务联系。横向业务联系是指不同产业的企业提供相同的业务，形成以业务联系为纽带的横向联系组织。横向业务联系组织内的企业可以整合网络组织内的产业资源，积极开发新业务，利用高技术进行实现业务重组和创新，实现产业间各企业的功能互补、分工协作。横向业务联系如图3-11所示，其中虚框表示由于不同产业企业由于提供功能相同的业务而形成的横向联系组织。

随着光纤光缆技术、卫星与无线通信技术的广泛使用，在电信产业内产生业务融合，有线电视公司、广播公司也可以提供语音和数据的传输服务，这就为潜在企业进入电信产业、建立新的通信网络、向消费者提供更好的通信网络质量和

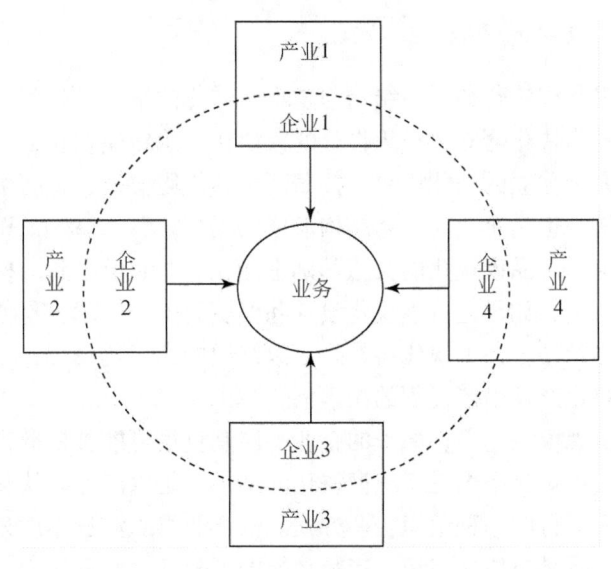

图 3-11　横向业务联系

价格更低的通信网络服务创造了条件，从而使广播电视公司与电信企业之间产生了横向业务联系。在"三网融合"基础上，电信企业、互联网企业和广播电视企业之间产生以语音、视频、数据等融合业务为纽带的横向联系组织。电信运营商可以从事提供影音服务的新业务（如有线电视等），广播公司开发出了电信传输和服务等新业务，互联网提供商开始发布影音材料、语音电话服务业务等。这些横向联系大大地改变了传统电信业的自然垄断性质，使得各种具有密切替代关系的电信网络和服务方式展开激烈的竞争。

3.4.3　模块化组织

模块化（modularity）是针对复杂系统的一种简化方法，它将复杂系统进行功能分析和分解，划分并设计、生产出一系列通用模块或标准模块，然后从这些通用模块中选取相应的模块并补充新设计的专用模块和其他零部件一起进行重新的组合，以构成满足各种不同需要的产品的一种标准化方法。高技术产业作为高知识密集型行业，适宜模块化生产方式，其产品也是极易模块化的。高技术产业中的计算机行业模块化生产最为显著。通过将计算机分解成主板、内存、CPU、硬盘、光盘驱动器、电源等功能相对单一的模块（或部件），计算机的复杂程度被逐步细分，实现了产品模块化、设计模块化、采购模块化的模块化生产，进而形成计算机产业的模块化组织。

1. 模块化组织的含义

模块化技术和模块化的产品结构与垂直一体化的组织结构存在潜在矛盾，所以，产品设计的模块化会导致组织设计的模块化。组织模块化，是指组织之间的各个企业作为完全独立的功能模块，按照既定的规则协调，进行纵向分离。它是分工演进的结果，也是企业间网络结构形成的前提。Sanchez 和 Mahoney（1996）在分析了一些电子产品模块化的文献基础上指出，"由于产品结构功能以及物理可分性等客观特点，如果进行模块化设计和模块化生产，就容易使企业组织形态发生变化，这样产品设计模块化将最终导致组织的模块化设计，组织模块化的目的就是实现模块化产品生产过程的松散耦合"。

一旦组织实现模块化后，原来的企业科层制就很可能被松散耦合的组织结构所替代。因此，模块化组织是组织模块化的结果，是为产品模块化、产业模块化和模块化生产而进行的一种组织协调方式。从产业组织演进角度来看，产业组织演进的必然形态将是模块化组织。产品功能的可分性、企业能力的差异性和技术选择的多样性都是模块化组织的推动力，当三者有机地相互促进时，就会产生模块化组织。青木昌彦（2003）指出，"模块化是一种新的组织模式"，并进一步指出"新产业结构的本质就是模块化"。

从组织的参与主体来看，模块化组织是由在模块化分工下生产不同功能模块的企业所构成的。具体来说，这些企业可以分为两类：系统集成商和模块供应商。系统集成商是指制造可以模块化的复杂性产品的企业，它具有制定模块化设计规则的能力，通过对不同供应商的产品模块进行集成来制造最终复杂性产品。模块供应商是指为系统集成商制造模块的企业，它具有独特的核心能力、良好的创新能力，从事某一价值模块的研发或生产，并处于相关产业链中的不可或缺的环节。例如，金士顿科技公司是全球排名第一的独立内存模块制造商；冠捷公司是全球第一的液晶显示屏生产商。按照所生产的价值模块的不同，模块供应商又分为通用模块供应商和专用模块供应商。通用模块商提供的是技术成熟、已形成行业标准的通用模块；专用模块商提供与指定模块系统相匹配的具有特定功能的专用模块。

模块化组织内企业之间原来的上下游关系转变成松散耦合关系，降低了原有企业之间的相互依赖关系。模块化组织内部，参与主体之间存在的松散耦合主要表现为系统集成商与模块供应商的平行耦合。这时，系统的设计规则是由系统集成商与模块供应商通过市场选择或共同协商来决定的，其确立是一个不断演化修正完善的过程，没有哪个系统集成商处于完全控制和支配地位。模块制造商和系统集成商之间进行双向交流和协商，从而实现对设计规则的筛选和确定。例如，台湾宏碁将 PC 的制造与设计通过外包,形成了与各区域模块供应商之间的松散耦合,建立了基于模块化的供应链整合的生产方式,生产实现柔性运作。

2. 模块化组织的特征

其一,组织结构网络化。照系统经济学的观点,模块化组织是由系统集成商和模块供应商组成的结构系统(图3-12)。组织中的每一个子模块企业相当于一个独立的结点,它们都具有自主的决策权。这与大规模生产方式下供应商对生产商存在的从属关系不同,子模块企业对系统集成商不再是单纯的依附关系,而是为了达成整个网络的价值最优,彼此之间展开的互利互惠的新型竞争合作关系。

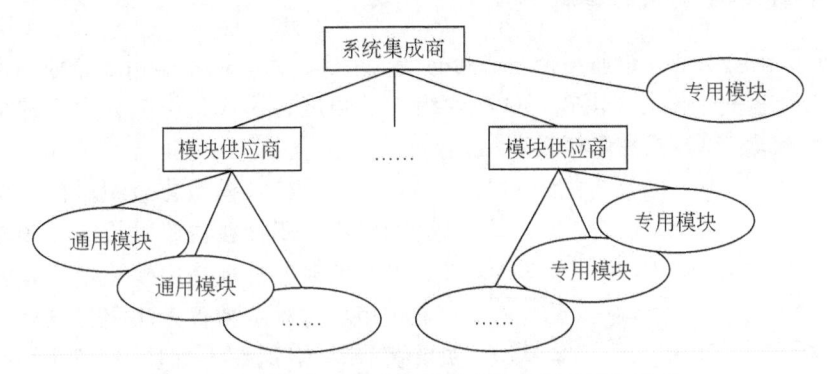

图 3-12　系统集成商和模块供应商之间的网络关系

其二,生产要素知识化。在模块化生产中,知识和信息已经成为贯穿模块化组织的最重要的生产要素。模块设计信息在系统集成商和模块供应商之间的传递和交换,主导着设计的模块化、产品的模块化和采购的模块化;用户的需求信息驱动供应商进行模块化生产,以满足用户的多元化、个性化需求。因此,模块是知识和信息的凝结。例如,在模块化生产的计算机产业中,计算机微型芯片和内存等高技术产品的知识和信息价值已占到产品成本的 85% 以上。可见,在模块化组织中传递的知识和信息正在取代物质和资本而成为创造价值模块的最主要生产要素。

其三,创新模式多样化。在模块化产业组织中的企业具有核心能力和创新能力,它们因为提供价值模块不同而形成模块化生产网络。模块化是基于模块分解基础上的分工整合,各模块的创新活动并不会因某个模块出现问题而中止。创新的方式从突变式创新演变成渐变式创新,更加灵活多样。模块化组织结构中的企业可以独立地展开单个模块的创新或模块集成创新;也可以展开与其他企业之间的协同创新,共同开发新的产品或模块;还可以进行组合创新,即通过灵活地配置不同的功能模块实现创新,从而丰富模块化产品的种类,以满足个性化时代的消费需求。

其四，生产网络全球化。模块化组织通过突破企业边界和空间的有形边界来延伸组织的无形边界，通过充分利用企业之间的结构联合来减少单一企业的投资风险，缓冲不确定性，保证和加速实现整体的市场目标，使组织成为高度柔性的生产网络。它不受空间地域的限制，系统集成商和模块供应商既可以在某一地理位置上集中，形成模块企业集聚地；也可以分布在世界范围，形成跨地区、跨国界的全球生产网络。模块化组织中的每个企业都是标准零部组件制造或软件设计的专业化企业，企业之间形成密切的合作网络。

3. 模块化组织的结构模式

模块化组织是指企业与企业之间的结构组织关系，而不是指在企业内部进行模块化的单一企业生产模式。从产业组织的角度，模块化组织分为三种结构模式：无核式、单核式和多核式。

其一，无核式模块化组织。在无核式模块化组织中，不存在占绝对优势的领导型企业，产品的兼容标准是由模块生产企业和用户通过市场过程或协商来决定，没有一个成员能控制网络组织。如图 3-13 所示，S1、S2、S3 为模块生产商，提供模块组件，M1、M2、M3 为模块化产品，它们由用户 DIY 的方式组装而成；虚线框表示这些企业组成了松散的网络关系。

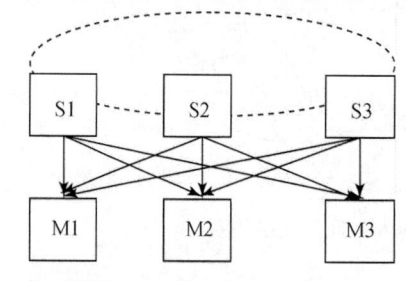

图 3-13 无核式模块化组织

由于用户 DIY 要求组织内企业之间实现产品的兼容，因而产品的技术标准需要在模块生产企业之间进行沟通。尽管模块生产企业要保持自己在设计、制造、营销上的独立性，但它们还必须关注竞争对手以及生产其他配件的企业的经营规则以确保兼容性。此时，组织内企业不会过于计较在这个过程中的产权损失，而是会主动与其他模块生产企业形成共同兼容标准的竞争网络，从而促进产品创新的进程，满足用户个性化的需求。

其二，单核式模块化组织。在单核式模块化组织中，存在一个系统集成商作为核心"领导"企业，负责设计规则，协调整个组织；各个模块供应商负责设计、制造各个功能模块，最后由系统集成商统一整合成最终产品。

系统集成商作为核心"领导"企业，负责对产品进行模块化集成和整合。子模块供应商遵循核心企业制定的设计规则，独立进行各模块的设计和生产，并经常与核心企业交换和传递瞬息多变的组织信息。各模块设计、生产等具体活动开始后,核心企业会根据需要对规则不断地做出调整。与此同时,模块供应商也会做出信息反馈,从而促使规则逐渐优化、组织信息逐渐完善。

作为系统设计师,系统集成商在组织中具有很强的控制力和领导力。在单核式模块化组织中,由于模块提供商需要来自集成商的技术、工艺、组织管理等方面的指导、监督,模块供应商对集成商存在一定的依赖。但模块供应商的地位会随着技术、工艺、核心竞争力的提高而逐渐提升。为了尽可能地降低成本、改善模块的质量、缩短设计、生产周期,模块供应商有时会寻找下一级分包商或实行层层分包,从而促进组织的有序演化。如图3-14所示,L表示核心企业,即系统集成商;S_i($i=1,2,\cdots,n$)为向核心企业L提供不同模块组件的模块供应商;m为模块供应商的分包商或为其提供零部件的企业;ES表示系统信息,虚箭头表示信息流;虚线框表示由模块集成商、众多模块供应商以及零部件企业形成了网络关系。

图3-14表明,一般情况下,单核式模块化组织中的系统集成商周围聚集了大量的模块供应商,它们之间存在网络信息的交流和反馈。正是由于市场上存在大量潜在模块供应商,因此,系统集成商有更大的选择空间获取合适的模块供应商作为外包商。为了更好地赢得系统集成商的信任和更多的业务,模块供应商必须不断提升自身的技术和管理能力,以提供成本低廉、质量可靠的模块,与集成商形成长期稳定的供应关系。

其三,多核式模块化组织。在多核式模块化组织中,存在多个模块集成商,它们共同进行模块化产品或服务的设计、生产和集成。这种组织模式,是一种多极点网络结构。设计规则是由系统集成商、模块供应商、行业协会及其他一些中介机构通过共同协商或市场选择初步确定,并逐渐演化完善进而最终确立的。因此,系统设计规则的筛选、整合过程是多核式模块化的显著特征。

如图3-15所示,组织内存在多个系统集成商;各个模块供应商为向核心企业提供不同模块组件;m为模块供应商的分包商或为其提供零部件的企业;ES表示系统信息,双向箭头都表示信息流;虚线框表示由多个模块集成商、众多模块供应商以及零部件企业形成了网络关系。

和单核式模块化组织相比,多核式模块化组织具有更大的模块选择自由度。在这种组织模式中,存在大量的各种同类模块供应商,模块集成商和各模块供应商之间没有相对稳定的长期合作关系。模块集成商只会从利益最大化的角度出发,选择能带来最大价值的模块供应商作为外包对象。因此,模块制造商之间竞争异常激烈,为了获得外包业务,必须努力提高企业的核心竞争力。此外,由于同类模块生产商具有不同的核心能力和模块设计、生产技术,增大了进行模块创新性设计的机会,提高了模块化产品的创新性。而且模块集成商还通过灵活配置不同的功能模块，整合成具有不同功能特性的模块化产品，从而丰富产品的种类。

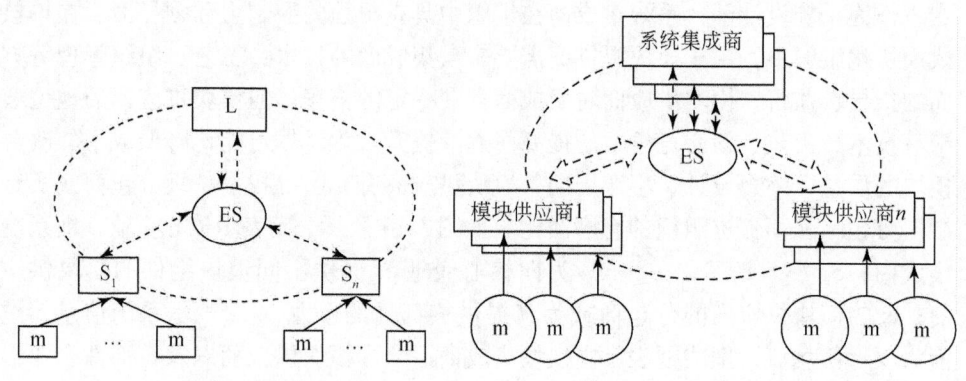

图 3-14　单核式模块化组织　　　　图 3-15　多核式模块化组织

美国硅谷是多核式模块化组织的典型代表，Baldwin 和 Clark（2000）把硅谷称为"模块的集聚地"。在硅谷集群网络组织中，行业内企业如 Intel、Microsoft、SunMicrosystems、Cisco 和国际半导体组织 SEMI、国际互联网组织 IETF 等行业标准化组织相互协商而初步确立系统的设计规则。同时，往往有几十家甚至更多的企业为研发同一个技术或产品而展开激烈竞争。因此，各模块供应商必须开发出有竞争力的模块，获得全部的模块价值，从而促进了模块设计、制造技术的升级。而且，模块集成商通过对各种功能模块进行不同的配置和组合创新，还可以整合出具有不同功能属性的模块化产品。美国硅谷之所以能够在电子通信和计算机领域长期具有竞争力，究其原因主要是由于"锦标赛"式的激励机制促使各模块供应商能够进行创造性的模块设计和制造（青木昌彦和安藤晴彦，2003）。

第 4 章
高技术产业关联

产业关联是指细分的产业间投入产出关系。第 3 章是将高技术产业作为系统，研究高技术产业内的企业间关系，而本章则是将高技术产业作为国民经济大系统的组成部分，研究细分的高技术产业间以及高技术产业与传统产业间的投入产出关系。分析和理清高技术产业之间以及高技术产业与传统产业间的关联性，对于确定不同高技术产业的地位，促进高技术产业从战略性新兴产业向主导产业转换，实现产业结构优化升级，具有重大意义。

4.1 高技术产业关联分析方法

高技术产业关联分析的基本工具主要是投入产出表及投入产出模型。投入产出表是由美国经济学家里昂惕夫（Wassily Leontief）在1931年开始研究并提出的。他利用美国国情普查资料编制了1919～1939年美国投入产出表，并分析了美国的经济结构和经济均衡问题。1936年，他在世界上发表了第一篇有关投入产出分析的论文《美国经济制度中投入产出数量关系》，这标志着投入产出方法的诞生。之后，里昂惕夫又陆续发表了多篇关于投入产出分析的论著，投入产出方法不断完善，应用范围不断扩大。由于在投入产出研究方面的卓越贡献，里昂惕夫于1973年荣获了第五届诺贝尔经济学奖。

4.1.1 高技术产业关联概念

产业关联指产业间以各种投入品和产出品为连接纽带的技术经济联系。产业关联理论，是从量的角度，静态考察国民经济各产业部门间技术经济联系与联系方式，即产业间的投入与产出的量化比例关系。高技术产业关联包括两方面的内容：一方面是高技术产业之间的技术经济联系；另一方面是高技术产业与传统产业间以投入品、产出品为连接纽带的技术经济联系。投入品与产出品可以是有形、无形产品，也可以是实物、价值形态的；技术经济联系和联系方式也可以是实物或价值形态的。为了便于从量的角度研究，本书主要从价值形态进行研究。产业关联不仅包括产业间前向关联和后向关联，还包括产业结构系统内各产业间有机联系的特定机制，即关联传递机制，由许多错综复杂的动态产业链组成的网状复合体。因此，可以整体地、层次地、关联地、有序和动态地研究高技术产业的关联关系。

4.1.2 高技术产业关联分析的投入产出表

投入产出表，也称为部门联系平衡表或产业关联表，它是根据国民经济各部门生产的投入来源和产品的分配去向排列而成的一张棋盘式平衡表。它充分揭示了国民经济各部门之间的技术经济联系和相互依赖关系。

对整个经济来说，投入产出表揭示了各种相互交错彼此依赖的关系结构。正是这一结构把经济体系中的各个大不相同而高度专门化的组成部分连接成一个整体。实际上,它提供了经济体系的运行模型。因此,许多有关经济理论问题和实际问题的实验性研究,都可以使用此表。

投入产出表是对一定时期内(通常为一年)社会生产和使用全过程的记录。任何生产活动都需要投入原材料、燃料、动力、劳动力等,而生产出来的产品或提供的服务,或作为原材料供其他生产活动使用,或用于消费、固定资产投资、增加物质储备和出口。投入产出表就是根据国民经济各部门生产中的投入来源和产品的分配使用去向排列而成的,基本结构如图4-1所示,由三个部分组成,通常称为第Ⅰ象限、第Ⅱ象限、第Ⅲ象限。

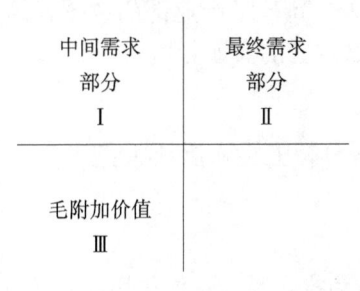

中间需求 部分 Ⅰ	最终需求 部分 Ⅱ
毛附加价值 Ⅲ	

图 4-1 投入产出表的基本结构表式

1)第Ⅰ象限是投入产出表的核心,它反映了国民经济各部门之间相互依赖、相互提供劳动产品(或服务)以供生产和消耗的过程。从横行的方向反映产出部门的产品或服务提供给各生产部门作为中间使用的数量;从纵列的方向反映生产部门在生产过程中消耗各产出部门的产品或服务的数量。

2)第Ⅱ象限反映各生产部门的产品或服务用于各种最终使用(消费、投资和净出口)的数量和构成情况。第Ⅰ象限和第Ⅱ象限连接起来组成的横表,反映了国民经济各部门生产出的产品或提供的服务用于中间使用和最终使用的价值构成。

3)第Ⅲ象限反映各产品部门增加值的形成过程和构成情况,体现了国内生产总值的初次分配格局。第Ⅰ象限和第Ⅲ象限连接起来组成的竖表,反映了国民经济各部门产品在生产经营活动中的各种投入来源和产品价值构成。

投入产出表三大部分相互连接,从总量和结构上全面、系统地反映国民经济各部门从生产到最终使用这一完整的实物运动过程中的相互联系。

高技术产业关联研究的主要方法是投入产出分析方法。这里主要通过投入产出表和投入产出模型对高技术产业部门间以及高技术产业部门与传统产业部门的联系效应。本书选择2002年全国投入产出表数据为计算依据,利用投入产出模型和分析方法对高技术产业部门之间关联效应以及高技术产业与传统产业间的关联效应进行全面计量分析，从而找到我国高技术产业部门的关联性特征，选择出具有关联度强和带动度大特征的高技术产业部门，从而为高技术产业成长提供理论指导。

在投入产出表基本流量数据的基础上按照标准产业分类法第三层次（三位数）计算了高技术产业之间以及高技术产业与传统产业之间的产业关联状况。其中分析细分的高技术产业部门间的产业关联关系时选取的数据来源为 122 个产业的投入产出表；分析高技术与传统产业之间的产业关联关系时选取的数据来源为 42 个产业的投入产出表。由于 2002 年的投入产出表是基于 2004 年全国第一次经济普查的数据基础上编制的，因此应该说其数据是相对较新并具有代表性的数据。由我国每五年编制的投入产出表的统计口径与高技术产业年鉴不相一致，从投入产出表中只能获取 12 个高技术产业部门数据，因而不能对高技术产业统计年鉴中的 19 部门进行关联效应的实证分析。

4.1.3 高技术产业关联分析的投入产出模型

1. 静态分析模型

直接消耗系数，又称为投入系数：如果用 a_{ij} 表示 j 产业产品对 i 产业产品的直接消耗系数，即生产单位 j 产业产品所消耗的 i 产业产品的数量，那么有

$$a_{ij} = \frac{x_{ij}}{x_j}$$

表示为矩阵形式：$A = Q\hat{x}^{-1}$

一种产品（j）对某种产品（i）的直接消耗和全部间接消耗的总和为完全消耗；j 产业产品对 i 产业产品的完全消耗系数就是直接消耗系数和全部间接消耗系数的总和，以 b_{ij} 来表示。

$$b_{ij} = a_{ij} + \sum_{k=1}^{n} b_{ik} a_{kj} \quad (i,j = 1,2,\cdots,n)$$

表示为矩阵形式：$B = (I-A)^{-1} - I$

在投入产出表中，从横向来看，每个产业的总产品都由中间产品和最终产品这两部分构成。总需求中，中间需求和最终需求的构成比例是反映产业技术经济特征的一个重要数据，可以用中间需求率来表示。i 产业中间需求率（G_i）就是 i 产业的中间需求 $\sum_{j=1}^{n} X_{ij}$ 与 i 产业的总需求 X_i 之比，即

$$G_i = \frac{\sum_{j=1}^{n} x_{ij}}{\sum_{j=1}^{n} x_{ij} + Y_i} \quad (i = 1,2,\cdots,n)$$

从投入产出表的纵向来看，各个产业的总投入等于中间投入和最初投入（毛附加价值）之和。可以用中间投入率指标反映它们之间的构成比例关系。j 产业的中间投入率（F_j）就是 j 产业的中间投入 $\sum_{j=1}^{n} X_{ij}$ 和 j 产业的总投入 X_j 之比，即

$$F_j = \frac{\sum_{i=1}^{n} x_{ij}}{\sum_{i=1}^{n} x_{ij} + D_j + N_j} \quad (j = 1, 2, \cdots, n)$$

中间需求率和中间投入率可用于划分不同产业群在国民经济中的不同地位，显示产业间相互联系、相互依存的不同程度。

按投入产出表中横行平衡关系和纵列平衡关系，获得投入产出模型：

$$\sum_{j=1}^{n} x_{ij} + y_i = x_i \quad (i = 1, 2, \cdots, n)$$

$$\sum_{i=1}^{n} x_{ij} + D_j + N_j = x_j \quad (j = 1, 2, \cdots, n)$$

表示为矩阵形式：

$$(I - A)X = Y$$

$$(I - \hat{C})X = N$$

2. 动态分析模型

产业间的关联除了直接关联的产业关联效应外，还有间接关联的产业波及效应，即由产业系统内的关联传递机制和错综复杂的关联网络所产生动态波及效应和诱发关联效应。要了解某一些产业的发展变化会对其他产业部门或国民经济整体产生的影响就要进行产业波及效应分析。当某个产业的生产活动发生变化时对其他产业生产活动所产生的影响，或某个产业生产活动受其他产业生产活动变化的影响，这种涉及效应称为影响力和感应度。

产业影响力反映了某一产业产出的变动对相关产业产出的拉动，即创造需求的能力，故也称之为带动度。通常用影响力系数（T_j）表示某一产业单位最终需求对其他产业的拉动程度。影响力系数越大，表明其对国民经济各部门生产的需求作用越大，当某一部门影响力系数大于（小于）1时，表示该部门的生产对其他部门所产生的波及影响程度高于（低于）社会平均影响水平（即各部门所产生的波及影响的平均值）。列昂惕夫逆矩阵 $(I - A)^{-1}$ 中某一产业的纵列系数的平均值与全部产业纵列系数的平均值的平均之比，就是该产业的影响力系数，即

$$T_j = \frac{\frac{1}{n}\sum_{i=1}^{n}A_{ij}}{\frac{1}{n^2}\sum_{i=1}^{n}\sum_{j=1}^{n}A_{ij}} \quad (i,j=1,2,\cdots,n)$$

一个产业的感应度是指它受其他产业影响的程度，或者说是对其他产业需求的满足程度。通常用感应度系数（S_i）表示某一产业最初投入增加一个单位对其他产业的推动程度。感应度系数越大，说明该部门对国民经济的推动作用就越大。当某一部门感应度系数大于（小于）1时，表示该部门的感应程度高于（低于）社会平均感应度水平（即各部门的感应程度的平均值）。列昂惕夫逆矩阵中某一产业的横行系数的平均值与全部产业横行系数的平均值的平均之比，就是该产业的感应度系数，即

$$S_i = \frac{\frac{1}{n}\sum_{j=1}^{n}A_{ij}}{\frac{1}{n^2}\sum_{i=1}^{n}\sum_{j=1}^{n}A_{ij}} \quad (i,j=1,2,\cdots,n)$$

4.2 高技术产业之间的关联

4.2.1 高技术产业间的投入系数

投入系数又称为直接消耗系数，是进行投入产出分析、产业关联分析、产业波及效应分析的基础。投入系数的计算数据基础来源于投入产出表。在《2002年中国投入产出表（122产品部门）》中依次选取专用化学品制造业（H1）、日用化学产品制造业（H2）、医药制造业（H3）、通信设备制造业（H4）、电子计算机整机制造业（H5）、其他电子计算机设备制造业（H6）、电子元器件制造业（H7）、家用视听设备制造业（H8）、其他通信电子设备制造业（H9）、仪器仪表制造业（H10）、信息传输服务业（H11）和计算机服务及软件业（H12）12个高技术产业部门，并获取其投入产出数据，依次用 H_i（$i=1,2,\cdots,12$）表示每个高技术产业部门。

运用上述的直接消耗系数的计算公式和《2002年中国投入产出表（122产品部门）》的数据，计算出12个高技术产业部门间的投入系数，即直接消耗系数，如表4-1所示。可以应用产业部门间的投入系数来揭示高技术产业部门之间的技术经济联系和结构，从而更进一步反映高技术产业间的深层联系和规律特征。

表 4-1　中国高技术部门间直接消耗系数

序号	H_1	H_2	H_3	H_4	H_5	H_6	H_7	H_8	H_9	H_{10}	H_{11}	H_{12}
H_1	0.1461	0.0515	0.0143	0.0007	0.0010	0.0044	0.0163	0.0025	0.0108	0.0035	0.0000	0.0001
H_2	0.0123	0.0985	0.0016	0.0005	0.0003	0.0010	0.0017	0.0002	0.0004	0.0005	0.0000	0.0000
H_3	0.0004	0.0004	0.1778	0.0000	0.0000	0.0000	0.0000	0.0000	0.0000	0.0001	0.0005	0.0000
H_4	0.0000	0.0000	0.0000	0.1767	0.0001	0.0262	0.0084	0.0006	0.0619	0.0086	0.0453	0.0345
H_5	0.0005	0.0009	0.0010	0.0113	0.0678	0.0008	0.0008	0.0001	0.0076	0.0044	0.0003	0.1428
H_6	0.0008	0.0010	0.0011	0.0006	0.2580	0.0719	0.0037	0.0049	0.0015	0.0061	0.0001	0.0432
H_7	0.0004	0.0008	0.0009	0.2370	0.3258	0.4063	0.2380	0.4000	0.2068	0.0968	0.0000	0.0358
H_8	0.0022	0.0001	0.0002	0.0000	0.0000	0.0000	0.0015	0.0333	0.0000	0.0041	0.0041	0.0015
H_9	0.0012	0.0000	0.0001	0.0063	0.0021	0.0046	0.0049	0.0013	0.0679	0.0012	0.0018	0.0057
H_{10}	0.0042	0.0018	0.0025	0.0033	0.0019	0.0017	0.0025	0.0000	0.0092	0.0775	0.0211	0.0039
H_{11}	0.0128	0.0035	0.0032	0.0032	0.0104	0.0000	0.0045	0.0049	0.0031	0.0148	0.0077	0.0129
H_{12}	0.0010	0.0130	0.0076	0.0006	0.0020	0.0004	0.0034	0.0036	0.0021	0.0017	0.0075	0.0191

资料来源：根据《2002年中国投入产出表》数据计算整理

表4-1中的数据表明，全国各高技术产业制造部门（H_i，$i=1,2,\cdots,10$）对自身的投入系数都较大，其投入系数都大于0.05，反映了细分的高技术制造部门之间的相互依赖性及分工与协作关系。相对而言，信息传输服务业和计算机服务及软件业的自身消耗较小。除了各产业对自身的投入和消耗外，不同的高技术产业部门间通过投入品与消耗品建立了直接的技术经济联系。

从全国的层面来看，电子元器件制造业（H_7）与大多数的高技术产业部门的关联度都较高，电子元器件制造业对通信设备制造业（H_4）、电子计算机整机制造业（H_5）、其他电子计算机设备制造（H_6）、家用视听设备制造业（H_8）、其他通信电子设备制造业（H_9）和仪器仪表制造业（H_{10}）的投入系数分别为0.2370、0.3258、0.4063、0.4000、0.2068和0.0968，特别是对于其他电子计算机设备制造业和家用视听设备制造业的投入系数都超过了0.4，表明每生产万元的相关高技术产品需要分别直接消耗电子元器件产品或服务达到4063元和4000元，说明电子元器件制造业与其他电子设备制造业和家用视听设备制造业的直接关联度最高，是典型的高技术中间产业，其他高技术产业部门的发展对其依赖度较高。另外，我们还发现其他电子计算机设备制造业（H_6）对于电子计算机整机制造业（H_5）的投入系数高达0.2580，说明每万元电子计算机整机制造业对于其他电子计算机设备制造业的依赖达到2580元。通信设备制造业（H_4）对信息传输服务业（H_{11}）和计算机服务及软件业（H_{12}）的投入系数达到0.0453和0.0345，计算机服务及软件业（H_{12}）受电子计算机整机制造业（H_5）的影响较大，每万元计算机及软件业产品需消耗1428元电子计算机制造业的产品和服务。

专用化学产品制造业（H_1）对于日用化学产品制造业（H_2）和医药制造业（H_3）制约较大，投入系数达到了 0.0515 和 0.0143。

从此可见，细分的高技术产业部门互相投入、互为依赖，彼此之间存在着密切的技术经济联系。由于高技术产业具有高技术含量、高 R&D 投入和高创新性等特点，这种密切的经济技术联系利于创新在产业间的溢出和扩散、利于形成高技术产业集聚优势、利于形成主导性高技术产业群，从而促进高技术产业的不断成长从以及产业结构不断优化升级。

4.2.2　高技术产业间的关联效应分析

高技术产业以各种投入品和产出品为连接纽带的技术经济联系，其关联效应的表现形式是通过供给关系与其他产业部门发生的前向关联，并通过需求关系与其他产业部门发生后向关联。

前后向关联是以被计算的产业在产业链中所处位置为基准，当它作为上游产业对下游产业产生的效应称为前向关联效应，也就是通过对其产品的应用会导致产生一系列新生部门，即通过供给关系与其他产业部门发生的关联；当被计算的产业作为下游产业要求其他产业（上游产业）对其投入时，对其他产业的作用方向是向后的，称为后向关联效应，也就是一个产业部门的产生可以通过其投入供应而衍生需求，从而导致作为其原材料工业的产生和发展，即通过需求联系而与其他产业发生的关联。可以分别用前向关联指数和后向关联指数表示前向关联效应和后向关联效应。前向关联指数和后向关联指数又分别称为中间需求率和中间投入率。

从产业的投入角度，各个产业的总投入等于中间投入和最终投入（毛附加值）之和。中间投入品是各产业部门持续增长的基本保证，中间投入率越高，表明该产业所消耗的其他产业提供的原材料越多，同时也表明该产业的消耗水平越高，附加值率就越低，并可以增加对其他产业部门的需求，有效地带动其他部门的发展。运用上述中间需求率和中间投入率公式和投入产出表数据，计算出我国高技术产业各部门间的前向关联指数和后向关联指数（表4-2）。

表 4-2　高技术部门前向关联和后向关联指数

高技术部门	前向关联指数	排　序	后向关联指数	排　序
专用化学产品制造业（H_1）	0.220 5	6	0.182 0	10
日用化学产品制造业（H_2）	0.140 1	9	0.171 5	11
医药制造业（H_3）	0.179 0	7	0.210 4	9

续表

高技术部门	前向关联指数	排 序	后向关联指数	排 序
通信设备制造业（H_4）	0.279 3	3	0.440 3	4
电子计算机整机制造业（H_5）	0.175 4	8	0.668 5	1
其他电子计算机设备制造（H_6）	0.402 8	2	0.518 4	2
电子元器件制造业（H_7）	1.681 0	1	0.285 8	7
家用视听设备制造业（H_8）	0.050 8	11	0.452 2	3
其他通信电子设备制造业（H_9）	0.226 3	4	0.371 7	5
仪器仪表制造业（H_{10}）	0.223 8	5	0.219 5	8
信息传输服务业（H_{11}）	0.040 6	12	0.088 4	12
计算机服务及软件业（H_{12}）	0.081 4	10	0.299 5	6

资料来源：基于表4-1的相关数据计算得到

从表4-2可见，高技术产业各个部门中的高技术制造业的前向关联指数都较高，除家用视听设备制造业以外都大于0.1，说明高技术产业系统内部高度依赖和分工的细化，以及内部各产业之间互相影响、互相制约的紧密的经济技术合作关系。其中前向关联指数排名在前三位：电子元器件制造业（1.6810）、其他电子计算机设备制造业（0.4028）和通信设备制造业（0.2793）。相对来说，信息传输服务业和计算机服务及软件业的前向关联指数均低于0.1。其中电子元器件制造业在12个高技术产业部门中的中间需求率最大为1.6810，说明电子元器件产业的前向关联效应最强，与其他高技术产业的联系最紧密，并具有高技术基础产业和原材料产业的性质，电子元器件产业为其他高技术产业提供大量的中间产品。说明应该优先发展电子元器件产业，因为电子元器件产品的短缺将会严重影响其他高技术产业部门的发展。国家发展和改革委员会在《高技术产业"十一五"发展规划》中将电子元器件产业列入"十一五"重点发展产业，并提出了"十一五"末年销售收入达到2.7万亿元，基本满足整机生产需求的目标，这无疑是恰当的。

其他高技术产业部门（如通信设备制造和其他电子计算机设备制造）的前向关联指数都较大、前向关联效应较强，是高中间需求产业。这说明这些产业是高技术产业体系中重要的中间产品部门，是高技术产业中最基础和最关键的产品部门。结合上述的高技术产业直接消耗分析，不难发现电子元器件产业、通信设备制造业和其他电子计算机设备制造业等产业发展将成为制约高技术整体发展的瓶颈，其产品短缺将会严重影响高技术整体产业的发展。只有大力发展这些高技术产业部门才能保证整个高技术产业体系的协调发展。

从表4-2中可以看出，高技术产业各个部门的后向关联指数基本在0.2～

0.6。其中，后向关联指数排在前三位的高技术产业部门为电子计算机整机制造业（0.6685）、其他电子计算机制造（0.5184）和家用视听设备制造（0.4522）。说明这些高技术部门的后向关联效应强，是高中间投入的部门，为其自身发展要消耗使用较多其他高技术产业的产品和服务。电子计算机整机制造产业每万元的总投入中来自其他高技术产业的中间投入达到了6688元。电子计算机整机制造产业较多地消耗使用其他高技术产业部门的产品，说明对其他高技术产业的依赖度较高，并在某种程度上可以增加对其他高技术产品部门的需求并带动其他高技术产业部门的发展。结合投入系数分析，在整个高技术产业体系中，电子计算机整机制造业对其他电子计算机设备制造业和电子元器件产业的需求和带动作用较大。

4.2.3 高技术产业部门间交叉关联

经过计算，细分的12个高技术产业部门的前向关联指数的平均值为0.3084，后向关联指数的平均值为0.3257。根据这两个指标的平均值，借助于钱纳里、渡边经彦等经济学家的分析方法，可以依据前后向关联指数划分不同高技术产业，判断各高技术产业在高技术产业经济体系中的不同地位（表4-3）。

表4-3 按关联效应划分的高技术产业部门

	前向关联指数小	前向关联指数大
后向关联指数大	●最终需求型高技术装备产业（第Ⅲ类） 电子计算机整机制造业； 家用视听设备制造业； 其他通信电子设备制造业；	●中间产品型高技术装备产业（第Ⅱ类） 通信设备制造业； 其他电子计算机设备制造；
后向关联指数小	●最终需求型高技术基础产业（第Ⅳ类） 信息传输服务业； 专用化学产品制造业； 日用化学产品制造业； 医药制造业； 计算机服务及软件业； 仪器仪表制造业；	●中间产品型高技术基础产业（第Ⅰ类） 电子元器件制造业

综合分析，电子元器件制造业属于中间产品型高技术基础产业，处于高技术

产业链的前端、前向关联效应强，是高技术的瓶颈产业，应加快发展。其他电子计算机设备制造业和通信设备制造业的前向关联指数和后向关联指数都很高，说明属于典型的中间产品型高技术装备产业，处于高技术产业链的中端，地位十分重要。电子计算机整机制造业、其他通信电子设备制造业、家用视听设备制造业属于最终需求型高技术装备产业，处于产业链的后端，对其他产业的拉动作用强。计算机服务及软件业、仪器仪表制造业、医药制造业等高技术产业的前向关联和后向关联效应在整个高技术产业部门中不典型，属于最终需求型高技术基础产业部门。

根据赫希曼（1991）的不平衡增长理论和联系效应理论，后向关联效应大的产业部门应该重点投资和发展，进而带动其他产业发展。就关联效应对产业成长的作用而言，后向关联大小决定了后向关联产业对产业成长的推动作用大小，而前向关联大小则决定了前向关联产业对产业自身成长的拉动作用大小。对于高技术产业部门而言，仅具有较强后向关联而前向关联效应不强的产业，其产业的成长主要受到后向关联产业的推动，而前向关联产业的拉动不明显；仅具有较强前向关联而后向关联不强的产业，其成长过程中其关联产业对自身的成长促进作用主要体现在前向关联产业的拉动，即前向关联产业的拉动对产业成长的促进大于后向关联产业的推动对产业成长的促进；前向和后向关联效应都大的产业，不仅对其他产业具有较强的关联带动作用，而且其前向和后向关联产业也会拉动和推动产业更快成长，产业关联成长效应十分显著。而前向和后向关联指数都较小的高技术产业，产业关联成长的效应不明显。

如表 4-3 所示，其他电子计算机设备制造业和通信设备制造业的前向和后向关联指数都较大，因此不仅对于其他高技术产业具有较大的带动作用，同时也能够通过高技术关联产业的前向拉动和后向推动较大地促进产业自身成长。而电子元器件制造业的产业成长主要受前向关联产业的拉动作用。电子计算机整机制造业、家用视听设备制造业和其他通信电子设备制造业的成长主要是受到后向关联产业的推动作用。

4.2.4 高技术产业部门之间的波及效应分析

细分的高技术产业部门间通过复杂的技术经济关联必然相互影响，这种相互影响体现在高技术产业间的波及。高技术产业部门的波及影响可以从两个方面进行分析，一是当某个高技术部门的生产投入发生变化时而对其他高技术产业所产生的影响；二是当某个高技术部门的最终需求发生变化时对其他高技术部门所产生的影响。用高技术产业部门的影响力系数和感应度系数来分别计量这两种高技术产业内部的影响机制。

根据上述计算模型,计算高技术产业波及影响力系数和感应度系数,得到表4-4。

表4-4 我国高技术产业部门之间的波及效应指标

高技术部门	影响力系数(T_i)	排序	感应度系数(S_i)	排序
专用化学产品制造业	0.8262	10	0.9266	4
日用化学产品制造业	0.8194	11	0.7706	8
医药制造业	0.8566	9	0.8219	6
通信设备制造业	1.1283	3	1.0189	3
电子计算机整机制造业	1.3982	1	0.8635	5
其他电子计算机设备制造	1.1869	2	1.0259	2
电子元器件制造业	0.9457	7	2.8359	1
家用视听设备制造业	1.1082	4	0.7136	12
其他通信电子设备制造业	1.0458	5	0.7619	9
仪器仪表制造业	0.8800	8	0.7818	7
信息传输服务业	0.7654	12	0.7503	10
计算机服务及软件业	1.0393	6	0.7293	11

资料来源:基于《2002年全国高技术产业投入产出表》计算得出

高技术产业的影响力系数反映了对关联的高技术产业部门的推动能力,影响力系数大于或小于1,说明该高技术产业的影响力在全部产业中居平均水平以上或以下。高技术产业的感应度系数反映了某高技术产业受到高技术经济整体的拉动力程度大小的相对水平,感应度系数大于或小于1,说明该高技术产业的感应能力在全部高技术产业中居平均水平以上或以下。

一般而言,影响力大的产业表现为对其他产业的带动作用较强,有着显著的后向关联效应,即该产业的成长对其他产业有拉动作用。计算结果表明,高技术产业部门之间波及的影响力系数大于1的高技术产业部门共有6个,由大到小依次为:电子计算机整机制造业(1.3982)、其他电子计算机设备制造业(1.1869)、通信设备制造业(1.1283)、家用视听设备制造业(1.1082)、其他通信电子设备制造业(1.0458)和计算机服务及软件业(1.0393)。说明这六个高技术产业部门在高技术产业体系中对其他高技术产业部门具有较高的影响力,并超过社会平均水平。其中,电子计算机整机制造业的影响力系数最大,说明当此部门的最终需求增加将使相关高技术产业部门产生连锁波及需求,并且产生的需求推动作用高于高技术产业平均影响水平39.8%。说明了电子计算机整机制造业对其他高技术产业强大的需求拉动作用,处在高技术产业链的后端,后向关联效应最强;加强电子计算机整机制造业的成长必将拉动其他高技术产业部门的快速成长。另外,通信设备制造业、计算机服务及软件业、其他电子计算机设备制造业、家用视听设备制造业等高技术产业部门的影响力也超过高技术产业整体平均影响水平,对其他高技术产业部门有较高的辐射和拉动作用,后向关联性较强。

而感应度大的产业一般表现为受其他产业的影响程度大,有着较强的前向关联效应,即该产业的成长易受其他产业需求变化的影响。计算结果表明,我国感应度系数大于1的高技术产业部门包括:电子元器件制造业(2.8359)、其他电子计算机设备制造业(1.0259)和通信设备制造业(1.0189)。表明这几个高技术产业部门的感应度在整个高技术产业平均水平之上,即电子元器件产业所受到的感应程度远远高于各高技术产业部门所受到的感应度的平均值,易受其他高技术产业部门最终需求的变化的影响。特别是电子元器件制造业的感应度系数最高为2.8359,说明电子元器件制造业处于高技术产业链的最前端,是其他高技术产业部门发展的"瓶颈",并且其自身产业成长易受其他高技术部门成长的影响,有着极强的前向关联效应。当高技术最终产品均增加一个单位时,客观上就需要电子元器件产业增加2.8359单位的产值量,也就是说该部门的增长速度必须是其他高技术部门的2.83倍,才能满足需求。说明电子元器件制造业通过供给作用而表现出的前向关联作用对高技术产业整体的推动作用最大,具有基础产业和"瓶颈"产业的属性,应该得到优先发展。目前电子元器件产业成长不足,为满足电子元器件产业的前向联系产业(需要电子元器件产品作为中间投入的产业)的需要,电子元器件产业主要依靠进口,进口依存率达到58%以上。因此,应通过前向关联效应尽快带动电子元器件产业成长。

各产业在成长中的影响力系数和感应度系数是不同的。有些产业表现为影响力系数高而感应度系数低,有的产业正好相反。而还有些产业的影响力系数和感应度系数都很高,即都大于1,其前向和后向关联效应都很强,不仅能有效带动其他产业发展,同时自身产业成长也较易受到其他产业的感应和带动。一般影响力和感应度都大于社会平均水平的产业在经济发展中一般是处于战略地位,是对经济增长速度最敏感的产业。因此综合分析不同产业的影响力和感应度系数,我们可以对高技术产业部门进行分类,并从中找到自身成长易受到关联作用机制作用的高技术产业部门。

根据表4-4的高技术产业间的影响力和感应度系数,可以综合地、直观地分析高技术产业之间波及效应水平。以横轴为影响力系数（T_i），以纵轴为感应度系数（S_i），以影响力系数和感应度系数的社会平均值1为限划分了四个区域，即可以归纳为以下4类高技术产业：第Ⅰ类产业即$T_i<1$、$S_i<1$的迟钝波及型产业；第Ⅱ类产业即$T_i<1$、$S_i>1$的感应波及型产业；第Ⅲ类产业即$T_i>1$、$S_i<1$的影响波及型产业；第Ⅳ类产业即$T_i>1$、$S_i>1$的敏感波及型产业（图4-2）。

	S_i	
(Ⅱ)感应波及型高技术产业群		(Ⅳ)敏感波及型高技术产业群
(Ⅰ)迟钝波及型高技术产业群	1	(Ⅲ)影响波及型高技术产业群
	1	T_i

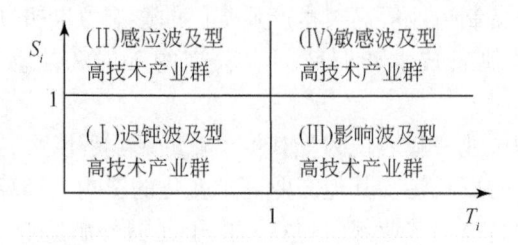

图4-2 按照影响力和感应度划分的高技术产业群

第一类迟钝波及型高技术产业群（第Ⅰ象限），即影响力系数和感应度系数都小于平均水平的部门，包括专用化学产品制造业、日用化学产品制造业、仪器仪表制造业和信息传输服务业，这类产业部门多属于最终需求产业部门，其波及影响不明显。

第二类感应波及型高技术产业群（第Ⅱ象限），即影响力系数小于平均水平，感应度示数大于平均水平的产业部门，如电子元器件制造业最为典型。该产业属于高技术基础产业部门，其波及效应主要以其他高技术部门的拉力促进其发展。也就是说，电子元器件产业自身的成长受到关联效应的影响最大。

第三类影响波及型高技术产业群（第Ⅲ象限），即影响力系数大于平均水平，感应度系数小于平均水平的产业部门，如电子计算机整机制造业、家用视听设备制造业和其他通信电子设备制造业。一般处在高技术产业链的后端，后向关联效应大于前向关联效应，其波及效应主要以对其他高技术部门的推力为主。这些高技术产业部门的成长以带动作用为主，而受其他高技术产业部门的影响较小。

第四类敏感波及型高技术产业群（第Ⅳ象限），即影响力系数和感应度系数都小于平均水平的产业部门，如通信设备制造业、其他电子计算机设备制造业。通信设备制造业的影响力系数和感应度系数分别达到1.1283和1.0189；而其他电子计算机设备制造业则分别为1.1869和1.0259。这两个部门属于高技术产业体系中的战略部门，是高技术产业发展最敏感的部门，并正在成长为国民经济发展的主导产业，对高技术产业的拉动和推动作用较高，应予以重点扶持和优先发展（表4-5）。

表 4-5 我国按波及效应分类的高技术产业群

高技术产业群	基本波及特征	涵盖高技术产业部门
迟钝波及型	影响力系数低、感应度系数低	专用化学产品制造业、日用化学产品制造业、医药制造业、仪器仪表制造业、信息传输服务业
感应波及型	影响力系数低、感应度系数高	电子元器件制造业
影响波及型	影响力系数高、感应度系数低	电子计算机整机制造业、家用视听设备制造业、其他通信电子设备制造业
敏感波及型	影响力系数高、感应度系数高	通信设备制造业、其他电子计算机设备制造业

产业关联机制反映了国民经济各产业之间前后向"连续反应"。有的高技术产业主要具有前向关联效应，需要超前发展，否则就会对经济发展产生阻尼效应，如属于感应波及型的电子元器件制造业。有的产业则主要具有后向关联效应，需要与具有前向关联效应的产业协调发展才有利于实现经济稳定增长，如属于影响波及型的家用视听设备制造业和电子计算机整机制造业等。同时，应延长通信设备制造业和其他电子计算机设备制造业等波及效应较强产业的产业链，提高产业关联度，加强产业间的横向依存关系。

一般来说，如果某产业的影响力系数和感应度系数都大于1，表明该产业在经济发展中一般是处于战略主导地位，是对经济增长速度最敏感的产业。在需求不足情况下，如果这些产业的需求能够得到较大刺激，将有利于加速经济的增长。如通信设备制造和其他电子计算机设备制造两个部门的影响力和感应度都大于社会平均水平，具有主导部门的性质，可以成为细分的主导性高技术产业。而电子元器件制造业感应度远大于1，而影响力接近1；电子计算机整机制造业影响力大于1，而感应力接近1。这两个部门也可以成为主导性高技术产业，有较强的产业关联性，不仅利于带动其他高技术部门成长，而且也能够通过关联机制带动自身产业的成长。

医药制造业作为新兴的高技术产业领域，具有巨大的发展潜力和发展空间，但其产业关联性较低，这会制约医药制造业的发展。因此，在发展医药制造业的同时，要特别注意发展与医药制造业相关联的产业的发展，如日用化学产品制造业、专用化学产品制造业等化学工业，以及生物制品、生物农业等生物产业。

4.3 高技术产业与传统产业间关联

近十几年来，我国的高技术产业迅猛发展，对经济增长正在产生和即将产生突破性的带动作用。然而，在相当长的时间内，我国的支柱产业仍然会是传统产业，2008年，我国的高技术产业增加值占GDP的比重只有4.5%，占制造业增加值的比重只有11.5%。因此，大力发展高技术产业，为传统产业提供高技术元器件，提供高技术工艺手段和技术装备，改造提升传统产业，促进产业结构升级，则是我国高技术产业发展重要的战略定位。促进高技术产业与传统产业之间的技术经济联系，则是高技术产业突破性带动经济增长和产业结构升级的内在机制（赵玉林，2009）。而这种内在机制的揭示和对策的制定，则取决于对我国现阶段高技术产业与传统产业关联性的实证分析。

4.3.1 传统产业整体对高技术产业部门的消耗

为了分析高技术产业与传统产业的关联关系，有必要计算传统产业对高技术产业的直接消耗系数和完全消耗系数，在分析传统产业高技术投入结构的基础上分析高技术产业对哪些高技术产业部门带动度较大，选择出与高技术产业关联度大的传统产业部门。传统产业部门对高技术产业部门的直接消耗和完全消耗越多，则说明该传统产业部门是具有高关联度的高技术产业的关联产业，对高技术部门的需求越多，就更有利于拉动高技术产业部门的成长。

根据全国42部门投入产出表的基本流量表，运用投入产出模型分别计算出各传统产业部门对各个高技术产业部门的直接消耗系数和完全消耗系数，见表4-6。全国42部门投入产出表中的高技术部门的统计口径比122部门要宽泛些，如"通信、计算机及其他电子设备制造业"就涵盖了高技术产业统计年鉴中"电子及通信设备制造业"以及"电子计算机及办公设备制造业"这两个大类的大部分产业部门。

表4-6 传统产业对高技术产业的消耗系数

产业部门	电子通信 直接消耗	排序	完全消耗	排序	仪器仪表 直接消耗	排序	完全消耗	排序	信息服务 直接消耗	排序	完全消耗	排序
农业	0.000 4	37	0.016 1	38	0.000 4	36	0.003 7	38	0.001 5	38	0.010 2	38
煤炭采选	0.002 8	23	0.033 1	31	0.005 3	9	0.011 4	18	0.009 8	21	0.022 2	29

续表

产业部门	电子通信 直接消耗	排序	完全消耗	排序	仪器仪表 直接消耗	排序	完全消耗	排序	信息服务 直接消耗	排序	完全消耗	排序
油气开采	0.003 8	19	0.030 4	33	0.010 2	5	0.015 0	5	0.006 2	30	0.014 7	37
金属采选	0.003 0	22	0.036 3	27	0.004 1	15	0.012 3	15	0.003 5	37	0.018 3	34
非金采选	0.002 5	27	0.040 2	21	0.002 6	20	0.009 8	23	0.027 9	6	0.044 0	7
食品烟草	0.000 7	34	0.028 3	35	0.000 7	35	0.004 9	35	0.004 3	34	0.016 5	36
纺织业	0.002 1	29	0.035 8	28	0.001 0	33	0.007 5	32	0.005 5	32	0.022 7	27
服装皮革	0.002 1	30	0.046 1	14	0.001 5	28	0.008 1	29	0.011 9	18	0.031 3	16
木材家具	0.001 6	32	0.038 5	24	0.001 8	26	0.008 8	25	0.009 4	22	0.028 4	19
造纸文教	0.010 1	10	0.054 9	12	0.002 1	22	0.008 7	26	0.004 0	35	0.020 4	31
石油加工	0.002 6	26	0.037 6	26	0.001 5	25	0.013 7	11	0.004 0	36	0.019 5	32
化学工业	0.003 1	20	0.044 6	19	0.003 6	17	0.012 8	14	0.007 2	28	0.026 4	21
非金制品	0.004 0	18	0.045 1	16	0.003 0	19	0.011 2	19	0.009 1	23	0.029 2	18
金属冶炼	0.001 3	33	0.035 5	29	0.002 1	23	0.011 0	20	0.006 3	29	0.024 4	24
金属制品	0.002 4	28	0.044 8	17	0.001 6	27	0.010 8	21	0.022 3	8	0.044 4	6
通用设备	0.020 3	5	0.085 8	4	0.004 5	14	0.013 6	12	0.012 5	17	0.034 5	13
交运设备	0.006 0	13	0.062 2	8	0.004 6	12	0.014 6	6	0.011 1	20	0.034 7	12
电气机械	0.032 5	3	0.111 6	3	0.005 0	11	0.014 5	7	0.016 3	10	0.039 2	8
其他制造	0.004 6	15	0.045 7	15	0.002 1	24	0.009 2	24	0.013 0	16	0.032 1	15
废品废料	0.000 0	39	0.000 0	39	0.000 0	39	0.000 0	39	0.000 0	39	0.000 0	39
电力热力	0.004 5	16	0.040 1	23	0.015 1	3	0.022 4	3	0.004 4	33	0.018 4	33
燃气生产	0.002 7	25	0.044 8	18	0.003 5	18	0.013 8	10	0.015 3	12	0.035 5	11
水的生产	0.004 8	14	0.041 0	20	0.004 6	13	0.013 3	13	0.023 0	7	0.037 4	9
建筑业	0.002 8	24	0.056 5	10	0.011 4	4	0.020 9	4	0.039 7	2	0.061 7	1
交运仓储	0.003 1	21	0.035 0	30	0.001 5	29	0.007 9	30	0.008 5	25	0.023 7	26
邮政业	0.011 6	8	0.062 1	9	0.000 8	34	0.008 5	27	0.028 8	5	0.048 5	4
批发零售	0.017 5	6	0.069 2	6	0.001 2	32	0.006 7	33	0.021 4	9	0.035 7	10
住宿餐饮	0.000 7	35	0.028 8	34	0.000 1	38	0.004 4	36	0.008 1	26	0.020 9	30
金融保险	0.011 1	9	0.055 4	11	0.007 2	8	0.012 2	16	0.043 9	1	0.056 3	2
房地产业	0.000 7	36	0.027 9	36	0.000 3	37	0.003 8	37	0.005 7	31	0.017 0	35
租赁商务	0.168 9	1	0.353 2	1	0.001 3	31	0.008 8	28	0.013 9	14	0.033 4	14
旅游业	0.000 4	38	0.023 1	37	0.001 5	30	0.005 6	34	0.013 4	15	0.025 5	23

续表

产业部门	电子通信 直接消耗	排序	完全消耗	排序	仪器仪表 直接消耗	排序	完全消耗	排序	信息服务 直接消耗	排序	完全消耗	排序
科学研究	0.1256	2	0.2781	2	0.0232	1	0.0314	1	0.0113	19	0.0279	20
综合技术	0.0209	4	0.0709	5	0.0084	7	0.0143	8	0.0158	11	0.0300	17
其他服务	0.0160	7	0.0653	7	0.0172	2	0.0247	2	0.0089	24	0.0245	25
教育事业	0.0070	12	0.0402	22	0.0087	6	0.0143	9	0.0142	13	0.0264	22
卫生福利	0.0020	31	0.0330	32	0.0053	10	0.0120	17	0.0077	27	0.0223	28
文体娱乐	0.0079	11	0.0535	13	0.0039	16	0.0099	22	0.0378	3	0.0530	3
公共管理	0.0041	17	0.0378	25	0.0026	21	0.0079	31	0.0320	4	0.0458	5
总消耗	0.5182		2.2885		0.1759		0.4440		0.5396		1.1572	
平均消耗	0.0132		0.0580		0.0045		0.0110		0.0138		0.0290	

注：上表中各产业部门均为简称，下同。其中，电子通信代表"通信、计算机及其他电子设备业"，仪器仪表代表"仪器仪表及办公机械业"，信息服务代表"信息传输及软件业"

传统产业部门对高技术产业各部门的直接消耗和完全消耗，不仅反映了高技术产业和传统产业间的技术经济联系及其联系度的大小，同时也反映了传统产业的高技术产业投入结构和对高技术的吸收规律。传统产业部门对高技术产业部门的直接消耗和完全消耗越大，则表明这些传统产业部门对高技术产业的需求越多，高技术产业对其关联作用越大。传统产业部门通过对高技术产业部门产生大量需求、产生高技术产业对传统产业的前向关联效应（即传统产业对高技术产业的后向关联效应），从而拉动高技术产业成长。

总体来看，传统产业整体对于高技术产业消耗还是偏小，高技术产业部门对传统产业部门的渗透还不够，没有充分发挥其对传统产业部门的关联带动和渗透作用，高技术产业与传统产业的融合还不够。高技术产业部门横向比较，传统产业部门整体对信息服务产业的直接消耗最大，平均的直接消耗为0.0138，如果加上间接对高技术产品的消耗，则传统产业部门整体对电子通信产业平均完全消耗为0.0580，说明每生产万元的传统产业产品就要直接消耗138元、完全消耗580元电子通信产品信息服务产品。说明相对仪器仪表和信息服务业产业而言，电子通信和与传统产业的关联更紧密，传统产业对电子通信产业的依赖度更高、推动作用更强。在产业关联作用带动下，属于高技术制造业的电子通信的成长更为有利，更有可能在关联机制作用下成为国民经济的主导产业。电子通信[①]和仪器仪

---

① 全称为通信设备、计算机及其他电子设备制造业。

表[1]等高新技术产业属于知识密集型产业，它们的附加值高、产业链长、对经济的拉动作用大，应作为重点产业扶持，提高新兴主导产业的国际竞争力。

4.3.2 传统产业部门对高技术产业部门的消耗

为了加快电子通信产业的成长，应该找出与该部门关联度大、对其消耗多的关联产业。根据我们的计算结果，对电子通信业直接消耗前十位和完全消耗前十位的传统产业部门有8个基本一致，其中金融保险和造纸文教进入直接消耗前十位，而如果算上复杂的间接消耗，则交通设备和建筑业进入了完全消耗的前十位（表4-7和表4-8）。

表4-7 对高技术产业直接消耗前十位的传统部门

产业部门	直接消耗系数 a_{ij}
电子通信	租赁商务（0.168 9）、科学研究（0.125 6）、电气机械（0.032 5）、综合技术（0.020 9）、通用设备（0.020 3）、批发零售（0.017 5）、其他服务（0.016 0）、邮政业（0.011 6）、金融保险（0.011 1）、造纸文教（0.010 1）
仪器仪表	科学研究（0.023 2）、其他服务（0.017 2）、电力热力（0.015 1）、建筑业（0.011 4）、油气开采（0.010 2）、教育事业（0.008 7）、综合技术（0.008 4）、金融保险（0.007 2）、煤炭采选（0.005 3）、卫生福利（0.005 3）
信息服务	金融保险（0.043 9）、建筑业（0.039 7）、文体娱乐（0.037 8）、公共管理（0.032 0）、邮政业（0.028 8）、非金采选（0.027 9）、水的生产（0.023 0）、金属制品（0.022 3）、批发零售（0.021 4）、电气机械（0.016 3）

表4-8 对高技术产业完全消耗前十位的传统产业部门

产业部门	完全消耗系数 b_{ij}
电子通信	租赁商务（0.353 2）、科学研究（0.278 1）、电气机械（0.111 6）、通用设备（0.085 8）、综合技术（0.070 9）、批发零售（0.069 2）、其他服务（0.065 3）、交通设备（0.062 2）、邮政业（0.062 1）、建筑业（0.056 5）
仪器仪表	科学研究（0.031 4）、其他服务（0.024 7）、电力热力（0.022 4）、建筑业（0.020 9）、油气开采（0.015 0）、交通设备（0.014 6）、电气机械（0.014 5）、综合技术（0.014 3）、教育事业（0.014 3）、燃气生产（0.013 8）
信息服务	建筑业（0.061 7）、金融保险（0.056 3）、文体娱乐（0.053 0）、邮政业（0.048 5）、公共管理（0.045 8）、金属制品（0.044 4）、非金采选（0.044 0）、电气机械（0.039 2）、水的生产（0.037 4）、批发零售（0.035 7）

---

[1] 全称为仪器仪表及文化办公用机械制造业。

从表4-7中单个传统产业部门对高技术产业的消耗来看，传统产业部门对电子通信业直接消耗较大的前十位部门依次为租赁商务（0.1689）、科学研究（0.1256）、电气机械（0.0325）、综合技术（0.0209）、通用设备（0.0203）、批发零售（0.0175）、其他服务（0.0160）、邮政业（0.0116）、金融保险（0.0111）和造纸文教（0.0101）。其中只有电器机械和通用设备属于第二产业，而其他都为三产业，说明电子通信产业对第二产业的直接投入较少，融合力度不够。而第三产业部门技术含量相对较高，对电子通信产业部门的依存度和关联度更大，加快这些产业的发展会增加对电子通信产业需求并推动其尽快成长；而电子通信产业的加快发展又能同时满足传统产业需求，实现产业结构优化升级。

其中，租赁商务和科学研究在所有传统产业部门中对电子信息产业产品和服务消耗最大，其对电子通信产品的直接消耗系数分别为0.1689和0.1256；而且加上间接消耗，其完全消耗系数也达到了0.3532和0.2781，说明与该产业的关联度最高。另外，制造业中只有电气机械对电子信息产业的完全消耗大于0.1，为0.1116，表明每生产万元的该制造业产品要耗费作为中间投入的电子信息产品和服务为1116元，说明电气机械对电子信息产业也有较高的依存度。

相对于电子通信产业和信息服务产业，各传统产业部门对于仪器仪表产业的消耗较低，说明该产业与传统产业的关联度不高，要其成长为国民经济的主导产业还不具备条件。而传统产业部门对于属于高技术的信息服务业的直接消耗较高，然而加上间接消耗以后的完全消耗就相对电子通信业小。说明信息服务业与传统产业也有一定的关联度，是未来将要发展的主导性高技术产业。特别是随着信息化进程的加快，随着工业化向信息化时代的发展，信息服务业的地位将越来越重要，其将必然成长为未来的主导产业。

从中比较还发现，电子通信业对制造业的关联带动作用更大，而信息服务业对服务业的关联带动能力更强。电子通信业属于典型的中间产品型高技术产业，正是因为电子通信产业对传统产业有着较大的关联带动作用，所以在高技术产业内部应优先重点发展，通过大力发展电子通信产业向相关传统产业提供中间产品和相关技术支持，从而带动传统产业的技术含量和改造升级。反过来，传统产业又对电子信息产业产生更大的需求，拉动该产业成长。另外，传统产业中第三产业对信息服务的直接消耗和完全消耗普遍要高于第二产业部门，说明第三产业的服务业对信息化的要求更高。因此我国在发展第三产业中应充分遵循对高技术产业消耗的规律，通过信息化建设不断提升服务业信息化的水平和层次。

此外，废品废料和农业对高技术产业的直接消耗是最低的，废品废料几乎对高技术没有任何直接消耗和间接消耗，关联度为0；农业对高技术产业消耗很低，农业对电子信息、仪器仪表和信息服务业的完全消耗系数分别为0.0161、0.0037和0.0102，在所有传统产业部门中都排在38位，仅高于废品废料产业。这说明生产每万元的农产品仅耗费的电子信息、仪器仪表和信息服务业的产品和服务分别为161、37和102元，表明农业与高技术产业的关联度非常低，反映了我国目前的仍为传统型农业，自动化水平低、高技术利用率低。我国作为农业大国，农业是关系国计民生和经济发展的命脉。因此，采用高技术对传统农业进行改造和提升，建设现代农业是今后推进农业结构调整和产业结构升级的重要任务。

4.3.3 高技术产业与传统产业的关联效应分析

高技术产业与传统产业的前后向关联即运用投入产出方法来研究高技术产业和传统产业在整个国民经济体系中的关系结构特征及其比例关系，用上述的计算模型计算高技术产业与传统产业间的前向关联指数和后向关联指数（表4-9）。

表4-9 高技术产业与传统产业间的前向与后向关联

产业部门	产业代码	前向关联指数	排序	后向关联指数	排序
农业	1	0.5717	27	0.4181	37
煤炭采选	2	0.8057	16	0.4315	35
油气开采	3	1.2357	1	0.2888	40
金属采选	4	1.2273	2	0.5695	22
非金采选	5	0.9713	7	0.5347	24
食品烟草	6	0.4235	32	0.6894	16
纺织业	7	0.7188	21	0.7522	9
服装皮革	8	0.2531	36	0.7542	8
木材家具	9	0.7713	17	0.7271	13
造纸文教	10	0.8387	13	0.6634	18
石油加工	11	1.0044	4	0.8280	1
化学工业	12	0.9750	6	0.7307	12
非金制品	13	0.9040	8	0.6712	17
金属冶炼	14	1.0489	3	0.7560	7
金属制品	15	0.8317	14	0.7633	5
通用设备	16	0.6558	23	0.7194	14
交运设备	17	0.6314	24	0.7378	11

续表

产业部门	产业代码	前向关联指数	排序	后向关联指数	排序
电气机械	18	0.725 8	20	0.758 6	6
电子通信	19	0.717 5	22	0.789 8	3
仪器仪表	20	0.867 4	10	0.742 7	10
其他制造	21	0.477 6	29	0.718 8	15
废品废料	22	0.977 6	5	0.000 0	42
电力热力	23	0.879 8	9	0.499 2	30
燃气生产	24	0.504 7	28	0.796 2	2
水的生产	25	0.825 4	15	0.499 5	29
建筑业	26	0.065 5	41	0.765 6	4
交运仓储	27	0.752 5	19	0.516 0	27
邮政业	28	0.613 5	26	0.600 5	20
信息服务	29	0.769 6	18	0.439 2	34
批发零售	30	0.627 6	25	0.458 6	32
住宿餐饮	31	0.471 9	30	0.595 1	21
金融保险	32	0.862 4	12	0.360 6	39
房地产业	33	0.282 3	35	0.268 7	41
租赁商务	34	0.866 9	11	0.609 3	19
旅游业	35	0.212 2	38	0.458 0	33
科学研究	36	0.216 9	37	0.534 2	25
综合技术	37	0.447 5	31	0.418 6	36
其他服务	38	0.339 2	34	0.546 0	23
教育事业	39	0.070 5	40	0.387 4	38
卫生福利	40	0.077 6	39	0.501 5	28
文体娱乐	41	0.379 6	33	0.534 2	26
公共管理	42	0.000 0	42	0.491 6	31
平均值		0.640 5		0.579 2	

资料来源：基于《2002年全国投入产出表（42部门）》计算而得

经过计算，2002年全国42个产业前向关联指数（中间需求率）的平均值为0.6405，后向关联指数（中间投入率）的平均值为0.5792。

从表4-9全国各行业的前向关联指数、后向关联指数可以看出，高前向关联的行业主要集中于第二产业（尤其是其中的工业、制造业），包括油气开采、金属采选、金属冶炼、石油加工、金属冶炼、非金采选等行业，这些行业具有提供中间产品的性质。低前向关联的行业则主要集中于第三产业，如公共管理、教育事业、卫生福利、文教艺术、旅游业、科学研究、房地产等行业，这些行业都是最终产品行业。而属于第二产业的建筑业由于其产品主要用于投资和消费等最终需求，因而其中间需求率也较低。

高后向关联的行业主要集中于第二产业（尤其是其中的工业、制造业），包括石油加工、燃气生产、电子通信、建筑业、金属制品、电气机械、金属冶炼等行业，即这些行业所消耗的其他行业提供的原材料较多。低后向关联的行业主要有废品废料、房地产、油气开采、金融保险、教育事业、农业等行业，这些行业所消耗的其他行业提供的原材料较少。

在投入产出表中所统计的产业部门中，高技术产业部门包括电子通信（电子及通信设备制造业，产业代码19）和仪器仪表（仪器仪表及文化办公用机械制造业，产业代码20）以及信息服务（信息传输、计算机服务及软件业，产业代码29）。其中，电子通信产业的前向关联指数0.7175和后向关联指数0.7898均大于平均值0.6405和0.5792。仪器仪表产业的前向关联指数为0.8674、后向关联指数为0.7427，均大于平均水平。信息服务业的前向关联指数小于平均水平，而后向关联指数小于平均水平，说明在高技术产业与传统产业间的关联中，电子通信产业和仪器仪表产业前向关联和后向关联程度都很高，是典型的中间投入（产品）型高技术产业，特别是后向关联指数在所有产业部门中排名第三，显示出较高的后向关联度。信息服务业前向关联高、后向关联低，是中间投入（产品）型基础产业。

由于统计口径的不同，42部门投入产出表与细分的122部门投入产出表中的高技术产业部门并不能完全一一对应。另外与《高技术产业统计年鉴》的统计口径不同的是，投入产出表中并未列入航空航天器制造业这个大类。而《高技术产业统计年鉴》中统计的是包括医药制造业、航空航天器制造业、电子及通信设备制造业、电子计算机及办公设备制造业以及医疗设备及仪器仪表制造业5大类17小类高技术制造业，而并未统计高技术服务业。

高技术产业只有与其他产业具有广泛密切的技术经济联系，才有可能通过关联乘数效应带动相关产业的发展，进而带动整个经济发展。所以，产业关联效应的大小是影响高技术产业成长的关键因素。

4.3.4 高技术产业与传统产业间的波及效应分析

根据《2002年全国投入产出表（42部门）》，以及在此基础上衍生的投入系数表和里昂惕夫逆系数表，计算了高技术产业与传统产业间动态波及的影响力系数和感应度系数（表4-10）。

表4-10 高技术产业与传统产业间的影响力系数和感应度系数

产业部门	代码	影响力系数	排序	感应度系数	排序	产业部门	代码	影响力系数	排序	感应度系数	排序
农业	1	0.7849	38	1.6922	6	废品废料	22	0.3962	42	0.5300	32
煤炭采选	2	0.8358	34	1.0466	16	电力热力	23	0.8732	31	1.5738	7
油气开采	3	0.6918	40	1.2494	11	燃气生产	24	1.1415	14	0.4428	38
金属采选	4	0.9757	23	0.7177	24	水的生产	25	0.8860	30	0.4813	35
非金采选	5	0.9447	26	0.5535	30	建筑业	26	1.2011	8	0.6240	26
食品烟草	6	1.0149	20	0.9446	18	交运仓储	27	0.9174	28	1.8801	4
纺织业	7	1.1981	9	1.1641	14	邮政业	28	1.0262	19	0.4356	40
服装皮革	8	1.2304	6	0.6066	29	信息服务	29	0.9037	29	0.8944	19
木材家具	9	1.1529	12	0.7481	23	批发零售	30	0.8546	33	1.8108	5
造纸文教	10	1.0859	16	1.3261	9	住宿餐饮	31	0.9536	25	0.8574	21
石油加工	11	1.0446	18	1.2991	10	金融保险	32	0.7326	39	1.2277	13
化学工业	12	1.1748	10	3.2738	1	房地产业	33	0.6567	41	0.6176	28
非金制品	13	1.0735	17	0.7974	22	租赁商务	34	1.0885	15	0.8841	20
金属冶炼	14	1.1748	11	2.4961	2	旅游业	35	0.8187	36	0.4378	39
金属制品	15	1.2445	5	1.0147	17	科学研究	36	1.0069	21	0.4250	41
通用设备	16	1.2083	7	1.5267	8	综合技术	37	0.8188	35	0.5160	33
交运设备	17	1.2583	4	1.2303	12	其他服务	38	0.9772	22	0.6640	25
电气机械	18	1.2608	3	1.1241	15	教育事业	39	0.7963	37	0.4593	36
电子通信	19	1.3954	1	1.9131	3	卫生福利	40	0.9568	24	0.4449	37
仪器仪表	20	1.2846	2	0.6182	27	文体娱乐	41	0.9385	27	0.5123	34
其他制造	21	1.1528	13	0.5428	31	公共管理	42	0.8677	32	0.3962	42

资料来源：基于《2002年全国投入产出表（42个部门）》而计算的影响力系数和感应度系数

由表4-10可见，影响力大于全社会平均水平的产业部门有21个，其中制造业中的两个高技术产业部门的影响力系数都超过平均水平，电子通信的影响力系数达到了1.3954，仪器仪表的影响力系数也高达1.2846，分别排在所有产业中的第一位和第二位。也就是说这两个高技术产业部门对其他传统产业部门具有极高的影响力，比社会平均水平还分别高出39.54%和28.46%。这两个高技术产业部门对国民经济发展有较大的拉动作用，可以起到"事半功倍"之效，如果这些产业部门的需求能够得到有效刺激，无疑将有利于进一步加速经济的发展。

在传统产业中，影响力系数排在前三位的行业依次为电气机械（1.2608）、交通运输设备制造业（1.2583）、金属制品业（1.2445）。这说明，发展这些产业部门对国民经济发展有较大的推动作用，创造了包括高技术产业在内的需求，因而会极大地促进高技术产业发展。同时，大力发展满足这些领域发展需求的高技术产业，会具有巨大的发展空间。

由表4-10可见，感应度大于全社会平均水平的产业部门有17个，其中，电子通信业的感应度高达1.9131，在所有产业中排名第三，即比整体国民经济感应度的平均水平还高出91.3%，说明当国民经济产业部门每增加1亿元的最终产品，将对该产业产生9.1亿元的需求。据有关分析表明，电子通信业正处于产业生命周期中的成长期，其发展规模必将会进一步扩大，必将继续拉动整个经济的快速发展。仪器仪表业的感应度系数较低，仅为0.6182，反映该产业受国民经济其他产业影响小，感应程度弱。信息服务业的感应度系数也接近社会平均水平（0.8944），反映出我国工业化进程加快的同时，信息化进程也在加快，全社会对信息传输、计算机服务和软件业的需求日益增加。

在传统产业中，感应度前三名的行业依次是化学工业（3.2738）、金属冶炼（2.4961）、交运设备（1.8801）。在经济快速增长的过程中，这些产业部门受到的需求压力较大，极易造成供不应求的局面，从而成为限制国民经济发展的"瓶颈"产业。因此，在经济增长过程中，保持这些产业部门持续稳定的发展对国民经济的协调健康发展起到至关重要的作用，重点扶持和发展这些产业无疑是宏观经济政策制定时应该考虑的问题。

综合分析高技术产业间的波及效应以及高技术产业对传统产业的波及效应发现，高技术产业对整个国民经济的影响力和感应度都很大，其发展通过乘数效应和关联效应带动整个经济发展。高技术产业各部门的影响力系数几乎全都处于平均水平之上，且有的部门的感应度系数也高于平均水平。这说明高技术产业整体对国民经济的推动作用比较大，高技术产业在国民经济中具有非常重要的地位。

在高技术产业的各部门中，电子通信（通信设备、计算机及其他电子设备制造业）与传统产业的关联性最强，其影响力和感应度均在社会平均水平之上，分别达到了1.3954和1.9131；属于高影响力和高感应度的敏感波及型高技术产业，对国民经济其他产业具有高度的关联效应，说明该产业对整个国民经济发展有着较大的推动和拉动作用，应该优先并加快发展。

仪器仪表属于影响力系数高于社会平均水平、而感应度系数低于平均水平的影响波及型高技术产业，该产业后向关联效应大而前向关联效应小。信息服务业属于影响力和感应度系数均小于1的迟钝波及型高技术产业，前向关联和后向关联效应都较小，在信息化进程中有较大的发展潜力，应加快发展。

第 5 章
高技术产业集聚与产业布局

高技术产业发展具有集聚化的特征和趋势，其产业区位更倾向于极化式布局。产业布局理论属于产业经济学与区域经济学的交叉研究领域。综合运用产业经济学、区域经济学以及产业布局学的理论和方法，结合高技术产业的集聚化的发展特征和趋势，研究高技术产业的空间布局问题，便形成了高技术产业布局理论。本章主要讨论高技术产业发展的集聚化特征和趋势、高技术产业布局的影响因素、高技术产业开发区建设、高技术产业带的形成与布局等。

5.1 高技术产业发展的集聚特征和趋势

5.1.1 高技术产业集聚形成和发展

产业集聚（industrial agglomeration）是指生产同类产品或处于相同生产阶段的特定产业的企业，或具有直接上下游产业关联的企业，或其他具有紧密联系的相关产业的企业在特定地理区域内的集中，并形成区内企业之间以地方网络为基础的正式和非正式协作的产业体系（赵玉林，2008）。马歇尔（1960）最早注意到了产业集聚现象，并开创性地研究了产业集聚的空间外部性；美国区域经济学家埃德加·M. 胡佛（Hoover，1937）提出了三个层次的规模经济，包括厂商规模（单个区位单位的规模决定的经济）、公司规模（单个公司的规模决定的经济）和集聚规模（该产业某个区位的聚集体的规模决定的经济）。20 世纪 70～80 年代，在美国、法国、英国、德国以及意大利等国家和地区产生了一批飞速发展的产业集聚区，其中最典型的是美国硅谷。美国硅谷起源于斯坦福工业园，在其发展的几十年中，集聚了大大小小电子工业公司 10 000 余家，它们所生产的半导体集成电路和电子计算机约占全美 1/3 和 1/6，其中许多企业成长为世界电子产业的巨头，如惠普、Intel、太阳微、思科、甲骨文、安捷伦、苹果等。2006 年，硅谷的高技术职位平均年薪达到 144 800 美元，居美国之首。2008 年硅谷人均 GDP 达到 83 000 美元，以不到全美的 1% 人口创造了全美 5% 的 GDP，亦居全美第一。硅谷每个员工的平均年产值为 17 万美元，比美国平均水平 5.6 万美元高出两倍还多；硅谷员工的平均收入是 6 万美元，比美国平均收入 3.08 万美元高出近一倍。

20 世纪 80 年代以来，高技术产业集聚现象在世界范围内大量涌现。不仅发达国家，而且发展中国家也普遍存在着这种高技术产业集聚现象，如印度的班加罗尔软件园，集聚了印度 35% 的 IT 人才，微软、惠普、3M、Infosys 等世界知名企业都在这里设立了办事处。班加罗尔的成功使得印度软件产业形成了强大的国际竞争优势，成为仅次于美国的第二大软件出口国。在 20 世纪 70 年代末，世界上形成了 50 多个高技术产业集聚区，基本分布在发达国家。进入 20 世纪 80 年代，高技术产业集聚区在发达国家和发展中国家如雨后春笋迅速崛起。到 1992 年世界各地的高新区的数目已达 802 个，1997 年已达 1009 个（表 5-1）。

表 5-1 世界高技术产业集聚区分布

四大板块	国家和地区	1955 年	1960 年	1970 年	1980 年	1990 年	1992 年	备 注
北美	美国	1	5	10	24	323	358	389（1997 年）
	加拿大			1	6	23	23	30（1997 年）
	墨西哥							9（1997 年）
欧洲	俄罗斯		1	1	1	12	12	
	英国				2	42	43	100（1998 年）
	法国			1	5	35	35	45（1998 年）
	德国					68	101	
	意大利					5	6	
	丹麦			1	1	1	1	
	比利时				4	9	9	
	瑞典				2	12	12	
	芬兰					6	6	
	荷兰					7	7	
	西班牙					5	5	
	爱尔兰					1	1	
	挪威					4	4	
	保加利亚					4	5	
东亚	日本				1	24	45	
	韩国				1	1	2	
	新加坡					1	1	
	中国台湾				1	1	1	
	中国内地					27	52	53（截至 1998 年）
其他				2	2	23	57	73（截至 1998 年）
总计		1	6	16	50	649	802	1009（截至 1997 年）

资料来源：顾朝林等，1998；钟坚，2001

  随着高技术产业集聚的形成和发展，众多学者从多视角展开了对产业集聚的研究。Lundvall（1992）将创新、技术进步与经济增长和贸易的分析结合起来，提出产业集聚的创新体系。Krugman（1991，1995）将空间经济理论应用到产业集聚的研究中，应用不完全竞争经济学、递增收益、路径依赖和累积因果关系等解释产业的空间集聚。波特（Porter，1990；1998）提出地区竞争力的著名"钻石"模型，从竞争优势的角度来说明产业集聚现象。他提出了"产业群"的概念，认为"群"通过三种方式影响竞争：首先，通过提高立足该领域的公司的生产力来施加影响；其次，通过加快创新的步伐，为未来的增长奠定坚实的基础；再次，通过鼓励新企业的形成，扩大并增强"群"本身来影响竞争。他特别强调产业集聚对一定地区产业国际竞争力的作用。集聚区内，经济竞争主体已经超越企业的边界，形成以区域产业集聚为主体的竞争格局，产业的国际竞争力不断提升。鉴于产业集聚所表现出经济活力和竞争优势，许多地方政府政策开始注意把"集聚"作为一种重要的战略工具来思考和解决区域经济发展问题，例如，美国各州纷纷制定集聚发展战略。我国从中央到地方政府也都在陆续制定产业集聚发展战略。研究表明，产业集聚作为一种区域组织形式，对区域经济的发展和产业竞争力的提高起着重要的推动作用。

5.1.2 中国高技术产业集聚水平测度

高技术产业集聚是高技术产业一个重要的区位特征。由于高技术产业集聚的成功实践和对经济发展的重要意义，目前已成为学术界研究的热点问题。蒋金荷（2005）利用产业分工指数和产业的区位熵，对我国东、中、西部以及11个省份高技术产业的结构差异性与产业的地方专业化问题进行了实证分析。邓丽君和刘志迎（2006）运用1995~2004年高技术产业的销售收入数据对高技术产业的空间集聚情况进行了实证分析。王子龙等（2006）利用产业空间集聚β指数和行业集中度CR_n指标对1994~2003年我国高技术产业的集聚水平进行测定。梁晓艳等（2007）通过对我国各省1995~2004年高技术产业产值的Theil熵和相对增长速度的计算，研究了我国高技术产业的空间分布特征，指出我国高技术产业发展水平的不平衡性逐渐加剧，高技术产业呈现出在少数几个省聚集的现象。李强（2007）运用带有科技进步的柯布·道格拉斯生产函数，从生产要素的地理集中及其规模收益递增入手，通过构建产业集聚判定的模型框架，对国家高新区产业集聚现状进行了实证研究。本节以高技术产业总产值的省际数据为基础，利用信息熵指数（H）和行业集中度（CR_n）指标对我国高技术产业的空间集聚水平进行度量。首先，通过计算高技术产业整体和各行业1995~2006年的熵指数，测度我国高技术产业的行业专业化水平，揭示高技术产业集聚水平的动态演化轨迹。其次，通过计算观察期内高技术产业整体和各行业的行业集中度值（CR_4和CR_8），可以进一步研究我国高技术产业及各行业的区域集聚水平，发掘高技术产业集聚的演变规律及其内在机理。

1. 研究方法——信息熵

熵的概念最先由R. Clausius引入，用于表述热力学第二定律；继而Boltzmann 和 Planck 给出了熵的微观统计公式，用熵代表系统的无序度。1948 年，Shannon 又将熵的概念引入信息论，用以表示系统的不确定性、稳定程度和信息量。Shannon 认为信息是事物不确定性的度量，事情的不确定性越大，可能的状态或结果越多、信息量越大，而且获得各个信息的概率不同，因此有必要定义一个平均信息量，即称之为信息熵，表达式为

$$H(x) = -C\sum_{i=1}^{n} P(x_i)\log P(x_i) \tag{5-1}$$

式中，$H(x)$ 为平均信息量即信息熵，$P(x_i)$ 为第 i 个信息出现的概率。信息熵是对均衡度和无序度（指客观事件或系统组成要素之间无规则的联系和转化的程度）的度量。一个系统，熵值越大，各要素发展越均衡，系统越无序，当系统完全达到平衡时，熵达到极大值。因此，利用熵与有序度的关系，可以用信息熵来描述系统演化方向。

根据行业专业化的含义，专业化程度越高，某行业部门在各地区的分布或发展越不均衡；反之，越均衡，这与信息熵的原理不谋而合。因此，探索利用信息熵来进行行业专业化的研究，具有一定的理论和现实意义。

根据信息熵的来源与原理可知，信息熵是刻画空间信息的重要特征量。借助 Shannon 信息熵的概念，我们构造了测度高技术产业行业专业化水平的熵指数公式。

假设 A 为某高技术产业部门的总产值（也可以使用其他经济指标），A_i 为第 i 个地区相应高技术产业部门的产值，全国共有 n 个地区，则有

$$\sum_{i=1}^{n} A_i = A \tag{5-2}$$

将第 i 个地区高技术产业部门产值占全国高技术产业部门总产值的比例为 P_i 作为概率，则有 $P_i = A_i/A$，显然 $\sum P_i = 1(i = 1,2,\cdots,n)$。根据以上假设，并依据 Shannon 熵公式，定义测度高技术产业专业化水平的熵指数 H：

$$H = -\sum_{i=1}^{n} P_i\log P_i \tag{5-3}$$

可以看出 $H \geqslant 0$，当 $A_1 = A_2 = \cdots = A_n$ 时，$P_1 = P_2 = \cdots = P_n$，此时高技术产业地区分布均衡，专业化水平最低，H 达到最大值：$H_{\max} = \log N$。

本节的研究侧重于高技术产业发展的专业化水平。理论上可以证明，H 值越大，各地区高技术产业部门所占百分比相差越小，产业在各地区分布向均衡方向发展；反之，各地区部门产值相差越大，行业分布越趋向于区域专业化生产。

2. 高技术产业熵值的变动趋势

依据上述原理与方法，运用 1995~2006 年全国 31 个省（自治区、直辖市）

的高技术产业的相关数据，计算观察期内我国高技术产业总体及各行业的熵值（表5-2），从而分析高技术产业地区均衡程度和专业化水平在时间序列上的动态变动轨迹（图5-1）。

表5-2 1995~2006年高技术产业总体及行业的熵值

产业 年份	高技术产业	医药制造业	航空航天制造业	电子及通信设备制造业	电子计算机及办公设备制造业	医疗设备及仪器仪表制造业
1995	2.720 7	3.023 7	2.538 7	2.382 1	1.919 4	2.736 2
1996	2.707 7	3.018 8	2.498 7	2.374 5	1.932 8	2.817 5
1997	2.708 6	3.070 7	2.571 2	2.388 4	1.942 9	2.768 3
1998	2.647 3	3.070 1	2.530 9	2.337 0	1.938 0	2.660 6
1999	2.626 0	3.101 5	2.565 4	2.312 5	1.987 0	2.676 5
2000	2.606 3	3.095 2	2.531 8	2.324 9	1.946 5	2.650 2
2001	2.562 6	3.086 4	2.565 0	2.305 1	1.775 4	2.645 7
2002	2.519 3	3.086 0	2.495 5	2.288 9	1.745 6	2.667 0
2003	2.394 3	3.073 8	2.394 7	2.219 3	1.652 8	2.655 9
2004	2.303 5	3.061 1	2.415 7	2.128 6	1.715 1	2.615 5
2005	2.327 0	3.040 8	2.397 9	2.138 7	1.666 1	2.570 2
2006	2.329 1	3.040 0	2.541 7	2.139 0	1.677 3	2.563 9

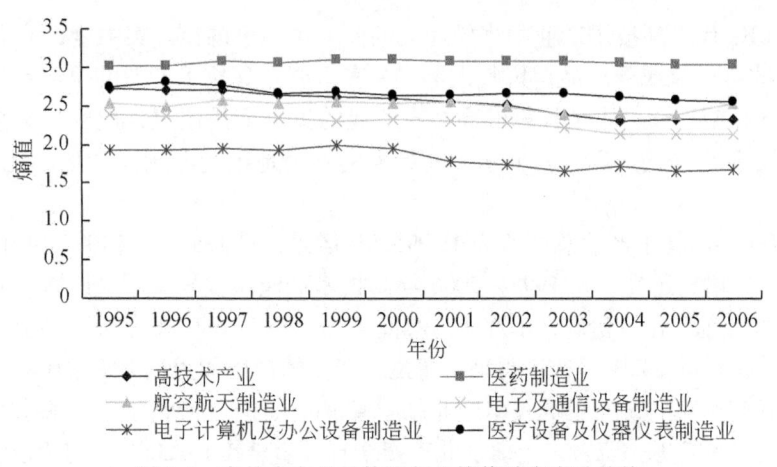

图5-1 高技术产业总体及行业熵值动态变动趋势

由于总产值可以反映各地区高技术行业的发展水平和规模。因此，研究数据选取总产值为度量指标。根据数据口径的一致性和数据的可获得性，高技术产业数据都是当年价总产值；本节所采用的数据均来源于国家统计局编辑出版的《中国高技术产业统计年鉴》(2002~2007年各年卷)。

表5-2和图5-1显示的是高技术产业总体以及五个行业的熵值在1995~2006年的变动情况。从熵值的数据变动来看，在观察期内，高技术产业总体的熵值呈下降趋势。从1995年的2.7207下降到2006年的2.3291，说明高技术产业在全国地区分布越来越不均衡，专业化水平越来越高，集聚程度不断加强。

高技术产业的五个行业中，熵值变动不明显的是医药制造业和航空航天制造业。电子及通信设备制造业和电子计算机及办公设备制造业的不均衡程度明显加剧。而医疗设备及仪器仪表制造业不均衡程度则有小幅度加强。这说明高技术产业中，电子及通信设备制造业和电子计算机及办公设备制造业的产业集聚水平最高且呈明显加剧的趋势；其次是医疗设备及仪器仪表制造业，其产业集聚水平较高且呈平缓上升趋势；再次是医药制造业和航空航天制造业，其产业集聚水平较弱且上升趋势不明显。

3. 高技术产业的行业集中度分析

在测度产业演化时空分异的方法中，集中度是最简单、最常用的计算指标。集中度表示规模最大的前n个地区所占的总产值份额。利用各地区的高技术产业的相关数据（总产值、新产品销售收入、利润额、R&D人员、R&D支出等）来计算出高技术产业集中度指数。具体计算公式为

$$CR_n = \sum_{i=1}^{n} X_i / \sum_{i=1}^{N} X_i \tag{5-4}$$

式中，CR_n代表高技术产业中规模最大的前n个地区的市场集中度；X_i代表高技术产业的总产值或新产品销售收入等；N表示拥有高技术产业的全部地区数，一般取$n=4$或$n=8$。本节计算的高技术产业的集中度是按照各地区的高技术产业总产值计算出来的。CR_4表示总产值最大的4个地区与全国总产值的比例，CR_8同理。

2006年高技术产业总产值为41 995.99亿元，是1995年（4097.96亿元）的10.25倍，增长迅猛。从1995~2006年高技术产业的数据来看，广东一直位居首位。2006年前四位省份高技术产业总产值合计达到27 665.95亿元，占全国高技术产业总产值的65.88%，这表明我国高技术产业的产出能力近2/3集中在这四个省份中。1997年起，北京的高技术产业总产值超过天津，排到第四位，高技术产业一直集中分布在广东、江苏、上海、北京四个省（直辖市）。2006年前八位省份高技术产业总产值合计36 387.24亿元，占全国高技术产业总产值的86.65%，较1995年的CR_8值增长了15.65%。说明高技术产业总体集聚程度不断加强，具有典型的地区集中特征。这与高技术产业熵值的变动规律相一致，互为印证，具体结果如表

5-3 所示。

表 5-3 1995~2006 年高技术产业的集聚水平和集聚区域

年份	CR₄	CR₈	集聚地区
1995	0.505 7	0.710 0	广东、江苏、上海、天津、四川、浙江、北京、山东
1996	0.508 9	0.714 6	广东、江苏、上海、天津、四川、浙江、北京、山东
1997	0.507 2	0.714 0	广东、江苏、上海、北京、天津、四川、浙江、山东
1998	0.543 9	0.743 1	广东、江苏、上海、北京、天津、浙江、四川、福建
1999	0.558 3	0.748 5	广东、江苏、上海、北京、天津、福建、浙江、四川
2000	0.571 9	0.766 2	广东、江苏、上海、北京、天津、浙江、福建、山东
2001	0.586 1	0.780 9	广东、江苏、上海、北京、天津、浙江、福建、山东
2002	0.589 2	0.794 4	广东、江苏、上海、北京、天津、浙江、福建、山东
2003	0.639 5	0.832 6	广东、江苏、上海、北京、浙江、天津、福建、山东
2004	0.672 3	0.866 5	广东、江苏、上海、北京、天津、浙江、福建、山东
2005	0.667 2	0.863 6	广东、江苏、上海、北京、天津、山东、浙江、福建
2006	0.658 8	0.866 5	广东、江苏、上海、北京、浙江、山东、天津、福建

资料来源：根据《中国高技术产业统计年鉴》(2002~2007年) 相关数据计算整理所得

高技术产业五个行业的集聚水平如表 5-4 和表 5-5 所示。从 1995~2006 年 CR₄ 和 CR₈ 的数值来看，集聚度最强的行业都是电子计算机及办公设备制造业；其次是电子及通信设备制造业；再次是医疗设备及仪器仪表制造业和航空航天制造业；医药制造业集聚程度最低。个别年份医药制造业和航空航天器制造业的 CR₈ 出现小幅下降。但总体来看，五个行业 CR₈ 都一直保持上升的趋势。说明我国高技术产业各行业的集聚程度不断提高。

表 5-4 1995~2006 年高技术产业各行业的集聚水平

熵值\行业\年份	医药制造业 CR₄	医药制造业 CR₈	航空航天制造业 CR₄	航空航天制造业 CR₈	电子及通信设备制造业 CR₄	电子及通信设备制造业 CR₈	电子计算机及办公设备制造业 CR₄	电子计算机及办公设备制造业 CR₈	医疗设备及仪器仪表制造业 CR₄	医疗设备及仪器仪表制造业 CR₈
1995	0.362 0	0.593 7	0.504 5	0.827 6	0.630 5	0.829 0	0.752 0	0.924 9	0.507 5	0.721 0
1996	0.371 9	0.595 4	0.522 9	0.856 5	0.625 4	0.835 7	0.760 2	0.933 8	0.508 4	0.730 0
1997	0.357 3	0.575 4	0.489 5	0.808 0	0.609 8	0.829 8	0.775 1	0.937 0	0.503 6	0.715 9
1998	0.354 0	0.581 4	0.547 7	0.819 3	0.621 8	0.843 5	0.796 9	0.944 3	0.558 9	0.770 7
1999	0.333 7	0.558 2	0.525 6	0.811 5	0.636 1	0.848 7	0.761 2	0.943 0	0.542 6	0.761 5
2000	0.348 9	0.563 3	0.547 6	0.811 3	0.641 6	0.854 5	0.772 4	0.953 5	0.558 9	0.764 5

续表

熵值 行业 年份	医药制造业 CR₄	医药制造业 CR₈	航空航天制造业 CR₄	航空航天制造业 CR₈	电子及通信设备制造业 CR₄	电子及通信设备制造业 CR₈	电子计算机及办公设备制造业 CR₄	电子计算机及办公设备制造业 CR₈	医疗设备及仪器仪表制造业 CR₄	医疗设备及仪器仪表制造业 CR₈
2001	0.3486	0.5684	0.5416	0.7916	0.6513	0.8640	0.8136	0.9609	0.5585	0.7687
2002	0.3492	0.5740	0.5865	0.8289	0.6477	0.8656	0.8119	0.9700	0.5485	0.7682
2003	0.3658	0.5730	0.6324	0.8381	0.6730	0.8873	0.8736	0.9804	0.5432	0.7784
2004	0.3850	0.5834	0.6200	0.8321	0.7121	0.9118	0.8753	0.9726	0.5675	0.7891
2005	0.4022	0.5894	0.6536	0.8330	0.6993	0.9175	0.8842	0.9768	0.5767	0.8067
2006	0.4014	0.5898	0.5400	0.7782	0.6933	0.9187	0.8829	0.9750	0.5680	0.8097

资料来源：根据《中国高技术产业统计年鉴》（2002~2007年）相关数据计算整理所得

表5-5　1995~2006年高技术产业各行业的集聚地区

产业 年份	医药制造业	航空航天制造业	电子及通信设备制造业	电子计算机及办公设备制造业	医疗设备及仪器仪表制造业
1995	广东、江苏、上海、山东、浙江、四川、河北、河南	陕西、江苏、黑龙江、贵州、辽宁、四川、江西、北京	广东、江苏、上海、天津、四川、浙江、北京、山东	广东、北京、福建、辽宁、江苏、上海、黑龙江、天津	江苏、上海、浙江、北京、广东、四川、辽宁、山东
1996	广东、山东、江苏、上海、河北、四川、浙江、河南	陕西、江苏、黑龙江、贵州、江西、辽宁、四川、湖南	广东、江苏、天津、上海、四川、北京、浙江、陕西	广东、江苏、北京、福建、辽宁、上海、浙江、黑龙江	江苏、上海、浙江、北京、山东、广东、辽宁、四川
1997	广东、江苏、山东、上海、河北、浙江、湖北、四川	陕西、江西、黑龙江、贵州、江苏、辽宁、湖南、四川	广东、江苏、上海、天津、四川、北京、浙江、福建	广东、江苏、北京、福建、辽宁、上海、浙江、黑龙江	江苏、上海、浙江、北京、山东、广东、辽宁、湖北
1998	广东、江苏、上海、浙江、河北、山东、湖北、四川	陕西、江西、黑龙江、贵州、辽宁、四川、湖南、江苏	广东、上海、江苏、天津、北京、四川、浙江、福建	广东、北京、江苏、福建、上海、辽宁、浙江、黑龙江	江苏、上海、浙江、广东、北京、山东、湖北、辽宁
1999	广东、江苏、上海、浙江、河北、山东、湖北、四川	陕西、江西、黑龙江、贵州、四川、北京、辽宁、湖南	广东、江苏、上海、天津、北京、福建、四川、浙江	广东、北京、江苏、福建、上海、辽宁、天津、山东	江苏、上海、浙江、广东、北京、湖北、山东、辽宁

136

续表

年份\产业	医药制造业	航空航天制造业	电子及通信设备制造业	电子计算机及办公设备制造业	医疗设备及仪器仪表制造业
2000	广东、江苏、浙江、上海、河北、山东、湖北、四川	陕西、黑龙江、江西、贵州、辽宁、四川、北京、湖南	广东、江苏、上海、北京、天津、浙江、福建、山东	广东、江苏、北京、福建、上海、辽宁、天津、山东	江苏、浙江、上海、广东、北京、山东、辽宁、湖北
2001	广东、江苏、浙江、河北、上海、山东、湖北、吉林	陕西、黑龙江、江西、辽宁、贵州、四川、福建、北京	广东、上海、江苏、北京、天津、浙江、山东、福建	广东、江苏、北京、福建、上海、辽宁、天津、山东	江苏、浙江、上海、北京、广东、山东、辽宁、湖北
2002	江苏、广东、浙江、山东、河北、上海、湖北、四川	陕西、黑龙江、江西、辽宁、四川、贵州、江苏、北京	广东、江苏、上海、天津、北京、浙江、山东、福建	广东、江苏、福建、上海、北京、辽宁、山东、天津	江苏、浙江、上海、北京、广东、山东、辽宁、重庆
2003	江苏、浙江、广东、山东、河北、上海、湖北、吉林	黑龙江、陕西、辽宁、四川、贵州、北京、江苏、湖北	广东、江苏、上海、天津、北京、浙江、山东、福建	广东、江苏、上海、福建、北京、山东、辽宁、天津	浙江、江苏、北京、上海、广东、山东、辽宁、重庆
2004	江苏、山东、浙江、广东、上海、河北、四川、河南	陕西、辽宁、四川、北京、黑龙江、贵州、江西、湖北	广东、江苏、上海、天津、北京、浙江、山东、福建	广东、江苏、上海、福建、北京、山东、浙江、天津	广东、江苏、上海、浙江、北京、山东、辽宁、重庆
2005	山东、江苏、浙江、广东、上海、河北、河南、四川	陕西、黑龙江、辽宁、四川、北京、贵州、江西、福建	广东、江苏、上海、天津、北京、山东、浙江、福建	广东、江苏、上海、福建、北京、浙江、山东、天津	广东、江苏、浙江、上海、北京、山东、辽宁、重庆
2006	山东、江苏、浙江、广东、河南、上海、河北、四川	陕西、四川、辽宁、黑龙江、北京、贵州、江西、江苏	广东、江苏、天津、北京、上海、浙江、山东、福建	广东、江苏、上海、福建、北京、浙江、山东、湖北	江苏、浙江、广东、上海、北京、山东、辽宁、河南

1995~2006年医药制造业的 CR_4 基本上在36%左右，CR_8 在58%上下，集中度值（CR_4 和 CR_8）变动不大，但总体呈缓慢上升趋势。与其他高技术行业的

CR_4 和 CR_8 值相比,医药制造业明显低于其他几个行业,这说明我国医药制造业的地区集中程度低于其他行业,即医药制造业的整体布局分散。这也从一个侧面说明了我国医药制造业存在低水平重复生产的状况。

航空航天制造业是高技术产业中规模最小的行业,是典型的高技术壁垒、高成长领域,也是自主创新密集的领域。观察期内 CR_4 缓慢上升, CR_8 保持在 80% 左右,但 2006 年的 CR_4 和 CR_8 较上年都有不同程度的下降。从所在区域看,2003 年黑龙江超过陕西位列第一,其他年份陕西均居于首位。陕西、江西、黑龙江、贵州、四川、辽宁、湖南、江苏等省份均为我国重要的航空航天制造基地。

电子及通信设备制造业 1995~2006 年的 CR_4 和 CR_8 一直比较高,且具有不断上升的趋势。广东省高技术产业总产值一直居于首位。2006 年排在前八位的省市分别是广东、江苏、天津、北京、上海、浙江、山东、福建,累计 CR_8 为 91.87%,电子及通信设备制造业属于地区高度集中水平的行业。

电子计算机及办公设备制造业集聚程度最强,并逐年递增。最主要集聚地是广东,2006 年广东高技术产业总产值为 4945 亿元,占全国高技术产业总产值的 39.53%。从 CR_4 和 CR_8 值来看,电子计算机及办公设备制造业基本上集中在前八位省份(广东、江苏、上海、福建、北京、浙江、山东、湖北),并且有向前四位省份(广东、江苏、上海、福建)集中的趋势。

医疗设备及仪器仪表制造业的行业集中度在个别年份有所下降,但总体来看,还是有所缓慢上升趋势。2006 年排在前四位的省份是江苏、浙江、广东、上海,占全国该行业总产值的 56.80%。前八位省份分布的比较分散,湖北、重庆、河南都曾经挤进前八位。

从以上分析可以看出,五个行业的发展趋势与整个高技术产业基本一致。各个行业都有向前八位聚集的趋势,而整个高技术产业的 CR_8 也由 1995 年的 71.00% 上升到 2006 年的 86.65%。从各行业的发展来看,电子及通信设备制造业和电子计算机及办公设备制造业的集聚程度最高,2006 年的 CR_8 值分别达到 91.87% 和 97.50%。相对与其他 3 个行业来说,这两个行业 CR_4 也很高,分别达到 69.33% 和 88.29%,均属于高集聚水平。因此,在电子及通信设备制造业和电子计算机及办公设备制造业排名靠前的省份在整个高技术产业中的排名也靠前,如在整个高技术产业中排名前四的广东、江苏、上海和北京,在电子及通信设备制造业和电子计算机及办公设备制造业也位于前几位。

5.1.3 中国电子及通信设备制造业产业集聚效应分析

Hoover(1936)依据洛伦兹曲线原理设计出来的 Hoover 系数一直是产业集

聚实证研究的重要工具；Krugman（1991）在基尼系数基础上提出了测度产业集聚度的空间基尼系数；Ellison 和 Glaeser（1997）则在 Hoover 系数和基尼系数的基础上提出 EG 指数这一更为精确反映产业集聚度的指标。梁琦（2003）、白重恩等（2004）分别利用空间基尼系数和 Hoover 系数计算了中国工业聚集度；罗勇和曹丽莉（2005）、路江涌和陶志刚（2006）使用 EG 指数，金煜等（2006）运用面板数据对中国产业聚集度长期变动趋势做了实证检验；吴学花和杨蕙馨（2004）运用集中度、基尼系数等指标，杨洪焦等（2008a；2008b）将 EG 指数作了局部调整对中国制造业集聚度演进做了实证分析。这些实证分析为研究中国高技术产业的集聚问题提供了方法上的借鉴。王子龙等（2006）运用 1994~2003 年数据，分析了高技术产业空间集聚与工业经济增长之间存在的高度正相关关系，并发现高技术产业集聚效应带来经济增长的同时，也加剧了区域发展的两极分化；蒋金荷（2005）运用 1995~2002 年数据，分析了我国高技术产业的集聚趋势，发现其总体上同构性在减弱，产业的地方专业化更加明显。本节依据 1998~2007 年数据，运用 EG 指数、区位熵及其他相关指标，对我国电子及通信设备制造业的产业集聚趋势和集聚效应进行实证研究，从而揭示高技术产业的集聚发展规律，为促进我国高技术产业健康持续发展并突破性带动经济增长和产业结构升级提供理论依据和决策参考。

1. 研究对象及指标设计

以我国省级区域（31 个省、直辖市、自治区）为研究对象，对我国电子及通信设备制造业集聚水平进行测度，进而分析其集聚趋势及集聚效应。集聚水平的高低实质上反映的是产业分布的不均匀程度，集聚度越高，布局越不均匀。本节拟运用以下几个集聚指标反映电子及通信设备制造业的集聚趋势。由于这些指标各有优劣，拟从指标值共同的特征及变化趋势来反映该产业的集聚态势。

行业集中度（concentration ration of industry，CR_n）是各种测度产业集聚度方法中最简单、最常用的指标，代表的是产业规模最大的 n 个地区的份额。这一指标未能反映产业在 n 个地区之间的差异以及 n 个地区以外省区的分布状况，但由于其简便易行，至今仍为许多学者测算集聚度时的常用指标。本节选取 CR_1、CR_4、CR_8 多层面考察电子及通信设备制造业的区域集中度，计算公式为 $CR_n = \sum_{i=1}^{n}(X_i/X)$。式中，$X_i$ 为电子及通信设备制造业 i 省份工业总产值；X 为该产业全国总产值。

赫芬达尔指数（Hirschman-Herfindahl index），也称 H 指数，充分考虑地区总数和地区产业规模的影响，因此能较为准确地反映产业的集中程度，是衡量产业集聚程度的重要指标。计算公式为 $H = \sum_{i=1}^{N}(X_i - X)^2$。式中，$X_i$ 为产业在省份 i 的总产值；X 为产业的全国总产值；N 为区域总数。H 值赋予前几位产业规模较大地区更大的权重，所以对其份额变化特别敏感，而对规模较小地区的变化反应迟钝。

N 指数是 H 指数的倒数，反映产业在全国平均分布于几个省份。如，若 $H=0.2$，则 $N=5$，表示产业相当于平均分布在 5 个省份。N 值越大，表示产业分布越分散，越小表示集聚度越强。

基尼系数与 H 指数相同，也是一个衡量集聚水平的综合性指标。计算公式为 $G_i = \sum_{j=1}^{r}(x_j - s_{ij})^2$。式中，$x_j$ 为区域 j 所有行业总产值占全国所有行业总产值的比例，本节计算的 x_j 是区域 j 所有规模以上工业企业总产值占全国所有规模以上工业企业总产值的比例；s_{ij} 为产业 i 在区域 j 的产值占该产业全国总产值的比例；r 为区域数。G 值在 0~1 变动，越接近 1 表明产业集聚度越高。

EG 指数是由 Ellison 和 Glaeser 建立的，充分考虑产业规模及区域差异带来的影响，使产业集聚度能够跨产业、跨时间进行比较，目前，更多学者开始使用 EG 指数来测定产业聚集度。但在国内由于数据可获得性较差，运用此指标来测度产业集聚的研究并不多。计算公式为 $Y = \dfrac{G_i - (1 - \sum_{j=1}^{r} x_j^2)}{(1 - \sum_{j=1}^{r} x_j^2)(1 - H_i)}$。式中，$Y$ 为 EG 指数，x_j、G_i 与前面含义相同，而此处赫芬达尔指数 $H_i = \sum_{i=1}^{N} z_k^2$，$z_k$ 为企业 k 的产值占产业 i 总产值的比例。由于我国没有公布工业企业详细数据，因此无法完全按照 Ellison 和 Glaeser 的方法计算 H 指数。为此，借鉴杨洪焦等（2008）对 EG 指数的局部处理方法，作出以下假设：对于每个区域 j，产业 i 内的所有企业具有相同的规模，即工业总产值相等。则

$$H_i = \sum_{j=1}^{r} n_{ij}\left(\frac{Output_{ij}/n_{ij}}{Output_i}\right)^2 = \sum_{j=1}^{r} \frac{1}{n_{ij}}\left(\frac{Output_{ij}}{Output_i}\right)^2 = \sum_{j=1}^{r} \frac{1}{n_{ij}} s_{ij} \qquad (5-5)$$

式中，n_{ij} 为区域 j 拥有产业 i 的企业数；$Output_{ij}$ 为产业 i 在区域 j 的总产值；$Output_i$ 为产业 i 的总产值，且根据前面 s_{ij} 的含义，$s_{ij} = Output_{ij}/Output_i$。虽然由式 (5-5) 所确定的 H 指数不可能像 Ellison 和 Glaeser 的方法那样精确，但并不妨碍对产业集聚度的评估和比较。Ellison 和 Glaeser 将 EG 指数划分的三个区间为判断集聚度高低提供了标准，即 $Y<0.02$，表示该产业不存在区域集聚现象；$0.02 \leqslant Y \leqslant 0.05$，表示该产业在区域分布相对较为均匀；$Y>0.05$，表示该产业在区域分

布的集聚度较高。

2. 中国电子及通信设备制造业集聚趋势

运用以上集聚指标进行计算，绘制电子及通信设备制造业集聚态势图，如图5-2所示。文中各项指标计算主要依据工业总产值数据，所需数据来自1998年以来的《中国高技术产业统计年鉴》、《中国工业经济统计年鉴》和2006年中国统计局公布的第一次经济普查数据《中国经济普查年鉴》(2004年)。

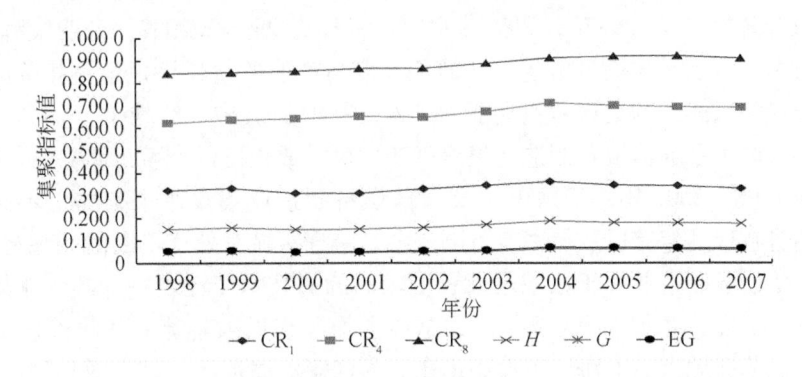

图5-2　1998~2007年中国电子及通信设备制造业的产业集聚态势

图5-2描述了电子及通信设备制造业的集聚水平及变化趋势。10年来，电子及通信设备制造业集聚水平整体上呈明显上升趋势，但集聚态势在最近几年有所放缓。EG指数2007年达到0.0643，说明产业在区域间分布的集聚度较高。N指数与H指数反映的态势一致，所以未在图中反映，N指数变化表明10年间该产业从平均分布于6.6个地区变为5.7个地区，减少了近1个地区，说明电子及通信设备制造业分布更加集中。不同指标基本一致的变化趋势，从各个侧面反映了10年间电子及通信设备制造业的产业集聚水平的变化趋势。

3. 中国电子及通信设备制造业产业集聚效应

以上研究表明，中国电子及通信设备制造业集聚水平较高，但这种集聚是否促进了电子及通信设备制造业的发展呢？因此，有必要进一步实证分析集聚对电子及通信设备制造业成长的实际贡献，以分析该产业的集聚效应。采用电子及通信设备制造业资本和劳动投入以及产业集聚度作为解释变量，以产业成长作为被解释变量，取1998~2007年的数据，使用最小二乘法（OLS法）进行线性回归分析。对指标原始数据标准化后取自然对数，建立双对数模型式进行计量检验：

$$\ln Y = \alpha \ln K + \beta \ln L + \gamma \ln E + \mu \quad (5-6)$$

式中，Y为电子及通信设备制造业成长，用产业增加值表征；K为电子及通信设备制造业资本存量，用年末固定资产数据表征；L 为劳动投入，用从业人员平均数表征；E 为集聚水平，用前面计算的 EG 指数表征；α、β、γ 分别为资本、劳动和产业集聚度对电子及通信设备制造业成长的影响系数；μ 为扰动项，表示其他影响电子及通信设备制造业成长的因素。

运用 Eview6.0 计量软件进行计算，得到电子及通信设备制造业回归的结果，如式（5-7）：

$$\ln Y = 0.8858\ln K + 0.2710\ln L - 0.1844\ln E - 11.9851 \qquad (5\text{-}7)$$

拟合系数 $R^2 = 0.9878$，调整后 $R^2 = 0.9816$，$DW = 2.2082$，说明模型的拟合优度很高。电子及通信设备制造业的集聚度与产业的增长呈现出负相关的关系。根据定量关系式，其集聚程度每提高 1%，其增加值将大约减少 18.44%。表明近几年来电子及通信设备制造业集聚度变化对其成长已经产生出明显的负效应。

在 1998~2007 年，我国电子及通信设备制造业集聚水平整体上不断提高，集聚趋势在近几年有所放缓并有下降迹象，集聚区域正处于不断的调整之中。电子及通信设备制造业属于区域集聚程度较高的高技术产业之一，其行业集中度、赫芬达尔指数、基尼系数、EG 指数总体上均呈现增大趋势。从集聚区域来看，广东、江苏、北京、上海、天津、山东、浙江等沿海地区是其主要集聚区，2007 年这些地区总产值占到全国 88.06%，并有进一步增加趋势，尤其是江苏、山东的增加趋势非常明显。在产业规模居于前 12 位的省份中，除广东、江苏、北京、山东四个省份产值份额实现了增长外，其他地区份额均在减少。因此，要进一步发挥江苏、山东等集聚趋势明显区域的产业发展优势，同时注重在全国范围内建立区域间的分工协作关系，实现产业资源的优化配置。

虽然我国电子及通信设备制造业的集聚水平较高，但其集聚效应却呈下降趋势，并已经对产业本身成长产生了明显的负面效应。王子龙等（2006）基于 1994~2003 年数据的研究结论是其集聚效应为正，而本节研究表明 1998~2007 年电子及通信设备制造业集聚程度每提高 1%，其增加值大约会减少 18.44%，这说明 2004 年以来电子及通信设备制造业的集聚效应开始下降，这也许是电子及通信设备制造业近几年集聚度下降的一个原因。

分析以上结论，究其原因，主要是由于政府过度地追求电子及通信设备制造业单一产业的高集聚度，从而导致产业同构、重复性建设、产业链不完整、区域功能不完善等问题。因此仅仅盲目地提高集聚度并不能产生预期的良好集聚效应，甚至可能对产业成长、经济发展产生阻碍作用。政府更应该站在全局高度，从企业生态角度在大力发展主导产业的同时，积极丰富区域内企业生态环境，完善区域功能，构建和健全企业生态链，促进产业间和产业内的协同发展，形成科研、物流、服务等功能齐全的产业生态网络，从而更好地促进电子及通信设备制造业发挥良好的、正面的集聚效应。

5.2 高技术产业发展的集聚化布局

高技术产业发展具有集聚化的特征和趋势，高技术产业的快速健康发展必须顺应这一发展规律。因此，高技术产业更适宜集聚化布局。一个充满生命力的、幼嫩的种籽要想发芽长大，必须选择一个适宜的环境。这个环境中不但有其生长发育所需的物质和能量，而且还必须没有毒素、污染和严酷气候。同样，高技术企业只有在合适的外部环境中才有可能繁荣发展。这些外部环境条件影响着高技术产业发生和发展各个阶段变化与进程。高技术产业布局的影响因素可大致分为两类：一类是高技术产业布局的生产影响因素，主要内容包括自然条件、自然资源、技术、企业家、研究人员的质量和数量、资本、市场等，简称为生产影响因素；另一类是高技术产业布局的有关技术创新的管理因素，内容包括基础构架、文化氛围、政府产业政策、传统产业体系、社会秩序和体制因素等，简称为管理影响因素。

5.2.1 高技术产业集聚化布局的理论依据

高技术产业布局的理论基础是各种有关区域发展的理论，例如，增长极和创新扩散的理论，这类理论的解释建立在地区间不平衡发展基础上。其中，增长极发展、点轴发展和网络发展理论是区域开发与布局中比较成熟的理论模式，由增长极到点轴再到网络，是在区域经济由低级阶段向高级阶段的发展过程中，随着区域交通运输体系及城市体系的不断完善而必然呈现出的区域空间格局的变化，这也是区域高技术产业布局必须遵循的规律。

1. 增长极理论

增长极理论是 1950 年由法国学者帕鲁（Perrour，1950）提出的。帕鲁认为，某些主导部门或有创新能力的企业、行业集中于特定的区域，形成一种吸引力和排斥力产生交汇的增长极。也就是说，经济活动中存在着靠自身增长和创新的经济单元，这种推进型单元能诱导其他单元共同发展，它不是城市、街区这样的地理单元，而是具有创新能力的企业、行业、产业部门这样的"经济单元"。这类"经济单元"由于能够在技术上创新并对外牵动，资本要素上聚集并对外扩散，从而使企业、行业走上规模化、集中化轨道，带动周边地区发展，从而形成以增长极为核心、周边地区不均衡增长的地区性经济综合体。后来，以缪尔达尔（Myrdal, 1956）、赫尔希曼（Hischman, 1958）、保德威尔（Boudeville, 1966）等为代表的一批学者针对帕鲁的缺陷，开始将研究视角由"经济单元"转向"地域空间"，在地域空间寻找现实的增长极核，提出了"增长中心"的概念，即推动性产业所诱导的增长发源于推动性产业所在的地理中心，进而完善和发展了帕鲁的早期理论，使增长极理论更具有实用性。

区域增长极集中了区域主导产业和创新企业，从高技术发展的角度看，就是高技术产业生长点，如高技术产业开发区即为增长中心，它导致集聚经济的发展。在区域经济运行中，增长极具有两种效应，即极化效应和扩散效应，并因此带动区域经济的发展。①极化效应。在增长极上，由于区域主导产业和创新产业的建设和发展，对周围地区的劳动力、资源、原材料及资金、技术、产品和建设项目产生强大的吸引力，从而使增长极的经济实力和人口规模迅速扩大，这个过程就是极化效应。增长极的极化效应直接产生于聚集经济效益，由于主导产业和创新企业的集中，产生了巨大的内部和外部规模经济效益，能用较少的投资创造相对好的投资环境和发展环境，因此对外部区域的吸引力大。②扩散效应。增长极的扩散效应是指企业、人口、资金、技术等经济的要素由增长极向外围地区梯度扩散并由此带动周围区域经济发展的过程。根据熊彼特的技术创新理论，产业的成长与不断的技术创新是密不可分的。增长极是一个成熟的技术创新源，而随着创新的完善和产业的成熟，创新必然产生扩散，从而引起产业空间分布的重大变化。作为建立在技术创新基础上的高技术产业，只有通过技术创新的扩散才能使其产业化和商品化得到进一步的发展，扩散效应作用的结果是带动整个区域经济的发展。被誉为第四代区位论大师的瑞典隆德大学教授哈格斯特朗（Hagerstrand, 1967）认为，技术创新的扩散在不同时段和空间上都有一定的统计规律，即接受者在开始阶段较少，中间阶段剧增，后期亦趋减少，呈正态分布曲线，其累计数量为逻辑斯蒂曲线（logistic curve），数学表示为

$$\frac{dy}{dt} = y(a - by) \qquad (a > 0, b > 0) \qquad (5\text{-}8)$$

式中，y 为新技术接受者的累积数量；dy/dt 为新技术在 t 时刻扩散速度。式（5-8）的解为

$$\frac{y}{1 - \frac{b}{a}y} = Ce^{at} \qquad (C \text{ 为系数}) \qquad (5\text{-}9)$$

当 $t = 0$ 时，$y = y_0$，则

$$C = \frac{y_0}{1 - \frac{b}{a}y_0} \tag{5-10}$$

代入即得

$$y = \frac{\frac{a}{b}}{1 + \frac{\frac{a}{b} - y_0}{y_0}e^{-at}} \tag{5-11}$$

令 $a/b = k$, $(k - y_0)/y = r$
则

$$y = \frac{k}{1 + re^{-at}} \tag{5-12}$$

增长极的极化效应和扩散效应是带动区域经济发展的不同形式,在区域经济发展的不同阶段其作用强度不同。在经济发展处于较低阶段时,产业特别是创新企业主要集中布局在增长极,增长极的作用也以极化作用为主;当增长极发展到一定程度以后,企业及产业布局开始扩散,增长极的效应减弱,扩散效应增强;再进一步发展扩散效应开始占主导地位。

根据增长极理论,应选择适当的地点作为高技术产业生产点,集中布局波及效应强的主导产业和创新企业,形成区域增长极,逐步带动地区经济发展。

2. 点轴布局理论

点轴布局理论的核心是中心地理论和生产轴理论。法国经济地理学家克里斯特勒(Christaller,1966)提出的中心地布局理论重视"点"的作用,认为从一片均质平原上,形成不同规模的城市布局,各城市产生等级分工;而规划学家沃纳·松巴特(Werner Somtant)提出的生长轴理论则强调"轴"的作用,认为由于交通干线成为连接各中心的纽带,有效地促进了资源要素的自由流转和合理配置,运输费用和生产成本均有可能降低,从而形成具有新的比较优势的区位,区域经济会依托着交通干线这一"生长轴"吸聚人口、资本等要素,从而获得更快发展。

点轴布局理论是增长极理论的延伸。从区域经济发展的空间过程看,产业或高技术产业先集中于少数点,即增长极。随着经济的发展,增长极的增多,点与点之间,由于经济联系的加强,必然会建设各种形式的交通通信线路使之相联系,这些线路即为轴。这些轴线先是为点服务而产生,但它一经形成,对人口和产业(高技术产业)就具有极大的吸引力,向轴线两侧集聚,并产生新的点。点轴发展和布局理论即是按照区域经济由点及轴发展的空间运行规律,合理选择增长极和各种交通轴线,并使产业有效地向增长极及轴线两侧集中布局,从而由点带轴,由轴带面,最终促进整个区域经济的发展。点轴发展是一种地带式发展,它主要用于区域经济已经发展到一定水平,区域布局框架正形成和完善的地区。

在大范围的国家和区域,可以把增长极和轴线分为不同的等级,把最高级层次的产业布局在发展条件最好的一级轴线及相应的增长极,然后以此类推,把各层次的产业配置在相应的层次的轴线和增长极上,并注意创新条件加速各层次轴线和增长极上产业结构的升级,通过扩散效应促进更低层次轴线和增长极的发展。

高技术产业带影响区域高技术发展的基本形态是点—轴型发展模式。高新带所涉及的点(高技术开发区)是区域发展的主体,轴是区域发展所依托的基础设施。点—轴型系统的吸引与扩散范围是高新带所涉及的高新区、中心城市、城镇,包括立体交叉出入口周边地区,高新区和中心城市是经济地域的极核,只有极核功能增强,才能带动外围发展。高技术产业带是在社会进步、经济发展、科技创新和产业的聚集和扩散运动过程中形成的。其空间运动常表现为:聚集过度常成为促成扩散的契机,只有适度的扩散才能保证产业聚集体规模适度,结构优化。但在市场机制的自发作用下,往往促成过度聚集,而由科技进步所促使的产业结构调整,往往形成新一轮的产业扩散运动。扩散运动的结果则在更大区域范围内形成新的产业聚集体,当这些大大小小的产业聚集体互相接近且经济联系日益密切时,我们便有可能将其视为一个更大的产业聚集体即高技术产业密集带。

3. 网络发展布局理论

一个现代化的经济区域,其空间结构都由如下三要素构成:一为节点,即不同范围不同等级的增长极;二为域面,即各级节点的吸引范围;三为网络,即连接节点与节点之间及节点与域面之间的各种交通通信网。网络布局是点轴发展与布局的延伸,是区域经济比较发达的一种布局模式。在经济发达区,经济密度高、交通通信发达、区域产业布局根据区内城镇体系和交通通信网络系统逐次展开,把网络的中心城市和主要城市作为高层次的区域增长极,把网络的主轴线作为一级轴线,布局和发展区域中高层次的产业,网络布局必须明确主要节点之间的分工协作关系,充分发挥各点的区位优势,建立各具特色的产业结构;网络布局必须注意加强节点与节点之间以及节点与域面之间广泛的经济技术交流,通过节点的发展促进域面的发展,促进区域经济一体化;网络布局应注重网络的向外延伸,加强网络对外围地区的经济联系与扩散,以促进更大范围的区域经济发展。

增长极发展及点轴布局、网络布局模式显然是适应于不同的区域经济发展水平，但它们不是截然分开的，更不是相互对立的，实际上它们是相互融合、相互补充的，对于同一个区域来说，也可以认为是三个继起的不同阶段。

5.2.2 高技术产业布局的生产影响因素

产业布局是高技术产品生产存在和发展的空间形式。影响生产的各种因素也必然在相应的程度上影响生产部门的布局及效果。从这个意义上讲，影响生产的各种因素，都是影响产业布局的因素。影响生产的因素主要包括自然条件、自然资源、技术、研究人员的质量和数量、资本、企业家、市场等。所谓布局指向就是这些要素之中的某个生产要素在产业布局中起着主导作用。比如，市场指向是该产业布局中市场因素处于产业发生和发展的主导和支配地位，布局时优先选择有利于市场因素的区域。

1. 自然条件

自然条件包括自然环境和自然资源。自然环境是人们赖以生存的自然条件，包括岩石圈、水圈、大气圈、生物圈等。自然资源则指自然条件中被人类利用的部分，在一定的时空条件下，能产生经济效益，以提高人类当前和将来福利的自然因素和条件。

自然条件是几乎一切产业布局形成的物质基础和先决条件。高技术产业的发生和发展对自然环境提出了更高的要求，例如气候。国外称高技术产业为"温带型产业"，其生产过程一般要在四季温差不大、空气清新、无风尘的地区。一个地区有优美的、有品味的环境必有利于教学和科研，并且能吸引高科技人才安家乐业。高技术产业对自然资源的依赖性比传统产业要差得多。传统产业生产更要考虑到发挥地区自然资源优势，以减低成本、增加效益的问题，能否及时、全质地得到所需资源的投入数量往往决定着产业生产的进度和发展速度；而高技术产业技术密集度高，自然资源相对消耗少。因此，高技术产业活动首先向其最优的自然环境地带集中。

2. 生产技术条件

生产技术条件是指人类认识和改造自然所积累起来的知识经验，以及这些知识、经验、能力的物化结果，包括生产工艺、方法、工具、劳动者的生产技能、管理水平等。其中生产所需的技术装备是生产技术的中心环节。

一般认为，高技术产业的发展要有基础性技术、关键性技术、向导性技术等开拓新产业的技术支撑体系。不仅如此,高技术产业的发展还要求装备精良、人员素质高的工业性试验条件和中试条件。因此高技术产业的孵化一般会选择经济技术条件较好的地区。

3. 研究人员的质量和数量

高技术产业是知识和技术密集的产业。产业发生、发展以及转移都需要较高的技术和知识支持。研究人员作为知识和技术的主要生产者,他们的质量和数量以及其流动速度对高技术产业化的持续发展起着核心和基础的作用。并且随着社会经济的发展,研究开发经费占销售额比重的提高,研究人员的数量和质量对高技术产业的影响会越来越大。因此,高技术产业必然会向高等院校、科研机构密集区域聚集,如美国的硅谷、英国的剑桥大学城、中国的中关村等。

4. 企业家

高技术产业化的过程本质上是创新和创新扩散的过程。高技术产业的高风险和高利润的特征必然使企业家及其企业家集群成为高技术产业的主要特征,而企业家是创新的主体。因此,建立高技术产业的企业家队伍,完善企业家市场是高技术产业发展的必然要求。企业家之间的亲善关系及其流动方向往往是高科技企业的衍生和信息共享的渠道,而且也经常是创新和创新扩散的主要渠道。企业家的集群规模与高技术产业发展程度息息相关。从一定意义上说,企业家是高技术产业成功的关键因素。所以,是否具有吸引企业家以及吸引哪类企业家的政策环境,对高技术产业的布局影响甚大。

5. 资本因素

高技术产业发展面临着技术风险、财务风险和市场风险,因此所需的风险资本比一般产业要多得多。满足高技术产业的资本要求是一项艰巨的系统工程。融资、资金运作、资本退出是一个相互衔接和互相配合的过程和体系。就广大的发展中国家而言,资金短缺特别是风险资本的短缺、资本体系的不完善已成为影响其高技术产业发展的重要因素。因此,是否具有吸引有效资本的投资环境和资本体系的完善程度,往往严重影响某一地区高技术产业发展的速度和规模。

6. 市场因素

市场条件对高技术产业布局的影响主要体现在两个方面。其一,市场需求量决定产业的规模和结构;其二,市场竞争决定生产的专业化协作和合理聚积。

高技术产品的市场需求量包括现实需求量和潜在需求量。两者之和构成高技术产业发展空间。由于高技术产品是新产品，一开始人们往往不熟悉，所以现实需求量很少。如何布局在潜在需求量大且可以尽快转化为现实需求的地区，是高新企业能否长大的关键。不同地区的人们对高技术产品的认可程度，对高技术产品需求的数量、规格、品质的偏好形成高技术产品市场的市场需求结构。发展中国家发展高技术产业的关键环节是培育高技术产品的消费热点，增加高技术产品的出口。市场竞争的结果：凡是专业化程度高的地区或企业，就能在市场竞争中占据有利地位。高技术产业中大批中小企业，为使自己的产品具有竞争力，产业布局必然向有利于创新、创新扩散的专业化协作方向发展。市场竞争还可以使资源通过优胜劣汰而得到有效利用。同时，一大批中小企业结合在一起，形成集群优势，有利用发挥集聚效益，可以节约信息收集成本，强化信息加工和解释能力，提高创新能力。

5.2.3 高技术产业布局的管理影响因素

1. 良好的交通及通信等基础设施框架以及其他专门设施

为适应层出不穷的新兴高技术企业的要求，很多专门化的架构，如孵化器、科技园，便应运而生。这些设施可以由大学、政府部门或企业创建，向小企业提供它们在发展过程中可能需要的系列服务，范围从日常需要到专业化服务。从而在同一地区形成了一个鼓励交换经验知识、产生新理念的非正式网络，且相互促进。美国的加利福尼亚州地区的计算机产业的架构就帮助了该地区生物制药产业的建立。在这样的一个"温床"般的良好构架中，高新企业发展不但可以及时得到大量最新的科学成果，而且还可以得到和利用这里的先进的试验设备用于开发新产品和新技术。

2. 吸引科技工作者的良好氛围

在电子通信发达的社会中，作为创造和生产知识的知识工作者可能更关心他想在哪里住而非必须到哪里工作，因此他会把诸如气候、文化、娱乐休闲、住房、邻居、学校等作为生活的首要考虑条件。不过，一个对知识工作者更具吸引力的因素是资力因素。一个地区存在大批知识工作者群落本身就对年轻的人才充满相当大的吸引力。他们在与别人（具有同样才干、相同兴趣的其他人）学中干、干中学，知识得到及时更新和补充。这是高技术产业发展的最主要的条件之一。

3. 高技术企业创新的社会秩序和体制

在高技术产业化过程中，企业自始至终都面临着巨大的风险，有来自技术上的，高技术的供应者在技术上不能保证产品的开发成功，或者开发出的产品成本具有市场竞争力；也有来自市场上的，新开发的产品是否能得到消费者的认同等。事实证明，良好的社会秩序和规避风险的体制是减小这种风险的最有效的方法。最值得一提的是风险资本体系和科技研究体系，它的有序、稳定、积极的运行，具有减少风险和创造机会的双重效果。在实践中，我们不但有风险资本进入规则而且还要有退出规则，不但要有奖励优惠方法而且有惩罚机制。科技研究体系是知识创新的基体，它为高技术产业化源源不断提供知识创新成果、高技术人才甚至创业家。

4. 支撑高技术产业发展的传统产业

高技术产业是处在整个产业网络之中的。除了以上因素外，高技术产业还需要依靠上下游企业的支持。高技术产业化的各个阶段一般都要有传统产业的支持。在研发和中试阶段，上游企业提供高技术产业所需的设备和材料、产业化的人才和相应辅助技术。以电子产业为例，集成电路的生产需要高纯、高精密的仪器和设备，需要在生产中维修和升级。一项高技术产品要形成产业并占领市场，必须经历工业化大生产阶段。而高技术产品最终是要以硬件产品为载体的，大规模生产这种产品需要传统产业来完成。因此，高技术产业区位选择最好参考传统产业与该产业的关联度。

5. 政府区域产业政策

高技术产业化常常伴有很强的机会性，因此创建时要求一系列催化推动因素促成成功，这些推动力中无疑以政府推动力最强，比如，税收土地优惠、政府投资或采购等。美国硅谷的计算机高技术产业发展一个关键的推动因素是美国国防部对科研资助的猛增，使20世纪四五十年代对电子军事硬件的需求激增。这促使一批航天企业在南部加州成立，随着它们的成长，一些企业看中圣克拉拉谷便宜的地价、邻近的军事基地和附近大学丰富的人才供应，纷纷在这里安营扎寨。对发展中国家而言，政府推动是必不可少的，因为仅靠市场机制，短时间内市场无法产生高技术产业发展的各项条件（甚至有时候一个条件也没有），而且，发达国家也不会同意和支持发展于其竞争的高技术产业。在影响高技术产业化布局的因素中，国内外学者对这个要素的争议最大，因为政府推动力大且具有刚性，力度不容易把握，而且随着产业化的进程，政府需随时进行调整，力度的过度和过小都会对产业化造成伤害。更何况，产业化最终是一种市场行为，市场机制应该最终起到支配作用。

5.3 基于产业集聚的高技术产业开发区竞争力评价

中国的高技术产业集聚基本上是政府主导的。为了加快高技术产业化进程，中国政府从1988年开始实施"火炬计划"和高新技术产业开发区建设规划。1988年5月国务院发布了关于《北京市新技术产业开发试验区暂行条例》，批准建立了中国第一个国家级高新技术产业开发区[①]。高新技术产业开发区是以智力密集和开放环境条件为依托，主要依靠国内的科技和经济实力，充分吸收和借鉴国外先进科技资源、资金和管理手段，通过实施高新技术产业的优惠政策和各项改革措施，实现软硬环境的局部优化，最大限度地把科技成果转化为现实生产力而建立起来的集中区域。截至2011年10月，国务院已批准设立了88家国家级高新技术产业开发区。

5.3.1 中国高新技术产业开发区建设与发展

中国的高新技术产业开发区（以下简称高新区）制度已有20余年的历史，其建设大致可划分为四个阶段：

1984~1988年为建园区思想酝酿阶段。北京"中关村电子一条街"在争论中自发地悄然兴起；1985年深圳特区创办了国内第一家高新区。

1988~1992年为创办阶段。1988年5月，国务院批准北京市新技术产业开发试验区；1991年，为迎接世界新技术革命的挑战，发展民族高新技术产业，国务院正式批准建立了第一批26个国家高新技术产业开发区，并颁布了一系列扶持高新区发展的优惠政策；1992年又批准第二批25个国家高新区。至此，国家高新区的数量迅速达到52个，基本形成了中国高新区的模式。

1992~2002年为快速成长阶段。1992年，邓小平南巡讲话，中国兴起了建

---

① 国务院关于《北京市新技术产业开发试验区暂行条例》，国函[1988]74号。北京市新技术产业开发试验区是在中关村电子一条街的基础上发展而成的，位于北京西北郊海淀区内，面积为100平方千米。1992年5月被国家科委、国家体改委正式确定为全国高新技术产业开发区综合改革试点区。这里集聚了50所高等院校、138所科研院所、10万多名科技人员，到1996年年底，试验区内的高新技术企业达4506家。1996年6月，国务院批准创建北京中关村科技园区。

设高新区的热潮。国家高新区的数量保持相对稳定，仅在 1997 年，新批准建立了一个杨凌农业高新技术示范区。但在这期间国家高新区的面积相继扩展，功能不断完善，一区多园的二次创业竞相展开。1992 年上海漕河泾新兴技术开发区更名为上海高新技术产业开发区，张江高科技园区成为其组成部分；之后，上海大学科技园、中纺科技园、金桥园、嘉定园等其他 4 个园区陆续成为其组成部分，于 1998 年形成了"一区六园"的格局[①]。经过全国开发区用地清理整顿，上海张江高新区"一区六园"的规划面积获国家批准，由原来的 22.1 平方千米扩大为 42.1 平方千米，其中张江核心园规划面积由原来的 5 平方千米扩大到 25 平方千米，另外 5 个园区仍维持原规划面积不变。1999 年国务院批准北京中关村科技园区发展规划[②]，经过十几年的发展，中关村科技园区形成了一区七园的发展格局，包括海淀园、丰台园、昌平园、电子城科技园、亦庄科技园、德胜园和健翔园，其中海淀园的主要功能是高新技术成果的研发、辐射、孵化和商贸中心，其他六园主要功能是高新技术产业的发展基地。截至 2002 年，53 个国家高新区内高技术企业达 19 353 家，年末从业人数 349 万人，实现营业收入 1.5 万亿元、工业增加值 3286.1 亿元、净利润 801.1 亿元、出口创汇 329.2 亿美元。1998~2002 年，工业增加值增长速度为 32.7%，是全国制造业工业增加值同期增长速度的 2.5 倍以上（科技部火炬高技术产业开发中心，2003）。

  2003 年以来为调整升级阶段。2003 年由于经济过热，国务院办公厅下发了《关于暂停审批各类开发区的紧急通知》，高新区升级基本停滞[③]。在 2005 年，国务院出台《国家高新区扩区、改变区和省级高新区升级的审批原则和审批程序》，制定了一套相对完整的升级程序和制度，高新区升级有了新的机遇。2007 年 3 月国家发展和改革委员会、国土资源部、建设部联合发布《中国开发区审核公告目录》（2006 年版）[④]，这标志着各类开发区清理整顿工作基本结束。2007 年，宁波高新区成功升级，国家高新区数量从 53 家增加至 54 家，距离杨凌农业高新技术示范区的建立已相隔 10 年。随后，2009 年，泰州医药高新区和湘潭高新区升级为国家级，至此，国家高新区数量为 56 家。2010 年 4 月，科学技术部启动国家级高新区升级工作。2010 年 9 月，国务院正式批复，同意全国 13 个省级高新区升级为国家级高新区；同年 11 月，国务院又批复全国 14 个省级高新区升级为国家级高新区。至 2011 年 10 月，国家高新区总数已达 88 个（表 5-6）。

---

  ① 2006 年 3 月，经国务院批准，上海高新技术产业开发区又更名为上海张江高新技术产业开发区（简称上海张江高新区）。
  ② 国务院《关于建设中关村科技园区有关问题的批复》，国函 [1999] 45 号；文件正式批复。北京市、科学技术部《关于实施科教兴国战略加快建设中关村科技园区的请示》，京政文 [1999] 35 号。
  ③ 国务院办公厅《关于暂停审批各类开发区的紧急通知》，（国办发明电 [2003] 30 号）。
  ④ 《中华人民共和国发展与改革委员会、国土资源部、建设部公告》（[2007] 18 号）。

表 5-6　中国国家级高新技术产业开发区一览表

序号	开发区名称	开发区所在地	批准机关	批准时间	核准面积/公顷	主导产业
1	中关村科技园区	北京市	国务院	1992.11	23 252.29	软件、集成电路、计算机、网络、通信
2	天津新技术产业园区	天津市	国务院	1991.03	5 524	机电一体化（IT和光机电一体化）、生物医药、新能源
3	石家庄高新技术产业开发区	河北省石家庄市	国务院	1991.03	1 553	新能源、高效节能、电子信息、生物、医药
4	保定高新技术产业开发区	河北省保定市	国务院	1992.11	1 223	新材料、光机电一体化
5	太原高新技术产业开发区	山西省太原市	国务院	1992.11	800	新材料、电子信息与光机电一体化、新能源与高效节能
6	包头稀土高新技术产业开发区	内蒙古自治区包头市	国务院	1992.11	956	光机电一体化、新材料（以稀土为主）、生物、医药技术
7	沈阳高新技术产业开发区	辽宁省沈阳市	国务院	1991.03	2 750	电子与信息、光机电一体化、生物、医药
8	大连高新技术产业园区	辽宁省大连市	国务院	1991.03	1 300	软件和信息服务业、生物技术与医药产业、新材料
9	鞍山高新技术产业开发区	辽宁省鞍山市	国务院	1992.11	790	光机电一体化、新材料、电子与信息
10	长春高新技术产业开发区	吉林省长春市	国务院	1991.03	1 911	光机电一体化、生物医药技术、电子与信息
11	吉林高新技术产业开发区	吉林省吉林市	国务院	1992.11	436	光机电一体化、生物医药、化工
12	哈尔滨高新技术产业开发区	黑龙江省哈尔滨市	国务院	1991.03	2 370	光机电一体化、生物、医药、电子与信息

续表

序号	开发区名称	开发区所在地	批准机关	批准时间	核准面积/公顷	主导产业
13	大庆高新技术产业开发区	黑龙江省大庆市	国务院	1992.11	1 430	石油及天然气产品精深加工、新材料、电子与信息
14	上海张江高新技术产业开发区	上海市	国务院	1991.03	4 211.7	电子与信息、生物及医药、光机电一体化
15	南京高新技术产业开发区	江苏省南京市	国务院	1991.03	1 650	电子信息业、光机电、化工新材料、生物医药
16	无锡高新技术产业开发区	江苏省无锡市	国务院	1992.11	945	电子与信息、光机电一体化、新能源、高效节能
17	常州高新技术产业开发区	江苏省常州市	国务院	1992.11	563	光机电一体化、电子与信息、生物、医药
18	苏州高新技术产业开发区	江苏省苏州市	国务院	1992.11	680	电子与信息、光机电一体化、医药、精细化工
19	杭州高新技术产业开发区	浙江省杭州市	国务院	1991.03	1 212	电子与信息、光机电一体化、生物、医药技术
20	合肥高新技术产业开发区	安徽省合肥市	国务院	1991.03	1 850	光机电一体化、电子与信息、生物、医药技术
21	福州市科技园区	福建省福州市	国务院	1991.03	550	计算机外设、新型显示器、数码印刷机、新型电池、固体废弃物处理设备
22	厦门火炬高技术产业开发区	福建省厦门市	国务院	1991.03	1 375	电子信息、光机电一体化、生物、医药
23	南昌高新技术产业开发区	江西省南昌市	国务院	1992.11	680	生物、医药、光机电一体化、电子与信息
24	济南高新技术产业开发区	山东省济南市	国务院	1991.03	1 590	电子信息、生物、医药、光机电一体化
25	青岛高新技术产业开发区	山东省青岛市	国务院	1992.11	980	电子与信息、生物医药技术、新材料
26	淄博高新技术产业开发区	山东省淄博市	国务院	1992.11	704	新材料、生物与医药、先进制造
27	潍坊高新技术产业开发区	山东省潍坊市	国务院	1992.11	860	电子与信息、生物医药技术、光机电一体化

续表

序 号	开发区名称	开发区所在地	批准机关	批准时间	核准面积/公顷	主导产业
28	威海火炬高技术产业开发区	山东省威海市	国务院	1991.03	1 510	电子与信息、新材料、生物、医药技术
29	郑州高新技术产业开发区	河南省郑州市	国务院	1991.03	1 132	无机非金属和金属材料及制品、生物技术产品与制药、以通信设备及计算机网络和软件产品为主的电子信息产业
30	洛阳高新技术产业开发区	河南省洛阳市	国务院	1992.11	547.9	光机电一体化的先进制造设备、机电一体化机械设备和机电基础件、新材料的金属材料、无机非金属材料和有机高分子材料及制品
31	武汉东湖新技术产业开发区	湖北省武汉市	国务院	1991.03	2 400	光电子与信息、生物及医药、环保和资源综合利用
32	襄樊高新技术产业开发区	湖北省襄阳市	国务院	1992.11	750	光机电一体化、新能源、高效能源、新材料
33	长沙高新技术产业开发区	湖南省长沙市	国务院	1991.03	1 733.5	光机电一体化、电子与信息、新材料
34	株洲高新技术产业开发区	湖南省株洲市	国务院	1992.11	858	新材料产业、先进制造业、电子信息
35	广州高新技术产业开发区	广东省广州市	国务院	1991.03	3 734	电子与信息、生物、医药技术、新材料
36	深圳市高新技术产业园区	广东省深圳市	国务院	1991.03	1 150	电子与信息、光机电一体化、生物、医药技术
37	珠海高新技术产业开发区	广东省珠海市	国务院	1992.11	980	电子与信息、生物工程与新医药、光机电一体化技术
38	佛山高新技术产业开发区	广东省佛山市	国务院	1992.11	1 000	光机电一体化、电子与信息、新材料

续表

序号	开发区名称	开发区所在地	批准机关	批准时间	核准面积/公顷	主导产业
39	惠州仲恺高新技术产业开发区	广东省惠州市	国务院	1992.11	706	电子与信息、光机电一体化
40	中山火炬高技术产业开发区	广东省中山市	国务院	1991.03	1 710	电子与信息、生物、医药技术、新材料
41	南宁高新技术产业开发区	广西壮族自治区南宁市	国务院	1992.11	850	生物及医药、电子信息、先进制造技术设备
42	桂林高新技术产业开发区	广西壮族自治区桂林市	国务院	1991.03	1 207	电子与信息、生物、医药技术、光机电一体化
43	海南国际科技工业园	海南省海口市	国务院	1991.03	277	生物医药、微电子、光机电一体化
44	重庆高新技术产业开发区	重庆市	国务院	1991.03	2 000	信息（光传输设备、数字移动通信产品、网络设备为主）、生物及医药、先进制造
45	成都高新技术产业开发区	四川省成都市	国务院	1991.03	2 150	以微电子技术为主导的电子信息、以中药现代化为重点的生物医药、以先进制造技术为特征的精密机械制造
46	绵阳高新技术产业开发区	四川省绵阳市	国务院	1992.11	579.9	电子信息、新材料、生物、医药技术
47	贵阳高新技术产业开发区	贵州省贵市阳	国务院	1992.11	533	电子信息、光机电一体化、生物、医药
48	昆明高新技术产业开发区	云南省昆明市	国务院	1992.11	900	新材料、生物医药技术、光机电一体化
49	西安高新技术产业开发区	陕西省西安市	国务院	1991.03	2 235	电子与信息、光机电一体化、生物医药

续表

序 号	开发区名称	开发区所在地	批准机关	批准时间	核准面积/公顷	主导产业
50	宝鸡高新技术产业开发区	陕西省宝鸡市	国务院	1992.11	577	先进制造产业、新材料产业、电子信息产业
51	杨凌农业高新技术产业示范区	陕西省咸阳市	国务院	1997.07	2 212	现代生物技术（制药）产业、农牧良种及环保农资产业、农副产品精深加工产业
52	兰州高新技术产业开发区	青海省兰州市	国务院	1991.03	1 496	新材料、生物、医药技术、电子与信息
53	乌鲁木齐高新技术产业开发区	新疆维吾尔自治区乌鲁木齐市	国务院	1992.11	980	生物、医药技术、光机电一体化、新能源、高效节能
54	宁波高新技术产业开发区	浙江省宁波市	国务院	2007.1	1890	新能源：半导体与光电子、新材料产业
55	泰州医药高新技术产业开发区	江苏省泰州市	国务院	2009.3		医药产业
56	湘潭高新技术产业开发区	湖南省湘潭市	国务院	2009	1 170	新能源装备制造业、精品钢材深加工、机电一体化产业
57	营口高新技术产业开发区	辽宁省营口市	国务院	2010.9	2047	新材料、新能源产业
58	昆山高新技术产业开发区	江苏省昆山市	国务院	2010.9		精密机械、新能源、电子信息产业
59	芜湖高新技术产业开发区	安徽省芜湖市	国务院	2010.9		汽车及零部件、节能环保、电子信息产业
60	济宁高新技术产业开发区	山东省济宁市	国务院	2010.9		生物技术产业、工程机械产业/纺织新材料产业
61	烟台高新技术产业开发区	山东省烟台市	国务院	2010.9	7 500	新材料、生物制药、电子信息、先进制造业
62	安阳高新技术产业开发区	河南省安阳市	国务院	2010.9	3 000	电子信息装备制造业

续表

序号	开发区名称	开发区所在地	批准机关	批准时间	核准面积/公顷	主导产业
63	南阳高新技术产业开发区	河南省南阳市	国务院	2010.9	1 800	光机电一体化、新材料、生物医药和信息技术产业
64	东莞松山湖高新技术产业开发区	广东省东莞市	国务院	2010.9	7 200	新一代电子信息产业、生物技术产业、文化创意产业
65	肇庆高新技术产业开发区	广东省肇庆市	国务院	2010.9	9 800	金属新材料、先进装备制造、电子信息、生物医药产业
66	柳州高新技术产业开发区	广西壮族自治区柳州市	国务院	2010.9		电子信息、生物制药、机电一体化产业
67	渭南高新技术产业开发区	陕西省渭南市	国务院	2010.9		机械工业、电子工业、医药制造业、精细化工业、新材料生产、农副产品加工
68	白银高新技术产业开发区	甘肃省白银市	国务院	2010.9		化工及精细化工、有色金属及稀土新材料深加工、新能源、医药制造业
69	昌吉高新技术产业开发区	新疆维吾尔自治区昌吉市	国务院	2010.9	3 400	食品、建材、机电机械加工、生物工程
70	唐山高新技术产业开发区	河北省唐山市	国务院	2010.11		机器人、重型锻压设备制造、精密和智能仪器仪表与试验设备制造业、新一代信息技术产业
71	燕郊高新技术产业开发区	河北省廊坊市	国务院	2010.11		电子信息、新能源、新材料、汽车配件、绿色食品产业
72	辽阳高新技术产业开发区	辽宁省辽阳市	国务院	2010.11	2000	芳烃及精细化工、工业铝合金型材产业
73	延吉高新技术产业开发区	吉林省延吉市	国务院	2010.11	533	IT产业、医疗器械产业
74	齐齐哈尔高新技术产业开发区	黑龙江省齐齐哈尔市	国务院	2010.11	5190	新材料产业

续表

序号	开发区名称	开发区所在地	批准机关	批准时间	核准面积/公顷	主导产业
75	绍兴高新技术产业开发区	浙江省绍兴市	国务院	2010.11	1044	电子信息、装备制造、软件产业
76	蚌埠高新技术产业开发区	安徽省蚌埠市	国务院	2010.11	674	装备制造及汽车零部件、电子信息、生物医药、新材料、新能源产业
77	泉州高新技术产业开发区	福建省泉州市	国务院	2010.11	1657	新型纤维、微波通信、电子信息
78	新余高新技术产业开发区	江西省新余市	国务院	2010.11		新能源、光电子、钢铁深加工产业
79	景德镇高新技术产业开发区	江西省景德镇市	国务院	2010.11	1500	汽车零部件、家电、新能源、医药制造业
80	宜昌高新技术产业开发区	湖北省宜昌市	国务院	2010.11		精细化工、生物医药、现代装备制造、新材料、新能源与环保产业
81	江门高新技术产业开发区	广东省江门市	国务院	2010.11	4710	电子电器、摩托车及配件、生物医药业
82	银川高新技术产业开发区	宁夏回族自治区银川市	国务院	2010.11		医药制造、机电一体化
83	青海高新技术产业开发区	青海省西宁市	国务院	2010.11	403	生物技术、中藏药、高原绿色食品加工
84	自贡高新技术产业开发区	四川省自贡市	国务院	2011.6		先进装备制造、新材料
85	上海紫竹高新技术产业开发区	上海市	国务院	2011.6		集成电路及软件、新能源、航空航天、数字内容、新材料、生命科学
86	临沂高新技术产业开发区	山东省临沂市	国务院	2011.6		电子信息、生物医药
87	益阳高新技术产业开发区	湖南省益阳市	国务院	2011.6		新材料、新能源
88	江阴高新技术产业开发区	江苏省江阴市	国务院	2011.6		金属新材料、精密机械、生物医药、新传感网、服务外包、文化创意产业

资料来源：根据国务院、国家发展改革委、科学技术部有关文件和各开发区网站资料整理

经过20余年的建设和发展,我国建立的88个国家级高新区,已经成为国家高新技术产业集聚区和新的经济增长极,推动国民经济又好又快发展,对优化产业结构、活跃区域经济发挥了极其重要的作用。2006年,53个国家级高新区电子及通信设备制造业总产值占全国54.6%,医疗设备及仪器仪表制造业占46.5%,电子计算机及办公设备占31.7%,航空航天器制造业占30.3%,医药制造业占24.5%。2007年54个国家级高新区,在1000多平方千米的土地上创造的营业总收入高达5.5万亿元,实现利润3159.3亿元,上缴税收2614.1亿元,出口创汇1728.1亿元。国家高新区规模以上工业企业的单位增加值综合能耗指标,明显低于全国平均水平,起到了资源节约和环境友好的示范作用。2007年国家高新区内规模以上工业企业的单位增加值综合能耗是0.51吨标准煤/万元,相当于全国平均水平的40%。其中,有13个国家高新区万元GDP能耗低于0.3吨标准煤,尤其是上海张江高新园区万元GDP能耗仅为0.14吨标准煤,中关村科技园区万元GDP能耗仅为0.2吨标准煤。国家级高新区在集约化发展方面起到了很好的示范作用,使土地资源得到了合理配置,全面提高了土地的使用效率。

20余年来,国家高新区的自主创新能力显著增强。2006年国家级高新区企业科技活动资金总额1765.4亿元。其中,企业自筹1468.3亿元,占资金总量的83%。企业对科研经费的支出高速发展,高新区企业的科技经费总额1584.4亿元,年平均增长39%。国家高新区的企业累计获得发明专利近5万件,2007年当年专利授权数7658件。70%以上的发明专利为本土企业所申请,从业人员每万人拥有的发明专利数量56.8件。2006年,国家级高新区从业人员达到573.7万人,其中,大专以上学历达到231.8万人,占总从业人员的40.4%,硕士学位16.8万人,博士学位2.5万人,留学归国人员回国创业2.2万名。在国家高新区内创办的科技机构数量达到6863个,从事R&D活动人员达24万人,科技项目数量128 179项,新产品开发项目63 472项,R&D项目数60 159项。2009年3月,经国务院批准,中关村科技园区成为我国第一个国家自主创新示范区[①]。同年12月,国务院又批复武汉东湖高新区建设国家自主创新示范区,东湖高新区成为全国继中关村之后第二家国家自主创新示范区。2011年3月,上海张江高新区继北京中关村、武汉东湖之后被国务院批准为第三家国家自主创新示范区。我国国家级自主创新示范区由此开创"三足鼎立"的新局面,国家高新区的创新能力建设和创新示范作用进入新阶段。

---

① 2009年3月13日,国务院批复建设中关村国家自主创新示范区,要求把中关村建设成为具有全球影响力的科技创新中心;2011年1月26日,国务院批复同意《中关村国家自主创新示范区发展规划纲要(2011~2020年)》。

5.3.2 高新技术产业开发区的评价体系

鉴于高新区对区域经济增长和产业结构升级的突出贡献，高新区的发展状况一直是各级政府和学术界关注的问题。而要把握高新区的发展状况就必须建立一套评价体系对其进行评价。1999年，硅谷网络公司提出了一系列衡量硅谷经济、社会、文化发展状况的指标（表5-7）。此后，每年该公司都根据新指标出版年度的硅谷指数（Index of Silicon Valley），详细分析这些指标在过去一年里所发生的变化，以评价硅谷的综合发展状况。中国政府为了在不同时期积极推动高新区的建设和发展，集中反映高新区发展壮大的成长过程和国家对高新区的政策导向，科技部火炬中心先后于1993年、1999年、2004年和2008年四次制定和修改了高新区评价体系。《国家高技术产业开发区考核标准（试行）》（1993年），考核重点是经济、基础建设和企业（包括外企）的评价，指标以总量指标为主（表5-8）；《国家高技术产业开发区考核标准（试行）》（1999年）提出了高新技术产业开发区创新的功能（如R&D方面的指标），而且增加了对环境的关注，专门提出创业环境的评价。另外，指标还增加了人均和地均的指标，取消了基本建设的指标（表5-9）；《国家高新技术产业开发区评价指标体系》（2003年）重点强调技术创新能力和创新创业环境，在指标方面增加了反应效率和速度的指标（表5-10）；《国家高新技术产业开发区评价指标体系》（2008年）重点强调"自主创新、创业环境、内生增长、资源有效利用"等方面，引导了高新区的发展方向。在指标方面，以定量为主、定性为辅，在44个评价指标中，定量指标共39个，定性指标只有5个（表5-11）。可见，国家高新区评价指标体系主要关注高新区当期达到的发展状态，并对国家高新区的发展状态进行排序比较，是一种基于系统的绩效评价。

表5-7 硅谷指数（Index of Silicon Valley）

一级指标	二级指标	三级指标
人力资源	才能	人口变动数
		移民净流量
		千人国外移民数
		语言多样性
		世界语种增长率
		母语

续表

一级指标	二级指标	三级指标
创新经济	创新	人均增值额
		家庭宽带接入率
		专利所占份额
		风险资本投资额
		风险资本所占份额
		不同产业风险资本投资比例
		清洁技术投资额
	就业机会	硅谷就业
		雇员结构变化
		硅谷就业机会
		产业集群就业机会
		其他产业就业机会
	收入情况	人均收入
		家庭收入分配
		收入结构
		人均薪水增长率
		其他产业人均薪水增长率
		人均薪水
多样化社区	经济繁荣准备	高中毕业率
		高中退学率
		UC/CSU 认证通过率
		高等教育接受率
		劳动力培训
		联盟健康
	早期教育	学前育儿看护安排
		儿童全面培养
		教师期望值
		三年级学生期末阅读通过率
		不同种族/族裔人员阅读效率
	艺术和文化活动	非营利性艺术组织增长率
		非营利性艺术组织投资额
		对不同年龄段人员非营利性组织数目

续表

一级指标	二级指标	三级指标
多样化社区	居民健康	两岁儿童免疫力
		医疗保险参保率
		超重成年人比例
		超重年轻人比例
	社区安全	千名儿童虐待数
		重大犯罪率
		成年犯罪率
		少年犯罪率
生活场所	环境质量	永久保护的公共空间面积
		再生能源
		人均日耗水量
		运输工具使用和可获得性
		选择可替换燃料的汽车比例
		交通工具发展趋势
	土地利用率	人均居民面积
		新建住宅区距离地铁站和公交站不超过1/4英里的比例
		非住宅区距离运输通路的距离
	住房选择	新建有购买能力的住房数
		公寓出租率与家庭收入中值之比
		中等价格住房购买比例
		住宅回赎权的取消比例
		住房成本负担
	商业空间	可获得的商业空间的最终变化值
		月人均租金要求
		宿业空间空缺率
地区政府	全民参与	选民参与程度
		社区慈善机构和私人建设者年均增长率
	财政收入	城市总收入

资料来源：http://www.jointventure.org/resources/1999index/index.htm

表 5-8　1993 年中国高新区评价指标体系

一级指标	二级指标
经济	技工贸总收入
	工业总产值
	税金总额
	出口创汇
	人均技工贸总收入
	人均利税
资本	税后返回金额
	财政支持金额
	贷款金额
	筹资金额
建设	累计基础设施建设面积
	当年完成基础面积
	累计建筑竣工面积
	当年建筑竣工面积
企业	高技术企业产值占全区总产值比重
	高技术企业产值占全市总产值比重
	重点国家级火炬项目数
	当年总收入超亿元的企业数
创业中心	创业中心获财政支持
	创业中心拥有孵化场地面积
	在孵企业数
	毕业企业数
人才	吸引国外学成人员
外企	外资企业占园区企业总数
	实际到位资金数
工业产值	工业产值占全市工业产值比重
	新增工业产值占全市新增工业产值比重

表 5-9　1999 年中国高新区评价指标体系

一级指标	二级指标
技术创新	R&D 经费占总收入的比例
	自主知识产权产品数
	从事 R&D 人员占年末从业人数的比例
	硕士以上人员占年末从业人数的比例
	人员培训
	产学研合作项目数
创业环境	高新区软环境建设
	高新区信息网络状况
	交通状况
	新建区绿化覆盖率
	环保状况
	创业中心在孵企业数
	创业中心毕业企业总收入
发展	高新区技工贸总收入
	人均总收入
	高新技术产品销售收入及技术性收入的年均增长值
	单位面积技工贸收入
贡献	上缴税费总额
	高新区工业增加值占所在城市工业增加值的比例
	高新区企业年末从业人数
国际化	出口创汇
	引进留学归国人员及海外专家数
	国际合作、合资项目数
	实际到位外资额

表 5-10　2003 年中国高新区评价指标体系

一级指标	二级指标	三级指标
技术创新能力	科技产出	高新技术产品收入及技术性收入
		国家级科技计划项目数和授权专利数
		单位面积高新技术产品收入及技术性收入
	科技经费	R&D 经费总额
		人均 R&D 经费
		R&D 经费占产品销售总额比例
	科技人才	R&D 人员数
		大专以上学历人数
		R&D 人员数占企业员工总数比例
	科技孵化	在孵企业数
		孵化场地面积

续表

一级指标	二级指标	三级指标
经济发展	经济总量	毕业率
		工业增加值
		产品销售收入
		人均工业增加值
	经济质量	单位面积工业增加值
		总资产贡献率
		产值利税率
	经济发展贡献	上缴税额
		年末从业人数
		上一年工业增加值占所在城市的比例
创新创业环境	政策和服务环境	综合概况
		企业自办科研机构数量
		中介机构数
		风险投资企业数
		高新区信息网络状况
	企业培育状况	企业营业收入增长率
		培育知名高新技术企业情况
		知名高新技术企业资产增长率
		高新区工商注册企业数
	硬件和基础设施环境建设	高新区基建投资
		境外客商当年实际投资额
		当年内资筹资情况
		环保状况

表 5-11　2008 年中国高新区评价指标体系

一级指标	二级指标
知识创造和孕育创新的能力	千人拥有研发人员数
	千人拥有理工类本科（含）学历以上人数
	企业万元销售收入中 R&D 经费支出
	千人拥有科技活动经费筹集总额
	人均规模以下科技型企业直接股权投资
	千人享有的政府对规模以下科技型企业的创新资助

续表

一级指标	二级指标
知识创造和孕育创新的能力	千人拥有发明专利累计授权数
	千人当年重要知识产权授权数
	单位面积新注册的500万以下科技型企业数
	人均技术合同交易额
	科技活动经费中海外经费的比例
	企业利润率
	对高新区科研机构—企业—政府合作密切程度评价（定性）
产业化和规模经济能力	单位面积营业总收入
	单位面积的资产总额
	千人拥有的商标数
	新产品销售收入占产品总销售收入的比例
	单位直接投资形成的企业总资产
	万人拥有的上市企业数量
	主导产业集聚度
	主导产业首位度
	高新技术产业营业总收入占高新区营业总收入的比例
	高技术服务业营业总收入占高新区营业总收入的比例
	高新技术企业数占区内企业总数的比例
	高新技术产业对区域辐射和带动能力评价（定性）
	工业增加值率
	人均税收总额
国际化和参与全球竞争的能力	高新技术产品出口额占高新区出口总额的比例
	非外商独资企业的实收海外资本占高新区全部实收海外资本的比例
	内资控股企业高新技术产品出口额占高新区出口总额的比例
	千人拥有欧美日注册商标数
	千人拥有欧美日专利授权数
	内资控股企业专利授权数占高新区专利授权数的比例
	高新区企业"走出去"程度评价（定性）
高新区可持续发展能力	千人拥有的大专（含）学历以上从业人数
	千人拥有的高技术服务业从业人数
	千人拥有的投资机构和金融机构从业人数
	千人拥有的企业经营管理者人数
	科技人员年均收入
	高新区管委会体制与机制创新评价（定性）
	人居环境评价（定性）
	单位面积企业新增直接股权投资额
	万元产值综合能耗
	单位增加值综合能耗

我国学术界从多视角研究了高新区的评价体系。在高新区的功能评价方面，构建了基于高新区的集聚、孵化、辐射、开放和示范五大功能评价体系（李梦玲等，1995）；涵盖经济、科技和环境等三个方面分析高新区功能的指标体系（陈益升等，1996）；包括空间规模、经济实力、人才实力和开发效益等四组因素的评价指标体系（顾朝林和赵令勋，1998）；涉及园区的区位条件、环境建设、国际合作等方面的评价体系（窦江涛等，2001）等。在高新区创新能力评价方面，构建了包括技术创新、制度创新和支撑创新三个方面的评价体系（肖健华，2005）；包含技术创新投入、技术创新活动过程和技术创新产出三个层次的评价体系（范柏乃，2003）；涉及创新投入能力、科技孵化能力、创新产出能力等三个层面的评价体系（曹庆奎等，2008）；由创新投入、创新服务、创新环境和创新绩效等四个方面共42个指标构成的评价体系（闫国庆等，2008）；从创新资源和创新潜力、创新要素市场化程度、创新链条完善程度、创新发展水平、创新体制模式5个一级指标和32个二级指标构成的评价体系（韩西平，2009）等。

5.3.3 基于产业集聚的高新技术产业开发区建设和发展评价

从产业集聚理论的视角分析高新园区的建设和发展状态，不仅关注高新区的环境、要素投入、政府支持，更关注高新区的产业关联、创新网络、企业间正式和非正式交流、产业集聚效应。因此，基于产业集聚的高新区建设和发展状态具体体现为以下五个方面的能力：科技创新能力、产业集聚能力、可持续发展能力、创业环境支撑能力和扩散辐射能力。科技创新能力是高新区发展的源泉；产业集聚能力是高新区发展的根本动力；可持续发展能力是高新区发展的内在要求；创业环境支撑能力为高新区发展提供有力支撑；扩散辐射能力是高新区发展的功能体现。于是，结合高新区布局的区位优势，可将高新区的评价指标体系设计为表5-12。

表5-12 高新区评价指标体系设计

一级指标	权重	二级指标	权重	三级指标	权重
科技创新能力		科技人员		科技人员数	
				科技人员占职工总数比	
				研发人员数	
				研发人员数占职工总数比	
				高级职称人员数	
				高级职称人员占职工总数比	

续表

一级指标	权重	二级指标	权重	三级指标	权重
科技创新能力		科技经费		科技经费筹集额	
				研究开发经费	
				研究开发经费占销售额比	
		技术引进和消化吸收		技术引进经费	
				消化吸收经费	
		专利		专利申请量	
				专利拥有量	
		新产品开发经费		新产品开发经费	
				新产品开发频率	
				新产品开发比率	
产业集聚能力		企业		企业数	
				高新技术企业数占企业总数比	
				企业平均规模	
				世界500强企业入区数	
		产出		工业总产值	
				高技术产业产值占总产值的比	
				工业增加值率	
				新产品产值占工业总产值比	
				单位面积总产值	
		关系		与企业合作的高校科研机构数	
				中介机构数	
				产业关联度	
				加入协会企业数	
				区内联谊活动频率	
				区内技术转移占技术来源比	
				区内人员流动占职工来源比	
可持续发展能力		经济可持续		总资产贡献率	
				劳动生产率	
				人均工业增加值	
		社会可持续		人均出口额	
				人均缴税额	
				人均收入额	
				年就业增长率	
		生态可持续		单位增加值综合能耗	
				固体废弃物排放量	
				废水排放量	
				废物利用率	

续表

一级指标	权重	二级指标	权重	三级指标	权重
创业环境支撑能力		孵化能力		孵化器总资产	
				在孵企业净利润	
				累计毕业企业数	
		服务能力		服务业营业总收入	
				服务业就业人数	
		资金支持		财政投入额	
				风险投资额	
扩散辐射能力		国际化能力		实际利用外资额	
				出口额	
		对区域经济贡献度		工业增加值占地区生产总值比	
				技术贸易额	
				对区域经济增长的拉动	
合计	100		100		100

在实际评价过程中，限于高新区发展不同时期的不同特点和功能要求，以及高新区的数据积累和搜集等现实，三级指标将有所取舍，其权重也会有所差异。运用调整后的评价体系，根据《中国高技术产业统计年鉴》（2002年）、《中国高技术产业发展年鉴》（2002年）以及科学技术部和各开发区网站的数据，对当时的53个国家级开发区建设和发展水平进行实证评价，结果如表5-13所示。

表5-13 中国高新区建设和发展评价表

序号	高新区名称	综合得分	备注
1	中关村科技园区	0.69	
2	上海高技术产业开发区	0.42	
3	深圳高技术产业开发区	0.41	
4	西安高技术产业开发区	0.39	
5	苏州高技术产业开发区	0.36	
6	无锡高技术产业开发区	0.34	
7	广州新技术产业开发区	0.27	
8	中山火炬高技术产业开发区	0.21	
9	沈阳高技术产业开发区	0.20	
10	天津新技术产业园区	0.19	

续表

序 号	高新区名称	综合得分	备 注
11	杭州高技术产业开发区	0.19	
12	成都高技术产业开发区	0.18	
13	威海火炬高技术产业开发区	0.18	
14	重庆高技术产业开发区	0.18	
15	武汉东湖新技术开发区	0.18	
16	青岛高技术产业开发区	0.18	
17	石家庄高技术产业开发区	0.18	
18	大连高技术产业开发区	0.17	
19	长沙高技术产业开发区	0.17	
20	佛山高技术产业开发区	0.17	
21	兰州高技术产业开发区	0.16	
22	海南国际科技园区	0.16	
23	常州高技术产业开发区	0.15	
24	哈尔滨高技术产业开发区	0.15	
25	绵阳高技术产业开发区	0.15	
26	惠州高技术产业开发区	0.15	
27	鞍山高技术产业开发区	0.15	
28	珠海高技术产业开发区	0.14	
29	吉林高技术产业开发区	0.14	
30	长春高技术产业开发区	0.14	
31	济南高技术产业开发区	0.14	
32	杨陵农业高技术产业开发示范区	0.14	
33	潍坊高技术产业开发区	0.14	
34	南宁高技术产业开发区	0.12	
35	大庆高技术产业开发区	0.12	
36	保定高技术产业开发区	0.11	
37	淄博高技术产业开发区	0.11	
38	襄樊高技术产业开发区	0.11	
39	贵阳高技术产业开发区	0.11	
40	郑州高技术产业开发区	0.10	
41	合肥科技工业园	0.10	

续表

序 号	高新区名称	综合得分	备 注
42	厦门火炬高技术产业开发区	0.10	
43	南京高技术产业开发区	0.10	
44	福州市科技园区	0.10	
45	桂林高技术产业开发区	0.10	
46	包头稀土高技术产业开发区	0.09	
47	太原高技术产业开发区	0.09	
48	宝鸡高技术产业开发区	0.09	
49	洛阳高技术产业开发区	0.09	
50	南昌高技术产业开发区	0.09	
51	株洲高技术产业开发区	0.08	
52	昆明高技术产业开发区	0.07	
53	乌鲁木齐高技术产业开发区	0.03	

经过20余年的建设与发展，中国高新区取得长足进展。北京中关村科技园2010年拥有企业15 720家，年产值在亿元以上的119家，100亿元以上的22家；就业人数1 157 992人，其中科技人员307 370人；工业总产值4988亿元，利润总额1298.9亿元，分别是2000年的5.47倍、12.8倍。上海张江高新区2010年拥有企业620家，年产值在亿元以上的466家；就业人数447 600人；工业总产值4202.59亿元，工业增加值1057.4亿元，分别是2000年的100倍、117倍。武汉东湖高新区2010年拥有企业15 000家，年产值在亿元以上的235家，100亿元以上的3家；工业总产值2509亿元，工业增加值860亿元，分别是2000年的10.8倍、10.5倍。然而，中国高新区的发展存在严重的不平衡性，区域差别甚大，产业结构雷同，只是形成了企业"扎堆"，并未显现出集聚效应（郑江淮等，2008；赵延东和张文霞，2008）。

5.4 高技术产业带的形成和发展

高技术产业区的进一步发展和扩散，便形成高技术产业带（简称高新带）。高技术产业开发区是在经济发展一般的地区，主要通过集聚作用，率先在某一个点（区）发展起来，其本质任务是自身的发展壮大，培养自己的主导产业增长点和赢利机会,因此,评价高技术产业区往往强调其自身的创新能力(如大学和科研机构的数目,硕士以上的人才、技术与专利数目等)。高技术产业带的主要作用是扩散,利用已凸出的优势,通过技术、经济、管理以及产业转移来加快和带动区域经济的发展,评价时,地区经济发展指标是非强调不可的。从经济发展水平看,高技术产业带的形成已经可以证明该地区的经济(和建区时相比)已经有很大的进步,已经具有能够容纳和支撑起一个主导产业的发展空间。

5.4.1 高技术产业带的概念

高技术产业带(简称"高新带")是指民间自发或政府推动而形成的高技术产业集结地,具备一条或多条高技术支柱产业链的绝大部分环节(研发、生产、销售、服务、市场渠道等)和一些辅助产业链的大部门重要环节,这些环节链条互相网结、捆扎、成束而形成的一个地带。现实中,高技术产业带的发展总是沿着交通或通信干线展开,呈带状,因而得名。它往往不具有明确规则的边界和几何形状。高技术产业带总是经济技术发展到一定程度后,一个地区内可以容纳几个高技术产业区的情况下,才会出现。对照实际情况,带状地区周围的经济越发达、交通和通信程度越好、等级越高,产业带越易形成规模,对周围地区的扩散带动应该越强,对高技术产业的培育和孵化作用就成功。如日本的名神高速公路栗东至尼崎段,由于高技术产业带的兴起,工业产值增加了250倍。纵观世界各国形成的高技术产业带,虽然其产业性质、规模、地理位置和发展过程千差万别,但从布局来看,总是有着明显的非均衡发展和重点开发的战略意图。高技术产业带可能是一两个著名的高新区与大量的科研机构、大学和富有创新意识的企业家和投资家所组成的结合体,也可能是若干个高新区相互融合,而形成的共生物。前者如美国的硅谷,沿着101公路,长80千米、宽16千米,集中了8000多家科研机构和风险投资公司,以信息产业为中心,汇集了金融、法律、服务等各种资源,进而衍生而生。后者如中国的珠江三角洲,以广州、深圳、珠海、佛山、惠州等地的电子信息龙头骨干企业为依托,初步形成了信息产业生产基地,其中仅深圳市就有企业1600多家,成为中国最大的电子元件生产基地。

5.4.2 高技术产业带形成过程

高技术产业带的形成是经济较为发达的空间结构标志,也是高技术获得进一步发展的理想结构。高技术产业带的形成是一种"点—轴—带"的渐进式发展过程,高技术以点到线再到面进行空间扩散和推移,使区域资源、区域智力优势得到充分开发，从而促进区域高新技术产业的发展。根据区位经济理论和比较优势理论，生产要素的拥有程度、使用的密集以及要素的供给和价格等因素，对区域分工和比较优势有重要影响，这种优势可以产生一种引力，吸引相关企业和生产要素，在利益原则的驱动下形成产业布局相对集中和聚集，水运、空运以及铁路、高速公路势必造成沿海、沿江、沿线地区的交通优势，为高新技术产业带的形成创造了客观条件。在一定地域范围内，创造良好的科研生产环境，形成相对集中的高新技术开发区，基于高技术企业的集聚特性和高技术公司的衍生、转包关系的高度发育，促使有关高技术公司为降低交易费用而相互在某些特定区位上靠近。例如，首先在高技术产业高度发达的美国加州硅谷和波士顿128号公路出现了世界上最大连接上百千米的高技术地带。

高技术产业带的发展过程大致可分为三个阶段：

1）起步阶段。海运、江运、铁路、高速公路等是高技术产业带形成的基础设施和前提条件，通过交通条件的明显改善，首先在若干"点"上形成区位优势（如高新技术开发区），吸引资金、技术、人口等生产要素向这些点位聚集，这些点位多为新的增长极点。在增长极点内，由于某些部门具有很强的联动效应，于是在一个经济中心中，形成围绕主导部门、以相关企业相互配合的生产系统，随着一批高新技术支柱产业或主导产业的建立，金融、保险、商业、运输、咨询、饮食、医疗等吸引性行业也会聚集到附近，形成一种强大的集聚效应。尽管沿江沿线两侧传统产业仍占有较大比重，但受高新技术产业的带动、改造和提升，该区域经济的整体发展水平明显高于周边地区。此阶段特征是沿江沿线若干点位的优先集聚增长、经济规模小、经济发展速度快、产业带的地域范围较窄。

2）梯度扩散阶段。高新技术产业不会均质地分布在沿江、沿线两侧所有区域，新的生产要素也不可能同时出现在所有经济点位上。根据区位经济理论、受土地成本、原料供应、人才资源、投资费用等因素的影响，此阶段沿线其他待开发地区将成为新的经济增长点，在空间上表现为以高新技术密集点为中心（增长极），向周围地区梯度扩散，由点及"片"。沿主要交通干线的点轴状产业系统开始形成高新技术产业密集带的雏形日益明显露出来，它对区域经济的发展的影响大大超过单个增长极的影响。此阶段的特征是经济规模扩大，产业带的地域范围拓宽，经济密集等多项经济指标沿高新技术产业带中心向外递减，强大的科技力量，便捷的交通与通信联系，完备的基础设施与优越的协作条件，雄厚的资本，集中的消费市场是这一阶段的显著特征。

3）成熟阶段。高新技术产业带发展到一定程度，内部差异逐渐缩小，经济实力强大，产业结构转换迅速，带内产业系统性提高，产业带作为资金的信息中心的职能和高新产品孵化器的职能日益重要，经济状态趋于稳定，各地区高新技术产业形成相关性，经济规模和经济水平高于周边地区。这样，沿海、沿江、沿线，两条以上平行的复合式点轴系统所构成的并趋于向纵深发展的高新产业密集带出现。

5.4.3 高技术产业带的主要功能

1. 高技术产业带的集聚功能

高新带作为区域社会、经济、科技发展的中心，实现了科技与经济的直接结合，打破了科学研究与生产实践相互分离的状态。特别是才从知识生产企业（科研院所和大学）中生长出来的一批科技企业，依托知识优势、人才优势、先进的管理思想，发展成为全新一代、机制灵活、竞争力强的现代企业。因此，高新带是一个极富有生命力和竞争力的新的增长中心。并且，高新带充分利用其中心功能，通过政府的调控、规划、指导和市场导向，并遵循市场经济规率，成为吸引高技术、高科技人才、资金、原材料、劳动力、商品、信息等优势资源和要素在区域内趋于集中的"磁极"。从而把以现代科技为主的知识作为一个核心要素引入区域资源配置之中，打破了区域经济发展主要依赖于自然资源、资本和普通劳动力大规模投入的这样配置方式。其结果是，一方面使区域资源配置开始向以知识的使用为导向，进行要素之间的新的组合，推动了科学技术与区域集聚的直接结合；另一方面由于知识这个要素的配置需要符合市场规律的政策和体制环境、较高的资金投入、较高的对外开放度和联络条件相配合。因而，出现了科技人才、科研成果乃至研究与机构、企业向具有这些条件的经济发达地区、对外开放区域、部分大中城市流动，导致了区域之间要素流动格局发生重大的变化，知识、资本、信息等关键要素向少数区域集中的趋势得以强化。其结果是各地区之间的经济布局在技术水平和经济增长速度两个层面上进一步发生分化，以高新带为代表的现代经济增长中心和高技术产品生产企业的密集带。

2. 高技术产业带的辐射功能

由于高新带内包含着主产业链的几乎全部环节和次产业链的大部分环节，因此创新成果在高新带内迅速形成规模，大量的超额利润反过来刺激更多的创新，结果是高新带的经济、技术、管理、文化等各个方面均高于周围地区而形成势能差。从而，高新带具有辐射能量，产生了相应的经济效益。但是，过分的集聚又迫使产业链在带内显得成本昂贵，带内盈利空间小的、技术含量低的环节，通过产业分工，将产业链延伸到周围地区，进而以物资流、能量流、信息流、资金流、人才流等形式对周围地区形成辐射场，辐射出自身的能量，在外观形态上，是在带内外出现了大量高技术的中小企业。比如，在硅谷，半导体晶体管发明人肖克利成立的半导体公司就多人跳槽（人才流和技术流），而形成了40多个半导体公司（其中包括英特尔），目前在硅谷周围地区已经聚积了8000多家高技术公司。过度的集聚必然提高生产成本和流通费用，资源通过就近利用周围地区各种有利的生产条件以及广阔的市场才能寻求新的发展，于是高新带向周围地区释放或辐射自身能量。这种辐射主要通过三种方式进行：一是通过高新带产业的波及功能。波及功能主要是指高新带企业的技术、信息、人才、生产要素等向周围地区流动，从而在流动所达到的范围内高新企业数量激增，由此而衍生出的相关部门也在增多，对周围地区的集聚发展起到了不可替代的作用，产生积极的经济作用。二是通过高新带产业对传统产业的渗透作用。高新带对传统产业的渗透作用主要是提供新的技术装备和工艺、改造传统工艺、更新外部发展条件等，这样，就使得面对技术日趋陈旧、产品市场逐渐畏缩、同行竞争激烈而导致利润微薄等多重压力，步履艰难的传统产业（如纺织、一般制造、传统农业等）获得了新生，从而达到提高整体经济效益的目的。三是通过高新带的创新功能。高新带通过创新机制和合理的产业结构，影响周围地区的产业结构和企业制度，以便推动传统产业技术进步，使"夕阳产业"获得新生。同时，高新带内企业的产品的更新换代快，消费领域广，因而不断创造出新的消费热点和新的就业岗位，从而带动周围地区经济的发展。

5.4.4 中国的高技术产业产业带

根据"点—轴理论"、我国高新区建设以及各区的主要产业之间的关联度，不难发现，中国内地已初步形成三条高技术产业带。从1995～2009年高技术产业的数据来看，广东一直位居首位。1997年起，广东、江苏、上海和北京高技术产业增加值规模一直排在全国的前四位，已成为我国高技术产业发展的主要基地。2006年，前四位省份高技术产业总产值合计达到27 665.95亿元，占全国高技术产业总产值的65.88%，这表明我国高技术产业的产出能力近2/3集中在这4个省份中。从2000年起，广东、江苏、上海、北京、天津、浙江、福建、山东8省份的高技术产业总值一直排名前八位，只是后四位的省份位次有所变动。2006年前八位省份高技术产业总产值合计36 387.24亿元，占全国高技术产业总产值的86.65%（表5-14）。这正表明，在这8个省份的范围内确实形成了集聚度不断加强的高技术产业带，即珠江三角洲高技术产业带、长江三角洲高技术产业带和环渤海高技术产业带。

表 5-14 1995~2008 年高技术产业的集聚水平和集聚区域

年份	CR₄	CR₈	前八位集聚地区
1995	0.505 7	0.710 0	广东、江苏、上海、天津、四川、浙江、北京、山东
1996	0.508 9	0.714 6	广东、江苏、上海、天津、四川、浙江、北京、山东
1997	0.507 2	0.714 0	广东、江苏、上海、北京、天津、四川、浙江、山东
1998	0.543 9	0.743 1	广东、江苏、上海、北京、天津、浙江、四川、福建
1999	0.558 3	0.748 5	广东、江苏、上海、北京、天津、福建、浙江、四川
2000	0.571 9	0.766 2	广东、江苏、上海、北京、天津、浙江、福建、山东
2001	0.586 1	0.780 9	广东、江苏、上海、北京、天津、浙江、福建、山东
2002	0.589 2	0.794 4	广东、江苏、上海、北京、天津、浙江、福建、山东
2003	0.639 5	0.832 6	广东、江苏、上海、北京、浙江、天津、福建、山东
2004	0.672 3	0.866 5	广东、江苏、上海、北京、天津、浙江、福建、山东
2005	0.667 2	0.863 6	广东、江苏、上海、北京、天津、山东、浙江、福建
2006	0.658 8	0.866 5	广东、江苏、上海、北京、浙江、山东、天津、福建
2007	0.657 6	0.855 6	广东、江苏、上海、北京、山东、浙江、天津、福建
2008	0.657 1	0.841 9	广东、江苏、上海、北京、山东、浙江、福建、天津

资料来源：根据《中国高技术产业统计年鉴》(2002~2009 年) 相关数据计算整理所得

1. 珠江三角洲高技术产业带

多年来，广东省高新技术产业始终保持高速、健康发展的态势，已成为全省重要的经济增长点，1991 年 8 月经国家科学技术委员会批准，广东省建立了珠江三角洲高技术产业带。经过若干年的发展，以珠江三角洲为轴心，带动东、西两翼和山区的高新技术企业区域布局模式已初步形成，广东省的高技术产业由点到面步入了布局合理化、生产规模化、效益经济化的发展道路。

珠江三角洲高技术产业带所连接的深圳、珠海、广州、中山、惠州、佛山 6 个市于 1991 年和 1992 年国务院批准的国家级高新技术开发区，深圳、广州、中山 3 个国家高新区各项主要经济指标在 2000 年进入全国当时 53 个国家级高新区前八强之列。东莞、肇庆、江门三个省级高新区也在 2010 年先后被批准升级为国家级高新区。2008 年，广东省高技术产业总产值达到 16 750 亿元，占全国的比重达 29.34%。

2. 长江三角洲高技术产业带

长江三角洲高技术产业带包括上海、南京、杭州 3 个特大城市以及无锡、苏州、常州、宁波、南通、镇江、扬州、湖州、嘉兴、绍兴、泰州、舟山 14 个大中城市构成的区域。沪宁、沪杭铁路、高速公路、高速铁路和沿海地带已经成为本区经济发展和城市分布的主要轴线。长江三角洲是我国开发区数量最多、类型最齐全、发展最快的地区之一。经过多年的建设，长江三角洲开发区投资环境日益完善，招商引资成就巨大，已经成为该地区新的经济增长点，主要的出口创汇基地和高科技发展基地。到2000年，长江三角洲地区有国家级经济技术开发区9个，国家级高新技术产业开发区8个，国家级保税区3个，国家级旅游度假区4个以及省级开发区88个。其中，上海张江、南京、无锡、常州、杭州、苏州6个高新区于1991年和1992年就被国务院批准为国家级高新区，其中，上海张江、无锡、苏州3个国家高新区各项主要经济指标在2000年进入全国当时53个国家级高新区前六强之列。上海张江高新区中张江核心园规划面积由原来的5平方千米扩大到25平方千米，加上漕河泾新兴技术开发区、上大科技园、中纺科技园、金桥园、嘉定园5个园区，合计面积由原来的22.1平方千米扩大为42.1平方千米，形成了"一区六园"的格局，2005年实现工业总产值2462.9亿元，占全市的15.6%。2011年3月，上海张江高新区被国务院批准为第三个国家自主创新示范区，该区在长江三角洲高技术产业带的龙头地位进一步巩固，其扩散效应进一步增强。继宁波在1997年晋级为国家级高新区后，泰州医药、上海紫竹、江阴也先后于2009年和2011年被国务院批准为国家级高新区。长三角产业带中的高新区已形成初具规模的高技术产业，且成长快、效益高。2008年，江苏、上海、浙江三省（直辖市）的高技术产业总产值达20 112亿元，占全国高技术产业总产值的39.53%。

3. 京津塘高速公路高技术产业带

沿京津塘高速公路和环渤海形成的高技术产业带，联结着我国的两个特大城市和13个国家级高新区。其中，中关村科技园是全国第一个获得国务院批准的国家级高新区，是我国科教智力和人才资源最为密集的区域，拥有以北京大学、清华大学为代表的高等院校近40所，以中国科学院、中国工程院所属院所为代表的国家（市）科研院所200多所；拥有国家级重点实验室67个，国家工程研究中心27个，国家工程技术研究中心28个；大学科技园24家，留学人员创业园29家。中关村是中央人才工作协调小组首批授予的"海外高层次人才创新创业基地"，留学归国创业人才超过1.5万人，累计创办企业超过5000家，是国内留学归国人员创办企业数量最多的地区。经过20多年的发展建设，中关村已经聚集以联想、百度为代表的高新技术企业近2万家，形成了以电子信息、生物医药、能源环保、新材料、先进制造、航空航天为代表，以研发和服务为主要形态的高技术产业集聚地，形成了"一区多园"的空间格局，包括海淀园、丰台园、昌平园、电子城、亦庄园、德胜园、雍和园、石景山园、通州园、中关村大兴生物医药基地十个园区，总占地面积共计249.7平方千米。2009年3月中关村科技园被国务院批准为全国第一个国家自主创新示范区，在环渤海高技术产业带的辐射和带动作用将进一步增强。这一带的天津、济南、青岛、淄博、潍坊、威海火炬6个高新区早在1991年和1992年就被国务院批准为国家级高新区，济宁、烟台、唐山、燕郊4个省级高新区也在2010年获批准晋级为国家级高新区。2008年，北京、天津、山东3省（直辖市）的高技术产业总产值达8821亿元，占全国高技术产业总产值的15.45%。

中国的高技术产业带正从无序走向有序，但地区间产业结构趋同现象依然严重。我国许多地区高技术产业主要以电子信息、生物技术、新材料、光机电一体化等产业为主，地区结构相似性较大，没有形成地区产业特色和互补性。在"十五"和"十一五"期间，全国规划的软件产业相似性达到74%，计算机网络为59%，应用软件系统为42.5%，集成电路为35%，纳米材料为48%。因此，为了实现中国高技术产业的优化布局，要按照市场化、自主创新、特色化和生态化的思路规划建设和发展中国高技术产业带。

第 6 章
高技术产业融合与产业结构

高技术产业发展具有融合性的特征和趋势。产业融合打破了传统的产业分类界限,不同的产业采用了相同的技术,或者生产出功能相同或具有替代性的产品。因此,原本没有竞争关系的不同产业的企业间产生了竞争关系,形成了新型的竞争协同关系,出现了复合经济效应;产业间界限模糊,建立在传统产业分类体系基础上的产业结构升级理论面临困境,出现了产业结构柔性化。本章运用产业结构理论和产业融合理论分析高技术产业的融合发展特征、趋势和规律及其对高技术产业结构的影响。

6.1 高技术产业融合发展的特征和趋势

6.1.1 高技术产业融合的含义

产业融合的思想最早源于 Rosenberg（1963）对美国机械设备业演化的研究。19 世纪早期，机械设备的制造是高度一体化的，专门用于生产满足用户需求的各类终端产品。到 19 世纪中期，出现了钻孔、研磨、磨光等通用机器制造技能，并在众多产业的广泛应用，从而出现了独立的、专门化的机械设备业。Rosenberg 把这种产品功能和性质完全无关的产业因采用通用技术而导致的独立化过程称为技术融合（technological convergence）。

产业融合的概念是随着高技术产业的发展，特别是数字技术的广泛应用而提出来的。1978 年，美国麻省理工学院的 Nicholas Negrouponte 用三个重叠的圆圈来描述计算机、印刷和广播三者的技术边界，并且认为圆圈的交叉处将成为成长最快、创新最多的产业融合区。15 年后，技术和经济文献中关于数字融合或产业融合的讨论日益增多。苹果计算机公司的 John Sculley 在 20 世纪 90 年代初提出，通信、消费电子产品、媒体和计算机还可以作为独立的产业存在，通过不同的发送方式提供不同的服务；但是随着计算机日益成为"信息电器"，商业也将逐步利用数字技术，并导致各产业之间的界限趋于模糊甚至消失。

20 世纪 90 年代以前，通信服务、计算机和媒体服务存在着不同的分割市场，提供功能各异的服务，相互之间具有一定程度的纵向一体化市场结构。20 世纪 90 年代以来，计算机引入通信功能，电话则引入程控功能，即出现了"数字融合"，电信业、出版业和广播电视业出现产业边界模糊。

1994 年，美国哈佛大学商学院举办了第一次关于产业融合（industry convergence）的学术论坛——"冲突的世界：计算机、电信以及消费电子学"。1997 年 6 月在加利福尼亚州大学伯克利分校召开了"在数字技术与管制范式之间搭桥"的会议，对产业融合与相关的管制政策进行了讨论（张昕等，2000）。"哈佛论坛"和"伯克莱会议"的举行表明产业融合作为一种经济现象，开始得到了学界与相关管制机构的真正关注。

学者们从各种不同角度理解产业融合的概念。其一是从信息传输产业融合的角度定义，认为产业融合是在数字融合的基础上出现的产业边界模糊化现象。这一定义局限于以互联网为标志的计算机、通信和广播电视业的融合，可以称为狭义概念。欧洲委员会在 1997 年的绿皮书中指出，融合是指"产业联盟和合并、技术网络平台与市场两个方面的融合"。美国学者 Yoffie（1996）将产业融合定义为"采用数字技术后原本各自独立的产品的整合"。美国学者 Greenstein 和 Khanna（1997）从电信、广播电视和出版三大产业融合出发，将产业融合定义为"为了适应产业增长而发生的产业边界的模糊或消失"，并将产业融合区分为"替代性融合"和"互补性融合"。Lind 提出了一个具有操作性的融合定义：以前各自分离的市场的合并以及跨产业进入壁垒的消除。根据 1997 年欧洲委员会"绿皮书"的定义，融合是指"产业联盟和合并、技术网络平台与市场三个角度的融合"；日本学者 Takashi Kubota（1999）依照爱因斯坦的能量公式提出：信息产业经济增长等于消费电子产品、计算机和通信三者的融合，并总结出下列公式：$E = MC^3$，即 Economic Growth = Merger of C^3（consumer electronics、computer、communications）。

其二是从服务部门的结构变化来定义。澳大利亚政府信息办公室在其《融合报告》中将融合定义为"由数字化激活的服务部门的重构"，并指出融合实质上是传统的通过模拟或物理技术来提供大众化的产品的服务传递结构模式，向通过可编程数字化网络进行大众定制化服务的新的服务传递模式的转变。这个定义揭示了融合的三个主要特征：融合不仅仅发生在电信和广播业，还发生在整个知识和交易密集型服务部门，如通信、金融、广播、教育、卫生保健和零售业；融合本质上是结构性的，与融合相关的最显著变化是产业结构的变化；技术变化使融合成为可能，但不是融合的驱动器，融合的驱动力来自于对商业利益的追求。

日本产业经济学家植草益（2001）认为，产业融合就是通过技术革新和放宽限制来降低行业间的壁垒，加强行业企业间的竞争合作关系。他还推测，在制造业，产业融合也将得到进一步发展，并认为，这不是日本独有的经济现象，而是主要发达国家所共有的现象。还有的学者将产业融合定义为由于技术进步、放松管制与管理创新，各产业边界处出现了技术融合；这将导致产业之间的产品与业务融合、市场融合，并使原产业特征发生变化，最终促使产业边界的模糊或消失，甚至需要重新界定产业界限。

其三是从产业演化发展角度来定义。Malhotra（2001）将产业融合定义为"两个或两个以上过去各自独立的产业，当它们的企业成为直接竞争对手时就发生了融合"，并认为这种融合的发生是经由两个相互关联的过程来进行的，即来自需求方的功能融合（functional convergence）和来自供给方的机构融合（institutional convergence）。当顾客认为两个产业的产品具有替代性或互补性时即发生了功能融合；当企业认为两个产业的产品之间存在联系并生产或销售这两个产业的产品时，即发生了机构融合。Stieglitz（2002）指出，产业融合可以区分为供给方技术融合和需求方产品融合。用相似的技术能力生产不同的产品和服务即为技术融合，通过使用不同的技术提供替代性或互补性产品即为产品融合，这两种类型的融合又分别可进一步分为替代性和互补性融合。

综上所述，高技术产业融合的概念可定义为：高技术产业融合（high-tech industry convergence）是指高技术产业部门之间以及高技术与传统产业之间的传统边界趋于模糊甚至消失，横向产业间出现竞争协同关系，从而形成更大复合经济效应的现象。这就是说，高技术产业融合意味着传统产业边界模糊化趋势。在以物质资源投入和物质流为主导的工业经济中，通过斯密所说的传统产业分工（即产业分立），使生产与消费的界限越分越清，产品与服务的界限越分越清。而在信息化进程中，随着信息资源投入增大和信息流规模扩大，把生产与消费、产品与服务更加紧密地结合在一起。从而，产品只是一个待发生的服务；而服务则是实际上的产品。在这种情况下，只有同时既是产品又是服务的供应才能满足消费需求。因此，信息流的进一步泛化，其黏合性将把原先的产业界限弄得不清晰了，特别是制造业和服务业界限的模糊化。高技术产业融合也意味着产业间新型的竞争协同关系的建立。随着网络技术的高度发达和信息网络对全社会各主要产业和经济部门覆盖率的不断加大，各产业部门开始打破彼此分工的界限，相互介入。公司之间不再讲求垂直整合，而讲求不同功能公司之间的水平整合。因此，高技术产业融合将形成一种新型的竞争协同关系，并在信息技术广泛运用形成各类产业自动化、智能化的基础上出现产业结构柔性化趋势。高技术产业融合还意味着更大的复合经济效应。在以非信息运行平台为主导的工业经济时代，单一经济主体或者通过大批量的专业化生产，获得"规模经济性"效果，或者通过拓展产品经营范围，实行多角化经营获得"范围经济性"的效果。在信息网络化社会中，分属于不同经营领域的复数市场主体通过信息网络异业联手、协同合作，开发新产品，可以更迅速地满足不断变动的多方面的消费需求，获得更大的经济效果。日本学者宫泽健一从企业组织角度把这种"复数主体通过网络联结产生的经济性"称为"联结经济性"，或称为"复合经济效应"。

6.1.2 高技术产业融合的动因

从当今世界产业融合的实践看，推动产业融合的因素是多方面的。有的学者认为产业融合动力来源不同力量的作用下，会产生不同的机会环境（潘薇薇，2004）；也有学者认为，从产业融合的原因来说，产业融合源于技术进步和管制的放松（植草益，2001）；还有的学者认为，技术革新是产业融合的内在原因，而经济管制的放松则是产业融合的外部原因（马健，2002）。综合许多学者的观念，高技术产业融合的动因主要有四个方面。

1. 技术创新与扩散推动高技术产业融合发展

高技术产业融合的产生与信息化进程中数字技术的发展密不可分。因数字技术而发展起来的"数字融合"不仅改变了获得信息的时间、空间及其成本，更主要的是数字技术所取得的进步发生在各产业边界处，使得电信、出版和广播电视等（在数字技术未取得较大发展之前，人们传统上将与信息有关的产业区分为这三类）信息内容融为一种应用或服务方式，从而为20世纪90年代以来，电信业、出版业和广播电视业出现产业边界模糊提供了重要的技术支持。以计算机和电话为例，在"数字融合"之前，通信服务、计算机和媒体服务存在着不同的分割市场，提供功能各异的服务，相互之间具有一定程度的纵向一体化市场结构。"数字融合"以后，计算机开始引入通信功能，而电话则开始引入程控功能。

技术创新开发出了替代性或关联性技术、工艺和产品，这些替代性或关联性的技术、工艺和产品渗透、扩散融合到其他产业之中，引起了原有产业的技术路线、经营的内容和形式、产业产品的消费特征、市场的需求特征等方面的变化。于是，技术创新扩散、应用并与其他技术融合，对旧有的产业体系进行渗透、侵蚀，消融了原来的产业边界，使产业边界模糊化，促成了产业融合的出现。20世纪90年代以来，信息技术、生物技术和互联网技术对传统产业的渗透融合产生，诸如机械电子、航空电子、汽车电子、生物电子、电子商务、网络教育等一大批融合型新产业。特别是作为新兴主导产业的信息产业，近几年来以每年30%的速度发展，信息技术革命引发的技术融合已渗透到各产业，促进了高技术产业的大融合。

2. 产业规制的放松使高技术产业融合成为可能

不同产业之间存在着进入壁垒，这使不同产业之间存在着各自的边界，而产业规制是形成不同产业进入壁垒的主要原因。由于技术经济条件的变化，产业之间的替代竞争加剧，产业规制的理论依据逐渐消失；而且全球经济一体化、国际经济交往的迅猛发展也迫切要求政府放松经济性管制。20世纪90年代以来，为了让企业在国内和国际市场中更有竞争力，一些发达国家放松规制和改革规制，取消和部分取消对被规制产业的各种价格、进入、投资、服务等方面的限制，为产业融合创造了比较宽松的政策和制度环境。特别是各发达国家对垄断行业采取放松管制政策，降低了产业间的进入壁垒，导致合作、合并频繁发生，并形成了促进产业融合的局面。

3. 市场需求拉动了高技术产业融合

技术创新改变了市场的需求特征，给已有产业的产品带来了新的市场需求，从而为产业融合提供了市场的空间。产业融合过程形成新的融合产品，这些融合产品可能与原有产业产品的功能和特征相异。产业融合形成的创新性产品，也面临着初生的市场需求，因而也遵循着新产品扩散的一般规律（马健，2005）。创新的扩散取决于创新特性、潜在用户的性质以及沟通的过程。人们对创新产品的需求随着创新的扩散而不断变化，这也要求一些产业不断进行调整，包括产业融合。

4. 企业竞争促进了高技术产业融合

企业竞争的压力促进了产业融合，产业融合又加剧了企业竞争。一方面，在高技术产业融合过程中，原先有着固定化业务边界与市场边界的产业部门相互交叉与渗透，从而使部门之间原先非竞争关系转变为竞争关系。而且，在此过程中还有大量来自其他产业的新参与者进入，使竞争程度进一步加剧。另一方面，跨国公司根据经济整体利益最大化的原则参与国际市场竞争，在国际经济一体化进程中不断出现跨行业的企业兼并与重组，正在将传统认为的"国家生产"产品变为"公司生产"产品，这种举动又加速了产业融合。

综合以上观点，可以将推动产业融合的主要因素归纳为图 6-1 所示。

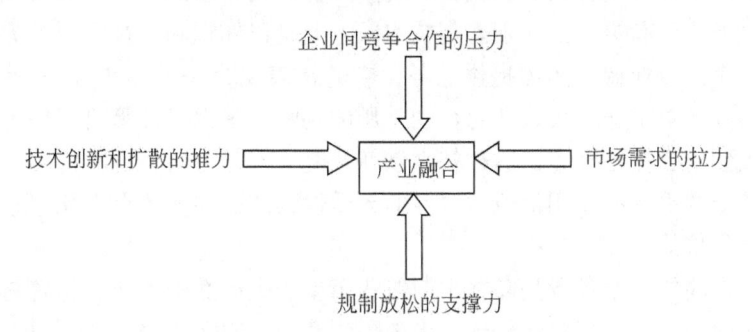

图 6-1　产业融合动力机制作用

6.1.3　融合型的高技术服务业

20 世纪 90 年代以来，伴随着以信息技术为核心的高技术向服务业的快速扩散，服务产品的无形性、易消逝性、生产消费的同时性、劳动密集性等特性在不断弱化，而规模经济性、资本密集性逐渐在加强，服务业现代化的步伐越来越快，这一趋势被称为"服务业的工业化（industration）"或者"服务业的制造业化（manufacturization）"。同时，制造业的服务功能也越来越突出，出现了"制造业服务化（servitisation）"或者"第三产业化（tertierization）"的新趋向。正是在这一背景下，高技术服务业异军突起，成为新的经济增长点，并将对经济增长和产业结构升级产生突破性的带动作用。

1. 高技术服务业的基本特征

高技术服务业是高技术制造业与服务业融合的产物，是生产性服务业、现代服务业。高技术特别是信息技术近年来的高速发展和广泛应用，极大地改变了高技术产业的价值形态，使得高技术产业在越来越激烈的市场竞争中不断地拓展自身的价值链条，从以制造业为主向基于技术应用的整体解决方案延伸，包括了软件开发、系统设计、技术培训、技术咨询、售后服务等多种价值形态，即出现了高技术产业的服务化趋势。

第一，高技术服务业是高技术向服务业渗透和延伸的知识型服务业。高技术产业是高研发投入、高创新、高智力密集型产业，由于以往的研发投入在产业分布上主要集中于制造业，所以国内外的高技术产业统计范围实际上仅限于高技术制造业，包括电子及通信设备制造业、电子计算机及办公设备制造业、医药制造业、航空航天器制造业、仪器仪表及医疗设备制造业等。随着高技术向服务业的渗透和延伸，服务业也出现了高技术化趋势，如电子商务、网络银行等，都需要高研发投入，因而同样具有高创新、高附加值、高增殖的特性，这与低进入门槛的传统服务业已有本质的区别。高技术服务业是以知识和高技术服务为主要形式向社会、个人企业或者团体提供服务，它通常表现为一种操作方法、咨询报告、技术方案以及对工作、决策和对行动有用的判断、知识、计算机程序等。高技术服务业以创新为核心动力，通过技术创新改变了产品与服务的功能结构，为消费者提供了新的更高的使用价值；服务的异质性为产品注入了个性化因素，提高了产品的商品价值。

第二，高技术服务业是高技术制造业衍生的生产性服务业。随着高技术制造业的模块化分工，出现服务外包，出现了为高技术制造业服务的部门，如研究开发和综合技术服务，以信息处理、软件、咨询为代表的信息服务业，以风险投资、融资租赁为代表的金融服务业以及商务服务业等，即提供中间投入品的生产性服务业（也称为生产者服务，producer services）。生产性服务业的突出特征就是广泛地应用现代的信息技术和先进的管理手段，是知识、技术密集型服务业。高技术服务业以网络技术、信息通信技术等高技术为支撑，技术关联性强，以服务作为表现形态，服务手段更加先进、服务内容更加新颖、科技含量和附加值更高，是一种高端服务行业或者服务业态。它具有独特的渗透作用，能使技术、服务融为一体，将产业链延伸，有利于拓展产业发展的空间；产业间的融合以及服务的渗入，提高了产品的附加值，推动了产业向高端产业升级。

第三，高技术服务业是高技术制造业与服务业融合的现代服务业。高技术服务业是伴随着信息技术的发展而出现的高技术产业服务化和服务业高技术化，是两者相互融合催生的产物，高技术制造业与传统服务业融合形成的新型服务业态，如电子信息产业与商业融合形成电子商务，与金融业融合形成网络银行、网络证券，与医疗融合形成远程医疗，与教育融合形成远程教育等。它兼有高技术产业和现代服务业的优势，是现代服务业中增长最快、最具发展潜力的产业。高技术服务业是现代服务业的核心内容和高端环节。高技术服务业具有广泛的产业关联性，服务过程所产生的规模效应和集聚效应，使高技术服务型企业拥有明显的技术优势、良好的客户关系群、较强的市场竞争力，处于产业链价值的高端，在产业链中与上下游产业形成牢固、稳定的客户关系，产生较大的影响力、辐射力，促进产业快速成长与发展。它具有独特的核心技术、良好的市场需求前景、产业关联度大，具备资源能耗低、带动系数大、就业机会多、综合效益好的特征，实现了高新技术产业和现代服务业发展的联动，从而突破性带动经济增长和产业结构升级。

2. 高技术服务业的主要领域和发展态势

高技术服务业是高技术制造业与服务业融合的现代服务业、生产性服务业，具有高创新性、高渗透性、产业关联度高，对区域经济增长和产业结构升级具有突破性的带动作用，因而日益得到政府和学术界的高度瞩目。2007年国家发展和改革委员会发布的《高技术产业发展"十一五"规划》，将高技术服务业列入"十一五"期间重点的发展的八大高技术产业领域之一，明确提出要加强信息基础设施建设，增强电信服务能力，推进电子商务和电子政务发展，积极发展数字内容产业，培育技术服务业。目前，国家统计局尚未发布关于高技术服务业统一的统计口径，按照上述高技术服务业的特征分析，可将高技术服务业分为三类（表6-1）。

表6-1 高技术服务业的统计范围

大 类	小 类
面向高技术制造业的生产性服务业	研究开发、管理咨询、技术贸易、系统集成、现代物流、工业设计等
高技术制造业向传统服务业渗透的融合型服务业	电子商务、电子政务、网络银行、网络证券、远程医疗、远程教育等
以高技术产品形式提供服务的知识服务业	软件产品、网络游戏、广告广播、电视活动等

目前进入统计范围的高技术服务业主要有：信息传输、计算机服务与软件业、科学研究、技术服务与地质勘察业。

2004年以来，我国高技术服务业较快发展。截至2008年年底，我国高技术服务业法人单位和从业人员分别达到32.95万家和732.01万人，分别是2004年的1.6倍和1.4倍；2008年，我国高技术服务业拥有固定资产3.2万亿元，是2004年的1.6倍，高技术服务业企业营业收入达到24 270亿元，是2004年的2.2倍，年均增速达22.3%。其中，知识产权服务、研究与试验发展、地质勘察业企业营业收入的年均增长速度都在30%以上。从高技术服务业总收入的行业构成看，2008年信息传输、计算机服务与软件业在高技术服务业中的比重为47%，专业技术服务业的比重为21.5%，研究与试验发展业的比重为9.8%，上述三个行业收入占高技术服务业的78.4%。在高技术服务业中，软件业、计算机服务业显现明显发展优势，各项指标所占份额显著提高。从企业利润率水平来看，2008年，我国高技术服务业企业平均利润率为18.7%，其中，电信和其他信息传输服务业的利润率达到28.5%，显著高于传统产业。从利润率变化情况看，2004~2008年，我国高技术服务业企业平均利润率提高了4.5个百分点，平均每年提高1个百分点以上。其中，地质勘察业和知识产权服务的平均利润率分别提高21.5个百分点和14个百分点。

例如，"十一五"期间，武汉市经济总量不断攀升，服务业规模持续扩大。"十一五"末，武汉市GDP总量5515.76亿元，其中服务业实现增加值2812.90亿元，占GDP的比重为51.0%，高于"十五"末1.4个百分点。与"十五"相比，"十一五"服务业增加值年均增速13.1%，提高0.2个百分点。近两年武汉市高新技术产业继续保持较快增长势头，年产值以18%的速度增长，2009年超过2000亿元，2010年达到2400亿元。与此同时，高技术服务业发展迅猛，发展速度超过20%，高技术服务业占服务业的比重在稳步上升，但与同类城市相比无论是高技术服务业的总产值，还是占GDP的比重和占服务业的比重，还有较大的差距（表6-2）。这是与武汉的城市地位极不相称的，加快发展武汉的高技术服务业已是当务之急。

表6-2　高技术服务业统计数据（2008年）

城 市	信息传输、计算机服务与软件业/亿元	地区GDP/亿元	第三产业增加值/亿元	第三产业占GDP比重	信息传输、计算机服务与软件业占GDP比重	信息传输、计算机服务与软件业占第三产业比重
北京	999.1	11 115	8 375.8	0.753 6	0.089 9	0.119 3
武汉	134.91	3 960.08	1 987.73	0.501 9	0.034 1	0.067 9

续表

城　　市	信息传输、计算机服务与软件业/亿元	地区GDP/亿元	第三产业增加值/亿元	第三产业占GDP比重	信息传输、计算机服务与软件业占GDP比重	信息传输、计算机服务与软件业占第三产业比重
广州	339.1	8 287.3	4 890.3	0.590 1	0.040 9	0.069 3
长春	136.6	2 561.9	1 032.2	0.402 9	0.053 3	0.132 3
深圳	320.45	8 201.32	4 367.55	0.532 5	0.039 1	0.073 4
成都	144.4	3 900.9	1 814.1	0.465 0	0.037 0	0.079 6
厦门	42.7	1 610.71	819.13	0.508 6	0.026 5	0.052 1

资料来源：根据19个副省级及以上城市各市统计年鉴、统计网站数据整理，因多数城市尚未公布2009年数据，甚至无2008年数据，为具有可比性，这里只列出部分副省级及以上城市数据

3. 加快发展高技术服务业的对策思路

高技术服务业既是高技术产业的重要领域，又是现代服务业的重要组织部分。实现高技术服务业的快速健康持续发展，并带动经济增长和产业结构升级，主要有如下对策。

第一，科学规划合理布局，促进高技术服务业的集聚发展。在空间分布上，高技术服务业通常与先进制造业尤其是信息科技产业高度相关，彼此渗透。在许多国家，先进制造业与信息科技产业都表现出了高度聚集的特征，由它们衍生出来的科技型服务业必然会形成区位的聚集。事实上，高技术服务业一般都会集聚在具有雄厚经济实力和知识储备的大城市，尤其是在大都市中央商务区（CBD）和高技术园区，出现了一系列的高科技型产业集群。在国际上，高技术服务业大量聚集在纽约、波士顿、芝加哥、洛杉矶、伦敦、法兰克福、东京、新加坡等国际性的大都市中，我国的高技术服务业主要聚集在北京、上海、广州、杭州、香港等大城市。这些城市里通常拥有众多的信息传输和软件开发企业、会计师事务所、律师事务所、国际性咨询企业、网络服务商、传媒和出版以及教育培训企业等，同时现代服务业在这些城市中也占有极其重要的地位，通常现代服务业的经济总量达到该城市经济总量的50%，甚至60%～70%。武汉市应组织专家制定高技术服务业发展规划和布局规划，充分发挥国家自主创新示范区、国家光电子信息产业基地、国家生物技术产业基地的高技术优势，形成高技术服务业集聚区，向武汉城区外武汉城市圈内的八个城市辐射，向中部各省辐射，不断扩大高技术服务业的需求范围，带动武汉高技术服务业快速健康持续发展，并带动武汉市经济快速健康持续发展和结构升级。

第二，大力推进高技术服务业新型业态的发展。按照加强基础、强化应用、

拓宽领域、扩大规模、规范服务的要求，进一步优化高技术服务业发展环境，加强服务能力和服务体系建设，推动关键领域和新型业态的发展。

加强信息基础设施建设。加强通信、广播电视、互联网络建设，积极推进"三网融合"。重点建设和完善宽带通信网，加快发展宽带用户接入网，稳步推进新一代移动通信网建设，加强国际通信网络建设。构建下一代互联网的骨干和驻地网络，提高网络承载和传输能力，引导IPv4向IPv6过渡。建设集有线、地面、卫星传输于一体、覆盖全国的数字电视网络。强化信息安全基础设施建设，提高信息安全保障能力。制定和完善网络标准，促进业务融合、互联互通和资源共享。

增强电信服务能力。改善基础业务，发展增值业务，开发新兴业务，促进普遍服务，推动电信业发展向信息服务型转变。充分利用网络资源，努力创新电信业务，增加服务价值、提高服务质量。实施电信普遍服务工程，建立和完善普遍服务基金补偿机制，进一步提高电信普遍服务水平，大力发展适用、方便的农村通信服务。

推进电子商务和电子政务发展。按照需求主导、深化应用、安全可控和实用高效的要求，提高信息化服务能力和应用水平。积极发展电子商务，建立健全电子商务基础设施、法律环境、信用和安全认证体系，建设安全便捷的在线支付服务平台，发展企业间电子商务，推广面向中小企业、重点行业和区域的第三方交易与服务。推进电子政务，整合网络资源，建设统一的电子政务网络，构建政务信息网络平台、数据交换中心、数字认证中心，推动政府部门间信息共享和业务协同，完善重点业务系统，健全政府、企业、公众互动的门户网站体系，依法开放政务信息，培育公益性信息服务机构。

积极发展数字内容产业。加强信息资源开发利用，大力发展弘扬民族先进文化、满足群众需要、促进经济社会发展的数字内容产业。重点发展教育、文化、出版、广播影视等领域的数字内容产品，培育网络游戏、动漫等新兴数字内容产业，推动传统媒体拓展网络信息内容服务。丰富和开发基础地理信息资源，建设公共信息基础数据库，提高信息资源的开放程度。积极向海外推广宣传优秀传统文化的数字内容产品。依法保护数字内容产品的知识产权。

培育技术服务业。完善技术服务体系，大力扶持技术中介机构，促进技术服务业的快速发展。重点加强技术转移中心、创业服务中心和生产力促进中心等机构的建设，改善服务设施和手段。推进各类技术中介机构的专业化、规模化和规范化，构建跨地区、多层次、布局合理的科技公共服务体系。大力促进研究开发、技术推广和交流的网络化，鼓励和扶持面向全社会的技术扩散、成果转化和科技咨询，实现技术服务业的有序快速发展。

第三，加快高技术产业与服务业的渗透、交叉和重组，实现高技术服务业的融合发展。高技术服务业是高技术制造业与服务业相互渗透、交叉、重组形成的新型业态。促进高技术服务业的快速发展，首先要促进高技术产业与服务业的融合。

促进高技术产业创新扩散，加快高技术服务业的融合发展。高技术产业技术和产品广泛应用、扩散于服务业，出现服务业的高技术化，从而形成高技术制造业与服务业的融合，加快高技术服务业的融合发展。加快数字技术向出版印刷业、广播电视业、电信业的渗透，促进创意产业、电子图书、可视电话、视频会议、网络期刊等新型信息产业的融合发展；加快信息技术、网络技术向交通运输业、邮电业、仓储业的渗透，促进现代物流业的融合发展；加快信息技术、网络技术向银行业、证券业、保险业的渗透，促进现代金融业的融合发展。

建立融合型的产业共性关键技术平台。技术融合是产业融合的最主要的原因。因此，从产业融合理论的角度上看，必须建立融合型产业共性关键技术平台，增强产业融合区域的技术创新能力才能推动融合型新兴服务业迅速发展。发展高技术服务业的主体是企业，应该积极鼓励和引导企业在信息智能技术、纳米技术等融合型产业关键技术进行投资。加大对这些领域关键基础性研究的投资力度，为服务业提供应用技术研究开发平台，加强产业融合区的创新能力建设，加速科技成果的转化，大力推进"产学研"相结合的创新机制建设，形成有利于自主创新的组织体系和运行机制。

大力培养跨学科的复合型人才，以适应融合型产业体系建设的需要。产业融合使得企业市场扩大，业务增多，带来了更多的就业岗位，但同时对融合型和创造型的人才产生强大的需求，因此企业应建立起再教育培训机制，改变员工传统的习惯性思维，培养员工掌握更多更新的复合性知识和技能；在各类科研院所实行融合型的研究机制和跨学科的专业设置，培养出具有复合性知识和创造性思维的人才。产业融合给社会的各个层面带来了变革，然而更为深刻和具有长远意义的影响则是激发了人们思维方式的升级，改变了传统的创新观念，使人们从系统的角度融合不同的事物及从事物不同的层面去思考和解决问题，大大提升了思维的系统性。这就要求变革传统的专业性、职业性人才培养模式和人才培养体系。

6.2 高技术产业融合的途径和方式

6.2.1 高技术产业融合的类型

高技术产业融合就是高技术产业部门间及其与传统产业之间互相交叉渗透和

重组，打破高技术产业部门间及其与传统产业的边界，出现相互交叉和部分重叠，形成一种与以往完全不同的新型产业。这种新型产业不是原有产业的简单组合或归并，也不是对原有若干产业的简单替代，而是一种原有产业有机整合基础上的重新分工。

高技术产业融合的结果或是改造了原来的产业，或是创造出了全新的产业，从而使产业融合所形成的新产业或者是替代原来产业的全部或部分需求，或是创造出了全新的市场需求。按照高技术产业融合的方式，可以将其分为高技术产业间的交叉融合、高技术产业对传统产业的渗透融合、高技术产业与传统产业间的重组融合，具体表现如表6-3所示。

表6-3 产业融合的类型及表现

产业融合类型	融合的表现
高技术产业间的交叉融合	生物芯片、纳米电子、三网融合等
高技术产业对传统产业的渗透融合	动植物新品种培育、传统工业信息化、机械仿生、光机电一体化、机械电子、电子商务、网络金融等
高技术产业与传统产业的重组融合	高技术服务业、生态农业、现代物流业、混合型金融业（证券、保险与银行的混业经营）等

根据产业融合的程度和市场效果，也可以将产业融合分为完全融合、部分融合和虚假融合三种类型（马健，2002）。

完全融合是指原来的两个或多个产业完全重叠，新产业逐渐替代原来产业的市场需求，使得原来产业的市场空间不断缩小，从而导致原来产业衰落直至最后完全消失。在产业融合历史中，电气技术产业与传统的机械、纺织、铁路等产业的融合替代了以蒸汽机为基础的生产方式，从而使得传统的以蒸汽机为基础的制造产业完全消失。同时可以预见，随着人们消费观念的逐渐改变和人们消费水平的逐渐提高，作为信息技术与传统电视业相融合的数字电视，在将来最终会完全取代固有的传统电视而进入千家万户。

部分融合是指原有产业之间出现了部分的重叠和交叉，融合的新产业部分地替代原有产业的市场需求，与原有产业之间形成了既替代又互补的关系。部分融合是产业融合最为普遍的现象。例如，作为信息业与通信业融合产物的移动电话，只是部分地占领了原有的固定通信市场；E-mail只能部分地替代传统的纸质邮件，纸质信件仍然具有一定的市场；由于人们的消费习惯和消费偏好的差异，电子报刊也不可能完全取代纸质报刊。

虚假融合是指由于产业融合只是发生在本产业的边界内部而没有发生在产业的边界处，虽然出现了融合的产品形态，但是融合的产品并没有替代原来的市场需求或创造大量的新的需求，因而真正的产业融合并没有实现。例如，几十年来，计算机和通信成本一直在下降，但是数字融合在20世纪七八十年代以至于90年代都没有真正实现，没有融合的计算机、通信和视像产品都无法改变已有的生活方式和工作方式。

6.2.2 高技术产业融合方式

对于高技术产业间及其与传统产业的融合发展的方式，可以分为产业渗透、产业交叉、产业重组三种形式。

1. 产业渗透

产业渗透是一个产业的相同技术渗透到另一产业或者一些产业之中而形成的产业融合。高技术产业技术和产品广泛应用、扩散于传统产业，出现传统产业的高技术化，从而形成高技术产业与传统产业的融合。由于高技术产业的渗透性和倍增性特点，高技术可以无摩擦地渗透到传统产业中，并会极大地提高传统产业的效率。在产业发展中，首先与信息技术发生融合的是机械、电力、汽车等产业。例如，机械与电子产业的融合形成了机械电子产业，通过技术、业务与市场的创新获得了新的增长能力，使传统的机械产业摆脱了衰退的命运。20世纪90年代以后，信息的快速发展加快了对机械制造、汽车、家用电子等传统产业的渗透融合，产生了诸如机械电子、汽车电子、航空电子等新型产业。随着现代电子信息技术的飞速发展和汽车制造业生产水平的不断提高，车载电话、车载VCD、车载DVD、车载GPS等融现代汽车技术与电子、信息技术为一体的汽车电子产业进入了快速发展阶段。现代社会中，伴随汽车工业与电子信息产业加速融合，汽车开始向电子化、多媒体化和智能化方向发展，由以机械产品为主向高级机电一体化产品方向演变，电子装置占汽车整车（特别是轿车）价值量的比例逐步提高。电子信息技术为汽车制造业提升整体竞争力提供新的支撑，并开拓新的发展领域。

2. 产业交叉

产业交叉是指不同产业采用不同的技术生产功能相同、或相互替代、互补产品，实现产业间的融合。这种产业边界的交叉融合，导致产业边界的模糊或消失。这种融合可以赋予原有产业新的附加功能和更强的竞争力。尤其对放松管制后的自然垄断行业来说，它们扩张产业链的技术和业务条件比较成熟，产业交叉融合的现象具有更重要的意义。这些发生交叉的产业往往并不是全部融合，而只是"部分的合并",原有的产业继续存在,因此这也使得融合后的产业结构出现了新的形式。电信、广播电视和出版等产业的融合是研究中出现比较多的产业交叉的例子。在信息化进程中,随着数字技术发展,电信、广播电视和出版三大产业相互交叉、不断创造功能互补的产品或服务。看电影,可以去电影院(广播电视业),也可以购买光碟(出版印刷业),还可以在线观看(网络业);阅览图书报刊,可以购买纸质图书报刊(出版印刷业),也可以网上下载(网络业),还可以购买光碟(光电信息业);发送数据文件,可以发送纸质信件(邮政业),也可以发手机短信(电信业),还可以发送 E-mail(网络业),等等。不同产业生产功能相同的产品或服务,使原本分立没有竞争关系的产业间形成了激烈竞争。这些产业不仅迅速更新提升,而且配套整合,不断趋于融合。由于产业融合突破了产业分立的限制,使电信、媒体和信息产业可以利用现有的资源,整合价值链,寻求交叉产品、交叉平台以及收益共享的交叉部门。这种产业交叉,可以实现价值链的不断延伸,从而使企业可以开发新的业务领域,扩展事业范围,开发新产品和新服务。在欧洲许多 IT 公司向普遍应用的软件开发和多媒体内容发布的方向发展,将大量的投资引向信息基础设施和电视业,并充当起数字化电视试验的集成者角色,其目的就是想进入新的领域,成为这一新服务市场的参与者。

3. 产业重组

产业重组是指在具有紧密联系的产业之间或某一大类产业内部的子产业之间,原本各自独立的产品或服务,通过延伸产业链,重组为一体的产业融合。农业内部的种植业、养殖业和畜牧业之间由于广泛采用现代生物技术而重组实现产业延伸(Ramundo,1999),如动植物优良品种培育业。金融业内部的银行、证券和保险业之间重组实现产业延伸,出现混业经营的金融业。交通运输业、仓储业、邮政业、批发零售业之间重组实现产业延伸,出现现代物流业。制造业内部的计算机、自动化技术、机器制造、通信技术等子产业之间重新整合,融合成机器人工业等新的产业形态。智能机器人是现代高科技的集成平台,集成了数字、力学、机械、电子、自动控制、传感器、通信、计算机、人工智能等当代先进技术,在航天、汽车、精密制造领域得到了广泛应用。这种新业态代表了产业的发展方向,既适应了市场需求,又提高了产业效率。据统计,2003 年世界机器人市场销售增加 19%,达到了 81 800 台。2003 年世界机器人实际装备量达到了 800 000 台,比 2002 年增长 4%。2004~2007 年,世界工业机器人年销售量以平均 6.8% 的年增长率从 2003 年的 81 800 台增加到 2007 年的 106 000 台,市场潜力非常大。

6.2.3 高技术产业融合发展的途径

产业融合经过了技术融合、产品与业务融合到市场融合的阶段。这几个阶段前后相互衔接、相互促进。一项技术创新在两个或多个产业之间的扩散导致了技术融合。技术融合使产业形成了共同的技术基础，并使产业间的技术边界趋于模糊。在技术融合的基础上产业原来不同的产品和服务的提供方式和途径开始趋同，从而产业的业务边界开始交叉与重合。融合的新产品和内容适应新的市场需求；技术与业务融合改变人们当前的消费习惯而创造新的需求。有差别的产品在市场上面临同一用户。

1. 技术融合

Rosenberg（1963）指出，在工业经济发展的过程中，最早的融合表现为技术融合。日本通产省早在1985年为日本产业结构调整所写的一份报告中将技术融合这一概念解释为两种或两种以上不同技术之间互相渗透、互相融为一体而形成的一种技术现象（Blackman，1998）。技术融合从本质上来说是发生在各产业边界处的更高一级的技术进步，是通过革命性技术进步进一步扩散和外溢、相互渗透以至融合形成的一种技术创新。研究开发有两种基本方式：一种是在现有的技术上寻求突破，产生新的技术替代原有的技术，即"技术突破"方式；另一种是将多种现有技术或改良技术融合在一起，产生杂交技术，即"技术融合"方式。而技术本身发展到一定程度，很难有突破性进展，这时就需要引进别的技术，只能用技术融合的方式来取得突破。融合后的技术功能和优越性是单一技术无法比拟的。技术融合可以从生产过程和通用技术两个角度来考察。从生产过程角度，技术融合是指广义上类似的新型生产过程被其他众多产业所采用，如车床在汽车行业和其他机械制造行业的使用等；从通用技术角度考察，在20世纪，铁路运输和蒸汽机、机床等通用技术通过融合到其他产业，提高了它们的生产效率。

技术创新在高技术产业与传统产业之间的扩散导致了技术融合。技术融合使高技术产业与传统产业形成了共同的技术基础，并使产业间的技术边界趋于模糊，最终导致产业融合现象产生。产业间的技术创新扩散溢出效应是一种普遍现象。技术创新在高技术产业与传统产业间的扩散和应用引发的溢出效应，促使技术融合现象产生。产业间的技术扩散和应用，促使许多技术重新创新组合，又构成了新技术。高技术产业与传统产业通过引进、学习新技术，对本产业的技术进行改造，并促使其与自己原有的技术相融合，创造出新工艺和开发出新产品，这就导致了产业的技术融合,如生物技术与医药技术相融合,开发出生物制药技术;电子技术与机械技术相融合,创造出机器人技术;电力技术与汽车生产技术相融合,产生了电动汽车技术等。

技术融合是技术创新扩散溢出效应的主要表现之一。信息化时代,产业融合以信息技术之间的相互融合和信息技术与其他产业技术之间的广泛渗透和融合为特征。Gaines(1998)揭示了信息技术融合的技术基础,认为信息技术融合存在着替代和不断学习的过程,并给出了信息技术融合的学习曲线。随着从20世纪70年代开始的信息技术的革新到90年代个人计算机的普及所带来的互联网的广泛使用,技术融合表现为数字融合,其实质是改变了获得数据、视像和语音三种基本信息的时间和空间及其成本,这不仅使语音、视像、数据与文件可以融合,通过同一种终端机和网络传送与显示,而且使不同形式的媒体彼此之间的互换性和互联性得到加强。以计算机和电话为例,在数字融合之前,通信服务、计算机和媒体服务存在着不同的市场而且功能各异。由于数字技术在通信领域的不断拓展,通信技术与计算机技术出现了数字融合,计算机开始引入通信功能而电话开始引入程控功能,使经营在线通信处理、信息处理业务的企业发展迅速。随着各个企业内部以及企业间的局域网和宽域网的发展,各企业在管理方面大力普及在线信息处理系统,使得客户可以在任何时候、任何地点获得自己所需要的信息、产品与服务,数字融合导致各产业之间的界限趋于模糊。在美国、日本等发达国家,信息技术创新及互联网的普及推动了信息产业与传统产业的融合。20 世纪70 年代机械技术与电子技术融合而导致机电一体化复合技术的兴起,是技术融合最为典型的一个例子。在齿轮的转速达到了前所未有的高速,超大规模集成电路所集成的电子元件也几乎不可能再增加,这两个过去并无关系的技术达到了发展的极限时,却有机地结合在一起而形成了机电一体化技术,带来了数控机床和自动化机床的问世,使机械加工业提升到了一个新的高度。80 年代开始了光学技术与电子技术的融合,导致光电一体化复合技术的诞生;90 年代后,将光学、机械、电子三者融合而产生光机电一体化的复合技术。

2. 业务融合

技术融合出现以后,高技术产业与传统产业形成了共同的技术基础,这就需要调整原有的产业发展战略和原有的技术生产路线、业务流程、管理以及组织等,整合产业内企业的物质、技术、人力和管理资源,在创新技术的基础上,积极开展新业务,增强核心技术,使企业在管理和流程上再造,实现产品和业务的融合。例如,电信、广播电视和出版产业的融合不仅要解决网络连接的技术标准问题,而且要产生新的业务与内容。这样在技术融合的基础上产业原来不同的产品和服务的提供方式和途径开始趋同，从而产业的业务边界开始交叉与重合。在电信、广播电视和出版三大产业融合过程中，电信、广播电视和出版业纷纷在传统业务的基础上开发新业务，扩展和延伸产业链。电信业扩展了其传统的低速数据和语音传输的优势，逐渐向视频通信等宽带业务发展。广播电视部门在扩大有线电视业务的同时也开始把数字电视、高清晰度电视、数据传输、点播电视以及电话业务作为它们扩展的领域。另外，利用互联网传送音频信号可以大规模降低用户的费用，同时也是IP网络逐步向多媒体业务支持的最重要的发展方向。这些业务的扩展使原来独立的产业出现了交叉。这样，原有三大产业不同形式的产品或服务（语音、数据和视像）的差异性明显弱化，甚至消失。在信息服务产品数字化基础上，其业务边界开始发生交叉与重叠。

3. 市场融合

市场融合是产业融合得以实现的必要条件。只有创造出足够的需求，才能实现技术融合和市场融合的价值。Christensen 和 Rosenbloom 认为，许多产业技术融合战略的失败，不是技术能力不足，而是在于它们联结的新价值网络能力不足，不能充分创造新产品和业务的市场需求（聂子龙，2003）。在市场融合的过程中，不同的产业应考虑到技术与业务融合的结果能否改变成本结构、形成产品差别、取得市场竞争优势而获得更多的市场需求；融合的新产品和内容能否适应新的市场需求；技术与业务融合能否改变人们当前的消费习惯而创造新的需求等。放松管制使原来独立发展的自然垄断产业得以凭借技术和经营优势互相介入，企业间的竞争进一步激化。同时不同产业之间的竞争使得原来产业内部的规制失去意义。技术融合以及建立在技术融合基础上的业务融合和市场融合促使产业管制进一步放松，从而为产业融合创造良好的条件。信息技术改变了获得信息的时间和空间及其成本，不仅使原本各自独立的产品发生整合，而且侵蚀了曾经分隔不同行业的障碍，促进了产业融合（周振华，2003）。信息技术在产业领域的广泛运用，并构建起互联互通的数字化信息流和服务流平台，使越来越多的服务、产品通过同一平台传递到用户手中，促进了市场融合。例如，在美国，高新技术服务业和制造业形成一条龙，组成附加值网络。又如计算机、家具、房屋装修、机械工具、食品、教育、旅游等行业，都已采用了组合的方法，组成一条龙生产与服务。这样，原先不同行业分割的市场融合成一种综合性市场。例如，电子商务为市场融合提供了一个很好的平台。电子商务的一个关键特征就是把各产业的企业连接在一起，从而提高整个系统范围的效率。而且很多高技术和传统企业为了提高自己在国内和国际市场中的竞争力，利用国家放松产业管制的有利时机相互进行企业兼并重组，企业间的竞争进一步激化。同时不同产业之间的竞争使得原来产业内部的规制失去意义。促使产业管制进一步放松，从而为产业融合创造良好的条件。

产业融合全过程中的技术融合、产品和业务融合、市场融合三个环节是相互促进的。产业融合发生的前提条件是产业之间的技术融合。然而，技术融合的产生并不必然带来产业融合。2000年3月宣告破产的美国铱星公司，最初的目的是想通过全球的卫星通信系统，实现电视与电话的融合；但它的失败表明，技术上的先进性并不能保证商业上的必然成功，其失败的原因正在于技术融合与其业务和市场的脱节。Alfonso 和 Salvatore（1999）以电子行业1984~1992年的数据证实了技术融合和市场融合的关系，指出技术融合并不必然带来产品和市场的融合，因而并不必然带来真正意义上的产业融合。产业融合要求技术与业务融合能够通过改变人们当前的消费内容和工作方式来创造新的需求，能够改变成本结构、形成产品差别从而取得竞争优势和获得更多的市场需求。

6.3 基于产业融合的高技术产业结构演化规律

结构是系统内各要素间的稳定联系方式。产业结构则是指产业间的技术经济联系与联系方式。高技术产业结构是指高技术产业内各部门之间劳动力、资本、产值、增加值等投入和产出要素的数量比例关系。在产业融合的背景下考察高技术产业结构的变动规律，既涉及高技术产业内部制造业与服务业的比例变动、高技术制造业内部各部门的比例变动，也涉及高技术产业发展对产业结构升级的影响以及产业融合对产业结构的影响。

6.3.1 中国高技术产业结构的演化特点

1. 高技术产业增加值占制造业增加值的比重呈上升趋势，但与发达国家尚有较大差距

高技术产业的高增长带来了制造业结构技术密集度的上升，实现产业结构升级。1995年以来，中国高技术产业增加值占制造业增加值的比重呈上升态势。按规模以上企业统计，从1995年的5.6%上升至2005年的14.2%，这有较大的进步。但与发达国家相比尚有较大差距，美国早在1982年这一比重就已达到10%，日本在1984年达到10%，英国和韩国在1986年达到10%。且从2006年开始，中国的高技术产业增加值占制造业增加值的比重呈现出下降的趋势。若按

全部工业企业统计，2006年的高技术产业增加值占制造业增加值的比重则只有11.5%，远低于美国、日本、英国、法国等发达国家（表6-4）。

表6-4　部分国家高技术产业增加值占制造业增加值比重（2000~2006年）

国 别	2000年	2001年	2002年	2003年	2004年	2005年	2006年
中国*	9.3	9.5	9.9	10.5	10.9	11.5	11.5
美国	18.8	17.6	16.8	16.7	16.5	16.7	17.2
日本	17.9	15.9	15.3	16.5	16.9	15.7	16.1
欧盟**	12.4	12.0	11.8	—	—	—	—
德国	11.2	10.5	10.8	11.4	11.8	12.4	12.2
英国	17.4	17.4	16.5	16.0	16.1	16.8	17.2
法国	15.0	15.1	14.9	14.7	13.5	14.2	15.1
意大利	9.3	9.8	9.7	9.3	9.3	9.1	9.4
加拿大	10.5	8.7	8.1	8.5	8.2	—	—
西班牙	6.9	6.9	6.2	6.2	5.8	5.9	—
韩国	24.4	22.2	22.9	23.5	25.3	24.6	25.3
瑞典	16.7	13.1	15.6	17.5	20.8	21.0	—
丹麦	15.1	16.5	14.6	16.3	15.8	17.5	16.6
挪威	7.9	7.5	7.8	7.6	7.7	7.8	8.4
芬兰	23.5	20.2	23.3	23.7	21.6	21.9	22.1

*按全部工业企业计算。　**欧盟15国，不包括卢森堡

资料来源：国外数据来自经济合作与发展组织《结构分析数据库2008》

2. 高技术制造业内部结构的变动呈现出阶段性特征

1995~2004年，我国高技术产业中的医药制造业、航空航天业、医疗设备及仪器仪表制造业的产值占高技术产业总产值的比重呈下降趋势，其中医药制造业产值占高技术产业总产值的比重10年中下降了12个百分点；航空航天业、医疗设备及仪器仪表制造业的产值占高技术产业总产值的比重分别下降了4.8个百分点和3.3个百分点；电子及通信设备制造业、电子计算机及办公设备制造业占高技术产业总产值的比重呈上升趋势，其中电子计算机及办公设备制造业产值占高技术产业总产值的比重10年中上升了22.6个百分点；电子及通信设备制造业产值占高技术产业总产值的比重在1995~2001年上升了6个百分点。2004年后，我国高技术产业中的医药制造业、航空航天业、医疗设备及仪器仪表制造业的产值占高技术产业总产值的比重呈上升趋势，其中医药制造业产值占高技术产业总

产值的比重上升较为明显，由2004年的11.7%上升到2008年的13.8%，上升了2.1个百分点；航空航天业、医疗设备及仪器仪表制造业的产值占高技术产业总产值的比重这期间略有上升，分别上升了0.3个百分点和1.1个百分点；电子及通信设备制造业、电子计算机及办公设备制造业占高技术产业总产值的比重略有下降，其中电子计算机及办公设备制造业产值占高技术产业总产值的比重从2004年的31.3%下降到2008年的28.9%，下降了2.4个百分点；电子及通信设备制造业产值占高技术产业总产值的比重在这期间下降了1个百分点（表6-5）。

表6-5 中国各高技术产业产值占高技术产业总产值比重

年份	医药制造业 总产值/亿元	占比/%	航空航天器制造业 总产值/亿元	占比/%	电子及通信设备制造业 总产值/亿元	占比/%	电子计算机及办公设备制造业 总产值/亿元	占比/%	医疗设备及仪器仪表制造业 总产值/亿元	占比/%	合计 总产值/亿元
1995	961.26	23.5	268.97	6.6	2 181.67	53.2	354.46	8.7	331.40	8.1	4 097.76
2000	1 781.37	17.1	387.58	3.7	5 981.38	57.4	1 676.95	16.1	584.20	5.6	10 411.47
2004	3 241.30	11.7	501.60	1.8	14 006.70	50.4	8 691.50	31.3	1 327.40	4.8	27 768.60
2005	4 250.45	12.4	797.23	2.3	16 867.13	49.1	10 666.95	31.0	1 785.35	5.2	34 367.11
2006	5 018.94	12.0	828.01	2.0	21 217.64	50.5	12 510.73	29.8	2 420.66	5.8	41 995.99
2007	6 361.90	12.6	1 024.44	2.0	25 088.04	49.7	14 858.57	29.4	3 128.21	6.2	50 461.17
2008	7 874.98	13.8	1 199.12	2.1	28 151.41	49.3	16 493.37	28.9	3 368.51	5.9	57 087.38

资料来源：根据《中国高技术产业统计年鉴》（2002~2009年各卷）数据整理

从表6-5可见，我国高技术产业总产值从1995年的4097.76亿元增加到2008年的57 087.38亿元，增长了13.9倍；其中增长最为迅速的是电子计算机及办公设备制造业，13年中增加了46.5倍。电子及通信设备制造业占高技术产业总产值的比重最大，每年的总产值几乎占了五大高技术产业总产值的半壁江山。这主要是因为，进入90年代后，为了适应我国经济由粗放型向集约型转变，加快电子技术向传统产业的渗透和实现国民经济信息化的要求，电子及通信设备制造业获得了飞速发展。而且，随着经济的发展，人们购买计算机的数量在急速增长，计算机正在日益普及、推广，随着技术的升级换代，电子计算机及办公设备制造业和电子及通信设备制造业的发展将会更加迅速。20世纪80年代以来，随着生物工程技术越来越多地应用于医药工业，药品中的高技术含量日益增加，使得医药工业获得了蓬勃的发展。此外，随着人们生活水平的提高，人们越来越关注自身的健康，更加注重生活的质量，这在一定程度上推动了医药制造业的发展。

6.3.2 高技术产业结构优化的特点

1. 高技术产业结构优化是高度化的结构调整

从产业结构演进的轨迹解析,高技术产业的兴起是"蜂聚式"技术创新所形成的新产业技术群推动产业结构高度化的结果,同时它也是促进产业结构高度化的关键力量。因为,高技术产业的发展将通过技术扩散、模仿学习效应、产业关联效应等机制,实现对传统产业的改造,从而带动整个产业结构的升级。除此之外,高技术产业与其他传统产业一样仍是结构调整的重要对象。这是由结构调整的永恒性、动态性和全局性所决定的。首先,结构调整的永恒性表明了结构调整和技术进步、制度变革一样都是经济发展的永恒动力和内在要求。只要资源配置结构存在不平衡现象,就会存在为经济的高速健康发展而进行的结构调整。因而无论是在旧有的传统产业领域,还是在新兴的高技术产业领域,结构调整将是经济运作中的永恒主题。其次,结构调整的动态性源于结构演进和技术进步的动态性。面对经济结构演进过程中不断产生的各种经济关系上的矛盾,唯有不断进行结构调整才能打破原有产业结构的低水平均衡,从而实现产业结构的高效化和高度化。尤其对具有高效特性的高技术产业而言,动态性的结构调整是高技术产业健康发展的保障。最后,结构调整的全局性是结构调整内容的广泛性和系统推进性所决定的。结构调整不仅涉及低度化产业的退出或升级,同时也关注高度化产业结构的合理化问题。可见,从结构调整的技术层面上剖析,高技术产业内在的结构调整,是高度化的结构调整。

2. 高信息化、高技术化和高服务化主导着高技术产业结构的优化

世界范围新一轮高技术的发展,特别是信息技术推动的高技术的产业化浪潮,拉开了全球产业结构大调整、大改组的序幕。亚洲金融危机和世界金融危机的爆发,既暴露出一些发展中国家过度依赖外资形成的产业结构的不稳定性和被动性,同时也暴露出发达国家由于虚拟经济过度发展而产生的脱离实质经济的"泡沫经济",使世界产业积聚的结构性危机导致的全球性产业结构大调整、大改组不断深化。21世纪初以来,世界产业结构的高信息化、高技术化和高服务化将成为高技术产业结构调整的主导。随着高技术的发展,将使一批高技术产业得到快速发展,同时高技术对传统产业的改造不断深化,将大大提高制造业的科技含量。世界经济发展中信息产业的作用日益加大,服务业的比重也将大大提高。同时,世界产业结构发展的高信息化、高技术化和高服务化将大大增强国际经济发展的基础能力和抗衰退能力。国际分工也将随之深化,一国内部的产业分

工日益国际化的趋势更加明显。但由于大部分科技资源仍由发达国家控制，因而产业结构调整中的不平衡性，特别是发达国家与发展中国家间的不平衡将有加剧的趋势。

3. 高技术产业结构升级与高技术产业国际转移并行

第二次世界大战后新技术革命产生巨大成果，一批高技术产业群在许多国家兴起，高技术向其他产业广泛渗透，使传统产业发生质的飞跃。一些发达国家在20世纪80年代后加速发展微电子工业、生物工程、光纤通信、激光技术、新材料、新能源、宇航和海洋开发等高技术新产业，进一步把一批淘汰的劳动密集型、资本密集型，甚至一些技术滞后的技术密集型产业向海外转移。自20世纪80年代末90年代初以来，西方发达国家继续强化产业结构调整、升级和转移，将一些有利于节约本国自然资源的、有利于保护本国自然环境的产业，能充分利用国外廉价劳动力和市场、节约劳动成本和销售成本的制造业转到国外。在产业转移过程中，第二产业在这些国家的从业比重大幅度下降，第三产业从业比重上升到60%~70%；同时高技术产业迅速上升，到1996年，美国、欧洲和日本高技术产业制成品在经济总量达到30%~50%。新兴工业化国家和地区在承接发达国家转移过来的技术密集型产业的同时，将一部分劳动密集型和资本密集型产业向其他发展中国家转移，其高技术产业结构进一步优化。

6.3.3 技术融合对产业结构优化升级的影响

产业间的技术融合打破了以固定化产业边界为特征的产业分立现象及产业运行的同质性原则，出现了产业结构的柔性化趋势，优化了资源配置，促进了产业结构优化升级。

1. 产业间技术融合度的测算

产业间技术融合度的测算是产业融合度衡量的重点研究领域，目前已有学者提出相关的测算方法。不同产业或行业之间技术融合的趋势称为"技术融合化"，而衡量两个不同产业在技术上的融合程度的指标称为"融合系数"，它表明产业间在技术上相互重复使用的范围大小。衡量产业技术融合的典型方法主要有专利系数法和赫芬达尔指数法。

Fair 和 Tunzelmann（2001）利用专利数据来测算产业间的技术融合程度。他们调查了美国专利局追踪记载的867家公司或分支机构，并选择这些公司和分支机构在1930~1990年有专利活动记录的32家公司进行全程追踪，不论这些公司是否发生了收购兼并或是改变了名称。这32家公司被分成四个产业部门，分别是化学（C，6个）、电子（E，9个）、机械（M，11个）、交通运输（T，6个），并分别计算各个行业所占的专利份额，然后运用计量经济学分析方法分别检验两两产业之间的专利份额的相关系数，建立了产业间技术融合程度的相关系数矩阵，以相关系数代表融合系数，从相关系数的变化趋势去判断两两产业间的产业融合程度。产业间技术融合程度的相关矩阵如表6-6所示。

表6-6 产业间技术融合程度的相关矩阵

年 份	产 业	C	E	M
1930	E	-0.039		
	M	-0.010	0.205	
	T	0.033	0.213	0.539
1945	E	-0.081		
	M	0.141	0.143	
	T	0.032	0.330	0.646
1960	E	-0.059		
	M	0.373	0.239	
	T	0.087	0.414	0.656
1975	E	-0.025		
	M	0.399	0.305	
	T	0.133	0.471	0.693
1990	E	0.007		
	M	0.353	0.367	
	T	0.131	0.498	0.717

资料来源：Fai and Tunze Lmann，2001

由表6-6可见，20世纪30年代仅有机械与交通运输产业显著相关。1945年电子与交通运输产业部门出现了显著但较低的相关性，1960年技术融合发生于化学与机械产业部门之间并得到了发展，到1975年电子与机械产业也呈现出显著的统计相关性，直到1990年之前产业之间便再没有新的显著相关性。纵观整个60年中，每当一对产业出现显著的相关性时，那么在随后的时期中其相关性就变得越强，唯一例外的是化学与机械产业部门在1975~1990年的变化。这些关于产业间技术融合程度的实证研究不仅支持了技术变化周期的长波理论，而且提供了产业之间相互融合及其变化的历史证据。

Gambardella 和 Torrisi（1999）在探讨计算机、电信设备、电子元件、其他电子产品和非电子技术五大产业技术融合状况时,也是通过搜集产业内各行业的专利资料来计算产业内企业的专利技术融合程度,但是采用了不同的计算方法,最主要的是将赫芬达尔指数引入到产业融合的度量中。假设某企业在某一产业领域被授权的技术专利个数为 X_i,不同技术的行业数为 i,X 表示某企业在所有产业(m 个)的专利授予总量,以 HI 表示技术融合系数,那么有

$$HI = \sum_{i=1}^{m} (X_i/X)^2$$

式中,HI 越小,表明技术融合程度越高;反之,HI 越大,表明技术融合程度越低。同时,他们也采用赫芬达尔指数来衡量企业的不同业务的融合程度。在上述公式中,若 X_i 为某个企业在某一领域业务收入额,X 为其在所有产业领域的业务收入额,则 HI 为业务融合程度;若 X_i 为某个企业在某一产业领域的市场需求量,X 为其在所有产业领域的市场需求总量,则 HI 为市场融合程度。

上述两种方法均以企业专利数据作为样本,由于企业数据可得的局限性以及以企业的融合程度来反映整个产业的融合程度的局限性,本节参考专利系数法,结合《专利实施许可合同备案专栏信息表》分别对于两个产业——电子信息业与制造业的技术正向融合、技术反向融合以及技术融合程度提出不同的测算方法,并进行不同的测算。根据国家知识专利局的官方网站(http://www.sipo.gov.cn)专利数据库检索到 2002～2010 年《专利实施许可合同备案专栏信息表》,对 2002～2010 年该信息表专利数目进行整理、分类统计,如表 6-7 所示。

表 6-7　2002～2010 专利实施许可合同备案专栏信息表专利数　　（单位:个）

项目	2002年	2003年	2004年	2005年	2006年	2007年	2008年	2009年	2010年
全部专利数	601	501	407	4 822	1 800	4 443	2 733	16 383	18 348
发明专利数	344	389	204	2 874	404	998	1 239	4 769	5 217
信息产业发明专利数	215	188	123	131	166	236	435	330	511

资料来源:国家知识专利局的官方网站

当产业 A 的发明技术应用于产业 B 时,称产业 A 向产业 B 的正向融合。产业 A 的专利应用于产业 B 的数量与产业 A 专利总数量的比值称为产业 A 技术渗透融合到产业 B 的程度,即产业 A 的技术正向融合系数,用公式表达为

$$\text{产业 A 的技术正向融合系数} = \frac{\text{产业 A 专利应用于产业 B 的数量}}{\text{产业 A 专利总数}} \quad (6\text{-}1)$$

反之,产业 A 的技术由产业 B 的企业所发明,即为产业 A 向产业 B 的反向融合。产业 A 的专利由产业 B 的企业发明的数量与产业 A 专利总数量的比值称为产业 A 的反向融合系数,用公式表达为

$$产业 A 的技术反向融合系数 = \frac{产业 A 专利由产业 B 发明的数量}{产业 A 专利总数} \quad (6\text{-}2)$$

将电子信息业视为 A 产业，制造业视为 B 产业，信息产业的发明专利应用于制造业就是电子信息技术向制造业的正向融合；制造业企业发明的信息产业发明专利就是电子信息技术向制造业的反向融合。根据专利信息表中的受让人和让与人①的分类统计，获取电子信息发明技术专利中属于制造业的受让人和电子信息发明技术专利中属于制造业的让与人，运用式（6-1）和式（6-2）进行计算，便得到电子信息产业的技术正向融合系数和技术反向融合系数。电子信息业与制造业的技术正向融合系数是电子信息技术向制造业投入的专利份额；电子信息业与制造业的技术反向融合系数则是电子信息技术由制造业产出的专利份额。运用专利系数法计算出各个行业所占的专利份额后，再运用计量经济学分析方法分别检验电子信息业与制造业间的专利份额的相关系数，以相关系数代表融合系数，从相关系数的变化趋势去判断两产业间的产业融合程度。具体如表6-8所示。

表6-8　电子信息业与制造业的技术融合度

项 目	2002 年	2003 年	2004 年	2005 年	2006 年	2007 年	2008 年	2009 年	2010 年
电子信息发明专利应用于制造业的数量/（个）	177	156	102	93	127	204	381	278	435
电子信息业向制造业的技术正向融合系数	0.823	0.830	0.829	0.710	0.765	0.864	0.876	0.842	0.851
制造业发明的电子信息技术专利数量/（个）	160	134	97	89	108	193	359	266	423
电子信息业向制造业的技术正向融合系数	0.744	0.713	0.789	0.679	0.651	0.818	0.825	0.806	0.828
电子信息业与制造业技术融合度	0.499	0.486	0.479	0.466	0.471	0.510	0.544	0.554	0.595

资料来源：根据历年的《专利实施许可合同备案专栏信息表》（2002～2010 年）数据分类、整理和统计

---

① 专利实施许可合同的受让人是指通过合同或继承而依法取得该专利权的单位或个人。受让人就是接受转让的人。专利申请权和专利权可以转让，转让后，受让人成为该专利的新主体。专利实施许可合同的让与人包括合法的专利权人、专利申请人或者其他权利人。一项专利或专利申请有两个以上的共同专利权人或者专利申请人的，让与人应当为全体专利权人或专利申请人。

由表6-8可见，电子信息业的技术正向融合度与其技术反向融合度具有相同的变动趋势，分别在2005年及2006年最低，2006年后均呈现上升趋势。总体而言，电子信息业与制造业的技术融合度呈缓慢上升趋势，说明电子信息业与制造业间技术融合程度在逐渐加深。

2. 技术融合与产业结构优化升级的关联分析

根据电子信息产业与制造业技术融合度的测算结果和研究相关性诸多方法优劣性的分析，筛选出了比较分析技术融合度对产业结构优化升级影响程度的"灰色关联分析法"。该方法不需要太多数据，在不完全信息中，却能较好地描述和确定因素之间的关联程度，从而找出引起该系统发展的主要因素和次要因素，以分析和确定各因素的影响程度，从而促进和引导系统迅速有效地发展。正因为如此，这一方法虽创立时间不长，但已在国内外许多工程领域和经济决策分析中得到重要应用。

对技术融合程度对产业结构优化升级的影响的分析，主要选取电子信息业与制造业的技术融合度及产业结构优化升级的三个指标，分别是制造业结构度（高技术产业增加值/制造业增加值）、工业结构度（制造业增加值/工业增加值）、三次产业结构度（第三产业增加值/GDP）2002~2008年的数据。电子信息业与制造业技术融合程度运用表6-8的数据，产业结构优化升级的指标数据，主要来源于国家统计局出版的《中国统计年鉴》（2000~2010年）、《中国高技术统计年鉴》（2000~2010年）、《中国工业经济统计年鉴》（2000~2009年）以及国家统计局科技统计网站。

为了将电子信息产业与制造业的技术融合对产业结构优化升级程度进行比较，我们将采用产业结构优化升级的三个指标作为比较数列 X_i，分别是制造业结构度（高技术产业增加值/制造业增加值）、工业结构度（制造业增加值/工业增加值）、三次产业结构度（第三产业增加值/GDP）；采用2002~2008年电子信息产业与制造业技术融合程度 X_o 作为参考数列，建立灰色系统关联模型，分析信息产业与制造业技术融合度与产业结构优化升级的相关性，从而比较分析产业技术融合度对产业结构优化升级的带动作用，并对产业技术融合对产业结构优化升级指标中制造业结构升级、工业结构升级以及三次产业结构升级的带动作用程度进行比较。具体定义：

$$X_o = \{X_o(t), t = 1,2,\cdots,n\}$$
$$X_i = \{X_i(t), t = 1,2,\cdots,n\} \quad i = 1,2,\cdots,m$$

式中，n 为参考数列及比较数列的长度；m 为比较数列的个数及所选取因变量的数量，t 为对应的年份。

由于系统中各因素的物理意义不同，导致数据的量纲也不一定相同，为了便于比较分析，保证各因素具有等效性和同序性，本文拟采用初值化方法对原始数据进行无量纲化和统一化。初值化方法可使得各个数列所对应的曲线有一个公共交点，便于各因素的比较和分析，即同一数列的所有数据，均除以第一个数据所得的新数列。将技术融合度 X_o 与产业结构优化升级 X_i 分别除以 $X_o(1)$ 和 $X_i(1)$，从而得到新的一组数列，即

$$X_o = \left\{\frac{X_o(t)}{X_o(1)}, t = 1, 2, \cdots, n\right\}$$

$$X_i = \left\{\frac{X_i(t)}{X_i(1)}, t = 1, 2, \cdots, n\right\} \quad i = 1, 2, \cdots, m$$

关联程度实质上是数列曲线间几何形状的差别程度。因此曲线间差值的大小可作为关联程度的衡量尺度。对于一个参考数列 X_o（无量纲化处理后的值）有若干个比较数列 $X_1, X_2, \cdots, X_n$（无量纲化处理后的值），各比较数列与参考数列在各个时刻（即曲线中的各点）的关联系数 $\xi_i(j)$ 可由下列公式算出：

$$\xi_i(j) = \frac{\min_i \min_j |X_o(j) - X_i(j)| + \rho \max_i \max_j |X_o(j) - X_i(j)|}{|X_o(j) - X_i(j)| + \rho \max_i \max_j |X_o(j) - X_i(j)|}$$

式中，$\min_i \min_j |X_o(j) - X_i(j)|$ 为第二级最小差；$\max_i \max_j |X_o(j) - X_i(j)|$ 为两级最大差；$|X_o(j) - X_i(j)|$ 为各比较数列 X_i 曲线上的每一个点与参考数列 X_o 曲线上的每一个点的绝对差值；ρ 为分辨系数，其作用是提高关联系数之间的差异显著性，$0 < \rho < 1$，在本文中，ρ 取 0.5。由此得到 X_o 和 X_i 的关联度：

$$r_i = \frac{1}{n}\sum_{j=1}^{n} \xi(j) \quad i = 1, 2, \cdots, m$$

为准确评价各被比较数列对参考数列的关联程度，需将关联度以大小排序，称关联序。对关联度 r_i 进行排序，反映了对参考数列来说各被比较数列的"优劣"关系。

电子信息业与制造业技术融合度与产业结构优化升级的相关性。本文采用 2002~2008 年电子信息业与制造业技术融合度作参考数列 X_o（表6-9）。

表6-9　2002~2008年电子信息业与制造业产业技术融合度

年　份	2002	2003	2004	2005	2006	2007	2008
电子信息业与制造业技术融合度（X_o）	0.499	0.486	0.479	0.466	0.471	0.510	0.544

产业结构优化升级表现为产业结构不断从低层次结构向高层次结构演进的过程，即所谓的产业结构高级化过程。本文采用产业结构优化升级的三个指标 X_i，分别是制造业的结构度（X_1）、工业的结构度（X_2）、三次产业结构度（X_3）。按照

2002~2008年的数据作为样本空间。比较数列所用数据取自于《中国统计年鉴》、《中国高技术统计年鉴》以及《中国工业经济统计年鉴》。整理结果如表6-10所示。

表6-10 产业结构优化升级三指标增加值及比重

项目	2002年	2003年	2004年	2005年	2006年	2007年	2008年
高技术产业增加值/亿元	3 769	5 034	6 341	8128	10 056	11 849	13 505
制造业增加值/亿元	26 313.0	37 176.7	51 748.5	60 118.0	71 212.9	87 465.0	102 539.5
工业增加值/亿元	32 994.8	46 952.2	65 210.0	77 230.8	91 310.9	110 534.9	130 260.2
第三产业增加值/亿元	36 074.9	39 188.0	64 561.3	74 919.3	88 554.9	111 351.9	131 339.9
GDP/亿元	105 172.3	117 390.2	159 878.3	184 937.4	216 314.4	265 810.3	314 045.4
高技术产业增加值占制造业增加值比重（当年价计算）X_1	0.143	0.135	0.123	0.135	0.141	0.135	0.132
制造业增加值占工业增加值比重（当年价计算）X_2	0.797	0.792	0.794	0.778	0.780	0.791	0.787
第三产业增加值占GDP比重（当年价计算）X_3	0.343	0.334	0.404	0.405	0.409	0.419	0.418

资料来源：根据《中国统计年鉴》、《中国高技术统计年鉴》、《中国工业经济统计年鉴》整理所得

利用上述模型及表6-9和表6-10数据，经过一系列计算后，得到各产业所构成的比较数列与参考数列的关联系数，如表6-11所示。

表6-11 电子信息业与制造业技术融合与产业结构升级关联系数列表

项目	ξ_1	ξ_2	ξ_3
2002年	1	1	1
2003年	0.939 174	0.962 738	0.999 693
2004年	0.822 24	0.933 65	0.736 57
2005年	0.978 402	0.923 565	0.711 651
2006年	0.916 361	0.936 273	0.710 289
2007年	0.855 451	0.333 333	0.753 319
2008年	0.333 333	0.339 89	0.333 333
关联系数和 $\sum_{j=1}^{n}\xi(j)$	5.844 961	5.429 449	5.244 855
关联系数平均 $r_i = \frac{1}{n}\sum_{j=1}^{n}\xi(j)$	0.834 994	0.775 636	0.749 265

由表6-11可见，技术融合度与制造业结构度的关联度最高，关联度为0.834 994，说明电子信息业与制造业的技术融合对制造业的结构优化升级作用最突出；其次是与工业结构度的关联度0.775 64；关联度最弱的是与三次产业结构度的关联度，为0.749 265。

3. 结果分析

第一，电子信息业与制造业技术融合是促进制造业结构升级的重要因素。根据分析结果，电子信息业与制造业技术融合和制造业结构升级关联最高。这说明技术融合对制造业结构升级的促进作用较大。信息产业与制造业技术融合对制造业结构优化升级的作用机制主要表现为：一是信息产业能够利用信息技术的渗透及扩散作用，促进了制造业中相关行业产品升级换代和技术升级，由此对整个制造业结构起到了结构性的优化作用。例如，在产业发展中，信息技术首先与制造业的机械、电力、汽车等产业发生技术融合，机械与电子产业的融合形成了机械电子产业，通过技术的创新获得了新的增长力，使得传统的机械产业摆脱了衰退的命运，实现新产品电子信息化。二是制造业发展过程中出现的模块分工渐渐替代了以前水平分工和垂直分工，复杂产品在不同系统、区域、专业或单位完成生产过程中需要解决分散化主体之间物流控制和协同作业等问题，解决这些问题需要融合信息产业的先进技术，加大对适应制造业发展的信息技术的研发。这种技术融合也正是制造业发展乃至其结构优化升级所迫切需要的。

第二，电子信息业与制造业技术融合对促进三次产业结构升级的间接影响。三次产业结构度衡量的指标是第三产业增加值占GDP的比重。从结果来看，电子信息业与制造业的技术融合对三次产业结构的作用最弱，这是由于电子信息业与制造业之间技术融合更多发生在第二产业内部，相比较下对制造业以及工业结构升级作用更明显。然而电子信息业与制造业技术融合后的新产品以及新业务能够带动相配套的产品与业务服务的产生，促使电子信息技术制造业与服务业的产品与业务融合，进而拉动第三产业产值增长，提高三次产业结构优化升级。

6.3.4 融合型产业体系的构建

传统的分立的产业体系具有明确的产业边界，而产业融合意味着传统产业边界模糊化和经济服务化趋势。融合型产业体系应是无产业边界的，两个或多个产业之间打破了原有的明确的技术边界、业务边界和市场边界，融合型产业体系的这种无边界使得某产业容易改变产业的布局，敏捷地从一产业过渡到另一产业中，从而实现产业创新。

产业融合所引起的产业界限模糊或消失已经难以将全部产业准确地划分为第一产业、第二产业、第三产业。产业归属的不明确，意味着在"产业分立"背景下产业界限相对明晰时所形成和实施的"分立式产业管制"的方式，无疑将不能适应也不利于产业融合的发展，产业融合意味着更大的复合经济效应。融合型产业体系要求对于产业的管制是综合型、系统型的，因此是市场化的、无主管部门的。

融合型产业体系是可竞争的。可竞争性市场理论认为，如果不存在沉没成本，则不存在所谓的市场进入壁垒，那么该市场就是能够进入和退出自由的可竞争市场。产业融合意味着产业间新型的竞争协同关系的建立。融合型产业体系中，新产业是在各个旧有的产业基础上，基于原来的技术、市场，通过信息技术的媒介催化形成的，新产业的出现是没有沉没成本的，不存在市场进入壁垒，潜在进入者不存在生产技术、成本和人才等方面的竞争劣势，进入和退出是自由的，是可竞争的。因此，融合型产业体系更有利于维持高效率的市场组织，有利于企业重组和效率的提高。

如何构建与产业融合趋势相适应的融合型产业体系，已是经济学工作者不容回避的重要问题。以往关于信息产业对产业分类影响的研究，基本上是在克拉克的二次产业划分方法基础上的扩充，如 Fritz Machlup（1972）提出了"知识产业"的概念，将信息基础设施和信息服务划入知识产业；马克·波拉特（Porat, 1977）提出了第四产业，即信息产业的概念，并测算了美国四大产业就业人数的变动情况。1995 年"西方七国信息会议"上出现"内容产业"的提法；次年，欧盟《信息社会 2000 计划》把内容产业的内涵明确：制造、开发、包装和销售信息产品及其服务的产业，其产品范围包括各种媒介的印刷品、电子出版物和音像传播。还有学者对传统的二次产业分类提出了挑战，重新设定了新的产业分类。日本现行经济统计中采用按生产方法进行产业分类，把所有的产业分为物质生产业（包括工业、农业、建筑业等生产物质产品的产业）、网络业（包括商品、货币流通产业和具有网络设施的产业，如商业、金融、供电供水等）和知识、服务业（包括医疗、教育、娱乐等产业）。周振华（2003）根据生产对象、内容的形态性将个产业体系分为内容产业（以比特加工为主的产业部门）、物质产业（以原子加工为主的产业部门）和位置产业（由信息流带动的物质流，如生产资料与产品运输、劳动力迁移、技术成果转让、资金转移等）。

日本现行的经济统计中采用的产业分类法和周振华提出的产业分类法，对于构建融合型的产业体系具有重要的启发意义。融合型的产业体系要打破农业、制造业与服务业的产业分立，因为农业、制造业都是以提供物质产品为主，所以是物质产业部门；农业、制造业提供的产品只是一个待发生的服务，而服务则是实际上的产品时，应形成具有大量服务性特征的新型产业部门，可以将其称为网络产业或内容产业。

产业革命之所以发生，是以其体制的存在为基础的。我们构建并发展融合型产业体系，必须落实各项相关的改革措施，确立有利于这一体系构建与发展的制度安排。具体地讲，政府应进一步强化技术创新，推进技术扩散，促进产业交叉和渗透，实现产业创新；规范有关产业部门的体制，推进跨行业企业的重组、竞争与合作，以适应产业融合的新趋势；大力培养跨学科的复合型人才，以适应融合型产业体系建设的需要，等等。

6.4 中国高技术产业发展对产业结构升级的作用

研究表明，高技术产业发展对三次产业结构的变动影响并不明显，但对工业内部结构的优化升级的贡献十分突出（赵玉林和张钟方，2008）。

6.4.1 变量关系分析

高技术产业是智力密集、知识密集、技术密集型产业，其技术创新具有横向扩散和纵向渗透性，因此高技术产业对工业内部结构升级可产生以下几方面影响。高技术产业的发展不仅将促进产业内的技术创新，而且对传统产业的技术进步也具有辐射作用，传统产业在与高技术产业竞争的巨大压力下，也只能通过提高自身的技术水平，以维持和提高自身的产业竞争力。高技术产业自身具有较高的劳动生产率，通过促进传统产业的创新，为其提供更先进的技术装备、手段和工艺方法，可以促进工业劳动生产率的提高。微电子工业的发展使得数控机床逐渐取代传统机床，从而极大提高了制造业的劳动生产率。在传统产业的产品进入微利时代之时，高技术产业不仅以其自身的高附加值促进工业资本结构的升级，其对传统产业的不同层面进行改造也促使整个工业成本费用利润率的提高。如应用现代信息技术和系统工程技术等对传统产业的研发、采购、供应、销售、管理、服务等进行高层次集成，大大削减了生产成本，获得了更高的经济效益。高技术产业生产所用的各种投入品涉及许多现代尖端技术领域，自身的单位增加值能耗低，而且高技术产业通过提高整个工业生产要素配置来提高传统产业的能源利用率，可有力地改变某些产业高投入、高消耗、高污染的落后面貌，使传统产业的产品向能耗更低、物耗更小、效率更高、污染更少的方向发展。

为了检验高技术产业对工业内部结构升级可产生以上诸方面影响的假设，本节运用计量经济方法对高技术产业发展与工业内部技术结构、工业劳动结构、工业资本结构、工业能源消耗结构以及工业环境结构的优化升级的关系进行实证分析。

6.4.2 数据和变量的选取

选取制造业技术密集度作为工业技术结构的代表变量，这里制造业的技术密集度用R&D经费占产品销售收入的比重来表示；以工业全员劳动生产率为工业劳动结构的代表变量，选取工业成本费用利润率为工业资本结构的代表变量；高技术产业发展对工业能源消耗结构优化升级的贡献，可以通过分析高技术产业发展对单位工业增加值能耗的影响来计量；高技术产业发展对工业环境结构升级的贡献，通过分析高技术产业增加值的变动对单位工业增加值固体废弃物产生量变动的影响来计量。样本数据选自1995~2005年中国数据，其中涉及工业增加值的数据一律以1990年为基期价格进行处理（表6-12）。

表6-12 中国工业劳动生产率、成本费用利润率、能耗、固体废弃物量有关统计数据（1995~2005年）

项 目	1995年	1996年	1997年	1998年	1999年	2000年	2001年	2002年	2003年	2004年	2005年
制造业R&D经费比重/%	0.17	0.31	0.32	0.31	0.37	0.45	0.51	0.56	0.55	0.52	0.55
全员劳动生产率/（元/人·年）	18 477	22 018	25 195	31 347	37 148	45 679	52 062	59 766	73 045	89 865	104 680
工业成本费用利润率/%	3.81	3.05	3.17	2.35	3.42	5.56	5.35	5.62	6.25	6.52	6.42
单位工业增加值能耗/（吨标准煤/万元）	6.21	5.76	5.16	4.47	3.96	3.79	3.38	3.40	3.59	3.79	3.75
单位工业增加值固体废弃物产生量/（吨/万元）	4.17	3.78	3.39	3.79	3.42	3.24	3.25	3.14	2.96	3.18	3.19

注：1995~1997年数据口径为全部独立核算工业企业，1998~2005年为全部国有及规模以上非国有工业企业；表中的数据已经过处理，采用的工业增加值为以1990年作基期价格的不变价

资料来源：根据《中国统计年鉴》（1995~2006各年卷）、《中国高技术产业统计年鉴》（2002~2006各年卷）有关数据整理

6.4.3 对工业技术结构升级的贡献

以高技术产业增加值为解释变量 X_t（表6-10），以制造业 R&D 经费支出占产品销售收入的比重为被解释变量 Y_t（表6-12），采用上述对时间序列建模的方法建立模型如下：

$$\ln Y_t = C + \alpha \ln X_t + \varepsilon_t \tag{6-3}$$

回归结果：

$$\ln \hat{Y}_t = -4.5899 + 0.4483 \times \ln X_t \tag{6-4}$$
$$(-7.1310)(5.7183)$$

该方程调整后的判决系数为 0.7602，系数均在 0.01 的水平上通过了 t 检验（括号中的数值为 t 检验值）和 F 检验（F-statistic = 32.6987），该回归结果是有效的。

结果表明，我国高技术产业发展与制造业 R&D 经费占产品销售收入比重的变动正相关。高技术产业增加值的增长可以促进制造业技术密集度的提高，高技术产业增加值每增加1%，制造业 R&D 经费占产品销售收入比重上升 0.45%，促进效果较为明显，说明我国高技术产业的发展对整个制造业技术密集度的提高确实有促进作用。目前我国工业企业研发投入与发达国家相比存在很大差距。美国、德国、日本以及韩国的全国平均工业企业 R&D 经费占销售收入的比重在80年代已达到3%，而且还在不断提高，而2005年我国大中型工业企业 R&D 经费占销售收入的比重仅为 0.76%。按当年价计算我国高技术产业增加值近十年平均年增长率约为20%，按照这一增长速度促使我国制造业技术密集度达到2%以上需要15年时间，若高技术产业年均增长率达到30%，则在10年内有望达到这一水平。为更好地促进工业技术结构的升级，我们不但要加快发展高技术产业，更要注重利用其改造传统产业，加大传统产业产品的技术含量，加快产品的更新速度，以提高高技术产业发展对工业技术结构升级的贡献率。

6.4.4 对工业劳动结构升级的贡献

以高技术产业增加值为解释变量 X_t（表6-10），以工业全员劳动生产率为被解释变量 Y_t（表6-12），采用模型（6-3）进行回归，计算结果表明，我国高技术产业发展与工业全员劳动生产率的变动正相关。高技术产业增加值的增长显著促进了工业全员劳动生产率的提高，若高技术产业增加值增加1%，工业全员劳动生产率约上升0.79%，即平均每年促进工业全员劳动生产率上升大约15%。近十年来我国工业全员劳动生产率年均增长率为19%，其中高技术产业发展拉动的增长率超过70%，说明我国高技术产业的发展对促进工业劳动结构的优化有显著的效果。

6.4.5 对工业资本结构升级的贡献

这里以高技术产业增加值为解释变量X_t（表6-10），以我国工业成本费用利润率为被解释变量Y_t（表6-12），采用模型（6-3）回归，回归结果通过了检验，但方程拟和系数不高，调整后的判决系数为0.6665。计算结果表明，我国高技术产业的发展与工业成本费用利润率的变动正相关。高技术产业增加值的增长可以促进工业成本费用利润率的提高，高技术产业增加值每增加1%，工业成本费用利润率约上升0.41%，促进效果较为明显，说明我国高技术产业的发展确实促进了工业资本结构的升级。

6.4.6 对工业能源消耗结构升级的贡献

对本部分时间序列数据进行ADF检验时发现，单位工业增加值能耗序列数据及其自然对数具有平稳过程的特征，高技术产业增加值序列数据为二阶单整的，其自然对数为一阶单整的，对高技术产业增加值的自然对数进行差分，将其转换为平稳的。因此模型选择高技术产业增加值的自然对数差分为解释变量$\Delta\ln X_t$（由表6-10得出），以我国单位工业增加值能耗为被解释变量Y_t（表6-12），对其做散点图，两变量间未呈现明显的趋势。对两变量进行格兰杰因果关系检验，两变量间也无明显的因果关系，说明高技术产业的发展对我国工业发展中高消耗的现象尚无明显的影响。另外，按当年价工业增加值计算的我国近十年单位工业增加值能耗为逐年降低的，而按可比价计算的能耗值（表6-12）自2002年又有所上升，2005年才有小幅回落，说明我国近几年单位工业增加值能耗的降低很大程度上是由于部分工业产品价格的上涨引起的名义上的降低。

6.4.7 对工业环境结构升级的贡献

以高技术产业增加值为解释变量X_t（表6-10），以我国单位工业增加值固体废弃物产生量为被解释变量Y_t（表6-17），采用模型（6-4）回归。计算结果表明，我国高技术产业的发展与单位工业增加值固体废弃物产生量的变动负相关。高技术产业增加值的增长可以促使单位工业增加值固体废弃物产生量的减少，高技术产业增加值每增长1%，单位工业增加值固体废弃物产生量将减少0.12%，说明我国高技术产业的发展对工业发展中高污染的现象有一定的抑制作用。由于工业固体废弃物具有非常明显的地区和行业集中度，所以利用高技术产业对这些地区和行业加强改造对于降低国内固体废弃物的产生量具有特殊意义。

第7章
高技术产业技术创新体系

高技术产业具有高创新性特征。技术创新是高技术产业形成和发展的动力源泉和诱导因素，创新投入通过创新产出和产业素质的提高而诱导高技术产业成长（赵玉林，2009）。因此，高技术产业发展离不开创新体系的支撑。构建高技术产业技术创新体系，增强高技术产业的技术创新能力，提高其技术创新效率，则是高技术产业健康快速发展的重要途径和战略举措。本章运用创新经济学、产业经济学的相关理论和有关计量经济方法，构建高技术产业技术创新体系，对中国高技术产业的技术创新能力和创新绩效进行评估，为完善中国高技术产业技术创新体系、增强其创新能力、提高其创新绩效，提供政策上的理论支撑和实践上的理论指导。

7.1 高技术产业技术创新体系的构建

国家创新体系（national system of innovation）的研究成果，对于构建高技术产业技术创新体系具有重要的启发和借鉴意义。英国经济学家克里斯托弗·弗里曼（Freeman，1987；1997）首先提出国家创新系统的概念，他认为，一个国家要实现经济的追赶和跨越，必须将技术创新与政府职能结合起来，形成国家创新系统。从长远的、动态的规划出发，充分发挥政府提供公共产品的职能，以推动产业和企业的技术不断创新。Nelson（1993）在《国家创新系统》一书中强调技术变革的必要性和制度结构的适应性，认为科学和技术的发展过程充满不确定性，因此国家创新系统中的制度安排应当具有弹性。以 B. A. Lundvall 为代表的一些经济学家从研究国家创新的微观组成出发，探讨用户和生产厂商之间的相互关系。他认为，国家创新系统包含的要素，从狭义来看包括大学、研究开发部门等与研究、发展密切相关的机构设置和制度安排；从广义看包括所有能影响学习、研究、创新的经济结构和经济制度。研究创新系统的关键在于如何应用有价值的知识并在生产中获得经济效益。

Freeman 指出，"国家创新系统是由公共和私人部门机构组成的网络，它们的活动及其相互作用开创、引入、改进和扩散了新技术"。他认为，国家创新系统的最大作用在于提高国家的竞争力。一国的经济在发展的追赶、跨越中，仅靠自由竞争的市场经济是不够的，需要政府提供一些公共商品，需要从一个长远的动态的视野出发，寻求一个资源的最优配置，以推动产业和技术的创新。OECD 在其《国家创新体系报告》（OECD，1997）中指出，"创新是不同主体和机构间复杂的互相作用的结果。技术变革并不以一个完美的线性方式出现，而是系统内部各要素之间的互相作用和反馈的结果。这一系统的核心是企业，是企业组织生产和创新、获取外部知识的方式。外部知识的主要来源则是别的企业、公共或私有的研究机构、大学和中介组织。"其实，高技术产业技术创新体系是国家创新体系的重要组成部分，是国家创新体系在高技术产业的具体应用和体现。因此，构成高技术产业技术创新体系的主体要素，同样是以企业为核心，同时包括大学、科研机构、政府和中介组织，是由这些主体要素协同作用构成的网络体系（图 7-1）。

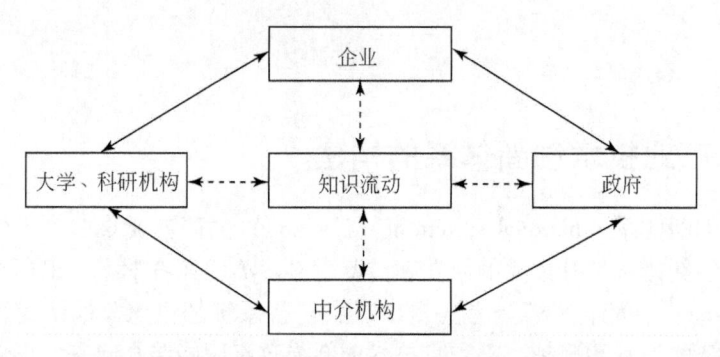

图 7-1　区域创新系统主体要素结构图（参考 OECD 国家创新系统结构图）

7.1.1　企业：高技术产业技术创新的核心主体

技术创新是生产要素的重新组合（熊彼特，2000），是"第一次引进一个新产品或新工艺中所包含的技术、设计、生产、财政、管理和市场诸步骤"（弗里曼，2004）。创新不同于发明，是发明的首次商业化应用，因此仅有科技人员和实验室是不够的，更需要与产业有关的工程化经验、生产经验、市场经验，这些经验是在实践中逐渐积累起来的；更需要资金投入和风险的承担。企业是科技与经济的结合点，比独立于企业的科研机构和大学更具有工程化经验、生产经验、市场经验，更具有资金投入能力和抵抗风险的能力。因此，技术创新只有企业家通过市场机制来实现才最有效率。同时，科研资源流向企业，一流人才流向一流企业也是市场经济的客观规律。发达国家70%左右的科研资源分布在企业就是市场经济规律作用的结果。目前，发达国家500家大跨国公司拥有全世界90%的生产技术和75%的技术贸易。当今世界几乎所有的重大发明都来自企业研究机构。当然，企业在技术创新过程中也只有与大学、科研机构、中介机构等协同合作，充分利用网络化的创新资源，才能实现技术创新能力和创新绩效的持续提升。

企业与其外部的信息交流和创新合作，既是创新技术创新能力的重要标志，也是对企业自身的能力建设提出更高的要求。企业内部能力越健全，它使用外部联系越有效。成功的创新企业能够使内部能力和外部专门知识发生协同作用。不同的企业协同能力不一样，其创新能力强弱也有区别。影响企业技术创新能力的因素包括以下三个。

一是企业规模。不同规模的企业由于获取资金的能力、对外界反应的敏捷度、内外部交流的环境机制及支持自身进行科研的能力不同，自身进行创新和利用外界已有知识进行创新的能力也不同。一般说来，大型企业易获取资金，多数有自身的研究与开发部门,能够享受规模经济,进行创新的能力和动力都较强,常常利用自身技术力量来进行创新;而中小型企业缺乏支持"研究与开发"所需的巨额资金,但对市场变化反应敏捷,且由于受竞争的压力不得不保持创新(多数是小范畴的创新),因此常常采用已有知识进行创新。

二是企业机构组织。传统的企业大多管理职能分得太细,形成了由上到下的多部门的庞大组织结构,这种结构的横向协调成本很高,同一层次上权力过于分散,效率很低;同时,其组织结构还具有纵向分层的科层制组织的显著特征,强调自上而下的职权等级,官僚作风严重,信息传递慢,难以对快速变化的市场环境做出应有的反应。而中小型企业则机构相对简单,领导、员工的利益指向一致,易于达成共识,企业内部"交易成本"低。因此,现代企业趋向于以分权化为基本取向的组织创新。应该指出的是,企业分权化并不是指企业越小越好,而是提倡一种各专其长、相互独立又相互联系的企业内部网络化结构。现代企业将部分业务转包和组建企业集团即体现了这一种思路。

三是企业人员素质。企业人员素质包括领导人物的素质和一般员工素质。前者从方针、策略上决定企业是否实施创新及如何、多大力度地实施创新,而后者则影响创新的实际实施效果。企业人员素质受区域环境影响,又在自身素质的指引下,通过不同的活动,作用于区域环境。

7.1.2 大学和科研机构:高技术产业技术创新的基本主体

由于高技术产业的高智力密集、高知识密集、高技术密集,高技术企业需要源源不断的高素质人才流入,科技人员占企业职工的比例需达30%以上,从事研究开发的人员应占10%以上;同时,企业的科技人员、研发人员要不断进行知识更新和素质的再提高。高等学校具有培养高层次创新人才、创新科学知识、服务社会、传承和创新文化的多重职能,因此在高技术产业技术创新体系中有着独特的功能,是高技术产业技术创新体系中不可缺少的基本主体。高等学校在创新系统中,既可承担研发任务,又可承担教学任务,进行培训和知识传播,为企业培训和输送有创新能力的人才越多,出来办企业的人越多,转化的科技成果越多,在知识传播、经济发展中的作用越大。科研机构是创新的源泉之一。科研机构通过研究和开发新产品、新技术,从而推动科技创新。在硅谷,作为高智力聚集中心的研究性大学、科研院所、其他教育机构,在新生的技术基础设施的建设与维护中发挥了极其重要的作用。教育机构不仅发展成为本地的重要研究中心,为本地供应了大量的工程技术人才,还通过诸如"荣誉合作项目"等计划,加强了企业与大学之间的联系,在使企业工程师保持与最新技术同步的同时，又能建立起专业联系；同时通过促进教职员工、各院系和外部企业之间的合作研究，进一步拓宽了教育机构在硅谷地区的职能作用。

大学和研究机构拥有学科、人才、信息、科研成果、基础设施（包括图书馆、实验室、工程研究中心等）等优势，区域创新系统形成的过程也是这些资源对外开放的过程。大学和科研院所要在高技术产业技术创新中充分发挥作用，就不仅仅要为企业提供高层次的人才和科研成果，更应该与企业进行多种形式的合作，让社会各界充分利用其优势，特别是开放图书馆、实验室和工程研究中心，实现大学及研究机构资源的市场化。另外，区域创新过程中，大学的教师和学生（特别是研究生）在企业兼职对新高技术企业与发展起到了很大的作用。在欧美许多国家，大学教师和学生在高技术企业中兼职已经成为一种普遍现象，并得到学校的支持。如剑桥大学允许教师将其在学校中获得的成果带到企业中去；还允许教师自创企业，并在一个较长期限内保留其回校任教的资格。在剑桥大学周围，产生了一大批与学校联系密切的高技术小企业，并被称为"剑桥现象"。因此，要进一步完善区域创新系统，增强区域创新能力，加速从科技资源优势向产业优势的转化，就必须实现大学及研究机构的科技资源市场化。

7.1.3 政府部门：高技术产业技术创新体系中的引导和辅助主体

政府通过制定和实施高技术产业技术创新政策和法规，管理和规范技术创新系统中其他要素的创新活动，在高技术产业技术创新活动中起到了重要的引导作用；同时政府还规划、资助一系列的基础性、战略性、关键性科研和创新项目，直接参与实际的技术研发和扩散活动，在高技术产业技术创新活动中起到了重要的辅助性作用。在创新系统中，政府可以直接有效地调控机制的具体运行，特别是在一些市场机制无法发挥作用的地方，政府可以凭借其特殊的身份完成其他创新主体无法实现的系统功能。因此，政府在区域创新系统中发挥着较其他主体有时难以发挥的作用，同时也是这个机制重要的参与者。

政府的职能框架具体表现在以下方面：

其一，建立企业创新的激励机制。重塑创新主体，培育一批市场化企业作为区域创新活动的载体；培育企业家队伍是重塑创新企业的重要环节。通过财税政策和金融政策，加大对企业创新活动的支持力度，建立企业创新活动的激励机制。

其二，增加政府的研发投入。

其三，建立技术、知识与人才的流动机制，加快创新成果的扩散和运用。促进企业与企业之间的相互合作；促进企业与大学和公共研究机构之间的合作与交流；建立各种类型的多层次的技术人才市场。

其四，建立和完善终身教育体系。加强基础教育、职业育馆教育，发展终身教育体系，形成学习的区域。

7.1.4 中介机构：高技术产业技术创新体系的支持性主体

中介机构是创新活动和科技成果产业化中的一支不可忽视的重要力量，是市场机制的重要载体，是联系科技与经济的中介，它们是市场经济条件下组织创新、衔接创新组织系统中各部分之间的重要桥梁和纽带，为技术创新的核心主体和基本主体提供相关支持。中介机构主要包括：信息中心、培训中心、咨询公司、经纪人组织、技术评估机构、技术争议仲裁机构、创业服务中心、生产力促进中心、技术开发交流中心以及技术市场等。

中介机构服务于技术协同创新的沟通、协调、黏结，可极大提高创新资源配置效率。中介机构在创新系统中具有三大功能。

1）沟通黏结功能。在各类创新资源或各创新行为主体间起到穿针引线、铺路架桥，从而使它们以低交易成本和低风险实现协同创新。

2）咨询服务功能。以知识与信息为企业技术创新提供全方位的服务，如技术创新知识，财务、营销、策划等管理知识。

3）协调重组功能。如各种行业协会以及区域性的技术合作创新与创新扩散机构。在硅谷，西部电子制造协会（WCEMA）及半导体设备和材料协会（SEMI）等工业协会提供的一系列服务，使小企业尽可能跟上瞬息万变的科技和市场，并帮助它们不断更新网络联系，在地区发散性工作结构的完整化方面起了很大的作用。

7.2 中国高技术产业技术创新能力评价

产业技术创新是指以市场为导向，以提高产业竞争力为标志，从新产品或新工艺设想的产生，经过技术的获取（研究、开发和引进技术、消化吸收、工程化）到产业化整个过程一系列活动的总和。高技术产业技术创新能力就是将高科技知识转化为高技术新产品或新工艺，推动高技术产业发展的能力（史清琪和尚勇，2000）。20世纪80年代以来，高技术产业发展成为各国经济增长的重要源泉，高技术产业技术创新能力已成为各国国际竞争力的核心。因此，客观、科学、有效地评价我国高技术产业的技术创新能力，掌握高技术产业技术创新能力的演化规律，对于促进我国高技术产业的创新活动，增强高技术产业的技术创新能力和竞争优势，无疑具有重要的理论和现实意义。

7.2.1 高技术产业各部门技术创新能力实证评价

21世纪以来，有关企业技术创新能力、产业创新能力、区域创新能力和国家创新能力的研究日益引起学术界、企业和各级政府的高度瞩目。吴友军（2003）用定性（包括技术创新机制、产业技术装备水平）和定量（包括R&D投入强度、R&D人员投入量、新产品产值率、专利授权量、IT产业产品增加值出口占总产值的比重）的指标对IT产业的技术创新能力进行了评价。赵玉林和魏芳（2006）从企业层面和国家层面研究了技术创新能力的演变、培育、评价指标体系和评价方法。然而，迄今为止，关于产业层面的技术创新能力的评价研究尚少，可操作的评价指标体系尚未建立。本章借鉴国内外关于企业和产业技术创新能力的评价指标的研究成果，建立高技术产业的技术创新能力评价指标体系，并对我国高技术产业的技术创新能力进行实证分析。

1. 高技术产业技术创新能力评价指标体系

建立高技术产业技术创新能力评价指标体系，首先是要科学、合理地选择评价指标。德国在进行企业技术创新能力调查时，用企业技术创新费用（科研开发费、产品试验费、产品设计费、购买专利费、市场调研费和因产品创新而从事的人员培训费之和）占企业销售额的比例来描述；我国国家统计局近年来一直用技术开发经费投入、科研人员、科研成果、技术转让、新产品销售、新产品出口六项指标为基础建立技术开发能力综合指数指标，以此来反映我国的技术开发能力；宋河发和穆荣平从创新实力、创新潜能力、创新转化能力、创新政策和战略能力四个方面对产业技术创新能力进行评价。在此研究成果的基础上，结合高技术产业的特点，本章选择了高技术产业技术创新能力评价的三个一级指标，即技术创新投入能力、技术创新产出能力和技术创新支撑能力，以及相应的二级指标、三级指标和四级指标（表7-1）。

建立高技术产业技术创新能力评价指标体系的另一项重要工作，就是确定各指标在评价体系中的权重。我们利用Delphi法，使用9/9－9/1指数标度法对指标进行两两比较，运用层次分析法计算出了各级指标的权重，并都通过了一致性检验（表7-1）。

表7-1 高技术产业技术创新能力的评价指标体系

一级指标	二级指标	三级和四级指标	
A_1 技术创新投入能力 (0.375 0)	人力资源投入 (0.583)	科技活动人员数 (0.386)	
		科技活动人员中科学家和工程师数 (0.342)	
		科技活动人员投入强度 (0.272)	
	经费投入 (0.417)	研发投入 (0.454)	科技活动经费筹集额 (0.386)
			R&D 经费投入 (0.386)
			R&D 经费投入强度 (0.342)
		设备投入 (0.211)	科技活动经费内部支出中仪器设备费 (0.272)
		非研发技术投入 (0.335)	技术改造经费支出 (0.334)
			技术引进经费支出 (0.333)
			消化吸收经费支出 (0.333)
A_2 技术创新产出能力 (0.333 3)	新产品产出 (0.556)	新产品产值 (0.334)	
		新产品销售利润 (0.333)	
		新产品出口销售收入 (0.333)	
	专利产出 (0.444)	专利申请数 (0.446)	
		专利拥有数 (0.554)	
A_3 技术创新支撑能力 (0.291 7)	利润总额	(0.337 3)	
	创新意识	新产品产值/当年价总产值 (0.281 7)	
	劳动生产率	社会劳动生产率＝国内生产总值/全社会从业人员年均人数 (0.240 1)	
	固定资产原价	(0.140 9)	

2. 数据来源和评价方法

按照 OECD 及中国高技术产业统一分类法，中国的高技术产业共分为五大类，分别是医药制造业、航空航天制造业、电子及通信设备制造业、电子计算机及办公设备制造业、医疗设备及仪器仪表制造业。这五大类产业又进一步细分为17个部门，具体如下：医药制造业包括化学药品制造业、中药材及中成药加工制造业、生物制品制造业；航空航天制造业包括飞机制造业及修理业和航天器制造业两个部门；电子及通信设备制造业包括通信设备制造业、雷达及配套设备制造业、广播电视制造业、电子器件制造业、电子元件制造业、家用视听设备制造业和其他电子设备制造业；电子计算机及办公设备制造业包括电子计算机整机制造业、电子计算机外部设备制造业和办公设备制造业；医疗设备及仪器仪表制造业包括医疗设备及器械制造业和仪器仪表制造业。限于数据来源，我们的评价和筛选即在这17个部门中进行。

其数据均来源于《中国高技术产业统计年鉴》(2002~2005年)、《中国统计年鉴》(1990~2005年)及科技部和各省(自治区、直辖市)科技统计网站。为了让结果更有说服力,每一个指标都是计算的2000~2004年的数据,最后取其平均值。同时,也为了让数据之间的可比性更高,在计算出每一个指标值后都对其进行了标准化。具体方法:用各高技术部门每一项指标值都除以该项指标的最大值,然后再放大100倍,即表中每一列数字都除以本列中的最大数值后再乘以100;最后利用各指标的权重乘以标准化后的指标值,再把得到的各指标值相加就得到最后的权重和。

3. 我国高技术产业技术创新投入能力的评价

利用上述所说的计算方法得到高技术产业各部门技术创新投入能力的权重和(表7-2)。

表7-2 高技术产业技术创新投入能力的权重和

指标值 高技术产业各部门	人力资源投入			经费投入							权重和
^	科技活动人员数	科技活动人员中科学家和工程师数	科技活动人员投入强度	研发投入 0.454			设备投入 0.211	非研发技术投入 0.335			^
^	^	^	^	科技活动经费筹集额	R&D经费投入	R&D经费投入强度	科技活动经费内部支出中仪器设备费	技术改造经费支出	技术引进经费支出	消化吸收经费支出	^
权重	0.386	0.342	0.272	0.386	0.342	0.272		0.334	0.333	0.333	
化学药品制造	46.53	47.83	25.35	33.54	18.67	11.28	47.92	100.00	18.23	92.69	42.31
中药材及中成药加工	13.21	15.54	14.27	13.34	7.67	10.36	15.60	26.19	6.85	12.12	13.82
生物制品制造	4.65	5.82	23.34	3.67	2.36	11.58	4.85	5.51	1.72	20.34	8.63
飞机制造及修理	100.00	72.17	100.00	28.67	24.44	47.40	55.64	71.95	23.72	17.37	69.03
航天器制造	10.50	8.40	85.03	2.93	2.85	56.88	1.99	4.99	2.41	9.15	21.79
通信设备制造	70.47	100.00	63.28	100.00	100.00	25.57	100.00	23.46	97.60	87.51	79.43
雷达及配套设备制造	9.80	9.38	74.31	2.67	6.24	100.00	2.51	4.77	1.09	0.37	22.12
广播电视设备制造	1.94	2.20	18.00	0.83	0.89	10.38	1.36	0.85	0.13	1.02	4.60
电子器件制造	36.64	32.30	35.41	32.25	20.32	11.68	56.48	59.99	100.00	100.00	41.65
电子元件制造	33.56	32.32	13.04	23.98	14.18	6.76	52.06	56.61	34.04	45.97	30.02
家用视听设备制造	23.60	27.47	21.07	42.98	27.16	11.66	53.27	28.12	64.53	99.45	33.26

续表

指标值 高技术产业各部门	人力资源投入			经费投入						权重和
^	科技活动人员数	科技活动人员中科学家和工程师数	科技活动人员投入强度	研发投入 0.454			设备投入 0.211	非研发技术投入 0.335		
^	^	^	^	科技活动经费筹集额	R&D经费投入	R&D经费投入强度	科技活动经费内部支出中仪器设备费	技术改造经费支出	技术引进经费支出	消化吸收经费支出	^
其他电子设备制造	5.47	8.66	17.75	2.70	2.43	8.25	9.88	3.31	0.77	0.98	7.66
电子计算机整机制造	17.62	23.99	45.34	35.95	18.77	6.80	52.37	5.05	23.38	4.53	26.27
电子计算机外部设备制造	11.83	16.12	15.75	16.68	10.69	4.57	18.39	6.40	26.51	24.55	14.81
办公设备制造	2.29	2.63	11.50	2.47	1.20	3.34	2.28	4.68	7.71	0.33	4.08
医疗设备及器械制造	4.11	4.77	11.59	2.27	1.55	6.26	1.99	3.83	2.03	1.38	4.81
仪器仪表制造	32.19	31.04	28.89	10.21	7.79	10.63	11.80	17.07	4.23	5.19	22.08

从表7-2可以看出，相比较而言，通信设备制造业部门的技术创新投入能力最强，其权重和最高（79.43）；其次是飞机制造及修理业部门，其权重和是69.03；而最低的是办公设备制造业部门，其权重和只有4.08。

4. 我国高技术产业技术创新产出能力的评价

利用同样的计算方法，得出我国高技术产业各部门技术创新产出能力的权重和，如表7-3所示。

表7-3 高技术产业技术创新产出能力的权重和

指标值 高技术产业各部门		新产品产出			专利产出		权重和
^		新产品产值	新产品销售利润	新产品出口销售收入	专利申请数	专利拥有数	^
权 重		0.334	0.333	0.333	0.446	0.554	^
医药制造业	化学药品制造	16.99	44.49	8.83	23.39	30.52	25.13
^	中药材及中成药加工	5.49	15.31	0.42	24.46	28.25	15.53
^	生物制品制造	1.54	5.30	0.91	2.87	4.28	3.04

225

续表

高技术产业各部门	指标值	新产品产出			专利产出		权重和
		新产品产值	新产品销售利润	新产品出口销售收入	专利申请数	专利拥有数	
	权重	0.334	0.333	0.333	0.446	0.554	
航空航天制造业	飞机制造及修理	13.32	14.24	2.05	8.19	13.12	10.33
	航天器制造	0.67	1.04	0.81	0.27	1.47	0.88
电子及通信设备制造业	通信设备制造	100.00	100.00	100.00	100.00	100.00	100.00
	雷达及配套设备制造	1.29	2.45	0.24	1.22	2.01	1.47
	广播电视设备制造	0.34	0.44	0.75	0.69	0.67	0.58
	电子器件制造	26.30	17.66	30.38	23.55	14.06	21.96
	电子元件制造	17.00	19.97	31.73	11.48	16.60	19.17
	家用视听设备制造	60.34	54.74	85.72	47.58	19.54	51.79
	其他电子设备制造	1.23	3.03	0.56	2.76	1.87	1.90
电子计算机及办公设备制造业	电子计算机整机制造	37.08	18.35	49.17	29.13	17.14	29.50
	电子计算机外部设备制造	36.24	32.40	96.85	16.16	11.78	37.17
	办公设备制造	2.08	1.99	4.88	1.01	0.80	2.07
医疗设备及仪器仪表制造业	医疗设备及器械制造	1.40	3.38	0.84	4.04	12.58	4.86
	仪器仪表制造	6.85	15.25	4.07	22.28	16.73	13.27

从高技术产业各部门技术创新产出能力权重和来看，权重和最高的是通信设备制造业部门，其值是81.60；其次是电子计算机整机制造业部门，其权重和是50.03；而最低的是广播电视设备制造业部门，其权重和只有7.79。

5. 我国高技术产业技术创新支撑能力的评价

利用上述计算方法，得出我国高技术产业各部门技术创新支撑能力的权重和，如表7-4所示。

表7-4 高技术产业技术创新支撑能力的权重和

高技术产业各部门	指标值	利润总额	创新意识	劳动生产率	固定资产原价	权重和
权　重		0.337 3	0.281 7	0.240 1	0.140 9	
医药制造业	化学药品制造	45.65	38.80	14.12	81.62	41.22
	中药材及中成药加工	28.72	26.65	13.15	17.38	22.80
	生物制品制造	8.78	26.34	17.34	5.96	15.38
航空航天制造业	飞机制造及修理	3.95	98.47	8.01	39.33	36.54
	航天器制造	0.89	48.36	6.65	4.06	16.09
电子及通信设备制造业	通信设备制造	100.00	100.00	53.14	49.23	81.60
	雷达及配套设备制造	1.27	74.17	7.79	3.79	23.73
	广播电视设备制造	1.40	14.98	12.32	0.97	7.79
	电子器件制造	28.21	57.51	26.14	100.00	46.08
	电子元件制造	39.46	30.51	12.81	59.99	33.43
	家用视听设备制造	13.96	96.14	33.15	28.02	43.70
	其他电子设备制造	8.70	15.76	15.03	3.80	11.52
电子计算机及办公设备制造业	电子计算机整机制造	25.29	56.46	100.00	11.24	50.03
	电子计算机外部设备制造	25.50	60.80	46.95	22.21	40.13
	办公设备制造	5.13	22.62	27.24	3.83	15.18
医疗设备及仪器仪表制造业	医疗设备及器械制造	7.64	20.90	11.16	3.54	11.64
	仪器仪表制造	16.72	35.79	10.17	17.09	20.57

从高技术产业各部门技术创新支撑能力权重和来看，权重和最高的是通信设备制造业部门，其值为81.60；其次是电子计算机外部设备制造业部门，其权重和是50.03；而最低的是广播电视设备制造业部门，其权重和只有7.79。

6. 我国高技术产业各部门技术创新能力的综合评价

利用同样的方法将上述表7-2～表7-4的结果再乘以各自的权重，然后加总就得到总的权重和（表7-5）。

表 7-5 高技术产业技术创新能力的综合权重和

高技术产业各部门	指标值	投入能力权重和	产出能力权重和	支撑能力权重和	综合权重和
	权重	0.375 0	0.333 3	0.291 7	
医药制造业	化学药品制造	42.31	25.13	41.22	36.27
	中药材及中成药加工	13.82	15.53	22.80	17.01
	生物制品制造	8.63	3.04	15.38	8.74
航空航天制造业	飞机制造及修理	69.03	10.33	36.54	39.99
	航天器制造	21.79	0.88	16.09	13.16
电子及通信设备制造业	通信设备制造	79.43	100.00	81.60	86.92
	雷达及配套设备制造	22.12	1.47	23.73	15.71
	广播电视设备制造	4.60	0.58	7.79	4.19
	电子器件制造	41.65	21.96	46.08	36.38
	电子元件制造	30.02	19.17	33.43	27.40
	家用视听设备制造	33.26	51.79	43.70	42.48
	其他电子设备制造	7.66	1.90	11.52	6.87
电子计算机及办公设备制造业	电子计算机整机制造	26.27	29.50	50.03	34.28
	电子计算机外部设备制造	14.81	37.17	40.13	29.65
	办公设备制造	4.08	2.07	15.18	6.65
医疗设备及仪器仪表制造业	医疗设备及器械制造	4.81	4.86	11.64	6.82
	仪器仪表制造	22.08	13.27	20.57	18.70

从表 7-5 可以看出，综合权重值最高的是通信设备制造业部门，其值是86.92；其次是家用视听设备制造业部门，其值是42.48；最低的是广播电视设备制造业部门，其值只有4.190。

7. 结论与建议

从表 7-5 可以看出，我国高技术产业各部门的技术创新能力存在着很大的差别，总体上，高技术产业各部门技术创新投入能力和支撑能力要强于产出能力。按照综合权重和大小，我国高技术产业 17 个部门可以分为以下三类，对每一类进行了分析并提出了相应的建议。

首先，通信设备制造业部门、家用视听设备制造业部门、飞机制造及修理业部门、化学药品制造业部门、电子器件制造业部门、电子计算机整机制造业部门、电子计算机外部设备制造业部门和电子元件制造业部门的技术创新能力相对较强。从表 7-2~表 7-4 也可以看出，这几个高技术产业部门的不论是技术创新投入能力权重和、产出能力权重和还是支撑能力权重和都比较大。其中，通信设备制造业部门的这三项指标值分别是 79.43、100、81.60，位居所有高技术产业部门的第一位；而家用视听设备制造业部门的这三项指标值分别位居所有高技术产业部门的第四位、第一位和第四位，所以这些高技术产业部门的综合权重和也比较大。

因此，应把这类高技术产业部门的创新能力进行扩散，带动其他技术创新能力低的高技术产业部门的发展。同时，也要继续加大它们的技术创新经费投入和科技人员投入，提高资金利用效率，形成有利于技术创新和科技成果转化的有效运行机制，不断提高它们的技术创新能力，尤其是自主创新能力。同时也要大力培养这类高技术产业部门发展所需的高级专业人才，包括研究开发人才、高级经营管理人才和高级技术人才子。

其次，仪器仪表制造业部门、中药材及中成药加工业部门、雷达及配套设备制造业部门、航天器制造业部门的综合权重和大于 10.00 但是低于 20.00，属于第一类，即技术创新能力水平居的一类。雷达及配套设备制造业部门和航天器制造业部门的技术创新投入能力权重和及支撑能力权重和都比较高，但是，其产出能力权重和非常低，只有 1.47 和 0.88。说明这两个高技术产业部门的技术创新投入能力和支撑能力要远远强于其产出能力。今后应通过加强它们的科技成果转化、新产品产出和专利申请方面的能力来提升其技术创新产出能力。

最后，生物制品制造业部门、其他电子设备制造业部门、医疗设备及器械制造业部门、办公设备制造业部门、广播电视设备制造业部门的权重和明显较低（均低于 10.00），属于第三类，即技术创新能力较弱的一类。这类高技术产业的技术创新产出能力权重和普遍更低，其中广播电视设备制造业部门的权重和只有 0.58，这说明这类高技术产业部门的技术创新产出能力在整个高技术产业部门中更为低下。造成这类高技术产业部门技术创新能力整体低下的主要原因是 R&D 经费投入少。2000~2004 年，这几个高技术产业部门的 R&D 经费投入占整个高技术产业 R&D 经费投入的平均比重分别是 0.89%、0.91%、0.58%、0.44% 和 0.33%。而通信设备制造业部门的 R&D 经费投入占整个高技术产业 R&D 经费投入的平均比重已达到 37.45%，远远高于上述几个高技术产业部门之和。所以今后要加大这类高技术产业部门的 R&D 经费投入力度和强度，积极拓展经费投入渠道。

7.2.2 高技术产业创新能力的区域比较

在区域创新能力研究方面，柳卸林、胡志坚等领导的中国科技发展战略小组对中国区域创新能力进行系统研究，以中国区域创新体系建议为主题，自2001年起连续发布年度研究报告——《中国区域创新能力报告》[①]，其目的是从创新的角度，发现中国区域经济增长多样性以及经济快速增长的地区与创新能力的关系。陈权宝等（2005）的研究认为，高技术产业的技术创新能力总体上是不断增强的，但在不同产业中存在较大差异，创新能力的发展变化状况也显现出不同的特征。范爱军等（2006）运用面板数据模型在区分企业规模的基础上测算了中国高技术产业技术创新各种影响因素的作用，研究结论认为我国高技术产业的自主创新能力较弱，难以摆脱对国外技术的依赖。7.2.1节构建了高技术产业技术创新能力的评价指标体系，并对高技术产业的技术创新能力进行了实证分析，得出高技术产业各部门的技术创新能力存在着明显的差异。本小节拟在此基础上，对区域高技术产业创新能力进行评价。

1. 区域高技术产业创新能力评价指标体系的构建

建立区域高技术产业创新能力评价指标体系，首先是要科学、合理地选择评价指标。从已有研究成果看，对于产业创新能力评价指标的选择不尽一致。

有的研究选择"创新技术基础"、"创新转化能力"和"创新经济支撑能力"三个指标来构建产业技术创新能力的评价指标体系；有的研究中从技术创新的基础能力、技术创新的转换能力和技术创新的盈利能力三个方面来评价产业创新能力；有的研究提出了产业技术创新能力评价的四个指标，即投入能力、产出能力、产业结构和技术创新环境；也有的研究从创新资源水平、创新技术能力、成果转化扩散能力、经济实力基础和竞争力水平六个方面来构建产业技术创新能力评价体系。

在这些研究成果的基础上，结合高技术产业的特点本文选择出了区域高技术产业创新能力评价的3个一级指标、8个二级指标和15个三级指标（表7-6）。其中创新支撑能力的4个二级指标是借鉴了Michael E. Porter所提出的"钻石模型"中的关键要素。

要素条件是指国家或地区在该行业发展中所投入的各种资源，包括人力资源、物质资源、知识资源、资本资源以及基础设施5类。在此，用反映生产要素的劳动生产率这个指标来表示区域的要素条件。需求条件包括内需和外需。内需

[①] 《中国区域创新能力报告》每年一个主题，对省级区域创新能力进行评价，由柳卸林主编，科学出版社出版，到2012年1月，已发布11份报告。

是影响产业竞争力的重要因素,其重要性是外需所取代不了的。在此用产品的需求收入弹性这个指标来表示。相关和支持产业中相关产业是指具有互补性的产业,支持性产业是为某个产业提供支持的若干产业。一个国家或地区的产业要想获得持久的竞争优势,就必须具有竞争力的支持性产业和相关产业。在此用该地区高等学校、就业人员等来表示支撑产业。

企业战略、结构与竞争状态,包括企业的形成与组织管理方式、竞争激烈程度、创新与企业家才能等。在此我们用某一产业中大企业的产值占该产业产值的比重所表示的市场结构来表示企业战略、结构与竞争的状态(Finegold,1999)。

建立区域高技术产业创新能力评价指标体系的另一项重要工作,就是确定各指标在评价体系中的权重。我们利用 Delphi 法,使用 9/9-9/1 指数标度法对指标进行两两比较,并运用层次分析法计算出了各级指标的权重,且都通过了一致性检验(表7-6)。

表7-6 区域高技术产业创新能力的评价指标体系

一级指标 A_i ($i=1, 2, 3$)	二级指标 B_{ij} ($i=1, 2, 3$; $j=1, 2, 3, 4$)	三级指标 C_{ijk} ($i=1, 2, 3$; $j=1, 2, 3, 4$; $k=1, 2, 3$)
A_1 创新投入能力(0.3750)	B_{11} 人力资源投入(0.583)	C_{111} 科技活动人员数(0.386)
		C_{112} 科技活动人员中科学家和工程师数(0.342)
		C_{113} 科技活动人员的投入强度(0.272)
	B_{12} 经费投入(0.417)	C_{121} 研发投入(0.454):用科技活动经费筹集额、R&D 经费投入及 R&D 经费投入强度来计量
		C_{122} 备投入(0.211):用科技活动经费内部支出中仪器设备费来计量
		C_{123} 非研发技术投入(0.335):包括技术改造经费支出、技术引进经费支出和消化吸收经费支出
A_2 创新产出能力(0.3333)	B_{21} 新产品产出(0.556)	C_{211} 新产品产值(0.334)
		C_{212} 新产品销售利润(0.333)
		C_{213} 新产品出口销售收入(0.333)
	B_{22} 专利产出(0.444)	C_{221} 专利申请数(0.446)
		C_{222} 专利拥有数(0.554)
A_3 创新支撑能力(0.2917)	B_{31} 需求条件(0.3373):用需求收入弹性值来计量	
	B_{32} 市场结构(0.2817):用地区高技术产业总产值与地区企业总数的比值来计量	
	B_{33} 生产要素(0.2401):用地区劳动生产率来计量	
	B_{34} 支撑产业(0.1409):用地区固定资产原值来计量	

2. 数据来源和评价方法

在对区域高技术产业的创新能力进行评价时，其所需数据均来源于《中国高技术产业统计年鉴》(2002~2006年)、《中国统计年鉴》(1996~2006年) 及科技部和各省（自治区、直辖市）科技统计网站。为了让数据之间具有可比性，本书在计算时对所有的原始数据都进行了归一化处理，即把所有的原始数据都换算成 0~100 的数据。具体方法：用各区域每一项指标值（W_{sijk}）都除以该项指标的最大值（$W_{sij\,max}$），然后再放大 100 倍，即表中每一列数字都除以本列中的最大数值后再乘以 100（$W_{sij} \times 100/W_{si\,max}$）。在以上数据标准化的基础上，还需要借助于以下的计算公式来计算区域高技术产业的创新能力评价值。

$$W_s = \sum_{i=1}^{2} \left\{ \sum_{j=1}^{3} \left[\left(\sum_{k=1}^{4} W_{sijk} \cdot Q_{ijk} \right) \cdot Q_{ij} \right] \cdot Q_i \right\} (i = 1,2,3; j = 1,2,3,4; k = 1,2,3; s = 1,2,\cdots,21)$$

注：$W_s = \sum_{i=1}^{3} W_{si} \cdot Q_i$ 为 s 地区的高技术产业创新能力综合评价值；$s = 1, 2, \ldots, 21$；依次为北京、天津、河北、内蒙古、吉林、黑龙江、上海、江苏、浙江、福建、江西、山东、湖北、湖南、广东、重庆、贵州、云南、陕西、甘肃、新疆；$i = 1, 2, 3$ 分别为创新投入能力、产出能力和支撑能力；Q_i 为一级指标权重。

$W_{si} = \sum_{j=1}^{4} W_{sij} \cdot Q_{ij}$ 为 s 地区的高技术产业创新投入能力、产出能力和支撑能力评价值；$j = 1, 2, 3, 4$ 分别为 s 地区的高技术产业创新投入能力、产出能力和支撑能力的二级指标；Q_{ij} 为二级指标权重。

$W_{sij} = \sum_{k=1}^{3} W_{sijk} \cdot Q_{ijk}$ 为 s 地区的高技术产业创新投入能力、产出能力和支撑能力的二级指标评价值；$k = 1, 2, 3$ 分别为 s 地区的高技术产业创新投入能力、产出能力和支撑能力的三级指标；Q_{ijk} 为三级指标权重。

3. 区域高技术产业创新投入能力的评价

利用表 7-6 中的相关指标和公式 $W_{si} = \sum_{j=1}^{4} W_{sij} \cdot Q_{ij}$，经具体计算得到区域高技术产业 2001~2005 年的创新投入能力评价值（表 7-7）。

表 7-7　2001~2005 年区域高技术产业创新投入能力评价值（W_{s1}）

区域（s）	2001 年	2002 年	2003 年	2004 年	2005 年
北京	32.922 9	30.653 2	26.081 2	28.682 1	22.088 0
天津	12.392 1	11.978 9	11.739 1	16.389 6	21.620 3
河北	10.580 0	12.331 6	13.889 1	12.678 9	14.061 9
内蒙古	1.137 0	1.235 6	0.827 8	1.333 5	1.872 3
吉林	9.952 0	10.113 5	8.058 7	8.710 7	9.782 6

续表

区域 (s)	2001年	2002年	2003年	2004年	2005年
黑龙江	20.7464	22.9636	21.2886	17.1752	28.9755
上海	44.6982	44.8442	49.2312	40.6093	33.5031
江苏	40.4384	41.2337	45.9938	38.5541	47.5093
浙江	18.3190	17.0359	25.4742	27.8187	32.3905
福建	14.3011	12.9207	14.6596	12.1228	17.3047
江西	29.6090	12.3931	12.3060	17.5538	18.9244
山东	29.7850	41.2983	25.6484	24.0678	24.7182
湖北	19.5923	20.0294	17.1939	21.8183	22.5910
湖南	17.7882	19.1971	15.7499	11.1999	17.6991
广东	84.4654	76.3457	74.2196	76.1996	77.5682
重庆	16.4809	16.8191	16.1714	15.1694	18.1288
贵州	24.9145	26.2552	20.3630	16.6652	20.4876
云南	5.1138	6.5106	3.6083	3.9353	3.8192
陕西	62.8229	52.2977	52.1348	50.3717	40.2469
甘肃	18.3861	21.5180	19.2345	7.2680	11.0197
新疆	3.1174	2.1457	0.9809	2.0767	4.2791

通过表7-7可以看出，首先，2001～2005年，广东的高技术产业创新投入能力评价值在5年中一直处于第一位，其次是陕西、上海和江苏，而内蒙古、云南和新疆则排在最后几位。

2001年广东高技术产业创新投入能力评价值达到了最大即84.4654。从评价指标看，广东的高技术产业科技活动人员、科技活动人员中科学家和工程师的人数、科技活动经费筹集额、R&D经费投入和科技活动经费内部支出中仪器设备费在2001～2005年总体上处于全国首列。特别是高技术产业R&D经费投入，在2001～2005年占全国的比重分别是38.33%、33.91%、32.77%、31.57%和33.27%。

其次，在2001～2005年，陕西的R&D经费投入虽远低于广东省的R&D经费投入，但是陕西的高技术产业科技活动人员投入强度（即16.77%、14.54%、14.61%、14.63%和13.51%）和R&D经费投入强度（即4.4071%、4.6029%、4.4873%、4.437%和3.8799）却高于广东的高技术产业科技活动人员投入强度（即4.68%、4.12%、3.72%、3.37%和3.6461%）和R&D经费投入强度（即1.4538%、1.1486%、1.0586%、1.3401%和1.1561%）。

最后，内蒙古、云南和新疆在高技术产业创新投入能力评价的几个指标中，基本上也都是处于最后几位，与别的区域相比有很大差距。内蒙古、云南和新疆的高技术产业科技活动人员在 2001~2005 年平均分别是 150 人、600 人和 100 人，而广东则年平均超过了 6 万人；R&D 经费投入方面也是一样。所以在发展高技术产业创新能力方面，内蒙古、云南和新疆的投入力度明显不足。

4. 区域高技术产业创新产出能力的评价

利用上述同样的方法，经具体计算得到了区域高技术产业 2001~2005 年的创新产出能力评价值（表 7-8）。

表 7-8　2001~2005 年区域高技术产业创新产出能力的评价值（W_{s2}）

区域（s）	2001 年	2002 年	2003 年	2004 年	2005 年
北京	46.005 5	35.255 7	25.709 5	25.065 7	15.445 2
天津	23.038 8	27.346 0	32.099 1	36.559 8	19.033 5
河北	3.235 9	1.541 6	1.868 4	2.949 6	2.426 7
内蒙古	0.054 2	0.122 7	0.196 9	0.288 7	0.113 0
吉林	1.453 3	1.536 1	1.454 6	2.212 8	0.998 5
黑龙江	8.219 3	7.835 0	4.545 3	4.478 7	4.940 0
上海	40.436 9	48.535 7	41.676 9	45.951 3	39.303 4
江苏	34.131 0	43.345 2	33.813 4	28.316 8	23.490 3
浙江	11.710 9	12.569 8	18.955 7	19.566 4	16.091 4
福建	16.338 3	18.989 0	33.579 5	34.169 2	30.934 5
江西	2.069 3	2.377 8	1.552 1	1.969 2	2.099 3
山东	16.441 6	18.981 5	15.232 6	18.056 5	13.045 7
湖北	2.569 7	3.275 8	1.329 6	3.512 1	2.736 3
湖南	3.748 6	3.208 2	1.932 9	2.673 7	1.455 6
广东	99.910 0	97.602 5	99.910 0	99.910 0	99.910 0
重庆	2.918 6	3.105 8	2.863 5	2.767 0	2.424 0
贵州	1.806 9	1.579 3	2.288 2	2.527 1	1.428 9
云南	3.071 3	2.924 9	2.468 8	1.966 5	1.192 4
陕西	7.872 4	6.119 4	7.776 4	6.214 1	6.268 1
甘肃	1.026 5	0.307 6	0.322 9	0.542 3	0.391 2
新疆	0.143 2	0.136 0	0.069 4	0.115 8	0.109 8

通过表7-8可以看出，首先，2001~2005年，广东的高技术产业创新产出能力评价值也是一直处于全国第一位，但是陕西的高技术产业创新产出能力评价值在2001~2005年却均小于10，与广东、上海、江苏、北京、天津、福建几个区域之间存在很大的差距。从评价指标来看，广东的高技术产业在新产品产值、新产品销售利润、新产品出口销售收入、专利申请数和专利拥有数等方面在全国都占有绝对优势，而陕西却处于中下水平。以高技术产业的新产品出口销售收入为例，2001~2005年广东分别是24 444 642万元、1 986 753万元、4 383 558万元、7 735 892万元和10 595 446万元，而陕西则只有7382万元、20 890万元、22 494万元、24 388万元和23 913万元。

其次，天津和福建两区域的高技术产业创新产出能力评价值在2001~2004年呈现逐年递增的趋势。在2001~2005年天津和福建高技术产业的新产品产值和新产品出口销售收入的增速也非常快。特别是在2004年，天津高技术产业的新产品产值和新产品出口销售收入分别是9 166 302万元和5 557 449万元，仅次于广东的15 028 480万元和7 735 892万元。福建高技术产业的新产品产值和新产品出口销售收入在2004年分别是4 779 840万元和3 163 394万元，仅次于广东、天津和上海。

5. 区域高技术产业创新支撑能力的评价

利用上述同样的方法，经具体计算得到了区域高技术产业2001~2005年的创新支撑能力评价值（表7-9）。

表7-9　2001~2005年区域高技术产业创新支撑能力评价值（W_{s3}）

区域（s）	2001年	2002年	2003年	2004年	2005年
北京	66.577 0	38.415 6	52.333 1	45.366 8	51.548 3
天津	63.689 2	62.481 9	47.651 6	66.005 5	67.476 7
河北	45.193 6	30.255 3	29.193 1	18.612 4	26.531 8
内蒙古	42.181 3	53.779 3	33.261 2	34.764 6	35.053 9
吉林	25.570 0	23.741 1	25.487 9	21.941 8	25.565 4
黑龙江	31.609 6	42.661 2	39.756 4	8.848 1	49.842 8
上海	69.101 2	51.719 4	86.304 3	69.488 5	56.173 3
江苏	49.283 9	47.480 1	77.358 8	57.476 9	60.363 1
浙江	34.610 4	28.412 2	38.678 2	28.049 4	28.143 1
福建	63.631 3	71.227 5	66.374 3	53.750 6	49.340 9

续表

区域 (s)	2001年	2002年	2003年	2004年	2005年
江西	28.126 0	31.230 7	14.021 7	18.994 6	27.576 5
山东	61.180 8	53.443 0	41.928 8	37.774 6	45.394 3
湖北	46.642 6	21.298 0	28.045 1	16.087 5	58.971 1
湖南	21.412 9	28.674 9	24.687 9	19.884 8	28.909 7
广东	82.979 4	67.876 1	79.545 2	63.723 0	56.043 5
重庆	34.092 4	16.714 3	25.177 1	24.677 6	29.499 2
贵州	13.922 7	32.875 5	18.176 5	19.665 1	22.321 5
云南	49.930 2	34.263 6	8.156 2	21.396 0	22.216 1
陕西	39.188 9	29.456 1	26.282 1	29.867 8	24.766 1
甘肃	43.656 8	13.182 0	16.830 1	13.770 1	15.027 4
新疆	4.157 1	0.100 0	13.208 7	47.157 4	16.552 4

通过表 7-9 可以看出，在 2001~2005 年每个区域的高技术产业创新支撑能力评价值的波动都很大，特别是内蒙古、黑龙江、湖北、云南、甘肃和新疆这五个区域。另外，北京、天津、上海、江苏、福建和广东这六个区域的高技术产业创新支撑能力评价值比较高，广东在 2001 年最高，福建在 2002 年最高，上海在 2003 年和 2004 年最高，天津在 2005 年最高。

从评价指标来看，在高技术产业的劳动生产率方面，北京在 2001 年和 2003 年最高，分别为 14.74 万元/人·年和 17.45 万元/人·年；天津在 2002 年、2004 年和 2005 年最高，分别为 18.25 万元/人·年、21.26 万元/人·年和 22.29 万元/人·年。

在高技术产业固定资产原价方面，广东在 2001 年、2003 年、2004 年和 2005 年值最高，分别为 665.7593 亿元、1100.8583 亿元、1501.8099 亿元和 1684.9151 亿元。

6. 区域高技术产业创新能力的综合评价

利用表 7-6 中的指标体系和表 7-7~表 7-9 中的结果及公式 $W_s = \sum_{i=1}^{3} W_{si} \times Q_i$，经具体计算就得到了 21 个区域高技术产业 2001~2005 年的综合评价值（表 7-10）。

表 7-10 2001～2005 年区域高技术产业创新能力的综合评价值及排序（W_s）

排名	2001 年	2002 年	2003 年	2004 年	2005 年
1	广东（89.179 6）	广东（80.960 0）	广东（84.335 7）	广东（80.462 9）	广东（78.736 0）
2	上海（50.396 3）	上海（48.080 1）	上海（57.527 6）	上海（50.813 9）	江苏（43.253 2）
3	北京（47.100 2）	江苏（43.759 5）	江苏（51.083 2）	江苏（40.661 8）	上海（42.049 2）
4	江苏（40.916 4）	山东（37.402 7）	福建（36.050 8）	天津（37.585 3）	天津（34.134 4）
5	陕西（37.613 9）	北京（34.451 5）	北京（33.615 0）	北京（32.343 7）	福建（31.192 5）
6	山东（34.495 8）	福建（31.951 4）	陕西（29.808 9）	福建（31.613 7）	北京（28.467 5）
7	天津（30.904 0）	天津（31.832 5）	天津（29.000 8）	陕西（29.673 0）	黑龙江（27.051 5）
8	福建（29.369 7）	陕西（30.243 6）	浙江（27.153 0）	山东（26.062 5）	山东（26.859 0）
9	湖北（21.809 2）	黑龙江（23.667 0）	山东（26.925 8）	浙江（25.135 5）	湖北（26.585 5）
10	浙江（20.868 7）	贵州（19.961 9）	黑龙江（21.095 1）	新疆（14.573 2）	浙江（25.719 0）
11	江西（19.997 4）	浙江（18.865 8）	湖北（15.071 6）	湖北（14.045 2）	陕西（24.406 0）
12	甘肃（19.971 6）	湖南（16.632 7）	重庆（14.362 8）	重庆（13.809 2）	重庆（16.211 1）
13	黑龙江（19.739 9）	内蒙古（16.191 7）	河北（14.346 8）	贵州（12.828 0）	江西（15.840 4）
14	河北（18.229 0）	江西（14.549 9）	湖南（13.751 9）	江西（12.779 7）	湖南（15.555 3）
15	云南（17.506 0）	湖北（14.815 5）	贵州（13.700 9）	河北（11.166 9）	贵州（14.670 3）
16	重庆（17.097 9）	河北（13.963 6）	甘肃（12.229 9）	湖南（10.891 5）	河北（13.821 4）
17	湖南（14.166 1）	云南（13.411 0）	吉林（10.941 7）	内蒙古（10.737 1）	吉林（11.458 7）
18	贵州（14.006 4）	重庆（12.217 9）	内蒙古（10.078 3）	黑龙江（10.514 4）	内蒙古（10.965 0）
19	内蒙古（12.748 7）	甘肃（12.017 0）	江西（9.222 2）	吉林（10.404 5）	甘肃（8.646 3）
20	吉林（11.675 2）	吉林（11.229 8）	云南（4.555 1）	云南（8.372 4）	云南（8.310 1）
21	新疆（2.429 4）	新疆（0.879 1）	新疆（4.243 9）	甘肃（6.923 0）	新疆（6.469 6）

从表 7-10 来看，在 2001～2005 年基本稳固在前五名的区域主要是广东、上海、江苏和北京这四个区域。其中，广东一直处于第一位，这说明广东的高技术产业创新能力非常强，跟别的区域相比具有绝对优势；江苏的排名在不断提高，从 2001 年的第四名上升到 2005 年的第二名；而北京的排名则是在不断下降，从 2001 年的第三名下降到 2005 年的第六名。另外，陕西、山东、福建、天津这四个区域也都曾跻身到过前五名。这说明各地区在高技术产业的创新能力的竞争比较激烈。

高技术产业创新能力相对比较弱的区域主要是新疆、云南、内蒙古和吉林。因为这四个区域的高技术产业创新能力综合评价值基本处于最后五位。新疆有四次倒数第一，云南有三次倒数第二，吉林有两次倒数第二等。另外，贵州、重庆、江西、黑龙江和甘肃也都曾落在过后五名里面。

7. 结论与建议

第一，各地高技术产业创新能力差距显著，高技术产业发展呈现出集群创新，应进一步推进产业集聚。2001~2005年，高技术产业总产值、增加值、销售收入、R&D、专利产出等各项指标，广东、上海、江苏和北京四区域之和基本上占到全国的60%以上。这四个区域不仅有较强的创新投入能力和创新产出能力，还有良好的创新支撑条件。另外，2005年这四个区域的高技术产业技术改造经费和、技术引进经费和与消化吸收经费和分别占到全国的29.02%、58.95%和33.79%。这四个区域的高技术产业通过技术引进、利用外资等方式，实现了技术积累，具备了自主创新的条件和能力，可以实现从模仿创新向自主创新的战略转变，提升我国高技术产业的国际竞争力。

第二，各地应根据本地的资源优势和产业优势，合理确定重点发展产业，高技术产业发展不宜一哄而起、遍地开花，应避免重复建设造成的资源浪费。高技术产业创新能力强的广东、上海、江苏和北京把高技术产业作为"十一五"期间的重点发展产业，不仅可以发挥区域优势和创新优势，还可以带动区域经济的发展。而内蒙古、云南、新疆和吉林等地，尽管当地政府制定许多优惠政策来鼓励发展高技术产业，但是实际效果不理想，高技术产业创新能力普遍较弱。这四个区域的高技术产业正处于发展中，尚未形成相当的产业规模，产业带动力还不强，也尚难在工业增长中充分发挥先导作用。2005年这四个区域高技术产业的总产值之和、增加值之和、销售收入之和占全国高技术产业的比重分别为1.09%、1.73%和0.94%。所以这四个区域不适合把高技术产业作为"十一五"期间的重点产业来发展。而是应该结合地区的实际来制定创新战略，发展一些特色产业，以此创造出不同的创新业绩，避免产业结构趋同现象更加严重，否则不利于我国国民经济健康和谐发展。

第三，促进高技术产业创新扩散，形成高技术产业区域分工与协作的新格局。天津、福建、山东、陕西等区域虽然高技术产业创新能力的综合结果没有广东、上海、江苏、北京高，但这些区域在某些高技术产业部门发展方面还是比较有优势的。陕西是我国航空工业最集中的地区，建有国内唯一的航空高技术产业基地，已形成集飞机研究设计、生产制造、试飞鉴定和教育培训为一体的产业体系。2001~2005年陕西航空航天制造业部门的总产值占全国的比重分别是18.88%、18.83%、18.88%、24.74%、20.28%。浙江2005年医疗设备及仪器仪表制造业的R&D经费内部支出、科技活动人员、科技活动经费筹集额、新产品产值及新产品销售收入占全国的比重分别为24.71%、12.27%、23.56%、

33.01%和32.41%，远高于其他区域。山东2005年的医药制造业增加值占山东高技术产业的增加值和全国医药制造业增加值的比重分别是32.91%和11.48%，也显示了山东在发展医药制造业方面的优势。

另外，在充分发挥广东、上海、江苏和北京高技术产业集群创新优势的同时，也要适度延长产业链，实现技术、创新能力和高技术产业从东向西、从南至北的梯度转移。

第四，加强高技术产业创新管理，提高创新投入的产出效益。从高技术产业投入产出情况看，有些区域的创新能力没有得到充分发挥。如陕西高技术产业的创新投入能力比较强，仅次于广东省，但其创新产出能力和创新支撑能力相对比较低。随着我国对外开放的深入开展和经济发展进入新阶段，以陕西为龙头的西部地区应不断提高劳动者素质和原创性技术创新能力，大力推进市场化进程，提高经济发展的市场化水平，培育和完善市场体制，注重中间技术的消化吸收和利用。

7.2.3 高技术产业创新能力演变历程和影响因素

提高高技术产业的创新能力应该遵循高技术产业技术能力演化的规律，找准提高高技术产业技术创新能力的立足点，从而制定恰当的培育企业创新能力的战略与方法。高技术产业创新能力演化的研究有助于我们认识高技术产业创新能力的形成和发展过程。陈权宝和聂锐（2005）利用全局主成分分析方法对由国有企业构成的5个具体产业的技术创新能力的演化过程进行了分析。本书7.2.1和7.2.2两小节建立了由创新投入能力、创新产出能力、创新支撑能力3个一级指标和8个二级指标构成高技术产业创新能力评价指标体系，并运用该体系对我国17个细分的高技术产业部门的技术创新能力和省级区域高技术产业技术创新能力进行了实证评价。本小节通过近10年来湖北省高技术产业创新能力的评价以及评价值的变动，揭示高技术产业创新能力演化的规律，并寻求影响高技术产业创新能力演化的因素。

1. 湖北省高技术产业创新能力的年度评价

揭示湖北省高技术产业创新能力的演变规律，有必要对湖北省历年的高技术产业创新能力进行评价，而评价的前提是建立评价指标体系。评价指标体系的建立涉及评价指标的选择及其权重的确定。本书运用我们建立的由创新投入能力、创新产出能力、创新支撑能力3个一级指标、8个二级指标和15个三级指标构成的高技术产业创新能力评价指标体系，以及湖北省高技术产业创新能力评价值计

算公式 (7-1),对湖北省 1995~2005 年高技术产业创新能力进行评价,经具体计算,得到湖北省历年高技术产业创新能力评价值和创新能力演化图(表 7-11 和图 7-2)。

表 7-11 湖北省历年高技术产业创新能力评价值

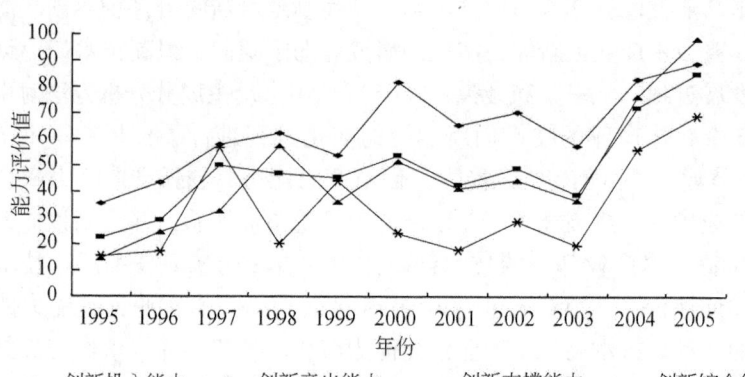

时 间	创新投入能力（W_1）	创新产出能力（W_2）	创新支撑能力（W_3）	创新综合能力（W_h）
1995	35.552 1	15.398 8	14.472 9	22.686 2
1996	43.506 3	17.157 4	24.696 1	29.237 3
1997	58.022 0	56.609 2	32.428 6	50.085 5
1998	62.262 7	20.112 1	57.308 6	46.768 8
1999	53.759 1	43.989 2	36.127 2	45.359 6
2000	81.652 4	24.086 1	51.482 9	53.665 1
2001	65.553 7	17.810 4	41.031 9	42.487 8
2002	70.303 3	28.492 2	44.421 3	48.817 9
2003	57.550 5	19.459 1	36.712 8	38.776 2
2004	82.722 8	55.903 8	76.364 7	71.929 4
2005	88.849 6	68.761 2	98.336 6	84.921 5

图 7-2 湖北省高技术产业创新能力的演化历程

湖北省高技术产业创新能力评价值的计算公式为

$$W_h = \sum_{i=1}^{3} \left[\left(\sum_{j=1}^{4} W_{ijk} \cdot Q_{ijk} \right) \cdot Q_{ij} \right] \cdot Q_i$$

$(i=1,2,3; j=1,2,3,4; k=1,2,3)$ (7-1)

式中，$W_h = \sum_{i=1}^{3} W_i \cdot Q_i$ 为湖北省高技术产业创新能力综合评价值，$i=1,2,3$ 分别为创新投入能力、产出能力和支撑能力；Q_i 为一级指标权重；$W_i = \sum_{j=1}^{4} W_{ij} \cdot Q_{ij}$ 为湖北省高技术产业创新投入能力、产出能力和支撑能力评价值，$j=1,2,3,4$ 分别为湖北省高技术产业创新投入能力、产出能力和支撑能力的二级指标；Q_{ij} 为二级指标权重；$W_{ij} = \sum_{k=1}^{3} W_{ijk} \cdot Q_{ijk}$ 为湖北省高技术产业创新投入能力、产出能力和支撑能力的二级指标评价值，$k=1,2,3$ 分别为湖北省高技术产业创新投入能力、产出能力和支撑能力的三级指标；Q_{ijk} 为三级指标权重。

2. 湖北省高技术产业创新能力的演化历程

通过表7-11和图7-2，可以清楚地看出，1995～2005年，湖北省高技术产业的创新能力经历了三个阶段的演化，即创新模仿阶段、创新积累阶段和自主创新阶段。

第一阶段，湖北省高技术产业创新模仿阶段。1995～1997年，是湖北省高技术产业创新能力模仿提升阶段。在这个阶段，湖北省高技术产业的创新投入能力、产出能力和支撑能力都有一定幅度的提高。湖北省高技术产业的R&D经费由1995年的5125万元上升至1997年的10 629万元；R&D经费投入强度1995年和1997年均不足1%；技术引进经费由870万元上升至7889万元，消化吸收经费由25万元上升至185万元。此外，湖北省高技术产业引进技术的消化吸收不够，自主创新能力不强，每年消化吸收经费占技术引进经费的比重只有2%左右，远低于全国的平均水平（全国1997年为15.11%）。1995～1997年湖北省高技术产业的专利申请数只有35项，专利授权数更少，只有19项。1997年的技术依存度高达42.61%。所以，1995～1997年对湖北来说，其高技术产业处于模仿创新阶段。

模仿创新具有资本投入少、技术要求低、创新时间短、风险小的优势。模仿创新以现有先进产品和工艺为对象，避免了研究开发的大量投入和风险。1950～1970年，日本只花了100多亿美元，几乎掌握了世界各国在半个世纪内研究开发的全部科技成果，节省了大量时间和资金。韩国、新加坡也是靠模仿创新使经济腾飞。所以，对这个阶段湖北的高技术产业来说，模仿创新也是一种比较好的路径。

第二阶段，湖北省高技术产业创新积累阶段。1998～2003年，是湖北省高技术产业创新能力的积累阶段。在这个阶段，湖北省高技术产业的创新投入明显增加。R&D经费总额达到了183 339万元，是第一阶段的7.17倍；科技活动人员的总额达到了 53 995 人；技术引进经费达到了 47 891 万元，是第一阶段的 4.21 倍；消化吸收经费达到了 3457 万元，是第一阶段的 13.83 倍，技术依存度也由 1998 年的 40.55% 下降为 2003 年的 10.81%。但是湖北省高技术产业的创新产出指标却没有同比例的增长，反而有所下降。新产品产值、新产品销售利润、新产品出口销售收入在 1998 年分别是 380 122 万元、87 378 万元和 27 153 万元，而 2003 年却下降到了 83 186 万元、16 924 万元和 7994 万元。

通过创新能力的积累可以使湖北省高技术产业由模仿创新为主走向以自主创新为主。Rosenberg 提出最初"技术积累"的概念，后经 Pavitt 等完善。Pavitt 强调指出，技术的发展和变革是一个连续渐进的过程，技术的积累是发展和应用新技术，并根据经验，不断进行提炼和调整的过程。

第三阶段，湖北省高技术产业自主创新阶段。2003~2005 年，是湖北省高技术产业创新能力自主提高阶段。在这个阶段，湖北省高技术产业技术依存度在 2004 年和 2005 年下降为 1.95% 和 2.57%，R&D 经费在 2005 年的增加到了 63 366 万元，科技活动人员在 2005 年也提高到了 12 366 人。消化吸收经费占技术引进经费的比重在 2004 年是 38.99%，远高于全国的 11.18%。专利申请数和专利授权数也有大幅提高，在 2005 年分别是 409 项和 160 项。所以，在这个阶段，湖北省高技术产业的创新能力得到快速提升，由模仿创新向自主创新转化。

自主创新有利于湖北省高技术产业创新主体在一定时期内掌握和控制某些高技术产品或工艺的核心技术，带动一批新产品的诞生，推动新兴产业的发展。同时，也有利于创新高技术企业更早积累生产技术和管理经验，获得产品和质量控制方面的经验。

3. 影响湖北省高技术产业创新能力演变的因素

是什么因素影响了湖北省高技术产业创新能力的演变，这是需要进一步探索也是更有价值的问题。通过对湖北省高技术产业发展历程的分析，影响高技术产业创新能力演变的因素很多，但主要有以下三个因素。

其一，创新投入的大幅增加。美国、日本、德国、英国等创新型国家研发投入占 GDP 的比例一般在 2% 以上，科技进步贡献率高达 70% 以上，自主创新能力强，国家的对外技术依存度指标通常在 30% 以下。可见，创新投入的增加对创新能力的提高起着很重要的作用。湖北省高技术产业创新能力的演变历程表明，湖北省高技术产业创新能力提升的主要因素是创新投入的大幅增加。R&D 经费、科技活动人员是高技术产业进行自主创新的基础，湖北省高技术产业的 R&D 投入在 1995 年时只有 5125 万元，到 2005 年已增加到了 63 366 万元，10 年增长了12.36倍；消化吸收经费也由1995年的25万元增加到2005年的280万元，10年增长了11.2倍；仪器设备费用由1995年的2389万年增加到2005年的25 131万元，10年增长了10.52倍；科技活动人员平均经费也由1995年的1.54万元/人增加到2005年的8.89万元/人，10年间增长了5.78倍。另外，高技术产业部门的劳动生产率也得到大幅的提高，由1995年的1.38万元/人·年提高到2005年的13.63万元/人·年，10年增长了9.88倍。

其二，科技创新平台建设与管理的加强。科技创新平台是集聚创新要素的重要载体，是激活创新资源的重要措施，是转化创新成果的有效途径，创新平台建设的加快是促进湖北省高技术产业创新能力提高的有效保障。湖北省拥有丰富的科教资源，湖北省高校通过与企业合作、技术转移、为企业提供技术咨询与服务而发挥服务社会的功能。截至2006年，湖北省建设国家实验室和国家重点实验室15个，居全国高校第三；拥有国家工程（技术）研究中心14个，居全国高校第二位；拥有教育部重点实验室、国家级企业技术中心、国家级技术转移中心等都在全国名列前茅。武汉东湖高新技术开发区被批准为国家光电子信息产业化基地，武汉大学、华中科技大学等高校联合建设了东湖开发区国家大学科技园。这些科技创新平台有利于湖北省高技术企业优化和集成科技资源、开展科技创新活动、推广科技成果，提高自主创新能力的建设。中部地区通过发掘网络技术创新，完善网络服务功能，提高网络服务水平和质量，建立了区域性信息共享网络平台。高技术企业通过区域性信息共享网络平台进行技术创新，推出新技术、新产品、新组织与新生产方法，在新技术的推广或扩散过程中，对外产生辐射和带动。

其三，创新环境因素的制约。与我国其他发达地区相比，湖北省高技术产业的创新能力仍显不强。2001~2005年，湖北省高技术产业创新能力在全国的排名分别是第9位、15位、11位、11位和9位。2005年广东省高技术产业的科技活动人员投入、R&D投入、新产品产值和专利授权数等分别是湖北省的6.53倍、19.04倍、132.96倍和19.98倍。天津高技术产业的技术引进经费和消化吸收经费分别是湖北省的148.81倍和564.39倍。产生如此大差距的重要原因是湖北省高技术产业创新环境因素的制约。据科技进步统计监测结果，"十五"期间，湖北省科技进步环境指数一直较低，低于全国平均水平（47.11%），2004年居全国第21位，2005年下降到第25位，与湖北省科技和经济的实际水平不完全协调。湖北是一个教育大省，培养了大量的大学毕业生（包括硕士、博士），但由于湖北经济优势不明显，用人环境不宽松，对高素质人才缺乏吸引力和凝聚力，致使湖北省的优秀人才纷纷外流。另外，科研开发水平高而科技成果产业化水平低的这一巨大反差，也反映出湖北省高技术产业创新能力环境因素的制约。

7.3 中国高技术产业的创新效率

高技术产业是研究与开发密集型产业，其最大特点就是高研发投入、高创新性。目前，我国高技术产业规模和出口总额已跃居世界前两位，发展进入了新阶段。高技术产业发展对经济增长的带动作用日益增强，大力发展对经济增长有突破性带动作用的高技术产业是实现我国经济持续、稳定、健康发展的重要战略举措。近十几年来，我国高技术产业快速发展，有力地促进了产业结构调整，已成为国民经济新的增长点。但是，我国高技术产业发展仍然面临很多问题如技术创新能力不强，研发投入不足，高技术人才短缺，创新效率低下等。值得注意的是，一味增加创新投入而忽视创新效率问题是不符合自主创新的发展要求的，因为创新的目的是为了提高效率，但是如果创新的过程本身缺乏效率的话，就弱化了创新的意义。那么如何对我国高技术产业的创新效率进行评价并提出相应的改进对策将是我国高技术产业发展的关键问题。

国内有很多学者关于创新效率评价进行了相关的研究。赵国杰和张芳洁 (2004) 运用 RPM 方法对我国东、中、西部高技术产业资源配置的有效性进行分析，并提出优化资源配置建议。龙勇和纪晓锋 (2005) 利用 DEA 方法对 1995～2002 年高技术产业逐年的技术效率和规模效益进行实证分析。吴瑛和杨宏进 (2006) 考虑物价因素和科技资源投入的滞后性与累积性，以 R&D 经费存量值代替当年值，用 DEA 模型计算出 1995～2004 年我国高技术产业的科技资源配置效率，发现高技术产业的发展与科技资源投入之间的关系并不协调，指出高技术产业中不同行业的结构变化将影响整个产业的科技配置效率。本小节运用评价规模有效性和技术有效性的 C^2R 模型和评价技术有效性的 C^2GS^2 模型，对我国高技术产业的 17 个细分行业创新效率进行分析，比较行业间的差异，分析其原因，进而提出提高高技术产业创新效率的措施。

7.3.1 高技术产业创新效率评价模型

DEA 方法在投入产出效率评价中已得到广泛运用。DEA 是数据包络分析 (data envelopment analysis) 的简称，是 A. Charnes 和 W. W. Cooper 等以相对效率概念为基础，提出的一种衡量多投入、多产出决策单元 (decision making uint, DMU) 相对效率的方法。其实质是根据一组关于输入输出的观察值来估计有效生产的前沿面,并以此进行多目标技术效率评价。自 1978 年提出第一个 DEA 模型 C^2R 以来,已有多种派生的或专用的 DEA 模型,这些模型虽然在形式上和功能上略有差别,但基本思想都是相同的。

DEA 方法的基本思路:通过对投入产出数据的综合分析,确定有效生产前沿面,并根据各决策单元与有效生产前沿面的距离状况,确定各决策单元是否为 DEA 有效,并指出其他决策单元非 DEA 有效的原因及改进的方向和程度。该方法的优点:第一,模型采用最优化方法内定权重,避免了在统计平均意义上确定各指标权重所带来的主观性;第二,无需预设输入与输出的具体函数关系;第三,不必计算综合投入量和综合产出量,避免了各指标量纲不一致而带来的度量困难;第四,通过设立线性规划模型得出相对有效的方法,比绝对有效更具实际意义。

高技术产业本身是一个创新投入和产出系统,投入的是人力、物力和财力,这些投入经过高技术产业各个要素之间的相互作用,转化为创新产出。因此,结合样本数据的可获得性和 DEA 模型检验结果的有效性,本文对高技术行业的创新效率评价与分析时选取输入指标(X)的依据是研发的人力投入、资金投入,以及原始创新、模仿创新和消化吸收创新,而输出指标(Y)的选取依据是创新的直接成果和价值体现。其投入产出指标体系如表 7-12 所示。

表 7-12 我国高技术产业创新效率评价的投入产出指标体系

指标体系	项目	变量名称	解释
投入指标	人力资源	X_1	R&D 活动人员折合全时当量/(人/年)
	科技经费	X_2	R&D 经费内部支出/万元
		X_3	技术改造经费支出/万元
		X_4	技术引进经费支出/万元
		X_5	吸收经费支出/万元
产出指标	创新成果	Y_1	专利授权数/项
	价值体现	Y_2	新产品销售收入/万元

考虑到创新资源投入的滞后性,从研发到获得新的技术知识,将其用于生产,要经过一定时间,因此当年的创新资源投入并不会马上带来经济效益,会在今后一段时间内对产出发挥作用。本书中创新投入指标取 2005 年数据,创新产出指标取 2006 年数据。根据科技部制定的高技术产业分类方案,我国高技术领域包括医药制造业、航空航天制造业、电子及通信设备制造业、电子计算机及办公设备制造业以及医疗器械及仪器仪表制造业五类产业。本书选取这五类高技术产业中的 17 个行业进行分析,各个高技术行业的创新投入与产出的原始数据如表 7-13 所示。

表 7-13　创新投入与产出的原始数据

变量	投入指标					产出指标	
	X_1 R&D活动人员折合全时当量/(人/年)	X_2 R&D经费内部支出/万元	X_3 技术改造经费支出/万元	X_4 技术引进经费支出/万元	X_5 消化吸收经费支出/万元	Y_1 专利授权数/项	Y_2 新产品销售收入/万元
化学药品制造	12 574	273 832	299 639	28 159	31 449	717	4 030 313
中药材及中成药加工	4 976	91 512	115 426	4 874	3 417	1 042	1 237 459
生物制品制造	1 534	22 955	14 754	151	55	119	221 846
飞机制造及修理	27 720	239 156	353 441	28 933	1 438	226	3 006 429
航天器制造	2 150	38 813	15 478	1 436	0	2	44 002
通信设备制造	49 679	1 196 585	80 990	198 733	166 912	1 713	17 708 892
雷达及配套设备制造	1 810	24 472	17 859	14	0	4	469 829
广播电视设备制造	1 740	18 105	12 355	833	326	14	221 253
电子器件制造	15 211	328 721	160 201	200 662	15 915	783	4 896 484
电子元件制造	13 672	257 997	233 566	106 226	8 779	528	3 917 878
家用视听设备制造	11 573	500 884	102 632	155 500	34 519	729	14 153 090
其他电子设备制造	1 407	20 401	4 316	3 067	11	36	367 396
电子计算机整机制造	7 452	211 999	15 313	41 904	5 447	180	18 891 472
电子计算机外部设备制造	8 943	207 560	35 001	52 436	1 533	974	9 949 934
办公设备制造	1 089	14 921	3 439	20 325	1 815	20	789 682
医疗设备及器械制造	1 262	34 481	12 635	30	49	202	368 768
仪器仪表制造	9 870	131 381	101 982	2 270	3 257	765	2 004 348

资料来源：根据《中国高技术产业统计年鉴》(2007年) 中相关数据整理所得

7.3.2　模型的建立

高技术产业中有 n 个行业（即 n 个决策单元，这里 $n=17$），每个高技术行业有 m 种生产要素投入（$m=5$）和 s 种产出（$s=2$）。$X_j = (x_{1j}, x_{2j}, \cdots, x_{mj})^T$ 和 $Y_j = (y_{1j}, y_{2j}, \cdots, y_{sj})^T$（其中 $j=1, 2, \cdots, n$）分别为第 j 个高技术行业的创新投入和产出向量。则第 j 个高技术行业的创新效率可表示为

$$h_j = \frac{u^T Y_j}{v^T X_j}, \quad j = 1, 2, \cdots, n$$

式中，变量 u 和 v 分别为 m 种高技术行业的创新投入和 s 种创新产出所对应的权向量。若求解出 u 和 v，即可得出创新效率值。

DEA 模型的分式规划形式为

$$\begin{cases} \max h_0 = u^T Y_0 \\ \text{s.t.} \ v^T X_j - u^T Y_j \geq 0, j = 1, 2, \cdots, n \\ v^T X_o = 1, \\ u \geq 0; v \geq 0 \end{cases}$$

对该规划进行线性变换和对偶变换后，一般模型为

$$\begin{cases} \min \theta \\ \text{s.t.} \ \sum_{j=1}^{n} x_j \lambda_j + S_j^- = x_0 \theta \\ \sum_{j=1}^{n} y_j \lambda_j - S_j^+ = y_0 \\ \delta \sum_{j=1}^{n} \lambda_j = \delta \\ \lambda_j \geq 0, S_j^+ \geq 0, S_j^- \geq 0, \delta = 0 \text{ 或 } 1 \end{cases}$$

式中，θ（$0 \leq \theta \leq 1$）为第 j 个高技术行业的创新效率评价值；S^{j-} 为第 j 个高技术行业创新投入指标的松弛变量，表示投入冗余；S^{j+} 为第 j 个高技术行业创新产出指标的松弛变量，表示产出不足；λ_j 为第 j 个高技术行业的决策变量。当 $\theta=1$，$S^{j-}=0$，$S^{j+}=0$ 时为 DEA 有效，当 $\theta=1$，$S^{j-}>0$，$S^{j+}>0$ 时为弱 DEA 有效，当 $\theta<1$ 时为 DEA 无效。当 $\delta=0$ 时，规划为 C^2R 模型；当 $\delta=1$ 时，规划为 C^2GS^2 模型。

在 C^2R 模型下的 DEA 有效的决策单元，从生产函数角度讲，既是技术有效的，也是规模有效的，也称为 DEA 综合有效。而在 C^2GS^2 模型下的 DEA 有效仅是技术有效，而不一定是规模有效。如果对于同一组决策单元，综合使用上述两个模型，就可以进一步弄清每个 DMU 的规模有效性和技术有效性问题。

7.3.3 实证分析

运用建立的 DEA 模型和方法，采用 WinQSB 软件对 2006 年我国 17 个高技术行业的创新效率进行实证分析。C^2R 模型和 C^2GS^2 模型计算结果如表 7-14 和表 7-15 所示。

表 7-14 C^2R 模型输出结果

DMU	c^2ste	S^{1-}	S^{2-}	S^{3-}	S^{4-}	S^{5-}	S^{1+}	S^{2+}
化学药品制造	0.363 4	0	1 731.9	31 135.5	0	8 309.4	0	0
中药材及中成药加工	1.000 0	0	0	0	0	0	0	0
生物制品制造	1.000 0	0	0	0	0	0	0	0
飞机制造及修理	0.338 1	5 142.8	0	88 300.2	0	0	0	0
航天器制造	1.000 0	0	0	0	0	0	0	0
通信设备制造	0.761 4	0	0	0	0	0	1 713.0	17 708 890
雷达及配套设备制造	1.000 0	0	0	0	0	0	0	0
广播电视设备制造	0.374 0	288.0	0	1 458.1	0	78.9	0	0
电子器件制造	0.376 6	0	50 625.2	54 708.0	201 694.2	28 549.2	0	0
电子元件制造	0.313 7	0	0	0	0	0	528.0	3 917 878
家用视听设备制造	0.712 4	0	151 396	0	76 395.4	18 987.5	0	0
其他电子设备制造	1.000 0	0	0	0	0	0	0	0
电子计算机整机制造	1.000 0	0	0	0	0	0	0	0
电子计算机外部设备制造	1.000 0	0	0	0	0	0	0	0
办公设备制造	0.685 1	363.4	0	1 333.8	11 742.5	1 034.8	0	0
医疗设备及器械制造	1.000 0	0	0	0	0	0	0	0
仪器仪表制造	0.965 2	4 729.7	0	45 060.3	0	2 408.0	0	0

表 7-15 C^2GS^2 模型输出结果

DMU	c^2gs^2te	Scale	S^{1-}	S^{2-}	S^{3-}	S^{4-}	S^{5-}	S^{1+}	S^{2+}
化学药品制造	0.365 8	2.483 2	0	524.1	33 052.0	215.0	8 465.1	0	0
飞机制造及修理	0.659 8	5.040 8	15 760.4	94 146.1	215 921.8	13 168.5	0	0	0
通信设备制造	1.000 0	2.323 1	0	0	0	0	0	0	0
广播电视设备制造	1.000 0	0.523 3	0	0	0	0	0	0	0
电子器件制造	0.381 0	2.073 6	0	0	6 493.1	48 591.8	3 965.5	0	0
电子元件制造	0.325 4	2.080 0	457.2	0	17 772.7	21 025.7	0	0	0
家用视听设备制造	1.000 0	1.780 0	0	0	0	0	0	0	0
办公设备制造	1.000 0	0.070 8	0	0	0	0	0	0	0
仪器仪表制造	1.000 0	0.157 4	0	0	0	0	0	0	0

其中，c^2ste 表示 C^2R 模型下的 DEA 效率值，c^2gs^2te 表示 C^2GS^2 模型下的 DEA 效率值。Scale 为规模效益值 S^{s+} 表示第 s 个创新产出的不足量、S^{m-} 表示第 m 个创新投入的冗余量。

根据计算结果，可以将 17 个高技术行业分类如下。

1. DEA 有效

从表 7-14 可以看出，C^2R 模型下的 DEA 效率值为 1 的高技术行业有 8 个，分别是中药材及中成药加工业、生物制品制造、航天器制造业、雷达及配套设备制造、其他电子设备制造业、电子计算机整机制造业、电子计算机外部设备制造业、医疗设备及器械制造业。这些行业的创新投入产出比例合适，创新效率达到了相对最优化，处于 DEA（综合）有效状态即技术有效且规模有效。

2. 非 DEA 有效

C^2R 模型输出结果中，DEA 效率值介于 0.8 以上的行业有 1 个，是仪器仪表制造业（0.9692）；介于 0.6~0.8 的行业有 3 个，分别是通信设备制造业（0.7614）、家用视听设备制造业（0.7124）和办公设备制造业（0.6851）；处于 0.5 以下的行业有 5 个，分别是广播电视设备制造业（0.3740）、电子器件制造业（0.3766）、化学药品制造业（0.3634）、飞机制造及修理业（0.3381）、电子元件制造业（0.3137）。上述 9 个行业都属于非 DEA 有效。

3. 规模收益分析

处于 DEA 有效的 8 个高技术行业，它们处于规模收益不变阶段，其创新资源投入和产出达到了相对最佳状态。

非 DEA 有效的 9 个高技术行业中有 6 个行业的规模收益值大于 1，分别是通信设备制造业、家用视听设备制造业、电子器件制造业、化学药品制造业、飞机制造及修理业和电子元件制造业。它们都处于规模收益递减状态，在其产业创新投入增加的同时，出现规模不经济状况。因此，这些高技术行业需适当调整资源的投入规模，协调投入比例，提高创新资源的使用效率。

广播电视设备制造业、仪器仪表制造业、办公设备制造业这三个高技术行业的规模收益值都小于 1，因此它们处于规模收益递增阶段。这三个行业，应该适当提高其产业规模，强化创新资源的规模化集聚，推动产业集群的逐步形成。

4. 非 DEA 有效高技术行业的投影分析

为了进一步探讨高技术产业提高创新投入产出效率的途径方法，我们对创新效率非 DEA 有效的 9 个行业分别计算了投入冗余量和产出不足量，如表 7-15 所示。

结果分析可知，上述行业中投入产出的有效性很低，均有不同程度的投入冗余。以化学药品制造业为例，其创新投入产出效率为 0.3658。按照投影定理可知，S^{3-} 表示技术改造经费支出中投入冗余量为 33 052.0 万元，S^{4-} 表示技术引进经费支出中有 215.0 万元的投入冗余，S^{5-} 表示吸收经费支出中有 8465.1 万元没有真正起到作用。这就意味着要想达到 DEA 有效，必须要减少技术改造经费支出 33 052.0 万元，减少技术引进经费支出 215.0 万元，减少吸收经费支出 8465.1 万元。其他行业的投入冗余情况详见表 7-15。创新效率低，产生大量投入冗余，其根本原因在于创新资源效率不高，已有的创新资源优势不能有效地转化为价值形态，并以创新成果的形式来体现，从而造成创新资源的浪费和流失。

从 C^2GS^2 模型输出结果可以看出非 DEA 有效的行业都没有产出不足的情况。

根据上面的计算结果，我们可以具体地探讨有关提高行业创新效率的途径与方法，即如果非 DEA 有效的高技术行业中出现的投入冗余量发生反方向变化，其创新投入产出效率才会达到 1。

7.3.4 结论

通过对高技术产业的 DEA 有效性和规模效益分析，可以将发展状态划分为以下四类。

1）技术有效且规模有效的行业：中药材及中成药加工业、生物制品制造、航天器制造业、雷达及配套设备制造、其他电子设备制造业、电子计算机整机制造业、电子计算机外部设备制造业、医疗设备及器械制造业。这些行业创新效率达到相对最优，处于 DEA 综合有效状态，发展重点是提升其产业的自主创新能力。

2）技术有效且规模递减的行业。在 C^2GS^2 模型下通信设备制造业和家用视听设备制造业这两个行业的 DEA 效率值均为 1，而且规模收益值均大于 1，故这两个行业技术有效且规模递减。应该调整其创新资源的投入产出比例，形成合理的产业规模，加强技术创新，推动产业稳步发展。

3）技术有效且规模递增的行业。广播电视设备制造业、办公设备制造业和仪器仪表制造业属于这一类。对于这两个行业应该充分利用创新资源投入，解决投入冗余和产出不足的问题。在提高其产业规模的同时，强化创新资源的规模化集聚，推动产业集群的逐步形成。

4）技术无效且规模递减的行业：化学药品制造业、飞机制造及修理业、电子器件制造业和电子元件制造业。对于这些行业应当在增加研究开发投入的同时，尤其注重提高创新资源的使用效率，实现行业的规模经济。

第 8 章
高技术产业投融资体系

高技术产业是高智力密集、高资金密集型产业。投融资是高技术产业形成和发展的关键因素之一。当前，我国高技术产业的投融资体系尚在建立和完善中，如何构建我国的高技术产业投融资体系是一个亟待解决的课题。本章主要讨论高技术产业投融资的基本特点，分析国外高技术产业投融资的先进经验，以构建我国"投融资主体多元化、资金筹措市场化，政府引导、直接融资和间接融资相结合"的高技术产业投融资体系。

8.1 高技术产业投融资的基本特点

高技术产业投融资的特点与高技术产业本身的特点密切相关。高技术产业投融资的特点主要从投资和融资两个角度来分析,因为投资的主体即为融资的客体,而投资的客体则是融资的主体。两者从自身的角度各有其侧重及特点。

8.1.1 高技术产业投资的特点

在现代经济生活中,投资所涉及的范围及与其相关联的社会经济现象是极其复杂的。投资一般是指"投资主体为获取预期收益而投入经济要素,以形成资产的经济活动"。高技术产业化投资则主要指投资领域集中于高技术产业或与高技术产业密切相关的产业的投资。高技术产业化的投资特点,主要有以下几个方面。

1. 投资的高风险性

由于高技术产业自身的特点,导致对其投资也具很大的风险性。以美国硅谷著名的 KPCB(Kleiner Perkins Caufield & Byers)风险投资公司为例。KPCB 公司每年筹集的资金大约有 1 亿美元,其中约有 6000 多万美元专门用于成立新公司。KPCB 在每年 2000 多个融资申请中挑选出十几个进行投资。但在这些投资中,一般有约一半会完全失败而颗粒无收,只有十分之一二的投资会特别成功。从中可以看出对高技术企业投资的风险是相当大的。一般说来,对高技术产业的投资风险主要来自于技术风险、财务风险、市场风险、管理界面风险、资本退出风险等。

2. 投资的高收益性

高收益性是高技术投资的又一大特点。风险和收益是共生关系,高风险意味着高收益。对高技术产业投资的高收益性来源于高技术产业的高成长性。与传统产业不同的是,高技术产业具有很强的扩张性和较强的市场垄断性,这主要来源于高技术产业的技术进入壁垒。一旦某项技术开发成功并且为市场接受,而别的企业由于技术壁垒原因无法或延缓进入该市场,那么该高技术企业就会在市场竞争中处于十分有利的垄断地位,并且获取可观的垄断利润。在这种情况下,对高技术产业的投资作为一种权益资本，就可以获取高额的回报。一般来说，一项成功的高技术产业投资，其回报少则数倍，多则数十倍，甚至数百倍。例如，KPCB公司早期的公司KP公司在1976年成立初投入10万美元获取"基能科技"（Genentech）25%的股份，后又增加投入10万美元。到1980年的时候，"基能科技"股票上市，KP公司所投入的20万美元一下就增殖到1.6亿美元，是原来的800倍。

3. 高技术产业投资周期较长，资本回收较慢

广义上的投资本身就具有周转上的复杂性和多样性。投资领域的各个组成部分运动是一个既相互联系又相互独立的过程，其运动形式又具有多样性，这些特点决定了投资的多样性和复杂性。而对高技术产业的投资，它的运动过程既包括技术开发过程，也包括生产过程和流通过程，甚至资本的退出还要经历一个资本市场运作才能完成。对高技术产业化投资周期的长期性主要体现在技术开发阶段的技术复杂程度、成品的市场开发时间和增殖资本的退出时间等方面上。以风险投资为例，风险投资一般要经历3~7年才能通过蜕资取得收益，因此它也被称为"耐心的资本"。

4. 专门投融资机构对高技术产业的投资一般是一种组合投资

这一特点主要是由于对高技术产业投资的高风险性决定的。按照保险原则，对于风险，最有利的做法是分散风险，"鸡蛋不能放在同一个篮子里面"。为了分散风险，对高技术产业的投资一般包含多个项目，利用成功项目所取得的高回报来抵偿失败项目损失并取得收益。比如，风险资本通常就投资于一个包含10个项目以上的高技术项目群。高技术产业化投资主体一般是以政府为引导的多元化投资者群。高技术产业本身的特点导致政府在其中处于不可或缺的引导地位。发达国家政府通过许多优惠政策（如税收优惠等）引导企业成为主要的投资者，同时政府也通过建立政府投资基金等形式向高技术企业直接投资。在政府的引导下，高技术产业化投资者群包括了政府、企业、个人和机构投资者等投资者群。

8.1.2 高技术产业融资的特点

投资资金的融通实际上是指"投资者借助于一定的融资机构和融资工具将分散的、闲置的资金聚集起来用于投资活动的一个过程"。高技术产业化融资由于高技术产业本身的特点，其特点可以表现为如下几个方面。

1. 可融资资源的稀缺性

高技术产业所面对的可融通并愿被融通的资源稀缺。这主要是由于高技术产业的高风险性、高投入性和投资周期较长的特点决定的。对于一般的社会资本，特别是像占社会资本很大比例的银行资本和养老保险金等资本，出于安全性等考虑，一般是不会很轻易地进入高技术产业投资的。而专门用于高技术产业投资的资本如风险资本等，往往不能满足整个社会高技术产业发展的需要。这种融资的稀缺性在高技术研发阶段显得特别的突出。一般说来，如果政府不能对高技术项目给予政策扶持并通过银行予以优惠信贷的话，高技术产业的融资有可能会出现严重的供给不足。例如，英国的风险投资业是在20世纪80年代在政府采取"税收优惠"、"贷款担保计划"（LGS）和"企业扩大计划"（BES）等一系列鼓励政策之后才蓬勃发展起来的。美国则主要是通过《减税法案》等减税措施刺激高技术产业发展所需风险资本的供给的。

2. 融资渠道的狭窄性

融资渠道的健全与否是决定高技术产业所需资金能否满足的关键要素之一。融资渠道一般包括财政渠道和金融渠道，其中金融渠道是融资渠道的主要渠道。财政渠道一般是指依靠政府财政拨款，政府直接投入需融资企业资金的做法来完成的。在市场经济的条件下，企业的融资行为应以市场调节为主体，政府在其中只能担当宏观调控的角色。此外，政府投资的部门一般是带有全局性领域的大企业，对于在高技术产业里面占很大比例的中小企业来说，政府很少也不可能给予大量的直接投资。因此，融资的财政渠道对于大量的高技术企业来说是可望而不可即的。在西方，高技术产业融资的主渠道是金融渠道。然而，由于高技术产业的高风险性，一般的金融主体不愿把大量的资金投向高技术产业。以银行业为例，银行业的资本运作一般坚持"计划性、流动性、效益性和安全性"原则，这本身就与高技术产业的"创新性、风险性、集约性和时效性"特点相冲突，从而导致银行业不愿把资金贷给高技术产业，特别是其中的中小企业。由此可见，高技术产业的金融融资渠道也受到很大的限制。

3. 融资的分阶段性

高技术产业融资的阶段性，主要是由于高技术产业高风险性、资金的密集性以及高技术产业成长的阶段性等特点决定的。一般来说，对高技术产业的投资一般包括五个阶段，即种子阶段（seed stage）的投资、导入阶段（start-up stage）的投资、成长阶段（expansion stage）的投资、成熟阶段（mature stage）的投资和退出，相应的其融资阶段也可以分为种子阶段的融资、导入阶段的融资、成长阶段的融资和成熟阶段的融资等。在每一个阶段，其融资的特点及难易程度是不一样的。总的说来，资本需求量随阶段的不断深入而不断扩大，其融资难易程度也随阶段的不断深入而阶段性地由难变易。

8.2 国外高技术产业投融资体系比较

完善的投融资体系是高技术产业化发展的关键。由于高技术产业高度的战略性，各国都把高技术产业化投融资体系作为金融创新、技术创新的主要内容列入国家创新系统。西方国家通过长时间的发展，目前已基本建立起政府型民间主导投资体系。但是，不同的国家由于其自身的政治、经济、文化和法律等方面的特点，其高技术产业化投融资体系呈现出不同的特征，主要有以美国、英国为代表的资本市场、私人风险资本为主导的投融资模式；以日本、德国为代表的以企业、银行（集团内部投资为主体）为主体的投融资模式；以法国为代表的国家风险投资行为为主体的投融资模式。其中，美国的高技术产业化投融资体系产生最早、发展最为完善；日本的高技术产业化投融资体系中政府色彩浓厚，带有明显的产业政策背景；而法国等大多西欧国家的高技术投融资结构中政府投资是高技术产业化投融资渠道的主要渠道。下面分别以美国、日本、法国为例分析这三种投融资模式。

8.2.1 美国以资本市场、私人风险资本为主导的投融资体系

美国的高技术产业化投融资体系在当今世界来说是最为完备的，发展也是最长久的。美国高技术产业化投融资模式是众多学者研究的主要对象，也是众多政府在构建高技术产业化投融资模式时参照的主要对象。在美国早期的高技术投融资体系中，政府作用起到了关键的作用（如国防开支），但由于美国本身崇尚民主和个性化等文化因素，导致了美国现在的以资本市场、私人风险投资为主渠道的高技术产业化投融资体系的发展（图8-1）。美国高技术产业化投融资体系既包含了财政渠道，也包含了金融渠道，但其中金融渠道所占的分量是世界上最重的。概括起来，美国建立起了"以政府为引导，风险投资为主体，中介机构为补充，政府资金、机构投资者资金（如银行、证券公司、保险公司、各种社会保障基金、信托投资公司等）、个人资金、产业（企业）资本、捐赠基金等为来源的

多元化投融资体系"。这种体系是一种以资本市场、私人风险资本为主导，政府行为为补充的投融资体系。

美国的高技术产业化投融资体系总体来说由三部分构成，即政府支持系统、金融渠道投融资系统、投融资的社会中介服务支持系统。

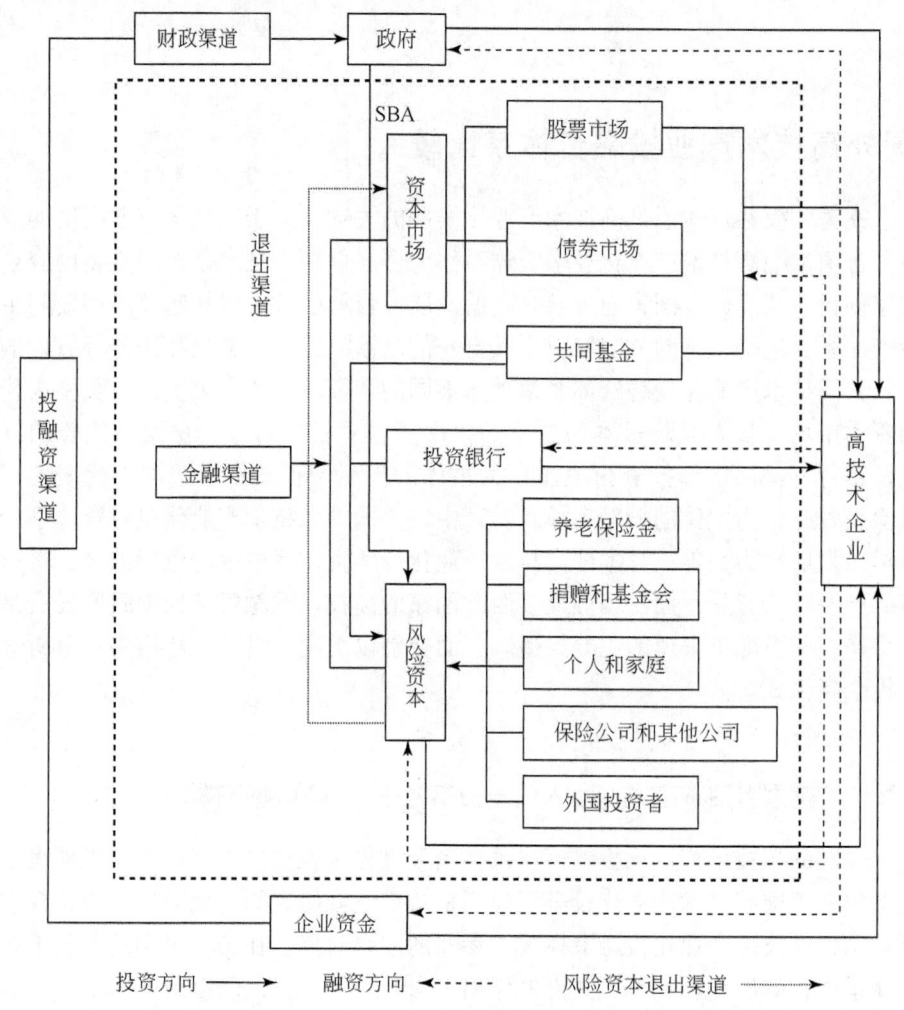

图8-1 美国以资本市场、个人风险投资为主导的高技术产业投融资模式

1. 美国高技术产业投融资体系的政府支持系统

不同国家，在不同背景下，对政府在高技术产业投融资体系中的作用定位是不一样的。美国作为一个高度市场化的国家，经济运行主要是市场机制自行调节。在早期，美国奉行亚当·斯密的"自由放任、自由竞争、自由贸易"的自

由资本主义市场经济体制，但是，随着1929~1931年席卷全球资本主义国家的经济危机的爆发，凯恩斯主义在美国被普遍采用。凯恩斯主义者坚信"政府能够通过货币政策和财政政策改变总需求进而影响实际生活"，凯恩斯"希望国家多负起直接投资之责"。在实践中，美国政府在第二次世界大战后的支出迅猛增加，大量政府投资投向交通、能源、电力、通信以及其他基础设施和科技教育。这些庞大的政府投资计划，有力地促进了美国高技术产业的发展。

虽然美国政府在高技术产业中占据了重要作用，但这并没有改变美国以市场调节为主导的高技术产业化投融资体系，政府在这一体系中所起的主要作用是政策支持、投资导向等作用。

美国的政府支持系统主要由六个部分构成。

其一，制定科技产业发展计划。科技产业发展计划是发达国家政府扶持科技产业发展的最重要、最有效的措施之一。美国的科技发展计划可以说是贯穿了美国高技术产业化的始终，并且被深深的烙上了国防、军事的烙印。著名的"曼哈顿计划"就是美国为加快战争结束而举全国科技力量进行开发的科技项目，原子弹是它的结晶之一。此外美国著名的科技发展计划还有耗资10 000亿美元的"星球大战计划"、"信息高速公路"（National Information Infrastructure，NII）和现在的"战略防御计划"等。

其二，实行优惠的产业税收政策。由于高技术产业的高投入、高风险性等特征，对高技术产业投资者的税收优惠便成为各国政府降低科技产业投资风险、鼓励民间资本进入高技术产业的一种普遍方法。美国于1981年通过《经济复兴税法》，对高技术开发研究投资税从49%降至25%。1986年，美国国会又通过对该法的修正案，将投资税减至20%。此外，美国对长期投资的资本利息所得税实行差额税制，允许高科技公司资本所得税与资本损失相冲抵，若基本年度损失部分大于利得部分，可以冲抵前三年和后七年的资本利得部分。同时，美国税法不将有限合伙企业（占美国风险投资机构的80%）视为纳税主体，从而有效地消除了双重征税。

其三，提供政府担保。银行经营要把握谨慎性原则，一般来说对于高风险领域，银行是不愿涉入的。高技术产业的高风险性导致高技术企业银行融资渠道的狭窄性，为鼓励银行向高技术产业投资，美国政府利用政策手段为银行向高技术产业投资提供政府担保，从而降低银行业向高技术产业投资的高风险性。政府担保带有国家信用的性质，除非国家破产，政府担保一般是不会出现信用危机的。银行业在政府担保的情况下，向高技术产业的投资力度大大加强，从而为高技术产业化提供了有力的资金保证。

美国对高技术中小企业的银行贷款提供国家担保的部门主要是美国中小企业

管理局，该局对贷款在 15.5 万美元以下的提供 90% 的担保；贷款在 15.5 万~20 万美元的提供 85% 的担保。1993 年，美国国会又通过了一个法案，该法案规定：银行向科技型企业贷款可占项目总投资的 90%；如果风险企业破产，政府负责赔偿 90%，并拍卖科技型企业的资产。

其四，利用政府职能，为高技术产业化投融资提供系统支持。美国为促进高技术产业化投融资渠道的完善，专门设立政府管理机构和立法为高技术企业特别是中小企业的投融资提供系统支持。

在政府管理机构方面，美国于 1941 年就在商务部和司法部下设立有关小企业的机构；1942 年建立"小军火工厂管理公司"；1951 年政府设立了"小兵工厂管理局"；50 年代，美国联邦政府为加速发展先进技术，通过了《1958 年小企业法案》。在该法案授权联邦政府成立小企业管理局（SBA），并规定经由小企业管理局审查和核发许可的"小企业投资公司"（SBICs）可从联邦政府获得优惠的信贷支持；1978 年，美国又设立了合作发展局，在全国建立了 70 多个合作发展机构；进入 90 年代以来，由于风险投资基金的繁荣，美国联邦政府于 1992 年又加强了对"小企业投资公司"的支持，一些地方政府如加利福尼亚州、纽约等相继提出了帮助地方风险投资基金的方案。

在立法方面，除前面提到的《1958 年小企业法案》，美国还修改了《国内税法》（IRC）第 1244 条，允许对小企业投入达 2.5 万美元的投资者从一般收入中冲销由此项投资带来的任何资本损失，从而降低了其税收负担；1978 年，美国劳动部对《雇员退休收入保障法》（ERISA）中关于养老基金投资的"谨慎人"条款作了新的解释，为养老基金购买小企、新企业和创业基金发行的证券打开了绿灯；1980 年，美国国会通过了《1980 年小企业投资促进法》，确认合伙企业的性质为"商业发展公司"，不受《1940 年投资顾问法》的管辖。1981 年国会又制定了《股票选择权促进法》，准许把股票选择权作为对投资者的报酬，并把纳税环节由行使选择权时推迟到出售股票时。

其五，制定财政年度计划。美国政府对高技术产业的直接投资主要体现在两个方面，一是每年庞大的财政年度计划提供大量的 R&D 经费，二是国家对高技术产业提供的贷款及权益投资。

美国每年都有庞大的政府财政年度计划，每年的财政年度计划都体现了政府增加科技 R&D 投入的指导思想。

2002 年 2 月，布什政府向国会提交了 2003 财年预算草案，草案中建议的 2003 财年联邦政府 R&D 投入总额创下历史最高纪录，达到 1120.47 亿美元，比 2002 财年的联邦 R&D 投入增加 88.97 亿美元，增幅达 8.6%。2003 财年联邦政府 R&D 投入占政府总预算的 5.2%，预计约相当于 2003 财年美国国内生产总值

(GDP）的1%。在1120.47亿美元的联邦R&D预算总额中，国防R&D经费为587.74亿美元，占R&D总经费的52.5%，比上年增长52.96亿美元，增幅达9.9%；非国防R&D投入为532.73亿美元，占R&D总投入的47.5%，比上年增长36.01亿美元，增幅为7.2%。

其六，政府贷款及权益投资。1958年，美国国会通过了《小企业投资法》允许在此基础上设立小企业投资公司，以鼓励向创新企业的投资。小企业投资公司本身被设计为一种混合性的基金，可以同时从私人部门和政府取得资金。对于小企业投资公司发起人投入1美元，政府提供4美元的低息贷款，而且小企业投资公司还可享受税收的优惠。

但是，美国小企业投资公司制度在其发展过程中，政府投资经历了由提供贷款向以权益方式投资为主的转变，这也是美国政府投资区别于其他国家投资的方面之一。

1992年，美国通过了《小企业权益加强法案》后，政府对小企业投资公司的资本支持方式发生了重要改变，由贷款方式为主转为以权益方式为主提供资金。以权益方式进行的政府对小企业投资公司的支持主要采用优先股形式。通过优先股，政府可以享受小企业投资公司的累计分红并享受其长期利润，其利率一般按同期发行的十年期国债利率水平确定。在提供资金的匹配比例上，政府也作了调整：对于最高不超过1500万美元私募基金的小企业投资公司，政府按3:1的比例提供资本；而随着规模的扩大，该比例下降，当其私募资金达到4500万美元时，匹配比例下降为2:1，同时，政府按所提供资金的2%提取初始费用。

虽然美国的政府投资在高技术产业投融资体系中有占有一定比例，但这个比例是比较小的，这与美国政府所采取的在投融资体系中的放任的政策有关。

2. 美国高技术产业投融资体系的金融渠道系统

美国高技术产业投融资主渠道如前所述是金融渠道，特别是其中的资本市场和风险投资是美国高技术产业的投融资体系主体，英国基本上也是如此。美国和英国采取这种投融资体系是与起金融体系密切相关的。一般认为，美国和英国的金融体系是"基于法律的体系"。"基于法律"的金融体系本身就要求以强大的资本市场作为背景，并需要有一个良好的法律环境。在这种背景下，决定了美国和英国的高技术产业投融资体系也是高度依赖于资本市场的。

美国的金融渠道包括了完善的资本市场、各类银行、非银行性金融投资公司、充足的个人资本和企业资金等。

其一，资本市场投融资。美国是当今世界资本市场最为完备的国家。其发达的资本市场为高技术产业化提供的了高效的投融资渠道，是美国高技术产业化投融资是以直接融资为主的关键原因，也是区别于日本、韩国等国家高技术产业间接融资的根本原因。

美国的资本市场主要有以下几个方面：

债券市场。美国债券市场中流通的中长期债券主要包括联邦政府中长期债券、联邦机构中长期债券、公司和外国债券及长期市政债券等。债券市场为高技术产业融资提供了资产证券化等融资渠道，同时也为资金所有人或机构向高技术产业提供了投资渠道。

股票主板市场。股票市场主要有股票主板市场（main board）、二板市场（second board）、场外交易市场（over-the-counter，即 OTC 市场）、第三市场（third market）、第四市场（fourth market）等。

主板市场是证券市场筹资量最多、功能最强大、影响最深远的市场。对绝大多数企业而言，企业筹资目标是能在主板市场上市。主板市场对上市有正规而严格的要求，例如，对企业的资本规模、资产结构、经营业绩、投资风险、市场接受度和市场竞争力等均有很高的要求。而一般的科技型企业均为新兴的中小企业，资本量小、风险高、历史业绩也缺乏吸引力，很难在群雄云集的主板市场上市竞争者中占据优势，取得上市资格。

因此，主板市场是少数大型高科技企业的融资渠道。

二板市场。二板市场是相对于主板市场而言，为创新型中小企业服务的股票市场。世界上最著名的二板市场是美国的 NASDAQ 市场（national association of securities deals automated quotation），其次是欧洲的 EASDAQ 市场。

二板市场相对于主板市场而言，对上市公司的上市要求较宽松，主要解决创业过程中处于幼稚阶段中后期和产业化阶段初期的企业在筹集资本金方面的问题，以及这些企业的资产价值评价、风险分散和创业投资的股权交易问题。它与主板市场的主要区别在于：有严格的准入制度，上市标准较低，打破公股不流通的限制，监察制度和优惠政策各不相同。

美国 NASDAQ 市场成立于 1971 年，专为具有成长性的企业及高技术企业筹资服务。1992 年，NASDAQ 市场设立了小型资本市场（the NASDAQ small cap market），其上市标准更低，没有业绩要求。现在 NASDAQ 市场被分为两部分，NASDAQ 全国市场（NMS）（包含 4000 多个公司）和 NASDAQ 小型资本市场（SOES）（含有约 1300 家规模较小的公司）。

经过良好的服务及低成本的运作，NASDAQ 现在不仅成为全球上市公司最多、交易量最大的市场，而且极大地推动了美国高技术产业的发展。现全美最著名的高技术公司如微软、Intel 及网景公司都是在该市场成长起来的。

NASDAQ 市场是美国高技术产业化投融资体系之所以成功的一个重要因素。

一方面，NASDAQ 市场进入门槛较低，为大多数高技术产业——中小企业上市募集资金提供了可能；另一方面，NASDAQ 市场又为风险资本的退出提供了最好的退出渠道，从而促进了风险投资的发展。目前，计算机、生物技术、电子通信、医药等高科技产业上市公司的股票已成为该市场的主体成分，因此，有人称之为"美国高科技企业的摇篮"。

场外交易市场。场外交易市场主要是为位于初创阶段中后期或幼稚阶段前中期的科技型企业提供投融资服务的市场，是与第一、第二板市场相分离的市场。高技术企业绝大多数是处于初创期或幼稚期的小企业，资金需求量大而难以通过主板市场和二板市场融资，客观上要求有一个交易价格及交易费用都较低的市场来吸引中小投资者的投资。同时由于场外交易市场的独立性，一旦发生风险，不会波及主板市场和二板市场，引起整个资本市场的系统风险。所以，它为处于初创阶段和幼稚阶段前中期的科技型企业提供了一个较为理想的融资渠道。在美国，约有 35 000 种证券在场外交易市场进行交易。

第三、第四市场。在美国，除了主板市场、二板市场和场外交易市场外，还存在大量的第三、第四市场。第三市场是指"证券在交易所上市却在场外市场进行交易的市场"；第四市场是指"投资者之间直接进行在交易所上市的证券交易市场"。第三、第四市场的存在为众多的投资者提供了多样化的投资方式，从而也为高技术企业提供了更多的融资渠道。

其二，美国的共同基金。从 1940 年美国国会通过了《投资公司法》以后，美国的证券投资信托公司的类型有了较大的变化，由原来的封闭公司型为主改为开放公司为主。第二次世界大战后共同基金的重要进展是 20 世纪 70 年代初的"资本市场互助基金（MMMF）"，这种基金在 80 年代得到了长足的发展。目前，美国共有 5000 多个共同基金，持有共同基金股份的股东共有 1 亿多人。

作为一种开放型基金，美国共同基金是随时可以以基金的资产净值赎回或发行股份（虽然购买与赎回都发生销售费用）的基金。当基金的投资者希望变现他们的股份时，他们就以资产净值把股份再卖回给基金。在美国，最重要的共同基金有货币市场基金和创业基金，并且保险产业现在也大量的涌入共同基金，使共同基金发生着巨大的变化。

共同基金特别是其中的创业基金是美国高技术企业融资的重要渠道。美国的创业基金是 20 世纪 70 年代末 80 年代初在美国蓬勃发展起来的一种投资机构。共同基金向高技术企业投资主要有通过投资风险资本等渠道来实现，同时，创业基金也直接向创新型企业投资，构成高技术产业创始基金。

其三，银行投资。在美国，银行投融资渠道并非高技术产业化投融资体系的主要渠道。美国出于金融安全的需要，银行业长期以来实行银行分业经营管制，商业银行一般不从事投资业务，而且商业银行美国的商业一般来说规模较小，其给予高技术企业的贷款额度比较小，不能成为高技术企业特别是中小企业的主要资金来源渠道。

但是，大型的高科技企业仍是许多银行所追逐的投资客户。同时，许多城市的商业银行都设有专门的部门，为中小企业提供经营所需的短期贷款，成为美国以资本市场为主导的投融资体系的重要的补充。

其四，非银行性金融投资公司的投融资。资本市场是美国投融资体系中的主导力量。在完善的资本市场的支撑下，各类非银行性金融投资公司所构成的直接投融资体系成为美国高技术产业化投融资的主要力量。这些非银行性金融投资公司一般进行的都是权益投资，其中，最重要、最具影响力、功能最强大的就是风险投资（venture capital），也叫创业投资。

目前，世界上最成功的风险投资有一个半地区，其中一个是指美国，半个则是我国的台湾。美国风险资本的主要是由私人权益资本构成，特别是其中的退休基金占了重要的比例。美国风险资本的来源渠道主要有退休基金（47%）、捐赠和基金会（21%）、个人及家庭（12%）、保险公司、其他公司（各占9%）和外国投资者（2%）。其投资对象与欧洲、日本不同，更集中于高科技企业。根据美国全国风险资本协会所做的一次调查，美国风险资本所投资的对象有80%以上是高科技企业，其中软件企业占22%，生物技术企业占20%，通信企业占14%，新医药技术企业占14%，半导体和电子技术企业占11%。许多新建的高科技企业的股权资本有3/4以上都是由风险资本提供。美国风险投资主要采用有限合伙制方式，这种方式比公司制的风险投资方式更能减少成本、赋税，更能激励风险投资家在管理活动中的独立地位，这也是美国高技术产业化中风险投资与其他国家不同的地方之一。

美国风险资本的发达主要是得益于其发达的资本市场，特别是二板市场的完善为风险资本的退出提供了最好的方式。风险资本的退出一般有三种方式，即首次公开发行（IPO）、出售、清算或破产。首次公开发行是最好的退出渠道，一方面 IPO 可以使风险资本获得最高的回报，另一方面通过 IPO 方式，高技术公司可以获得在证券市场持续融资的渠道。IPO 方式是美国风险资本最主要的退出渠道。但是，以 IPO 方式退出有一个必须的条件就是高科技板块的建立和完善。德国和日本的风险投资为什么不太成功，一个关键因数就是其没有一个好的高科技板块（通常指二板市场），这也是为什么美、英两国高技术产业化投融资渠道主要是以资本市场为主导，而日本、德国两国则是以大企业、大银行为主导的投资模式的根本原因。

目前，美国的风险投资公司有 4000 多家，居世界之最。它们每年为 10 000

多家高科技企业提供资金支持，加利福尼亚的"硅谷"和"生物滩"拉霍亚更是风险投资的热门地区。

其五，企业的直接投资。企业是高技术产业化投融资的主体之一，美国很多高技术企业都设立了自己的投资子公司，如苹果计算机公司、AT&T、施乐公司等大型实业企业，都有风险投资公司作为子公司。企业进行直接投资的一般都是有实力的大公司，一般中小型企业很难进行自我的再投资。

其六，个人和家庭投资。对高技术产业的各个和家庭投资主要与两个渠道，一是通过资本市场购买高技术企业或共同基金的债券或股票，二是直接向高技术企业直接投资。第二种方式主要是见于风险投资中的"天使"资本，主要是富有的个人进行的。

3. 美国高技术产业投融资体系的中介支持系统

中介系统在高科技产业化中的地位是相当重要的，对于高技术产业的投融资来说，中介系统一方面可以让资本需求方和供给方资本流通更为顺畅，另一方面可以让企业的创新活动得到更有效、更直接的支持。中介支持系统包括投资银行、会计师事务所、律师事务所、审计师事务所、资产评估机构、咨询服务机构等中介组织

在美国，主要的中介支持是一种被称为"商业孵化器"的结构，它是一种为中小企业提供各种服务的机构。其主要职责：为中小企业起步发展阶段提供融资上的支持；向中小企业以低于市场价的价格出租商务用房和场地；为中小企业提供会计师、律师服务和咨询服务；除自身为中小企业提供资金外，还为之联系其他商业银行贷款。

4. 美国高技术产业投融资体系的特点

从美国模式我们可以发现，以资本市场、私人风险投资为主导的高技术产业化投融资体系具有如下特点：一是具有发达的资本证券市场。完善的资本市场既是高技术企业融资的通道，同时也是风险资本退出的主渠道。二是风险资本的构成主要是以私人资本为主要力量，民间资本是风险资本的主要来源渠道。例如，美国风险资本最大的来源——养老保险也是可以量化到个人的。三是政府支持是必不可少的条件，但政府的作用只在于良好的宏观调控能力。

8.2.2 日本以企业、银行为主导的投融资体系

日本是一个国土狭小、自然资源贫乏的岛国，依靠科技立国，发展成为世界

经济大国。第二次世界大战后日本从美国先后引进专利和专有技术，20世纪60年代重点引进成套设备，70年代引进专利技术。经过20多年的发展，日本从一个技术输入国成为世界主要技术出口国之一。在日本，科技活动、产业发展的主体是民间企业，但是起主导作用的确是政府。

日本高技术产业发展是与其高技术产业投融资体系密不可分的。日本的高技术产业投融资体系主要是建立在企业、银行的投资为主导的基础上的，同时也辅以必要的政府支持（图8-2）。日本高技术产业投融资体系为什么具有这样的特点，一般认为主要在于它的金融体系是一种"基于关系"的银行主导型的金融体系，在这样的金融体系中的投资制度，由于缺少高回报而缺乏热忱的社会资本，因而无法培养风险资本，因此，银行和（大）企业自身就承担起了投资之责。

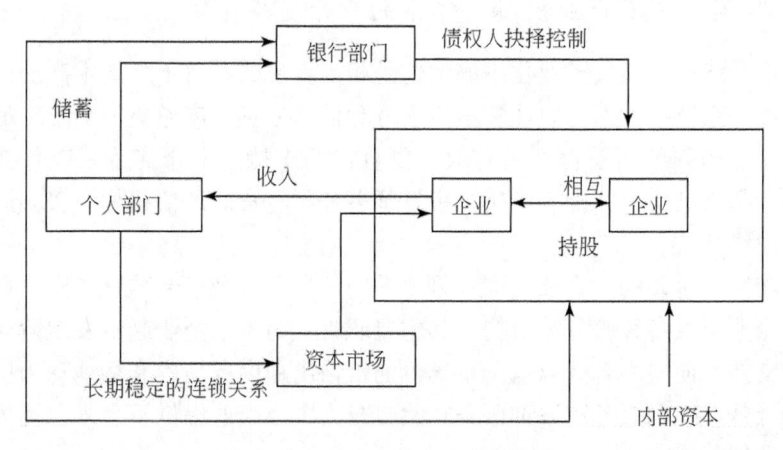

图8-2 日本以企业、银行为主导的高技术产业融资模式（赵玉林等，2000）

在这样的特点之下，日本的高技术产业投融资体系主要由政府和金融两部分构成。

1. 日本高技术产业投融资政府支持系统

日本为促进高技术产业投融资的发展，从政府的角度制定了一系列措施鼓励高技术产业的投融资。其措施包括：政府的政策支持和直接投资。

其一，日本高技术产业投融资的政府政策支持。日本在高技术产业投融资方面的政策支持主要有税收优惠、低息贷款、财政补贴和加速折旧等经济政策。日本政府于1976年制定了《增加实验研究费税额扣除制度》。该制度规定，当实验研究开发经费的增加部分超过过去的最高水平时，则对增加部分免征20%的税金。1985年又制定了《促进基础技术开发税制》，对购置用于基础技术开发的资产，免征7%的税金。同时，日本政府还制定了旨在帮助中小企业的《特别税收优惠方案》，该方案通常只用于固定的一个时间段，一般专门资助研究开发和资本投资。日本还通过通产省的"研究开发企业培植中心"为高技术企业向金融机构贷款提供债务担保，比例为80%。日本的通产省和邮政省成立的"基础技术研究促进中心"通过吸收国家和民间的财源，向技术研究开发的民间企业提供有条件的无息投资（如果技术开发成功，则必须付息）。在技术开发方面，设有通产省的企业技术开发补助金，其主要用于通产省的大型工业技术研究开发项目，以促进产业技术的发展。日本政府为促进制造业的发展，采取补贴的措施，即凡是进口最新机械设备的企业，其进口价格的50%由政府支付；同时，对国内生产类似机械的企业，政府同样给予相当于生产成本50%的补助金。

其二，日本政府在高技术产业化中的直接投资。日本政府的直接投资主要通过三家政府单独或与民间联合出资成立的政策性金融机构来实施：中小企业金融公库、商工组合中央公库（该公库在性质上是民间机构，但政府也向其注入了资本金）、国民金融公库。这三家金融公库不受经济形势变动的影响，向中小企业稳定提供长期低息贷款。中小企业政策性金融公库主要有以下特点：一是提供短期贷款；二是提供紧急融资；三是向新兴企业、产业提供融资；四是提供无担保融资；五是提供长期有保证投资。

在日本政府高技术企业特别是中小企业投融资体系中，最具特色的就是政府担保体系。日本的中小企业融资的政府担保体系由中央和地方系统组成。中央一级的主要是政府出资成立的中小企业信用保险公库，其主要作用是为地方一级的中小企业信用保证协会提供再担保。地方一级的政府担保体系主要是由地方政府设立的中小企业信用担保基金，其资金来源20%～30%由中央财政拨款，其余的由地方财政出资。中小企业信用担保基金由信用保险协会操作具体负责对中小企业提供融资信用担保。中小企业信用保险公库的资金由中小企业综合事业团操作，如果中小企业信用保证协会发生代偿，事业团向协会提供70%～80%的保险金。1998年3月末，中小企业信用保险公库的资本金为85亿美元，全部来自于中央财政，由通产省和大藏省共管。

2. 日本高技术产业投融资体系金融系统

日本高技术产业的投融资渠道与美国不同，它主要是由银行和企业进行的。

考察日本的投融资发展历史可以发现：在早期日本的投融资体系主要是以银行为主导的间接融资体系，进入20世纪80年代特别是90年代以来，通过资本市场的直接融资迅速增长，形成直接融资和间接融资共同发展的格局。

在20世纪50年代中期至70年代初期，即日本经济史上的高速增长期，以银行为主的间接融资占据主导地位，直接融资所发挥的作用十分有限。在这一时期，间接融资所占的比重平均高达80%以上，其中大约80%属于金融机构贷款。出现这种现象主要有以下几个方面的原因：第一，日本银行人为采取保护性的金融政策。作为最直接的一项保护性政策，日本银行人为地采取低利率政策，建立起以贴现率为中心的管制性利率体系。当民间金融机构资金短缺时，日本银行随时提供再贷款，以致经常处于"超借"状态。第二，主办银行制度强化了间接融资的主导地位。日本的主办银行制度于20世纪50年代形成，并在随后的20年中得到发展和完善。主办银行是指对企业提供主要信贷支持、持有企业较多股份并承担监督企业主要责任的银行。主办银行不仅要向企业提供短期融资，而且还经常在政府的干预下向企业提供中长期贷款。日本主办银行的中长期贷款占全部贷款的比重平均为20%左右。第三，政府主导的政策性金融体系推动了间接融资的发展。为了筹集更多的长期建设资金，日本政府塑造了独特的政策性金融体系。当时，日本的政策性金融机构主要包括两大部分。一部分是日本兴业银行、日本长期信用银行、日本债券信用银行三家长期信用银行，它们主要通过发行长期金融债券，在政府主导下向大企业集团提供中长期贷款，三家长期信用银行在高速增长期提供的设备融资占整个金融系统设备融资总额的1/4。另一部分是日本开发银行、日本进出口银行以及国民金融金库、冲绳开发金融公库等10家金融公库，这些机构由政府出资建立，各自向特定的行业和部门提供政策性融资，而其资金来源主要是政府的邮政储蓄。在所有金融机构贷款总额中，以上两类政策性金融机构的贷款约占30%。第四，由于第二次世界大战后日本国民收入水平较低，债券市场、证券市场不发达，与投资高风险的有价证券相比，人们更倾向于选择安全性高的邮政储蓄机构或银行进行储蓄保值。同时，由于日本政府实施保护性、倾斜性的产业政策，并在税收、管理等方面给予许多优惠待遇，企业从银行贷款的手续也十分便捷，因而倾向于从银行间接融资。

进入20世纪80年代特别是90年代以来，直接融资在日本迅速发展。直接融资迅速发展主要体现在以下几个方面：第一，以债券、股票等有价证券为主的直接融资有了较大的发展。1980～1989年，日本的个人金融资产中，有价证券所占比重由12.7%上升到22.5%；企业外部融资中，直接融资的比重由11.9%上升到27.0%。第二，直接融资的手段增加。在金融自由化进程的影响下，利率降低，股票市场发展平稳，企业通过发行股票筹资出现上升的趋势；债券市场上，日本从1987年开始放松了发债标准，简化了发行手续，下调了基准利率，推出了期权等新的交易品种，设立了债券期货市场，可转让的企业债券及凭证式债券的发行量不断增加；从1987年开始，商业票据（CP）的发行量不断上升。与此同时，日本向海外的融资日益活跃，一些企业除了向海外发行股票、凭证式企业债券,还开始频繁使用冲击贷款。第三,金融自由化进程加快,阻碍直接融资发展的种种管制逐步取消。1984年以后,日本的资本市场自由化、国际化进程加速。此后,日本政府逐步放开对国债和大额定期存单的利率管制,大范围取消对金融业务、金融市场的许多管制条款,为直接融资创造了更加宽松的环境。第四,进入90年代以来日本加大了金融改革力度,银行业朝着成熟的市场化方向不断发展。日本政府从1996年底推出"金融大改革"方案,深化银行业的改革。"金融大改革"内容主要包括进一步加速金融机构业务的自由化进程,取消对不同行业业务内容的限制,实现资产交易自由化等。改革措施有助于减少政府干预,加深银行业的市场化程度。同时,银行业混业经营出现快速发展的趋势,开展综合业务的金融控股集团纷纷出现。同时,资本市场不断发展,直接融资增长迅速。近10年来,日本逐步重视资本市场的融资作用,并正在积极探索有效途径,试图在发展间接融资的同时,进一步提高直接融资的比重。目前,日本政府正在推行的"结构改革"内容之一,就是要改革公共融资部门,提高1400万亿日元个人金融资产的使用效率,加强资本市场在企业融资、改善企业资产负债结构方面的作用。

从日本投融资体系发展历史可以看出,在日本的投融资体系中,银行占据了主导地位。同时资本市场逐渐完善,在投融资体系中的作用得到加强,已经成为日本投融资的重要渠道。

其一,日本高技术产业化投融资主渠道——银行。日本高技术产业化的投融资体系跟其整个国家的投融资体系密切相关,主要也是由银行等金融机构占据主导,资本市场的投融资也成为其不可或缺的补充。

各种银行是日本高技术企业融资的主要渠道。日本长期以来实行主银行制,银企之间通过相互持股,使企业向银行的间接融资方便而可行。同时,现在日本银行一般实行混业经营,在开展传统的银行业务以外,还适当的开展一些投资业务。高技术产业中的中小企业,由于受制于规模和高风险性,以及日本资本市场本身的特点,通过资本市场融资是微乎其微,而日本的风险投资也主要是投资于中后期,对于中小企业特别是其中的初创企业来讲银行渠道是它们融资的根本。

日本高技术产业中的中小企业的融资渠道除前面提到的政府直接投资外,在民间金融市场主要是通过地方性的商业银行和专业性中小企业金融机构来完成(表8-1)。专业性中小企业金融机构则主要是由第二银行、信用金库以及1949年成立的信用组合组成。而大企业,如前所述,由于日本金融体制的长期发展,通过银行的间接融资仍然是其重要的选择,但对于它们来讲,另外一种重要的渠道是通过资本市场的间接融资。

其二,资本市场在日本高技术产业化投融资体系中的地位和作用。通过资本市场融资现在也成为日本高技术产业投融资的重要方式，特别是符合上市条件的大企业，资本市场的间接融资是它们的重要选择。日本东京证券交易所在政府的指导下，制定了严格的标准，股票上市是在第二板市场上市，再经过更严格的标准选为第一板的上市股；而在第一板上市的股票，如果其指标低于第一板的上市标准，就降到第二板市场。但是，进入20世纪90年代以来，日本股票市场出现一种趋势，即股票投资者主要是企业和金融机构投资者，并且主要是企业间的相互持股。1993年3月，其股票市场的投资者73%都是这些金融机构和事业法人。日本的债券市场对于企业来讲主要是发行公司债券，特别是可转换公司债券，但是这些债券的发行主要是通过银行业承销，购买者也主要是企业和一些机构投资者。从而在整个资本市场就出现了大量的企业间的相互持股现象。企业之间的相互持股是日本高技术产业化投融资结构的重要组成部分，在资本市场就可见一斑。

表8-1　民间中小企业金融结构构成

机构名称	地方银行	第二银行	信用金库	信用组合
机构数量/亿日元	64	68	454	414
资金规模/亿日元	15 906	5 730	7 560	1 986
平均资金量/亿日元	248	84	16.6	4.8

但是，对于高技术企业中的小企业来讲，日本的资本市场不是它们融资的主渠道。

其一，如前所述，在日本要在主板市场上市首先必须在第二板市场——场外交易市场（over the counter，OTC）上市，但日本二板市场的要求很高，从而对很多中小企业来讲根本不可能通过股票市场上市融资。日本很早就有了OTC市场，但它的上市要求相对较高。如要求企业成立至少2年，每股分红5日元，税后利润每股10日元，发行股数达1000万股，外部持股人有2000人等。较高的上市要求将许多中小企业拒之门外。1983年11月，日本证券商协会降低了上市标准，对企业的成立年限不作规定，无分红要求，但税前利润每股10元，发行股数降为500万股，外部持股人降为1000人，等等。此项改革使OTC市场的上市企业数由1983年的111家增加到1993年的477家。1991年日本将OTC市场采用电子化交易，正式成立了日本自动报价市场JNASDAQ。到1994年，在日本OTC市场上市的公司数已达563家。1998年12月1日，JNASDAQ又进一步放松了新创立企业的上市标准。但与美国NASDAQ相比，日本的OTC市场上市要求相对较高，新生企业要想扩张到符合OTC市场的标准是相当困难的。美国公司自成立到进入NASDAQ的平均年限是5年左右，而日本则至少需15年。在OTC

市场交易的日本公司中，92%的企业年龄在15年以上，只有1%的企业的年龄在10年以下，而美国NASDAQ市场上42%的企业年龄在10年以下。

其二，通过发行可转换债券或实行资产证券化等方式在债券市场融资对资产的质量有很大关系，对于一般的中小企业特别是初创期的企业来讲是不可行的，从而通过债券市场的融资渠道有限。

其三，日本高技术产业化投融资非银行金融渠道——风险投资。对于日本而言，和美国一样，风险投资仍是高技术产业化投融资的重要力量。但日本的风险投资与美国的风险投资有很大的不同，它不是依托于民间资本和资本市场建立起来的，带有很浓厚的政府色彩。在日本，风险投资主要采取两种组织形式：一种是类似于美国小企业风险投资公司的半官方或准国家投资公司，另一种是各类风险投资公司。前者主要包括通产省下设的风险投资公司、科技厅下属的"新技术事业开发团"以及"财团法人中小企业培育会社"等官方、半官方机构，它们通过低息贷款、提供担保、购买企业的股票和可转让债券的形式进行债权、股权融资；而后者则主要是附属形式的风险投资机构，它们占据了日本风险投资的主体地位，其中银行业、证券业开办的风险投资部门又处于主导地位。6家最早的日本风险投资公司就出自三菱银行、野村证券、第一劝业银行等大财团，到80年代中期，前7家最大的风险投资公司仍为金融机构控制，其中4家由证券公司创办，3家由银行创办；全部60家风险投资公司中，27家是由四大证券公司等机构创建，18家为长期信用银行和地区银行创建。目前银行所属风险投资公司额占了整个行业的75%。

日本的风险投资有以下几个特点：第一，日本的风险投资机构大多附属于银行、证券公司或保险公司，并且其中许多机构从事包括风险投资在内的综合性业务。据OECD于1996年发布的一项报告，日本70%的风险投资公司从事贷款业务，各个风险投资公司的贷款额平均为510亿日元。据估计，贷款额是投资额的3.6倍。一项调查显示，日本57家风险投资公司提供的贷款额达2.9万亿日元。日本的风险投资公司在风险企业上市后仍愿意持有该企业的股票。一项调查显示，62%的风险投资公司表示在企业上市后仍愿意持有该企业股票。若所投资企业的股票上市，则风险投资公司所持股票的价值一般可为原始投资额的7倍以上。大约1/3的风险投资公司在投资中受损。然而，如果所投资企业生存了10年以上，则这些企业中90%的可以盈利。一般而言，46%的风险投资公司的年收入来自贷款利息，22%来自股份增值，17%来自股份分红。利息支出占风险投资业务开支的62%，管理成本支出占32%。由此可见，日本风险投资公司的资金大部分由借款组成，这也反映出日本风险投资公司的投资态度比较保守。另外，退休基金不参与风险投资。第二，日本风险投资公司倾向于作中、后期投资，且大多投向传统工业技术领域。绝大多数日本风险投资公司董事会成员来自金融机构，没有从事科技工作的背景，仅极少数雇员具有科技背景，这使日本的风险投资公司很难对处于研发和初创阶段的高技术企业中的投资机会进行过滤和识别，恰当估计其市场前景。同时，传统银行的管理体制带有体制性的"风险厌恶"和"逆向选择"倾向。于是日本的风险投资公司很少进行早期阶段的投资，而主要从事企业中后期阶段的投资。在日本，像美国那样的天使投资人（Angel Capitalist）极少，这样，企业家必须自己投入一大笔钱作启动资本，这构成日本创办新企业的一个重大障碍。据 VEC 所作的一项调查，接受风险投资的企业中，2/3 的企业有 10 年以上历史（达 67.5%），而 0~3 年的 7.3%，4~5 年的 7.3%，6~10 年的达 17.9%。第三，日本风险资本退出的第二板市场主要是 OTC 市场，且上市要求较高。日本在 1991 年成立了日本自动报价市场 JNAS-DAQ，但如前所述，在第二板市场上市的要求要远远高于美国。

其四，企业投资。在日本，由于民间风险资本的缺乏，企业发展高技术除了银行贷款外，最主要的就是企业自身的投资。日本很多大企业如东芝、三菱等都设立了自己的高技术研发中心；此外，日本企业的一个典型的现象就是各企业通过证券市场运作，相互之间持股。企业相互持股后可以共同投资于某项高技术的开发。

3. 日本高技术产业化投融资体系的特点

通过日本模式我们可以发现，以银行、企业为主导的高技术产业化投融资体系具有如下特点：一是它是一种"基于关系"的银行主导的金融体系；二是银行是高技术产业化的主要投融资渠道，同时企业（相互持股）投资也是一条重要的渠道；三是资本市场特别是二板市场不能满足高技术产业化投融资的要求，因而风险资本在其中无法发挥其应有的作用；四是银行投资是一种长期的投资，投资模式主要是贷款而不是权益投资。

8.2.3 法国以国家风险投资为主导的投融资模式

法国作为西欧科技经济强国之一，从 1939 年建立研究与发展体系以来，历届政府对科学技术的发展，特别是提高具有战略意义的科研领域的水平给予高度的重视，通过实施一系列科研开发政策、措施和大型高技术开发计划，法国的高技术产业得以迅速发展。

但是，法国的高技术开发皆以政府投入为主，政府的投资是法国高技术产业化发展的关键要素，也是其区别于美国、日本等的高技术产业化投融资体系的主要特征。创业基金和风险投资一直以来就是高技术产业化投融资体系的主力,美国的创业资本和风险资本一般由民间资本组成,日本的创业资本和风险资本主要由银行和企业提供,而法国高技术产业的创始基金和风险投资基本上都是由法国政府投资建立的。这表明法国高技术产业化投融资体系是以政府为主导的国家风险模式。不过,法国资本市场发展也是很健全的,因此,一小部分大型高技术企业可以通过资本市场获取资金。总的说来,法国高技术产业化投融资模式是以国家投资为主体,资本市场等金融渠道为补充的投融资模式(图8-3)。

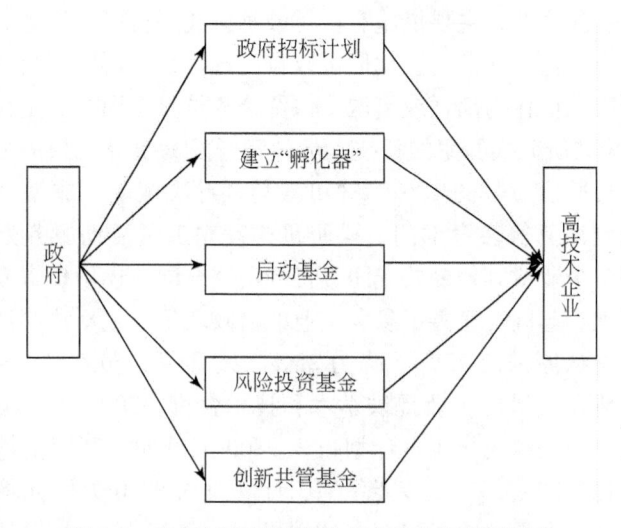

图8-3 法国国家风险高技术产业化投融资模式

1. 法国高技术产业投融资体系中的政府行为模式

政府行为模式是法国高技术产业化的核心,政府投资是法国高技术产业投融资的最主要力量。法国政府行为主要是政策行为和财政行为。

法国政府在高技术产业化方面的政策行为主要有税收优惠、提供银行贷款担保、鼓励科研人员创建企业、设立政府职能机构等;在财政投资方面则主要有进行高技术项目招标、投资建立高科技园区和企业孵化器、出资设立风险资本、组建高技术投资银行等。

其一,法国政府促进高技术产业的政策行为。主要包括产业政策、税收优惠、政府担保、设置职能部门给予职能支持等。

1)产业政策。法国发展高技术产业化的产业政策主要是通过参与欧盟国家的高技术产业发展计划来进行,如"尤里卡计划"、欧盟《科技发展和研究框架计划》等。其本国国内的高技术产业计划主要集中于一些单一的高技术和新技术领域,如航天、飞机制造、原子能和平利用等。1993年年底,由工业创新委员会发起，组织了 100 余名工业界与科技界的专家开展国家关键技术选择工作，确定了 105 项跨世纪的关键技术。另外，采取科研与企业研究相结合的新举措，促进公共科研与企业研究的结合和高技术产业化是法国政府采取的一项重要决策。除了 2000 年 12 月 12 日法兰西科学院应用理事会重组而成立法国工程院以促进高技术应用和开展国际科研合作外，主要措施是建立"科研与技术创新网络"、"国家技术研究中心"和建设"欧洲创新空间"，"网络"与"中心"两者之间是一种相辅相成的关系。同时，法国政府为促进本国高技术产业化的发展，大力鼓励科研人员创建企业，主要措施有：①鼓励科技人员以合作者或领导者的身份进入新企业。在企业工作期间，他们可以自由选择，或再回到公共部门，或最终留在企业。研究人员作为离任或借调，保留公务员身份到企业工作的最长期限为 6 年。②允许公共研究实验室的科技人员分享开发其研究成果的公司的股份，最高限额可达公司股份总额的 15%。③可参与领导决策层，成为公司董事会或监事会成员。④允许高等教育部门、科研机构设立工贸活动服务处，简化行政手续，负责管理与企业或其他公共集团签订的研究合同，还可负责专利和服务费或出版事务的管理。⑤同时完善了赢利企业的财政政策，创新法第四条款还将企业法人应控股比例从原来的 75% 下降为 25%。⑥研究人员在公共部门工作期间，可以向开发其研究成果的企业提供学术和技术咨询。2006 年，法国又推出六大工业创新计划：一是绿色化工，计划投入 9800 万欧元，利用生物技术从农产业中提取和生产化学制品；二是节能住宅，计划投入 8800 万欧元将住房能耗降低 20%；三是新型无人驾驶地铁列车，计划投入 6500 万欧元开发基于弹性模块轮胎的自动运输系统；四是多媒体搜索引擎，计划投资 2.5 亿欧元开发出一套与 Google 和 Yahoo 相竞争的搜索引擎；五是移动电视，计划投入 9800 万欧元，开发卫星传播的无线移动电视系统；六是混合动力汽车，目标是设计研发适合商业化生产的混合动力汽车。

　　2）税收优惠。法国政府从 1983 年以来一直采取了支持技术创新型企业的科研税收信贷优惠政策，并不断完善。该激励政策规定企业的研究与开发投资增长率比上两年的平均增长率超过 50% 的企业均可享受减税优惠。1999 年的财政预算法对 2000～2003 年的科研税收信贷进行了更新和完善，从 1999 年开始，所有新建的创新型企业的科研税收信贷都可以立即返还。曾经未享受科研税收信贷优惠的企业若符合条件可有资格重新享受。根据科研开支增加的预测，科研税收信贷政策的实行情况良好，对支持创建和发展技术型企业具有很高的显示度。1999 年，科研税收信贷总额达到近 30 亿法郎，7000 家企业享受科研税收信贷的减税优惠，其中 90% 为中小型企业和中小型工业。同时对企业创建资本金债券实行减税优惠，《技术创新和科研法》的颁布将使创新型企业的税务状况得到很大的改善。自然人或法人控股的企业，企业发行创业资本金债券时，创建者资本金的控股比例已经从75%降至25%。这是对研究人员创办创新型企业的一种很好的财务支持。股份转让时，持股人盈利部分增值税也相应降低，在企业停留三年以上者税率为16%，不足三年者税率为30%。

3）政府担保。法国政府对高技术中小企业的担保主要通过其资助的法国中小企业发展银行所属的风险担保公司SOFARIS来完成。SOFARIS是由法国政府出资3亿法郎[1]建立的，主要任务是为中小企业发展提供担保，主要工作方法是通过与商业银行的合作为中小企业提供合作投资、担保投资与其他投资。

4）设置职能部门给予职能支持。为鼓励中小企业的发展，法国于1997年组建中小企业局，中小企业局由当时经济部下设的商业企业司、手工业企业司、服务业企业司3个部门合并组成。其主要工作任务是通过制定政策，进行宏观调控，促进中小企业发展。核心工作是协调解决企业创业过程中的有关经济、社会、司法等方面的扶持政策、社会保障等问题。高技术中小企业是中小企业局管理的重点对象。

其二，法国政府促进高技术产业化的财政行为。财政行为是法国国家高技术产业化投融资体系的核心，贯穿于高技术投融资体系的许多领域，从高科技企业的设立到其发展，无不是政府的资助。政府对高技术产业化的资助主要有：通过招标方式促进高技术企业的成立、建立企业孵化器、投资建立创新基金和风险投资基金等。

1）通过招标方式促进高技术企业的成立。为了在各种不同技术领域支持创建或发展高技术企业，1999年年初创设了"政府对技术创新型企业创建的资助实行投标"的机制，并连续三年制定了相应的条例。该条例详细规定了招标目的、参加招标与评审程序、优先支持领域、资金来源、投标条件和获奖项目资助强度以及每年均另设5个特别奖（其中一等特别奖为5.2万法郎，其余各奖为2.6万法郎）等。实行招标机制可向最有发展前景的项目持有人提供实施项目必需的资助、支持和根据需要为创建后的公司开发提供经费。招标区分两种类型的项目：尚需成熟过程的"萌芽"项目和准备立即实施的"创建—开发"项目。2001年条例还规定1999年和2000年获奖的"萌芽"项目如符合要求可申请2001年的"创建—开发"项目。1999年法国政府通过招标方式投入高技术企业成立的资金达1亿法郎，2000年达到了2亿法郎，2001年招标资助额也达到了2亿法郎。

2）建立企业孵化器。为促进高技术企业发展壮大，法国国家政府与研究机

---

[1] 原法国法定货币，现已为欧元取代。

构共同出资组建了许多企业孵化器。法国共有 23 个大区，每个大区至少有一个企业孵化器。至 2001 年 5 月，法国共建有 31 个孵化器，国家一共提供了 1.6 亿法郎的资助。

3）政府出资建立启动基金和风险投资基金。1999 年 3 月，法国在项目招标范围内通过评审委员会评审建立了启动基金，专门向技术创新型企业注入基金，特别是初创企业时明显需要的资金，法国决定向 205 个新建企业投入 15 亿法郎。

法国的风险投资与美国和日本的都不一样，它主要是由政府出资成立的，政府出资是其最主要的来源渠道。法国最早的风险投资要追溯到 1998 年，当年 10 月，法国政府安排 6 亿法郎用于创立风险资本公共基金。该基金主要用于对企业技术开发成果的商品化和产业化过程的支持。此外，政府还争取到欧洲投资银行的 3 亿法郎贷款额度作为上述风险基金的补充。继 1998 年之后，2000 年由法国政府、欧洲投资银行和具有 200 多年历史的法国公共财政机构各出 5000 万欧元成立了"2000 年风险投资基金"。

此外，法国政府对高技术产业化的财政投资还有：第一，出资 1.5 亿法郎建立国家有偿投资基金；第二，建立创新投资共管基金，其资金总额的 60% 专门用于购买未上市创新企业（职工人数少于 500 人）发行的有价证券等。

2. 法国金融渠道在法国高技术产业中的地位和作用

相对于美国和日本而言，法国的金融渠道对其高技术产业化的作用要弱得多。银行金融由于高技术企业特别是其中的高技术中小企业由于风险性等原因，缺乏向高技术中小企业贷款的积极性。这与政府在促进银行向高技术产业倾斜贷款的机制尚未健全有关的。一般来讲，高技术领域只有那些发展态势良好的大型优质企业才能获得银行金融的支持。在资本市场，由于法国的二板市场是依赖于欧盟的 EASDAQ 市场，其自身的"新市场"——Noubean Marche 建立时间很短（1996 年 3 月开盘），尚不完善，不能满足其高技术企业上市的需求。法国的主板市场通过长时间的发展，现在已经相当完善，但只有极少部分高技术企业能在那里上市募集资金。法国的风险投资是在政府的直接投资下建立的，吸纳的民间资本很少，资金来源单一，所以远远不能达到作为高技术产业化投融资的主力军作用。

当今，法国政府已经在高度重视这种金融渠道在高技术产业化中的作用，开始了一些改革措施，努力促进民间资本向高技术产业流动。例如，更新目前对自然人的减税机制，以发展相近的风险投资。自然人向资助地方小项目的协会捐款，可获得相应的减税权利；为了减少个人投资者的风险，1998 年的预算法案为鼓励民间资本向高技术产业流动，采取了一些措施，如主要以股票形式投资的人寿保险合同，规定其5%作为风险投资，又对创新企业资产增殖用于再投资的部分延缓征税等；1999年的预算法案增加了一些新的减税规定，以便一旦创新项目初期失败，可部分减少投资者的一些损失，同时，当企业宣布破产时，现有针对其投资总额给予的一些减税机制将得到加强。

3. 法国高技术产业投融资体系的特点

法国以国家风险为主要特征的高技术产业投融资体系模式具有如下特点：一是政府是高技术产业投融资的主要渠道，高技术皆是政府投资开发；二是证券市场特别是二板市场不完善；三是风险资本来源主要是政府投入，民间资本向其流动的激励机制尚未完全建立，无投资积极性。

8.2.4 启示与借鉴

上述三种高技术产业投融资模式以美国模式最为健全和有效，它充分利用了民间资本的力量，真正完全建立起了以市场主导、政府调控的机制，值得我国高技术产业化投融资体系构建学习和借鉴；日本以银行和企业投资为核心的高技术产业化投融资模式告诉我们，要高度重视银行金融渠道和企业投资以及优良的银企关系在高技术产业化中的作用；法国模式充分强调了政府在高技术产业投融资体系中的地位和作用，但忽视了民间力量在高技术产业化中的作用，这也是法国现在要改进的地方，同时也是我们要借鉴和警惕的地方：在强调政府在高技术产业化中的作用的同时，要充分调动民间资本向高技术产业领域流动，建立多元化的高技术产业化投融资体系。

8.3 中国高技术产业投融资体系的构建

中国对高技术产业的投资以自有资金和银行贷款为主，风险投资从证券市场进行的直接融资数量很少。而根据国际经验，高技术企业在创业阶段以风险资本为主，随着发展逐渐成熟，普通权益性资本比重开始增加，达到生产销售的规模经济以后，开始吸收债务性资金如企业债券和银行贷款等。由于我国风险资本市场不发达，高技术产业资金中风险投资仅占2.3%，从促进高技术产业健康发展的角度来说，重视解决高技术产业在直接融资中的结构性调整就显得尤为重要。

根据对发达国家特别是美国的高技术产业融资模式比较，可见，高技术产业化要实现良性发展，必须建立起通过资本市场的直接融资模式，建立和健全风险投资渠道，同时辅以银行为渠道的间接融资渠道和以政府投入为导向的财政渠道，必须建立起高新技术产业与资本市场结合、第一生产力（科技）与第一推动力（金融资本）对接的高新技术产业发展多元化投融资体系。

多元化的高新技术产业投融资体系是由政府、银行资金市场、非银行资本市场、风险投资市场、企业、外资及其支撑体系组成的金融体系。该体系中各部分相互依赖、相互作用，为高新技术产业发展提供资金、技术、人才、信息等全方位的支持。概括来讲，我国应该建立起"以资本市场为依托，政府投入为导向，企业投入为主体，金融信贷和机构投资为两翼，个人投资为后援，风险投资机制贯穿始终"的多元化投融资体系。构建我国的高技术产业化投融资体系可以从三个方面着手：①政府支持系统；②金融渠道投融资系统；③投融资的社会中介服务支持系统。

8.3.1 中国高技术产业投融资体系政府支持系统

政府支持系统包括政策支持系统和政府直接投资系统。政策支持系统包括制定高技术发展计划、税收优惠、政府担保和政府职能式支持等方面。政府直接投资系统包括政府对高技术企业提供基金支持和政府采购等。

1. 政府政策支持系统构建

政府政策支持系统由高技术产业发展规划、税收优惠体系、政府担保体系和提供职能式支持等构成。

其一，制定高技术产业发展规划。20世纪80年代，邓小平批示了王大珩等4位著名科学家发展我国的高技术及其产业的建议，国务院组织400余位科学家用近一年的时间制定了我国第一个高技术发展计划，即"863"计划；1988年开始实施火炬计划；1997年开始实施重大基础研究计划，即"973"计划等。

针对我国国情，我们的高技术发展计划需要瞄准关系国家竞争力、带全局性和长远性的领域。我国的高技术实力与西方发达国家而言，尚有很长的路要走。建议国家在现有的高技术产业发展政策的基础上，紧跟世界科技发展趋势，与时俱进，不断发展和完善我国国家高技术发展的国家计划体系。同时，作为配套，各地方政府也要根据本地区的实际情况，利用地区比较优势，制定出符合本地实际的高技术产业发展计划。

其二，建立对高技术产业发展的税收优惠体系。高技术产业由于具有高风险、高投入等特征，民间企业在对高技术产业投资时需要在税收方面给予支持。

对高技术产业的税收优惠是各国发展本国高技术产业、鼓励民间资本进入高技术领域的通常做法。对于我国来讲，也必须建立起适合我国国情的高技术产业化税收优惠体系，可以考虑降低对高技术产业的投资税和资本利得税，允许对高技术产业投资的损失可以冲抵资本利得、建立对高技术产业的贴息贷款制度等。

其三，建立高技术产业政府担保体系。政府担保体系主要是解决银行等金融部门由于高技术产业的高风险性而缺乏向其提供贷款的动机的一个最为重要的方法，建议建立高技术产业化的担保基金。我国高技术产业化的担保基金可以模仿日本的方式建立，建立中央级担保基金和地方级担保基金两个体系。中央担保基金可以对地方担保基金提供再担保业务，地方担保基金则主要承担对高技术企业主要是中小企业的担保业务。中央级担保基金由中央财政负责，而地方级担保基金则可以由地方政府负责，同时考虑到我国中西部与东部的经济差距，对中西部地方级担保基金可以由中央财政给予一定的财政补贴。

其四，利用政府职能为高技术产业化投融资提供职能式支持。政府对高技术产业化投融资提供职能支持，主要从立法和专门的高技术产业化投融资管理职能部门两方面着手。

法律支持主要从健全和完善《投资法》等方面进行。《投资法》应该有利于私人资本和民间机构等社会资本参与高技术产业的投资。党的"十六大"明确提出要从立法的角度确保私人财产的不可侵犯，这对于大多数富有的私人来讲，可以为他们的收入所得提供法律保障，从而也可以为私人资本进入高技术产业提供了有利的法律促进。

建立政府职能部门可以考虑建立像美国那样的中小企业管理局（SBA），全权负责对中小企业的投融资提供帮助。我国的中小企业管理局可以由科技部直接领导，其业务主要集中于向中小企业提供资金担保和有条件提供创业基金等。

2. 政府直接投资渠道的构建

政府直接投资渠道主要是建立各种基金，这些基金由财政资金组建。我国的政府直接投资构成由三个部分构成，即财政专项拨款、产业发展基金、立项投资等。每个部分由若干政府基金组成（图8-4）。建立基金形式的财政直接投资可以更好地发挥政府的宏观调控能力，从而避免了政府直接参与企业经营的计划模式。目前，我国已经部分建立起中央财政和地方财政两极财政向高技术产业直接投资渠道，并且发展态势较好。2010年国家财政科技拨款额达4114.4亿元，比上年增加889.5亿元，增长7.6%，占国家财政支出的比重为4.58%。在国家财政科技拨款中，中央财政科技拨款为2046亿元，比上年增长24.1%，占中央财政支出的比例为7.7%；地方财政科技拨款为2068.0亿元，比上年增长31.2%，占地方财政支出的比重为 2.0%。

另外，还有一种国家财政直接投资模式是采用政府采购模式促进这些高技术产业的发展。政府采购主要是采购那些高技术在民间使用比较少，但又关系国家产业结果的升级和国家安全的高技术产品。例如，航天飞机关系国家的航空航天事业的发展又关系到国家的安全问题，并且资金要求很多、技术难度大，但民间很少有人或企业愿意出资开发，并且其向民间销售是不可行的，在这种情况下可以采取国家投资、国家采购的模式。在美国，政府采购的主要领域一般是与军事和国防密切相关的领域，我们国家也应该多注意这些领域的直接投资和直接采购。

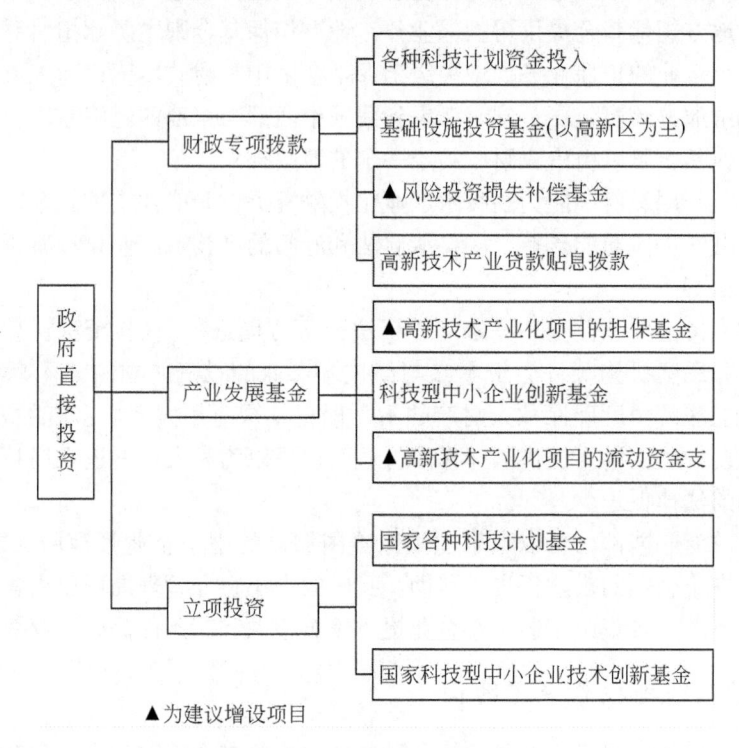

政府直接投资
- 财政专项拨款
  - 各种科技计划资金投入
  - 基础设施投资基金(以高新区为主)
  - ▲风险投资损失补偿基金
  - 高新技术产业贷款贴息拨款
- 产业发展基金
  - ▲高新技术产业化项目的担保基金
  - 科技型中小企业创新基金
  - ▲高新技术产业化项目的流动资金支
- 立项投资
  - 国家各种科技计划基金
  - 国家科技型中小企业技术创新基金

▲为建议增设项目

图 8-4　高新技术产业化投融资体系中政府直接投资系统（赵玉林，2000；赵玉林等，2000）

8.3.2　中国高技术产业投融资体系金融渠道

金融渠道在以市场调节为主的市场经济条件下，是高技术产业化投融资体系的主要渠道。完善的金融渠道包括资本市场、银行金融、非银行金融机构、企业、富有个人以及外资等。当前我国高技术产业化投融资体系金融渠道还不健全：资本市场应有的作用尚未完全发挥，二板市场尚待于完善，银行资金供给不足，非银行金融机构如风险投资尚处于起步期，企业和个人投资渠道尚需完善，利用外资能量不足。

构建我国高技术产业化投融资体系的金融渠道主要从资本市场、银行金融和非银行金融着手；而鼓励企业和个人的投资则主要立足于前面所讲的政府支持系统，通过政策引导建立起企业和个人向高技术产业投资的激励机制；对于利用外资渠道可以通过让外资进入本国的资本市场、银行金融和非银行金融渠道解决，鼓励高技术产业在海外上市，通过海外特别是发达国家的资本市场融资，同时企业可以通过吸引外资在企业的直接投资利用外资（图8-5）。

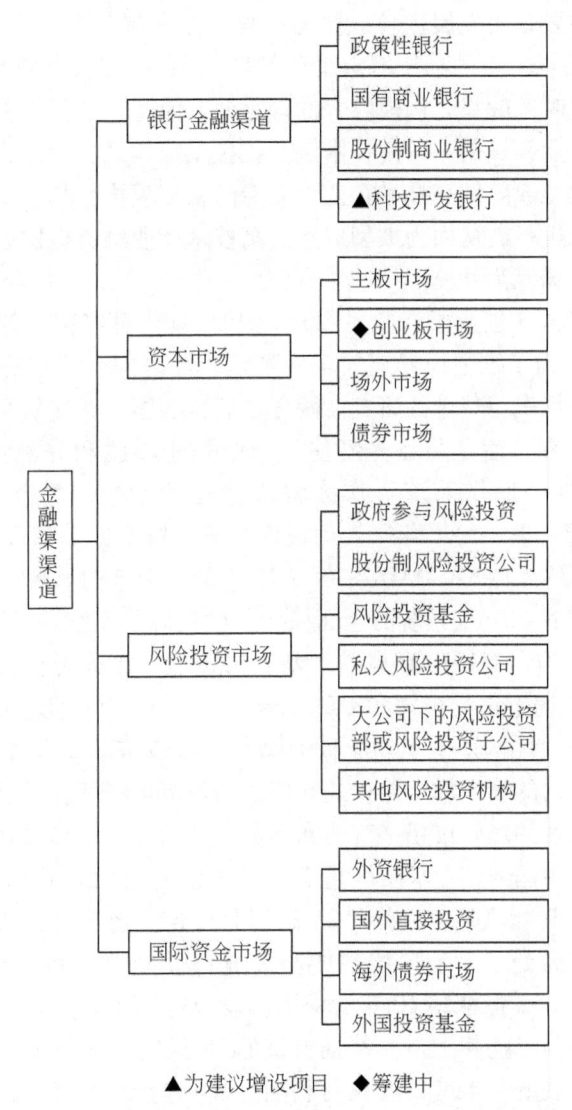

```
                            ┌── 政策性银行
                            ├── 国有商业银行
             ┌─ 银行金融渠道 ─┤
             │              ├── 股份制商业银行
             │              └── ▲科技开发银行
             │
             │              ┌── 主板市场
             │              ├── ◆创业板市场
             ├─ 资本市场 ────┤
             │              ├── 场外市场
             │              └── 债券市场
             │
             │              ┌── 政府参与风险投资
金融渠道 ────┤              ├── 股份制风险投资公司
             │              ├── 风险投资基金
             ├─ 风险投资市场 ┤
             │              ├── 私人风险投资公司
             │              ├── 大公司下的风险投资
             │              │   部或风险投资子公司
             │              └── 其他风险投资机构
             │
             │              ┌── 外资银行
             │              ├── 国外直接投资
             └─ 国际资金市场 ┤
                            ├── 海外债券市场
                            └── 外国投资基金
```

▲为建议增设项目　◆筹建中

图 8-5　我国高技术产业化投融资体系金融渠道构建

1. 我国高技术产业投融资体系资本市场

构建我国高技术产业化投融资的资本市场体系可以从以下几个方面展开：股票主板市场、二板市场（创业板市场）、债券市场、资产证券化、资产重组等。

一是股票主板市场。目前，我国主板市场主要有上海证券交易所和深圳证券交易所。上海证券交易所成立于1990年12月，深圳证券交易所于1991年7月正式营业。我国高技术企业要在主板市场上市，必须符合主板市场上市标准。因此，这一渠道主要是为发展比较成熟的高科技企业提供上市通道。截至1998年12月，在主板市场上市的高技术企业只有144家，在主板市场上市的高技术企业主要是一些发展时间较长、规模较大的确企业。因此，如何将主板市场庞大的资本引入高技术产业领域是今后高技术产业化投融资体系建设的重点。建议在主板市场设立专为大型成熟的高技术企业设立专门融资板块，其上市条件严格按照主板市场上市条件进行，从而为大型成熟的高技术产业融资提供通道，与我国即将建立的创业板市场互为补充。

二是二板市场（创业板市场）。20世纪60年代可以称为创业板的萌芽起步时期。1961年，为了推进证券业的全面规范，美国国会要求美国证券交易委员会对所有证券市场进行特定的研究。两年之后，美国证券交易委员会放弃了对全面证券市场的研究，而是将目光盯住了当时处于朦胧和分割状态的场外市场。SEC提出了"自动操作系统"作为解决途径的设想，并由全国证券商协会（NASD）来进行管理。1968年，自动报价系统研制成功，NASD改称为全国证券商协会自动报价体系（NASDAQ系统）。1971年2月8日，NASDAQ市场正式成立，当日完成了NASDAQ系统的全面操作，中央牌价系统显示出2500个证券的行情。直到1975年，NASDAQ建立了新上市标准，要求所有的上市公司都必须将在NASDAQ市场上市的公司和OTC证券分离开来。与美国NASDAQ市场的起步几乎同时的是，日本开始了创业板的脚步。1963年，日本东京证券交易所设立了针对中小公司的第二板，并正式起用了场外市场制度。不过，在其后相当长一段时间内，日本的场外市场一直萎靡不振。

相对来讲，中国的创业板要晚得多。香港创业板酝酿了10年之久，终于在1999年11月25日呱呱坠地，首批25家创业板企业当年在香港联合交易所挂牌上市。它定位于为处于创业阶段的中小高成长性公司尤其是高科技公司服务。2009年10月23日，酝酿整10年的中国创业板终于在深圳证交所开板，首批28家创业板企业在当年挂牌上市。首批上市的28家创业板公司，平均市盈率（即股票的价格与该股上一年度每股税后利润之比）为56.7倍。截至2010年年底，中小板和创业板上市公司达669家，计划到2015年达1000家。

三是场外交易市场。我国的场外交易市场主要是 STAQ 系统（securities trading automated quotations system，全国证券交易自动报价系统）和 NET 系统（national electronic trading system，中国证券交易系统有限公司），它是独立于主板市场和二板市场（筹建中）的资本市场。

为促进我国高技术产业利用场外市场融资，可以在目前的场外市场的基础上设立专门的高技术企业场外交易系统，可以考虑从以下几个方面构建：①制定全国统一的高技术企业场外交易规则，包括股票的发行、上市规则、结算规则和监管机制；②利用现有场外市场的网络，建立全国统一的、符合规范要求的高技术企业场外交易中心（包括自动报价系统），并纳入全国场外交易市场统一管理；③由科技部和证监会统一制定高技术企业的确定标准，对符合标准的高技术企业准许其在场外市场进行交易；④在最初可以选择一些质优的高科技企业发行新股，在场外市场开展交易，在成熟之后全面展开。

四是债券市场。目前我国债券市场发展比较健全，基本实现了"发行市场化，品种多样化，券面无纸化，交易电脑化"的局面。对于高技术产业来讲，应该充分利用我国债券市场的优越性，开展债券融资方式。高技术产业化利用债券市场的方式主要有：①利用国债的地方债券大力建设高科技园区，但要注意的是国债是投入其中的基础建设而不能向企业投入。②发行企业债券，主要可以采用可转换债券。发行债券可以通过对高技术企业的优良资产打包方式进行，通过发行可转换债券，一方面可以筹集到企业发展所需资金，另一方面对于投资者来讲，在企业上市后可以选择将债券转换为公司股票，可以刺激他们对企业债券投资的积极性。

五是资产证券化。资产证券化从美国的住房抵押贷款的证券化起步，经历了 30 余年的发展，已遍布世界各地。从一般意义上讲资产证券化是使储蓄者与借款者通过金融市场得以部分或全部匹配的一个过程或工具。我国高技术产业通过资产证券化融资主要通过将一些流动性较差的资产按一定的标准组合成资产池，再以之为依据发行证券筹资。我国高技术产业化投融资渠道的证券化的资产选择可以从两方面考虑：第一是商业银行贷款证券化。这一部分的资产主要集中于对高技术产业的优良资产的贷款。第二是对高技术科技园区的公用事业收费项目证券化。一般来讲，高科技园区的公用事业收费项目的资质较好，可以产生稳定的收入源，政府和投资者都愿意开展这些项目。

资产证券化对高技术产业投融资体系的影响主要在于：一方面它可以为高技术产业的融资提供更多的渠道，增加高技术企业的资产流动性，有效改善企业的财务管理，降低企业融资成本；另一方面，在资产证券化过程中，信用提升机构要参与，从而可以提高开展资产证券化的高技术企业资产信用等级，这一点对高技术企业特别是初创期的企业来讲尤其重要，因为它可以获得高于企业评级的信用级别，从而有利其实行低成本融资。

六是资产重组。资产重组从理论讲是指企业对现有资产结构进行改组，其目的是为了企业本身现有的资产结构达到最优化，以适应市场竞争，并能在市场竞争中取得成功。资产重组一般有内涵与外延两种方式。内涵方式主要是指企业对自有资产的改造；外延是指企业通过兼并、收购其他企业资产或通过买壳、借壳而间接上市。对于高技术产业的资产重组在投融资领域来讲主要是指外延方式，即收购兼并、买壳借壳上市。

很多高技术中小企业在发展过程中会遇到资金"瓶颈"问题，同时，这些企业的又属于朝阳产业，高技术含量较高，这时候，一些大型的企业就可以通过收购兼并这些高技术企业的方式注入资金促进这些企业的发展。同时，对于许多高技术企业发展较好，有上市的要求，但由于受发行上市限额的限制，不能直接上市。在这种情况下，高技术企业可以通过买壳借壳上市，从而达到在资本市场直接融资的目的。所谓借壳上市，是指上市公司（集团公司）通过将主要资产注入上市的子公司中，来实现母公司的上市。所谓买壳上市，是指非上市公司通过收购一些业绩较差、筹资能力弱化的上市公司，剥离被购公司的资产，并通过配股收购等机会把自己公司的资产注入进去，从而实现间接上市。目前，我国高技术企业通过买壳借壳上市主要有以下几种类型：①股权有偿转让。即收购公司就收购价格、支付方式、双方的法律地位、富余职工的安排等内容与目标公司（被收购公司）协商一致并签订协议，从而受让目标公司的全部或部分股权，获得目标公司控制权。高科技企业通过股权有偿转让买壳上市的案例有，托普软件入主川长征、创智软件园搭台五一文、四通收购华立高科等。②资产置换购并。上市公司的资产置换是指上市公司用一定价值的资产并购等质资产的交易行为。资产置换并购行为均发生在上市公司与其控股公司之间。③二级市场并购。二级市场并购是指购并公司通过二级市场收购上市公司的股权从而获得上市公司控制权的并购行为。④股权有偿转让。即政府（上市公司国有股股权持有者）通过行政手段将上市公司的产权无偿划归并购公司的产权组织行为。⑤吸收合并。吸收合并是公司合并的一种形式。高技术企业吸收合并的典型是清华同方吸收合并山东鲁颖电子。

2. 我国高技术产业投融资体系银行金融渠道

银行业由于坚持计划性、流动性、效益性、安全性的原则，决定了银行也无法成为风险投资的主体，但作为庞大的资金库，会引导其资金介入科技产业，实现其强有力的融资支撑作用。

解决这个问题的最佳途径是在两者之间形成一个融合生长的结合部，使其结合部既有两者各自的特征，又兼顾另一方面的要求。一方面，高技术产业向金融界渗透，由科研机构、科技实业部门、企业科研部门向金融界输出最新的高科技信息和动态，并向金融界输出专职或兼职的工程技术人员以便参与项目的评估论证；另一方面，金融业也向高科技产业渗透，向高技术企业输出经营管理方法，提供经济、金融专家，帮助企业提高经营管理水平。用合股或参股等形式提供投资，以信用方式提供贷款，以此支持高新技术产业的发展。这样的相互渗透必然会产生两个全新的机构：一是融工程技术与金融科学于一体的高新技术产业评估机构；二是拥有一定资金实力，同时又熟悉高科技领域，并能参与高技术企业经营管理的新型商业银行，即科技开发银行。

高技术产业评估机构将成为高新技术产业投融资体系中重要的中介服务机构，它可对创新性强、投资量大、工程技术复杂的高新技术项目进行科学的技术性指标和经济的盈利性指标进行鉴定和评估，为科技开发银行及其他国内外投资者的投资项目提供前期的可行性论证。

科技开发银行是专为高新技术研究开发、高新技术成果商品化、产业化及支柱产业高新技术化服务的银行。其设立有助于将目前分散经营的科技资金集中起来，统筹使用，以发挥科技资金的规模效益。建议在各高新区投资分支机构，主要承办全省所有有市场前景的高新技术企业的投资，贷款和结算等具体金融业务则侧重于100所商业银行自愿提供的产业化过程中的资金供给。科技开发银行的组建可通过两条途径来实现：一是国家开发银行担当科技银行职能；二是部分国际信托投资公司转为科技银行。目前，中国人民银行为解决各省市国际信托投资公司经营问题，已提出以债权转股权的方式改造原国投的方案。同时，可将部分地方国投以股份制设立方式转为科技开发银行，原因在于：其一，原国际信托投资公司大多具有丰富的投资银行业务经验。而投资银行业务的核心便是帮助企业资产重组、兼并、收购，从资本市场的角度来帮助企业融资，并为客户管理提供有关财务和投资咨询服务。其管理资产的经验和投资变换能力是其商业银行缺乏的。其二，在当前企业经济效益普遍滑坡的情况下，科技投资是银行效益的突破点，只要运作科学化、规范化，可以尽快置换原国投的不良资产。

3. 投资基金

高技术产业利用投资基金可以采用两种方式，第一种是利用以"中国"为投资概念的海外基金，第二种是利用我国内地的投资基金。

目前有很多国家和地区设立了以"中国"为投资概念的投资基金，如有法国东方汇理银行亚洲投资有限公司牵头组建的"上海基金"、我国香港特区各投资公司设立的"中国基金"、"B股基金"等。高技术产业化要充分利用这些海外基金,可以考虑建立海外基金投资中国高技术产业的中介结构,向这些基金推荐质优、有良好发展前景的高技术企业。同时,也可以考虑中国内地资本参股或控股这些海外基金,然后投资于内地高技术产业。

我国内地的投资基金要引入高技术产业,建议如下:①建立多种结构的基金类型,即要有封闭式的基金,又要有开放式;既要发展契约型的,又要发展公司型的;②建立全国统一的基金市场,严禁地方保护主义;③对投资基金特别是其中的产业投资基金投资于高技术产业提供政策倾斜;④可以考虑建立向科技产业投资为主导的科技型投资基金,这种基金由民间投资为主导,政府可以适当的注入少量的资金以起示范作用。

4. 企业和个人投资

企业尤其是上市公司应成为高新技术产业投融资的主体,其投资于高新技术产业有以下优势:第一,有承担投资风险的能力。第二,传统企业通过投资于高新技术产业,可以调整产业结构和寻求新的利润增长点;高新技术大公司投资于相关技术领域,是促进业务扩展及产品结构升级的一种有效手段。第三,很多大企业或企业集团本身就是高新技术产品的主要用户之一,可以大大降低新产品的试销费用和市场风险。第四,许多公司的投资属战略性投资,这从一开始就为风险投资解决了退出的问题。目前,企业介入高新技术领域的方式可分为直接介入和间接介入两种。直接介入是指企业直接对公司外部的高新技术项目或企业进行投资,体现为一种对外投资。间接介入则是采取参股股份制风险投资公司,通过风险投资公司对高新技术项目或企业投资的行为人。个人在西方发达国家特别是美国也是高技术产业化投融资的主要力量。个人在高技术产业化投融资体系中主要是起"天使资本"的作用。

对于我国的企业和个人投资,主要是从政策层面的支持:第一,给予投资以税收优惠和担保,建立激励机制;第二,加紧贯彻党的"十六大"精神,以法律形式明确个人财产神圣不可侵犯,从心理上释放个人对于财产保护的顾虑,使他们能放心地把资金投入高技术产业获利。

5. 利用外资

对于高技术产业利用外资可以采用以下几种渠道:第一,吸引外资的直接投资。主要是跨国公司和机构投资者的直接投资。如目前我国实行的 QFII 制度 (qualified foreign institutional investors,即合格的境外机构投资者制度),截至 2010 年 12 月,已有 106 家境外机构获得证监会的批准。今后我们可以充分利用

QFII 制度，给予一些政策和税收措施，鼓励境外投资者向高技术板块投资。第二，大力引进国外风险投资进入我国的高技术产业。例如，四通利方在其发展过程中就充分利用了国外的风险资本，获得了美国美洲银行罗世公司、华登国际投资集团和埃劳豪国际集团三家风险投资公司 650 万美元的投资。今后国内高技术企业要充分吸取四通利方的经验，引进国外风险资本进入。第三，我国高技术产业在海外直接上市或发行债券，充分利用国外完善的资本市场直接融资。例如，可以到 NASDAQ 上市，到香港的二板市场上市，可以向境外投资者发行可转换债券等。

8.3.3 我国高技术产业的风险投资系统

1. 风险投资的定义

风险投资（venture capital），也称创业投资。国际上对风险投资存在几种不同的观点：第一种观点认为，风险投资是对还没公开上市的资格的小型企业提供所需的资金融通（OECD，1996）；第二种观点认为，风险投资是对迅速成长的中小型企业提供融资，包括上市前的各阶段之种子资金、创办资金和扩展资金，在上市后运用其股权操作经验，提供稳健与支持性的投资，以协助新企业的发展（Douglas Greenwoody，2003；EVCA，1983；AVCA，2004）；第三种观点认为，风险投资是将资金投资于新创的风险性或高科技的企业，是高风险但可以有股利或资本利得的具额报酬（Riggs，2006）；第四种观点认为，风险投资是风险资本家对迅速成长的中小企业所进行的股权或近似股权的投资，以促成被投资公司实现其目标（Amrer，1999）。综合上述各种对风险投资的理解，可以认为，风险投资是指由职业金融家将风险资本投向新兴的迅速成长的有巨大竞争潜力的未上市公司（主要是高技术企业），在承担很大风险的基础上为融资人提供长期股权资本和增值服务，培育企业快速成长，数年后通过上市、并购或其他股权转让方式撤出投资并取得高额投资回报的一种投资方式。

2. 风险投资的要素

无论怎样定风险投资的概念，风险投资的四个构成要素都是不可缺少的。

一是风险资本。风险资本是指由专业投资人提供的投向快速成长并且具有很大升值潜力的新兴公司的一种资本。在通常情况下，由于被投资企业的财务状况不能满足投资人于短期内抽回资金的需要，因此无法从传统的融资渠道如银行贷款获得所需资金，这时风险资本便通过购买股权、提供贷款或既购买股权又提供贷款的方式进入这些企业。

二是风险投资人。风险投资人是风险资本的运作者,它是风险投资流程的中心环节,其工作职能是辨认、发现机会;筛选投资项目;决定投资;促进风险企业迅速成长、退出。资金经由风险投资公司的筛选,流向风险企业,取得收益后,再经风险投资公司回流至投资者。风险投资人大体可分为以下四类:第一类称为风险资本家(adventure capitalists)。他们是向其他企业家投资的企业家,与其他风险投资人一样,他们通过投资来获得利润。但不同的是风险资本家所投出的资本全部归其自身所有,而不是受托管理的资本。第二类是风险投资公司(venture capital firm)。风险投资公司的种类有很多种,但是大部分公司通过风险投资基金来进行投资(风险投资公司除通过设立风险投资基金筹集风险资本外,同时也直接向投资人募集资本,公司本身也采用有限合伙制形式,投资人成为公司的有限合伙人,公司经理人员成为公司的一般合伙人),这些基金一般以有限合伙制为组织形式[虽然有限合伙制(LP)是主要组织形式,近年来美国税法也允许选用有限责任合伙制(LLPs)和有限责任公司(LLCs)形式作为风险投资公司另一种可选组织形式]。第三类是产业附属投资公司(corporate venture investors/direct investors)。这类投资公司往往是一些非金融性实业公司下属的独立的风险投资机构,它们代表母公司的利益进行投资。和专业基金一样,这类投资人通常主要将资金投向一些特定的行业。第四类叫天使投资人。这类投资人通常投资于非常年轻的公司以帮助这些公司迅速启动。在风险投资领域,"天使"这个词指的是企业家的第一批投资人,这些投资人在公司产品和业务成型之前就把资金投入进来。天使投资人通常是创业企业家的朋友、亲戚或商业伙伴,由于他们对该企业家的能力和创意深信不疑,因而愿意在业务远未开展进来之前就向该企业家投入大笔资金。

三是风险企业。如果说风险投资家的职能是价值发现的话,风险企业的职能是价值创造。风险企业家是一个新技术、新发明、新思路的发明者或拥有者。他们在其发明、创新进行到一定程度时,由于缺乏后续资金而寻求风险投资家的帮助。除了缺乏资金外,他们往往缺乏管理的经验和技能。这也是需要风险投资家提供帮助的。

四是资本市场。资本市场是风险投资实现增值变现的必经之路,没有发达完善的资本市场,就不可能使风险投资获得超额回报,从而使风险投资人丧失了进行风险投资的源动力。

3. 风险投资的主要特征

风险投资是金融业的一种变革和创新,它实质上是一种高科技与金融相结合,将资本投入风险极大的高技术开发生产中,使科技成果迅速转化为商品的新型投资机制,是高技术产业化过程中的一个资金有效使用的支持系统。作为一种高技术与金融相结合的投资机制,风险投资是以冒高风险为代价来追求高收益为特征的资本投资形式,它与以传统产业为投资对象的一般金融投资相比有许多差别,具体如表 8-2 所示。

表 8-2　风险投资与一般金融投资区别表

项　目	风险投资	一般金融投资
投资对象	非上市的高技术中小企业	主要是大中型企业为主
投资方式	股权式投资,关心的是企业的发展前景	主要是贷款方式,关心的是安全性
投资回收	风险共担、利润共享,进入市场后,可转让股权,收回投资,再投向新企业	按贷款和合同期限收回本息
投资审查	以技术实现的可能性为审查重点,技术创新与市场前景是关键	以财务分析与物质保证为审查重点,有无偿还能力是关键
投资管理	参与企业的管理与决策,是合作开发的关系	对企业经营管理有参考咨询的作用,不介入决策系统,是借贷关系
投资风险	高风险,高收益	低风险
人员素质	需懂得技术、经营、管理、金融、市场,能预测、处理风险	懂财务管理,不要求有管理、技术能力,可行性研究水平低

风险投资的特征取决于风险投资的对象和方式,从风险投资在国外的发展情况来看,具有以下几个显著的特征(俞自由等,2001)。

其一,风险投资是一种权益投资。风险投资不是一种借贷资本,而是一种权益资本;其着眼点不在于投资对象当前的盈亏,而在于他们的发展前景和资产的增值,以便通过上市或出售达到退出并取得高额回报的目的。所以,产权关系清晰是风险资本介入的必要前提。

其二,风险投资是一种无担保、有高风险的投资。风险投资主要用于支持刚刚起步或尚未起步的高技术企业或高技术产品,一方面没有固定资产或资金作为贷款的抵押和担保,因此无法从传统融资渠道获取资金,只能开辟新的渠道;另一方面,技术、管理、市场、政策等风险都非常大,即使在发达国家高技术企业的成功率也只有 20% ~30%,但由于成功的项目回报率很高,故仍能吸引一批投资人进行投机。

其三,风险投资是一种流动性较小的中长期投资。风险投资往往是在风险企业初创时就投入资金,一般需经 3~8 年才能通过退出取得收益,而且在此期间还要不断地对有成功希望的企业进行增资。由于其流动性较小,因此有人称之为"呆滞资金"。

其四，风险投资是一种高专业化和程序化的组合投资。由于风险投资主要投向高新技术产业，加上投资风险较大，要求创业资本管理者具有很高的专业水准，在项目选择上要求高度专业化和程序化，精心组织、安排和挑选，尽可能地锁定投资风险。为了分散风险，风险投资通常投资于一个包含10个项目以上的项目群，利用成功项目所取得的高回报来弥补失败项目的损失并获得收益。

其五，风险投资是一种投资人积极参与的投资。风险资金与高新技术两要素构成推动风险投资事业前行的两大车轮，二者缺一不可。风险投资家（公司）在向风险企业注入资金的同时，为降低投资风险，必然介入该企业的经营管理，提供咨询，参与重大问题的决策，必要时甚至解雇公司经理，亲自接管公司，尽力帮助该企业取得成功。

其六，风险投资是一种追求超额回报的财务性投资。风险投资是以追求超额利润回报为主要目的一种投资行为，投资人并不以在某个行业获得强有力的竞争地位为最终目标，而是把它作为一种实现超额回报的手段，因此风险投资具有较强的财务性投资属性。

4. 我国风险投资体系的建立与完善

我国风险投资起步于1985年。当年中共中央《关于科学技术体制改革的决定》中就指出："对于变化迅速、风险较大的高科技开发工作；可以设立创业投资给以支持。"这一决定是我国高技术风险投资的发展有了政策上的依据和保证。1985年3月，风险投资公司筹备组在对北京、广州、深圳、珠海等地进行实地考察的基础上写出调研报告，就风险投资在我国现实生活中的可能性进行了充分的论证和阐述，认为我国的金融体制改革已有了良好的基础，从体制上金融机构多样化，调动金融机构多方面的积极性，从资金供应渠道上把财政和金融分开，才能充分发挥中央银行的作用，保证国家从宏观上加强对金融机构的控制，为科技成果转化提供必要的资金。所以认为在我国成立科技风险投资公司的条件已经成熟。因此在1985年9月，国务院批准成立中国新技术创业机构（CVIC），这是中国第一家全国性的科技风险投资机构，它在我国风险投资发展的历史上是一个旗手的角色。

进入20世纪90年代后，随着我国高新技术产业的发展和高新技术开发区的纷纷建立，国务院在1991年3月颁布的《国家高新技术产业开发区若干政策的暂行规定》中指出："有关部门可以在高新技术产业开发区建立风险投资基金，用于风险较大高新技术产业开发，条件成熟的高新技术开发区可创办风险投资公司。"这标志着风险投资在我国已受到政府的高度重视。其后，科技部和有关部委，以及各地方政府进行了各种形式的实践探索，以独资、合资（包括中外合资）方式建立了企业或事业性质的风险投资机构。此外，全国50多个国家级高新技术产业开发区大多设立了创业服务中心，但是这些风险投资机构基本上都是由政府投资和管理的，因此，普遍存在着投资主体单一和缺乏有效的退出渠道的问题。

1998年"一号提案"的推出[①]，引发了理论界对风险投资的研究热潮，促进了全社会在该领域多元化的实践探索。除了政府出资进行风险投资外，许多大公司、大企业也积极参与。一些资金实力雄厚的高技术公司尝试将风险投资作为支持主营业务、寻求战略性新利润增长点的手段。近10年来，我国风险资本与投资总量的增长率均超过20%。至2010年年底，全国风险投资公司达571家，持有资本1074亿元，注册资本接近1500亿元。在风险投资机构的参与下，百度、腾讯、无锡尚德、大族激光等，一大批高成长性企业迅速地做大、做强。

风险投资机构按来源分基本上有五类：①政府主导的风险投资机构。这类公司的资金主要来源于政府，特别是各地方政府，大多是由地方各级科技行政管理部门负责组建，投资目的是通过风险投资推动本地区高新技术产业的发展。②大公司所属的风险投资机构。风险投资在我国的发展并没有表现出很高的收益率，对大企业的吸引力不大，各大公司在风险投资的操作上还不是很娴熟，在投资方向的选择上没有明显的行业偏好，与海外大公司相比，我国的上市公司参与风险投资主要为了利用风险投资机制，以控股、参股、直接投资介入中后期项目，为本企业寻求成长空间并且提升企业核心竞争力。③各高新区内的创业中心。这类风险投资机构主要是各高新区内的风险投资公司为了实施火炬计划，在全国高新区内建立的专门服务于高科技成果转化的创业中心，其性质为事业单位，但运作机制实现企业化。④金融机构附属的风险投资公司。这类风险投资机构具有较强的资本运作能力，比较重视后期投资。国内资金建立这种机构相对较少，主要以外资金融机构为主。随着国家政策的日益完善，对于国内金融机构参与风险投资给予了大力支持，国内资金参与的风险投资机构会不断涌现。⑤民间风险投资公司和混合型风险投资公司。我国纯民间风险投资公司数量有限，融资规模也不大，在现阶段处于缺位阶段。而各种类型的混合型风险投资公司正日趋增长，主要有民间资本与上市公司资本混合、民间资本与国有资本混合、上市公司与国有资本混合、国内金融机构与上市公司资本混合等。

---

① 1999年3月，第九届人民代表大会第一次会议上，以民主建国会中央主席成思危为首向全国人大提交了关于中国风险投资立法的提案——"关于尽快发展我国风险投资事业的提案"。人大的提案序号是按提交的先后顺序排列，故这一提案被称为"一号提案"。

通过与西方发达国家风险投资特别是美国风险投资比较，结合我国目前风险投资结构现状，笔者认为应通过对现有的风险投资机构模式进一步的优化，逐渐减少政府资金在风险资本中的比例，扩大民间资本特别是大型企业、金融机构和投资基金在风险资本中的比例，使其成为主导。对于公司型的风险投资基金，风险投资机构不应该依附于企业和基金，而应该成为独立的法人实体，由风险投资基金管理人独立运营，各方资本包括政府资本都可以采用权益资本形式注入。同时，通过国家法律的完善或支持，特别是对《公司法》、《合伙企业法》等法规进行健全和完善，最终建立起风险投资的有限合伙人制度。同时，建立相应的法规，允许国外风险投资在国内设立风险投资机构。风险投资向高技术产业投资应集中于优势领域和重点项目，可以采用以下形式支持高技术产业化：①股权投资，即投资者直接投入到高新技术行为活动并参与管理；②信用担保，为高新技术产业化项目的银行贷款提供一定比例的担保，收取担保费；③周转金信贷，满足流动资金周转的短期需要。在目前我国创业板市场尚不发达的实际情况，风险资本通过 IPO 方式退出十分有限，风险投资退出机制主要是出售和清算。这就需要建立完善的产权交易市场。建立起全国性和地方性相结合的产权交易市场，互为补充。同时，进一步健全和发展深圳证券交易所的创业板，从政策层面尽快建立起风险资本的 IPO 方式退出机制。

8.3.4 我国高技术产业投融资体系的中介支持系统

构建我国高技术产业化体系中介支持系统构建可以考虑从以下几个体系着手，即高新技术产业投融资的政策体系、高新技术产业投融资的服务体系、高新技术产业投融资的市场体系等。

高新技术产业投融资的政策体系包括相匹配的金融体制、教育体制、人事制度、知识产权保护制度、保护民族高新技术产业的政策引导及财税政策优惠或鼓励等。建议在科技部和省级科技厅设立高新技术产业投融资协调处，创建资金融通辅助体系，对高新技术产业化项目、中小高新技术企业提供融资协助和信息咨询，属高新技术产业投融资的政府协调部门。高新技术产业投融资协调处对体系各构成要素享有建议权和年度业绩考核权，但没有直接管理权，以防演变为政府干涉行为。

高新技术产业投融资的服务体系主要建立高效率的信息交流网络，培育和规范各种中介服务机构。高新技术产业与资本市场的结合离不开律师事务所、会计师事务所、审计师事务所、资产评估机构、咨询服务机构等中介组织的牵引和沟通，为此，必须大力培育各种中介组织机构，并加强对它们的监管，保证中介组织的权威性和公正性。此外，可充分借助现今发达的互联网网络建设，发展网上政务，为高新技术企业提供从工商、税务到信息发布的"一条龙"服务。

高新技术产业投融资的市场体系在高科技企业的发展过程中，无论是研究—开发—商品化—产业化的接力赛，还是技术—人才—资金的替换和重组，都有赖于较完善的交易市场的形成。如果不能在市场规则下顺利实现股权、技术、人才及各阶段接力棒的交换，企业发展的链条就会中断，因此应大力加强人才市场和技术市场的建设，完善资本市场为高新技术产业发展提供技术、人才和资金方面的要素顺畅流动。这里的技术市场包括各种有形的技术市场和无形的技术市场（如通过权威报纸杂志发布科技成果信息、通过计算机网络传递科技成果等）。

第9章 高技术产业政策

高技术产业在世界范围内兴起和发展，除了自身有强大的生命力和发展潜力外，还与各国政府实行的高技术产业政策密不可分。政策因素在推动高技术产业的发展中起到了至关重要的作用。高技术产业政策的实质就是国家通过政策、法令来引导、扶植高技术产业的发展。本章主要从技术政策、产业组织政策、产业结构政策和产业布局政策四个方面分析促进高技术产业发展的相关政策。

9.1 高技术产业技术政策

高技术产业的突出特点是技术和知识高度密集。因此，高技术产业技术政策对于高技术产业发展无疑至关重要。所谓高技术产业技术政策是指政府为促进高技术产业发展，围绕技术进步和发展，增强高技术企业自主创新能力而制定的相关集中性和协调性的措施。制定和实施适应新形势的高技术产业技术政策，明确国家高技术产业技术发展的战略目标和重点，积极推动技术创新能力与高技术产业技术水平的提高，是推进我国高技术产业发展的重要举措。

9.1.1 我国高技术产业技术创新现状

1. 发明专利数不断提高

我国高技术产业的技术创新能力不断得到增强，近十年来，我国的高技术产业获得的发明专利数不断提高，如表9-1所示。

表9-1 2000~2009年我国高技术产业专利情况　　（单位：件）

	2000年	2001年	2002年	2003年	2004年	2005年	2006年	2007年	2008年	2009年
专利申请数	2 245	3 379	5 590	8 270	11 026	16 823	24 301	34 446	39 656	71 337
拥有发明专利	1 443	1 553	1 851	3 356	4 535	6 658	8 141	13 386	23 915	41 170

资料来源：《中国高技术产业统计年鉴》（2002~2010年）

2. R&D投入不断提高

技术创新能力的提高离不开R&D投入的提高。我国不断增加对高技术产业的R&D投入，2009年我国高技术产业的R&D经费支出超过了774亿元，是2000年的7倍左右。同时从事R&D活动的人员，近十年来也得到大幅度提高，2009年超过了32万人，如表9-2所示。

表 9-2　2000~2009 年我国高技术产业科技投入情况

年　份	R&D 活动人员/人年	R&D 经费支出/万元	年　份	R&D 活动人员/人年	R&D 经费支出/万元
2000	91 573	1 110 410	2005	173 161	3 624 985
2001	111 572	1 570 111	2006	188 987	4 564 367
2002	118 448	1 869 660	2007	248 228	5 453 244
2003	127 849	2 224 468	2008	285 079	6 551 994
2004	120 830	2 921 314	2009	320 033	7 740 499

资料来源：《中国高技术产业统计年鉴》(2002~2010 年)

3. 一批关键核心技术取得突破性成果

随着我国高技术产业 R&D 投入的提高及相关配套设施的跟进，我国的高技术产业中的一批关键核心技术取得突破性成果。

第一，极大规模集成电路领域已经形成从半导体材料、高端芯片设计、芯片生产装备到芯片生产等完整的产业链条。

我国具有国际主流水平 65 纳米集成电路成套制造工艺实现批量生产，12 英寸刻蚀机、离子注入机等集成电路生产线用关键整机产品、关键零部件及专用材料快速实现批量销售；龙芯通用 CPU 芯片、君正嵌入式芯片、星光多媒体芯片、直播卫星信道解调芯片、移动高速存储芯片等改写了我国半导体芯片完全依赖进口的发展历史；诞生了我国第一台超千万亿次超级计算机。

第二，新一代移动通信产业标准和核心产品在国际上的地位进一步增强。我国主导创制了第三代移动通信 TD-SCDMA、宽带无线接入 McWiLL、3C 协同闪联等通信技术国际标准并得到大规模商业化应用。成功开发全球首款支持 20 兆带宽的 TD-LTE 终端基带通信芯片，TD-SCDMA 网络系统、终端和测试仪表等产品处于国际领先地位并实现了产业化。

第三，云计算、物联网和移动互联网产业高起点发展，成为引领我国电子信息产业转型发展的新龙头。我国掌握了云安全、云存储、新型云终端、新一代数据中心、高清监控、手机浏览器、电纸书等关键技术；建立了国际首个云计算产业基地、首个物联网数据专网和规模最大的移动互联网服务系统；云计算高密度服务器、集装箱式数据中心、物联网数据收发芯片组、中小企业管理云、"框计算"应用平台等产品与国际主流公司同步。

第四，以北斗导航为代表的空间信息服务与导航产业彻底改变了我国对外国产品和技术的依赖。我国北斗导航芯片、北斗定位和通信服务系统、北斗导航通信终端、北斗授时系统等一系列关键技术实现了产业化，应用于国家电网、防灾减灾、国防等战略领域。

第五，实现了国产高端装备的新突破，研发生产出一批具有国际先进水平的高端装备。我国研制出国际龙门跨度规格最大的五轴联动车铣复合机床、亚洲最大旋挖钻机、超高层建筑消防设备。轨道交通自动控制系统、中低速磁悬浮交通系统应用于北京轻轨建设。4.5～8.5代TFT-LCD核心技术与工艺使我国平板显示技术完成了从引进消化吸收到自主发展的跨越。中科信成为国内唯一具备交钥匙工程能力的光伏装备供应商。

第六，生物医药领域研发创新能力国内领先，部分产品研发与国际同步。我国实体瘤治疗的人源化单克隆抗体药物"泰欣生"、血管抑制剂类抗肿瘤药物"新一代恩度"等国家一类新药研发国内领先，与国际差距逐渐缩小。"非典"、人用禽流感、甲型流感疫苗研发与发达国家同步。生物芯片、磁共振成像医疗诊断系统、麻醉工作站、心血管介入治疗等国内自主研发的医疗设备替代了进口产品。转植酸酶基因玉米、预混合饲料、新型兽用干扰素等技术和产品国内领先。

第七，新能源和智能电网领域研制出一批具有国际领先水平的系统和设备，打破了国际垄断。我国低温核供热堆技术和高温气冷堆、百万千瓦级数字化核安全级控制系统研制能力国际领先，率先实现了兆瓦级垂直轴风力发电机、5兆瓦近海风机、兆瓦级钒电池商用化系统产业化应用。特高压有缘输电换流阀技术打破了国外技术垄断，大功率交流变频调速系统、电力系统继电保护装置、变电站自动化系统等技术在国内广泛应用。

第八，高效节能、资源循环利用和污水处理技术国际领先。我国高温蓄热式燃烧、高能效低温空气源热泵机组等技术节省了大量能源消耗；餐厨垃圾处理、新型生态环保材料生泰砂等资源循环利用技术在北京市率先开展了示范应用；以膜生物反应器、压力（虹吸）流雨水排水系统等为代表的水处理技术为我国污水治理和资源化提供了新的技术路径。

第九，一批重大新材料技术研发取得突破。我国纳米绿色打印制版印刷技术、非线性光学晶体和红外光学等材料制备技术、万吨级非晶带材生产线、超导限流器等达到国际领先水平。

第十，纯电动车产业链初步形成。我国拥有驱动电机与电子控制、动力电池技术和制造、纯电动商用车集成等关键技术，并率先实现2000余辆纯电动车的大规模示范应用。

9.1.2 我国高技术产业技术创新存在的问题

通过以上分析可以看出，我国高技术产业在技术创新方面取得了巨大进步，部分关键核心技术取得了突破性成果。但是综观世界各国高技术产业面临的形势，我国还必须进一步增强紧迫感、危机感和忧患意识，与世界主要的发达国家相比，我国仍有很大差距。

1. 我国高技术产业的 R&D 投入强度低

虽然我国的 R&D 投入不断提高，2009 年的研发经费达到了 774 亿元，但是与国外相比，我国高技术产业的 R&D 投入强度[①]仍然很低，2000~2008 年只在 5% 左右，而主要发达国家 R&D 投入强度均高于 20%，美国在 2006 年的 R&D 投入强度将近 40%。特别是近几年，美国加大了研发投入，欲重振美国的科学事业。2009 年 4 月 27 日，美国总统奥巴马在美国国家科学院第 146 届年会上明确提出，美国今后的 R&D 投入要占到 GDP 的 3% 以上。韩国的 R&D 投入强度虽然与美国、日本相比有较大差距，但其远高于我国，基本维持在 20% 左右，如表 9-3 所示。

表 9-3 我国高技术产业的 R&D 投入强度与发达国家比较（2000~2008 年）

国家	2000 年	2001 年	2002 年	2003 年	2004 年	2005 年	2006 年	2007 年	2008 年
中国	4.0	5.1	5.0	4.4	4.6	5.6	5.7	6.01	4.7
美国	22.5	—	27.3	29.0	—	—	39.84	36.84	
日本	21.7	26.3	29.9	25.7	—	—	28.90		
德国	23.2	23.8	24.1	—	—	20.9	21.50	18.05	
英国	21.2	23.1	26	27.6	—	—	26.64	26.64	
法国	27.1	25.8	28.6	—	—	—	31.95		
韩国	14.8	21.8	18.3	18.2	—	19.5	21.30		

资料来源：《中国高技术产业统计年鉴》（2002~2011 年各年卷）

2. 我国高技术产业的自主创新能力弱

与主要发达国家相比，我国高技术产业的自主创新能力弱。1996~2005 年我国申请美国专利局的专利数所占比例不到总数的 1%，远远落后于世界主要的发达国家。如表 9-4 所示。

表 9-4 部分国家申请美国专利局专利数　　　　　　（单位：件）

国家	1996 年	1997 年	1998 年	1999 年	2000 年	2001 年	2002 年	2003 年	2004 年	2005 年
中国	364	324	455	660	942	1 252	1 569	1 763	2 470	2 943
美国	106 892	120 445	135 483	149 825	164 795	177 511	184 245	188 941	189 536	207 867

---

① R&D 强度按 R&D 经费占工业增加值的百分比计算。

续表

国家	1996年	1997年	1998年	1999年	2000年	2001年	2002年	2003年	2004年	2005年
加拿大	4 443	4 694	5 689	6 149	6 809	7 221	7 375	7 750	8 202	8 638
法国	4 486	4 759	5 249	6 216	6 623	6 852	6 825	6 603	6 813	6 972
德国	11 550	12 333	13 885	16 978	17 715	19 900	20 418	18 890	19 824	20 664
英国	4 791	5 147	6 110	6 948	7 523	8 362	8 391	7 700	7 792	7 962
日本	39 510	41 767	45 260	47 821	52 891	61 238	58 739	60 350	64 812	71 994
韩国	4 248	4 920	5 452	5 033	5 705	6 719	7 937	10 411	13 646	17 217
总计	195 187	215 257	243 062	270 187	295 926	326 508	334 445	342 441	356 943	390 733

注：美国专利局受理专利申请依专利第一发明人居住地而定

资料来源：《中国高技术产业发展年鉴》（2008年）

3. 仍存在许多技术瓶颈

我国已经成为名副其实的高技术产业"世界工厂"。2007年高技术产业的产值居世界第二、高技术产品的国际贸易额居世界第一[①]，如表9-5所示。但与发达国家相比，还存在较大差距。根本的差距是我国高技术产业大而不强。首要的瓶颈问题是技术瓶颈。

表9-5　2002~2009年我国高技术产业工业增加值和出口额

项目	2001年	2002年	2003年	2004年	2005年	2006年	2007年	2008年	2009年
工业增加值/亿元	3 095	3 769	5 034	6 341	8 128	10 056	11 621	14 001	—
出口额/亿美元	465	679	1 103	1 654	2 183	2 815	3 478	4 156	3 769

资料来源：《中国高技术产业统计年鉴》（2002~2010年）

我国高技术产业自主创新能力不强，许多高技术领域还处于起步和跟踪模仿外国技术阶段，导致许多关键核心技术仍受制于人，高技术产业缺乏核心竞争力，国际分工地位较低。"中国制造"总体上还处于国际产业链的中低端，许多高技术产品产量居世界前列，但许多重要产业技术对外依存度高，核心部件和重大装备严重依赖进口。如我国混合动力车有了一些进展，但技术上与发达国家还有较大差距。电动车开发刚刚起步，总体上还处于初级探索和跟踪外国技术阶段，主要设备和材料都依靠进口。

再如我国的信息产业近些年获得了突飞猛进式的发展，但是，我国计算机产业在相当程度上还只能称作跨国公司的"装配厂"，我国的高技术产业相当一部

---

① 新华网：中国高技术制造业产品国际市场份额居全球第一，2008年4月6日报道。

分只是发达国家实施产业"空心化",转移生产设备后的结果。处在计算机产业上游、掌握着核心技术的 Microsoft 和 Intel 公司 2010 年财政年度的利润分别达到 187.6 亿美元和 117 亿美元,而我国最大的高科技公司联想集团在全球 PC 市场排名第四,仅次于惠普、戴尔和宏碁,但是其 2010 年度利润只有 2.7 亿美元。具体如表 9-6 所示。

表 9-6 2010 年世界知名电子企业的营业收入和利润

(单位:亿美元)

企 业	营业收入	利 润
三星电子	1337.8	136.7
惠普	1260.3	87.61
西门子	1026.6	52.68
苹果	652.3	140.1
微软	624.8	187.6
英特尔	436.2	114.5
戴尔	614.9	26.4
宏碁	199.8	4.80
华为	273.6	35.1
联想	215.9	2.7

资料来源:《财富》2011 年世界五百强排行榜

9.1.3 加强我国高技术产业技术创新能力的相关政策建议

1. 加强基础研究和前沿技术研究,增强高技术产业的原始创新能力

基础研究是人类认识客观世界基本规律的科学活动,是新知识的源泉,是新技术、新发明的先导。前沿技术是高技术领域中具有前瞻性、先导性和探索性的重大技术,是未来高技术更新换代和新兴产业发展的重要基础。20 世纪以来,引起人类经济和社会发生翻天覆地变化的新兴产业,几乎毫无例外地与科学上的重大突破紧密相关。例如,量子论和相对论促成了半导体、微电子集成电路技术、信息技术、激光技术以及核能源和核技术的发展;DNA 作为遗传信息载体及其双螺旋结构的阐明,奠定了遗传工程和现代生物技术的基础。当代技术革命的成果主要来自基础研究的开拓。美国企业申请专利的科学基础 70% 以上来自政府支持的基础研究,每一项新技术专利平均涉及两篇基础研究论文(温家宝,2011)。

我国在基础研究和前沿技术方面与世界先进水平的差距仍然较大。原始创新能力不足，在可能发生科技革命的重要方向上，基本上处于前沿跟踪水平，真正由我国科学家率先提出和开拓的新问题、新理论和新方向很少；随着我国经济快速发展和产业结构升级，基础与战略前沿研究积累不够、能力不强的问题逐步显现。

对基础和前沿技术研究，必须进一步予以重视和加强。

首先，要着眼于科学前沿和国家战略需求，紧紧把握可能发生革命性变革的重要研究方向，选择具有一定基础和优势、对国家发展具有全局和长远影响的关键领域，有效组织力量开展攻关，力争在科学上取得原创性突破。近年来国际上在基础和前沿领域出现了一些新动向，展示了一些新前景。例如，在物质科学领域，宇宙暗物质和暗能量研究探索，很可能像牛顿发现万有引力、爱因斯坦提出相对论一样，引发新的物理学革命；对量子调控的研究和突破，可能引发信息、能源、材料等技术的革命性变革。在生命科学领域，对生命起源和进化的探索，开辟了合成生物学这一新领域，打开了从非生命化学物质向生命物质转化的大门，可能引发人类健康、生物经济和资源环境领域的产业革命，等等。

其次，加大对代表世界高技术发展方向、对国家未来新兴产业的形成和发展具有引领作用的前沿技术的前瞻部署和研发力度，积极抢占前沿技术发展的制高点。《国家"十二五"科学和技术发展规划》指出，对有利于重点产业技术更新换代、实现跨越发展的前沿技术，要集中力量予以攻克，力争形成一批重大产品和技术系统。

（1）信息技术

突破光子信息处理、量子通信、量子计算、太赫兹通信、新型计算系统体系、网构软件、海量数据处理、智能感知与交互等重点技术，攻克普适服务、人机物交互等核心关键技术。研发未来网络/未来互联网、下一代广播电视、卫星移动通信、绿色通信与融合接入、高性能计算与服务环境、高端服务器、海量存储与服务环境、高可信软件与服务、虚拟现实与智能表达等重大技术系统和战略产品。

（2）生物和医药技术

重点研发基因组学及新一代测序技术、蛋白质组学技术、干细胞技术、生物合成技术、生物治疗技术、分子诊断和分子影像技术、生物信息技术、药靶发现与药物分子设计技术。大力开发诊断试剂、疫苗、抗体药物、灵长类疾病动物模型及血液制品、组织工程技术和产品、工业生物技术、生物能源技术、生物医学工程关键部件和生物医学应用材料。发展生物资源开发保护、生物安全监测防控技术及装备。建立基因测序、蛋白质组学、转化医学等研发平台、抗体库和疫苗研发基地。

(3) 新材料技术

抢占微电子/光电子/磁电子材料与器件、新型功能与智能材料、高性能结构材料、先进复合材料、纳米材料和器件、超导材料、高效能源材料、生态环境材料、低碳排放材料等前沿制高点。开展材料设计制备加工与评价、材料高效利用、材料服役行为和工程化等关键技术的研发。攻克稀缺材料替代与高效利用、生物医用新材料及表面改性、高性能光电子材料与器件集成、先进晶体与全固态激光材料、国家重大工程用关键材料等核心技术。

(4) 先进制造技术

围绕绿色制造和智能制造，在微纳制造技术、重大装备技术、智能机器人技术、系统控制技术、制造服务技术五个方向进行前沿及核心技术攻关。重点研发面向制造业的核心软件、精密工作母机设计制造基础技术、面向全生命周期的复杂装备监测与服务支持系统、现代制造物联网服务平台、控制系统的安全防范与安全系统、工程机械装备、矿山机械装备、人工器官制造、基于微纳制造的绿色印刷技术与装备和远洋渔业装备等。

(5) 先进能源技术

重点探索面向第四代核能、氢能与燃料电池、海洋能、地热能、二氧化碳捕集、利用与封存等方向的前沿技术。围绕节能减排、能源材料和装备、生物质能、储能等战略必争领域和产业核心竞争力的提升，突破核心关键技术。针对可再生能源、节能技术等重大战略技术方向进行重点部署，开发一批重大战略产品和技术系统。

(6) 资源环境技术

攻克一批矿产资源与油气资源高效勘探开发与集约化利用核心关键技术与装备，提升重大关键装备的研发能力和行业核心竞争力，大幅提升我国战略性资源勘探与开发利用效率。加强新型污染物治理技术与装备开发，加快推进清洁空气技术与土壤修复技术研发，强化环境事件应急技术与装备开发。大力发展先进环境监测仪器与智能化生态环境监测技术，强化环境污染风险识别与阻断技术开发，提升生态环境监测技术水平。

(7) 海洋技术

以形成海上高技术作业能力为目标，强化核心技术开发和装备研制，推进海洋技术由近浅海向深远海的战略转移。围绕海洋环境监测、海洋油气与矿产资源开发、海洋生物资源利用、深海运载与作业等方面，大力发展深水油气勘探开发、深海潜水器、深远海海洋环境监测和海底观测网等核心技术，研制一批海洋开发重大装备，初步具备深海油气勘探开发重大装备的设计与制造能力，推动国家深海公共试验场建设。

(8) 现代农业技术

重点攻克农业生物功能基因组学、动物干细胞、靶标发现与药物分子设计、食品营养品质靶向设计和农业物联网等前沿技术。着力突破分子设计育种、食品加工与生物制造、海洋农业、数字农业与智能装备制造以及农产品生境控制等核心关键技术。创制优良动植物新品种、液体生物燃料、生物反应器、新型生物农药、基因工程疫苗和药物、农业智能装备、健康食品、海水养殖等重大产品。

(9) 现代交通技术

重点发展大运量高速载运、新能源载运、一体化交通系统安全等技术与装备，实现高效运输服务。重点突破汽车动力系统、重型直升机和船用中速柴油机等制约交通装备发展的重大技术。重点发展交通系统信息化、智能化技术和安全高速的交通运输技术，提高运网协同能力和运输效率。突破交通运输安全保障、资源节约与环境保护、智能化养护等方面的关键技术。

(10) 地球观测与导航技术

大力开展先进遥感、地理信息系统、导航定位、深空探测等前沿技术研究。重点建立全球二氧化碳监测、遥感感知网、全球空间信息主动服务、导航定位与位置服务等重大技术系统，培育以授时、导航与位置服务为核心的空间信息产业，形成遥感信息、导航定位和移动通信卫星新兴产业增长点。

2. 推进重大科技专项和重点科技计划，增强高技术产业的集成创新能力

大力实施知识创新工程和技术创新工程，集中力量突破一批核心关键技术，加快发展战略性新兴产业，在新一轮科技革命和产业革命中赢得发展的主动权。《国家"十二五"科学和技术发展规划》重点推动以下重大高技术专项的实施。

(1) 核心电子器件、高端通用芯片及基础软件产品

以满足国家信息产业发展重大需求的战略性基础产品为重点，突破高端通用芯片和基础软件关键技术，研发自主可控的国产中央处理器（CPU）、操作系统和软件平台、新型移动智能终端、高效能嵌入式中央处理器、系统芯片（SOC）和网络化软件，实现产业化和批量应用，初步形成自主核心电子器件产品保障体系。

(2) 极大规模集成电路制造装备及成套工艺

重点进行45-22纳米关键制造装备攻关，开发32-22纳米互补金属氧化物半导体（CMOS）工艺、90-65纳米特色工艺，开展22-14纳米前瞻性研究，形成65-45纳米装备、材料、工艺配套能力及集成电路制造产业链，进一步缩小与世界先进水平差距，装备和材料占国内市场的份额分别达到10%和20%，开拓国际市场。

(3) 新一代宽带无线移动通信网

以时分同步码分多址（TD-SCDMA）后续演进为主线，完成时分同步码分多址长期演进技术（TD-LTE）研发和产业化，开展LTE演进（LTE-Advanced）和后第四代移动通信（4G）关键技术研究，提升我国在国际标准制定中的地位。加快突破移动互联网、宽带集群系统、新一代无线局域网和物联网等核心技术，推动产业应用，促进运营服务创新和知识产权创造，增强产业核心竞争力。

(4) 高档数控机床与基础制造装备

重点攻克数控系统、功能部件的核心关键技术，增强我国高档数控机床和基础制造装备的自主创新能力，实现主机与数控系统、功能部件协同发展，重型、超重型装备与精细装备统筹部署，打造完整产业链。国产高档数控系统国内市场占有率达到8%~10%。研制40种重大、精密、成套装备，数控机床主机可靠性提高60%以上，基本满足航天、船舶、汽车、发电设备制造四个领域的重大需求。

(5) 转基因生物新品种培育

针对保障食物安全和发展生物育种产业的战略需要，围绕主要农作物和家畜生产，突破基因克隆与功能验证、规模化转基因、生物安全等关键技术，完善转基因生物培育和安全评价体系，获得一批具有重要应用价值和自主知识产权的功能基因，培育一批抗病虫、抗逆、优质、高产、高效的重大转基因新品种，实现

新型转基因棉花、优质玉米等新品种产业化，整体提升我国生物育种水平，增强农业科技自主创新能力，促进农业增效农民增收。

(6) 重大新药创制

针对满足人民群众基本用药需求和培育发展医药产业的需要，突破一批药物创制关键技术和生产工艺，研制30个创新药物，改造200个左右药物大品种，完善新药创制与中药现代化技术平台，建设一批医药产业技术创新战略联盟，基本形成具有我国特色的国家药物创新体系，增强医药企业自主研发能力和产业竞争力。

(7) 艾滋病和病毒性肝炎等重大传染病防治

针对提高人口健康水平和保持社会和谐稳定的重大需求，重点围绕艾滋病、病毒性肝炎、结核病等重大传染病，突破检测诊断、监测预警、疫苗研发和临床救治等关键技术，研制150种诊断试剂，其中20种以上获得注册证书；10个以上新疫苗进入临床试验。到2015年，重大传染病的应急和综合防控能力显著提升，有效降低艾滋病、病毒性肝炎、结核病的新发感染率和病死率。

(8) 组织实施大型飞机等其他国家科技重大专项。

以当代大型飞机关键技术需求为牵引，开展关键技术研究和开发；以国产大型飞机的系统集成、动力系统和试验系统的设计、开发和制造为重点，突破核心关键技术；重点发展基于卫星、飞机和平流层飞艇的高分辨率先进观测系统；建立具有一定应用规模的空间实验室，研制月球探测卫星，突破月球探测的关键技术。

3. 加快自主创新成果产业化，增强高技术产业的成果转化能力

为加快推进我国自主创新成果产业化，提高产业核心竞争力，促进高技术产业的发展，国家发改委、科技部、财政部等部委联合制定了《关于促进自主创新成果产业化的若干政策》。

(1) 培育企业自主创新成果产业化能力

首先，提高企业的技术开发和工程化集成能力。按照建立以企业为主体、市场为导向、产学研相结合的技术创新体系的总要求，支持企业与高等院校、科研机构以产学研结合等形式，共建国家工程（技术）研究中心、国家工程实验室、国家重点实验室等产业技术开发体系；支持国家认定的企业技术中心建设工程化试验设施。同时，积极发挥行业协会在自主创新成果产业化中的咨询、信息、桥

梁等作用。

其次，启动实施自主创新成果产业化专项工程。国家在信息、生物、航空航天、新材料、先进能源、现代农业、先进制造、节能减排、海洋开发等重点领域，选择一批重大自主创新成果，实施自主创新成果产业化专项工程，给予适当的政策、资金等支持。发展改革委要会同有关部门抓紧制定具体办法，做好组织实施工作。各地区要结合当地实际，采取多种形式实施自主创新成果产业化项目。如为推进我国彩电产业战略转型、促进平板显示产业发展，国家发改委从2009年起，连续三年组织实施彩电产业战略转型产业化专项。同时，为加快微生物制造业发展，提高微生物制造产品的国际竞争力，提高我国工业生物制造水平，国家发改委于2009~2010年组织实施微生物制造高技术产业化专项。

最后，切实落实促进自主创新成果产业化的税收扶持政策。鼓励企业加大对自主创新成果产业化的研发投入，对新技术、新产品、新工艺等研发费用，按照有关税收法律和政策规定，在计算应纳税所得额时加计扣除。企业按照《当前优先发展的高技术产业化重点领域指南》实施的自主创新成果产业化项目，符合《产业结构调整指导目录》鼓励类条件的，按相关规定享受进口税收优惠。

（2）大力推动自主创新成果的转移

首先，完善自主创新成果发布机制。高等院校、科研机构以及其他单位使用财政资金开展研究开发的，要及时通过网络等形式，将有关自主创新项目以及知识产权、技术转移等情况向社会公开发布（国家法律法规规定不能公开的除外），有关公开发布的要求必须在项目合同中予以明确。要不断完善国防科技成果解密制度，适时发布具有民用产业化前景的自主创新成果。要充分利用各类知识产权交易市场发布知识产权信息。

其次，鼓励高等院校和科研机构向企业转移自主创新成果。发展改革、教育、科技、知识产权等部门要指导、支持高等院校、科研机构和企业，强化自主创新项目的筛选、评估和知识产权保护，完善技术转移机制，积极推动自主创新成果的转移和许可使用。鼓励企业间技术成果的转移。高等院校和科研机构技术转让所得，按照有关税收法律和政策规定享受企业所得税优惠。

最后，鼓励科研人员开展自主创新成果产业化活动。高等院校和科研机构在专业技术职务评聘中，要将科研人员开展自主创新成果产业化情况作为重要的评价内容，引导、支持科研人员积极投身于自主创新成果产业化活动。对在自主创新成果产业化工作中作出突出贡献的人员，应依据《中华人民共和国促进科技成果转化法》等法律法规给予奖励。

（3）营造有利于自主创新成果产业化的良好环境

首先，积极推动自主创新成果转化为技术标准。国家标准化管理委员会要加强指导协调，加大对重大自主创新成果形成国家标准或行业标准的支持力度，建立完善技术标准转化机制。对具备条件的，要及时推进自主创新成果形成技术标准。

其次，加快自主创新成果产业化市场环境建设。知识产权部门要会同有关部门完善知识产权许可、技术转移等制度和政策，加大保护知识产权的执法力度，健全知识产权保护体系。切实做好自主创新成果产业化的知识产权风险评估工作，确保核心技术获得专利保护。财政部门要进一步落实政府采购自主创新产品的各项制度。商务部门要研究制定促进自主创新成果产业化的对外贸易政策，支持自主创新产品和技术参与国际市场竞争。加快研究建立自主创新产品的风险化解机制，推动自主创新产品开拓市场。

最后，建立健全自主创新成果产业化中介服务体系。科技、知识产权等中介服务机构要客观、科学评估自主创新成果产业化价值和市场前景，努力提供优良的技术咨询、技术服务和知识产权服务。加强自主创新成果信息平台建设，不断提升服务能力。

（4）切实做好组织协调工作

首先，加强自主创新成果产业化的引导和协调。发展改革委等部门要加强对自主创新成果产业化的总体规划和协调，定期发布《当前优先发展的高技术产业化重点领域指南》，及时发布自主创新成果产业化专项工程内容及进展情况，指导社会中介机构尽快建立自主创新成果评价认证体系，做好自主创新成果及产业化信息统计和发布工作。有关部门、地方人民政府以及行业协会等要密切配合，形成工作合力。

其次，抓紧制定完善具体落实措施。自主创新成果产业化事关经济发展方式转变和产业结构优化升级。各地区、各有关部门要高度重视，加强调查研究，结合实际抓紧制定和完善配套措施及具体办法，积极研究解决工作中遇到的问题。发展改革委要会同有关部门加强监督检查，确保各项政策措施落到实处。

4. 加大高技术产业的 R&D 投入

要提高我国高技术产业的国际竞争力，促进高技术产业结构的调整，必须加大 R&D 投入，建立多渠道的投融资体系。

(1) 加大政府投入力度

政府要根据财力的增长情况，继续增加投入。主要通过无偿资助、贷款贴息、补助（引导）资金、保费补贴和创业风险投资等方式，加大对高新技术产业化的支持，加快自主创新成果的推广应用，提高自主创新成果产业化水平。

(2) 加快发展创业风险投资

鼓励按照市场机制设立创业风险投资基金，引导社会资金流向创业风险投资领域，扶持承担自主创新成果产业化任务企业的设立与发展。发展改革和财政等部门要积极培育、发展创业风险投资，对高技术产业领域处于种子期、起步期的重点自主创新成果产业化项目予以支持。

为了推动高技术产业创业投资发展，2009年国家发改委、财政部实施了《新兴产业创投计划、开展产业技术研究与开发资金参股设立创业投资基金》的工作。政府资金与社会资金按照商业规则共同发起设立创业投资基金，引导创业投资投向初创期、成长期创新型企业和高成长性企业，支持自主创新和创业。

(3) 加大信贷支持力度

商业银行要根据国家产业政策和信贷政策，结合自身特点和业务需要，按照信贷原则，加大对自主创新成果产业化项目的信贷支持力度。加强担保机构等融资支撑平台建设，为自主创新成果产业化项目融资提供服务。

如自2009年开始，科技部与我国银行积极探索和实践国家科技政策引导与商业银行综合服务相结合的科技投融资体制，实现科技、银行、企业的共赢，破解科技型中小企业融资瓶颈，促进科技成果转化和产业化。

5. 壮大和优化高技术人才队伍

高技术人才是高技术产业实现持续发展的关键。我国高技术产业中高层次创新型科技人才短缺。为了提高我国高技术产业自主创新能力，必须要不断增加我国高技术产业R&D人员，壮大和优化高技术人才队伍，培养高层次领军人才和创新团队。

首先，积极培育自主创新成果产业化人才队伍。加快技术经纪、技术推广和知识产权评估等方面的人才培养。积极推动事业单位与企业社会保障制度的衔接，促进高等院校、科研机构与企业之间人才的合理流动。鼓励海外留学人员、华人华侨回国开展自主创新成果产业化活动。

其次，重视高层次创新型人才队伍建设，加强高科技领军人才的培养。加大对优秀高科技青年人才的发现、培养和资助力度，建立适合青年高科技人才成长的用人制度。

最后，以高端人才为引领，坚持整体推进与重点突破相结合，组织实施创新人才推进计划，深入推进"千人计划"、"长江学者奖励计划"、"国家杰出青年科学基金"、"百人计划"等高层次科技人才培养和引进工作。重点培养和引进各类高层次创新型科技人才。瞄准世界科技前沿和我国高技术产业发展需求，重点支持和培养中青年高科技创新领军人才。加强高水平创新团队建设，在实施创新人才推进计划中，加大对优秀创新团队的引导和支持。

9.2 高技术产业组织政策

高技术产业组织政策是研究高技术产业中各组织关系结构的政策，通过干预和调整高技术产业的市场组织和市场行为，规划高技术产业内部企业规模，促进高技术企业间合理竞争，实现规模经济和专业化分工协作。

不同的高技术产业组织结构或企业关系结构对高技术产业的发展有着重要的影响，应建立面向市场，不断地采用高技术、降低组织内的费用、实施高效的经营和提高国际市场竞争力的高技术产业组织结构。

改革开放以来，为培育中小企业，我国出台了一系列政策措施，包括设立中小型科技企业创新基金、建立孵化器、对新创办高技术产业给予税收优惠等。但在培育大企业方面的政策措施缺乏。诚然，中小企业对于推动技术创新具有重要作用。但是，中小企业的发展需要有大企业的带动。同时，对于我国这样一个尚处于技术追赶型的国家，发展大企业有利于突破发达国家的技术和知识产权壁垒。因此，当前和今后一个时期，除了要继续完善创新创业环境、大力培育创新型中小企业外，要实施大企业战略，加快培育一批具有自主知识产权和知名品牌的大企业。

9.2.1 建设有序的竞争环境，促进高技术中小企业发展

产业组织政策的主要目标就是促进产业内部有效竞争环境的形成，通过有效竞争来提高企业的运作效率，为此建设有序的竞争环境，促进高技术中小企业发展。

1. 完善市场规则、规范市场秩序的法律法规

落实《反垄断法》[①]，在行业垄断突出的几个行业加快引进公平竞争机制。做好商会与行业协会法的修改论证工作，规范行业协会，加强行业自律，维护市场秩序，真正发挥行业协会在政府与企业之间的桥梁和纽带作用，为政府转变职能创造条件。

2. 加强价格竞争行为的监督和管理

对市场上出现的不正当价格竞争进行严厉的打击。特别是要提防外国公司采用不正当价格竞争手段挤垮我国的民族产业（王雨生，2003）。完善宏观调控下主要由市场形成价格的机制，健全政府价格决策听证、专家评审、集体审议和重要商品与服务成本监审等制度，加强价格和收费的监管。

由于广告活动中的不正当竞争行为损害了其他广告活动主体的合法权益，扰乱了广告市场秩序，影响竞争环境。广告监督管理机关必须加大对不正当竞争行为查处的力度。一是建立虚假违法广告曝光制度，把打虚假和树诚信有机结合起来，建立媒体广告信用考评制度，净化广告市场；二是进一步加大案件查处力度，对广告主、广告经营者、新闻媒体发布虚假违法广告者经告诫拒不改正的，将会同有关部门对负有责任的有关当事人采取党纪政纪措施；三是积极探索广告监管的新路子，着力构筑"工商监管、企业自律、群众参与、社会监督"的新型广告监管模式，逐步建立广告监管的长效机制。

3. 建立完善的中小企业服务系统

发挥各高新区内服务中心、行业协会等中介服务机构的整体功能，全面地了解高新技术产业发展的综合技术、市场信息，采用先进的储存、检索办法迅速及时地向广大中小企业提供信息；支持建立创业服务机构，鼓励为初创小企业提供各类创业服务和政策支持；加快建立适应高技术中小企业特点的信息和共性技术服务平台，加强科技创新服务；提高专业化协作水平，促进以中小企业积聚为特征的产业集群健康发展。

4. 完善科技型中小企业创新基金

科技型中小企业技术创新基金是经国务院批准设立，用于支持科技型中小企业技术创新的政府专项基金。通过拨款资助、贷款贴息和资本金投入等方式扶持

[①] 《中华人民共和国反垄断法》，2007年8月30日第十届全国人民代表大会常务委员会第二十九次会议通过，2008年8月1日开始实施。

和引导对科技型中小企业技术创新活动，促进科技成果的转化，培育一批具有我国特色的科技型中小企业，加快高新技术产业化进程，必将对我国产业和产品结构整体优化，扩大内需，创造新的就业机会，带动和促进国民经济健康、稳定、快速的发展等起到积极的作用。

科技型中小企业技术创新基金作为中央政府的专项基金，将按照市场经济的客观规律进行运作，扶持各种所有制类型的科技型中小企业，并有效地吸引地方政府、企业、风险投资机构和金融机构对科技型中小企业进行投资，逐步推动建立起符合市场经济客观规律的高新技术产业化投资机制，从而进一步优化科技投资资源，营造有利于科技型中小企业创新和发展的良好环境。

科技型中小企业创新基金运行近10年来，成效显著，但是也存在一些问题：如在立法和制度安排层面上的跟进措施不够；政府直接支持中小企业创新的专项政策少和支持力度小；政府目标模式的分类设计不够，弱化了政府支持的政策效果；风险投资的作用有限，政府缺乏引导风险资本投资的有效政策等。

针对这些问题，应对创新基金的运行和实施加以明确的定位。第一，赋予创新基金明确的法律定位，使创新基金成为《中小企业促进法》[①]的执行工具。第二，根据中小企业促进法的制度安排，进一步理顺创新基金的行政管理体制。第三，扩大基金规模和使用创新基金的安排制度化。第四，将中小企业按照中小企业的通行标准，将中小企业和小企业分开，小企业可以进一步可以分成不同的阶段。我们认为政策目标的设计，应该更多侧重于创业阶段的中小企业支持。

创新基金运行应重点加强三大制度建设。第一，推荐依托单位的基础上发展保荐制度；第二，建立完善专家评审和专家指导服务制度；第三，探索委托监理工作和体现服务工作的第三方监理制度。

9.2.2 组建高技术企业集团，推进高技术企业规模经济的形成

在经济全球化、国际跨国公司大举进入我国市场的情况下，我国的企业如果不能把自身做强做大，则在新一轮国际交换和分工中面临被边际化的威胁。我国高技术企业规模与发达国家相比仍存在较大差距。高技术产业的高研究开发支出决定高技术企业的发展需要一批具备规模的大企业集团。因此，推进高技术企业集团的建设也就成为我国高技术产业组织政策的重要内容之一。

[①] 《中华人民共和国中小企业促进法》由全国人大第二十八次常委会于2002年6月29日通过，2003年1月起实施。

1. 鼓励扶持高技术企业跨行业兼并重组

消除妨碍企业进行组织结构调整的各种障碍，形成具有竞争力的产业组织结构和企业规模结构。尽快形成有利于企业按市场规律要求进行结构调整的环境，减少政府对企业的干预，使企业在市场竞争中，根据自身发展的需要，自主选择各类合作伙伴，真正形成适应其发展需要的组织结构和规模。鼓励扶持高技术企业按照市场规则实行横向兼并、纵向兼并和混合兼并，不断扩大企业规模，提高高技术企业国际竞争力；降低行业进入壁垒，鼓励扶持高技术企业跨行业兼并重组，促进产业融合发展。

2. 协调推进跨省份、跨地区的高技术企业的联合重组

以优势企业为龙头，推进跨省市、跨地区的联合重组，提高产业集中度，实现更大范围内的资源优化配置和专业化分工。同时，积极推进淘汰生产能力落后的企业。经过企业组织结构的调整，最终形成以大企业为主导，大中小企业合理分工、有机联系、协调发展的格局。加快现代企业制度建设和投融资体制改革，使企业组织结构得到优化，提高竞争力，培育一批大型骨干企业和企业集团。

3. 加大对高技术企业上市的支持力度

要积极引入高科技风险投资机制，进一步改进高技术风险投资运行机制，实行风险投资资金的企业化运营，发挥政府风险投资资金的导向作用，引导企业和民间资本更多地投向高科技领域，鼓励发展民营科技创业投资基金。建立和完善高新技术风险投资机制，鼓励设立以社会资金为主的风险投资基金，加大风险投资对高技术产业化的支持力度，加大向民营科技企业的倾斜。对主要投资于中小高技术企业的创业风险投资企业，实行投资收益税收减免或投资额按比例抵扣应纳税所得额等税收优惠政策。

支持有条件的高技术企业在国内主板和中小企业板上市。大力推进中小企业板制度创新，缩短公开上市辅导期，简化核准程序，加快中小高技术企业上市进程。适时推出创业板。逐步允许具备条件的高技术企业进入证券公司股份代办转让系统进行股份转让。扶持发展区域性产权交易市场，拓宽创业风险投资退出渠道。支持符合条件的高技术企业发行公司债券。

9.2.3 鼓励发展产业技术创新战略联盟,提高高技术产业国际竞争力

战略联盟是指两个或两个以上的企业间或特定事业与职能部门间,为了实现共同的战略目标和各公司自己的战略目标,通过公司协议或联合组织等方式而结成在一起的网络式的经营联合体。按照迈克尔·波特的理解,战略联盟就是"企业之间达成的超出正常的交易,但是又达不到合并程度的长期协议"。战略联盟强调合作伙伴之间的相容性,重视企业之间资源的共同运用。不同的国家、不同的地区和不同企业文化的企业在不同的时间很灵活快速选择不同的战略联盟,正是因为战略联盟具有快速、灵活、经济等多种优势所以受到很多的企业家的关注。

产业技术创新战略联盟是指由企业、大学、科研机构或其他组织机构,以企业的发展需求和各方的共同利益为基础,以提升产业技术创新能力为目标,以具有法律约束力的契约为保障,形成的联合开发、优势互补、利益共享、风险共担的技术创新合作组织[①]。它是实施国家技术创新工程的重要载体。推动产业技术创新战略联盟的构建和发展,是整合产业技术创新资源,引导创新要素向企业集聚的迫切要求,是促进产业技术集成创新,提高产业技术创新能力,提升产业核心竞争力的有效途径。

如按照西安市优势产业集群和支柱产业的技术创新需求,围绕提升企业自主创新能力和产业竞争力,重点在航空航天、电力电子、生物医药、新材料、新能源、先进制造、软件服务外包等领域,构建由骨干企业牵头,中小企业和研究机构组成的产业技术创新联盟。到2015年,组建产业技术创新战略联盟30个,加盟企业达到1000家,联盟成员单位获得知识产权总数达5000个,联盟企业工业产值成为西安市工业总产值的重要支撑。

1. 积极发展知识联盟,提升企业自身的核心能力

通过缔结学习或创造知识为中心内容的知识联盟,不仅可以获取其他组织的隐含性知识,而且还能与其他组织合作创造新的交叉知识,这有助于企业更新自身的核心能力或创造新的核心能力,从而增强企业的竞争优势。同时围绕知识的不断创新为目标的知识联盟,能够适时地调整联盟各成员的关系,促进不同价值观、知识和异文化的融合,使之成为企业创新的重要推动力。但在知识联盟中不

---

① 《关于推动产业技术创新战略联盟构建与发展的实施办法》,国科发政〔2009〕648号。

能仅强调单一方面的知识流动，即由处于优势地位的发达国家企业单一方面地向处于劣势地位的发展中国家的企业提供知识，而在现今经营能力及经营资源对等的国际战略联盟中，企业间的知识流动以双向或多向流动为特征。因此我国高技术企业在与国外企业的联盟合作中，应不断地积累自身的特异知识，这样才能在知识的双向流动中建立持久的联盟伙伴关系，也才能相互合作创造新的知识。

2. 在企业联盟中强化组织学习，增强自身的竞争优势

在激烈变动的竞争环境中，竞争优势往往不仅仅是来自于产品的成本和质量，更重要的是企业的创新能力，这种创新能力往往需要通过在企业联盟中强化组织学习来获取。当联盟建立起来之后，组织边界便具有可渗透性。这种渗透性为双方公司提供了了解对方的一扇窗口。通过战略联盟，合作伙伴可以学到对方融化在组织之中的知识，从而得到新的组织知识和技能。因此，组建联盟始终有这样一种可能性，利用今天的联盟安排，联盟伙伴在明天可能成为更难对付的竞争对手。能否避免这种情况，很大程度上取决于一方或双方通过联盟能否尽可能多的学习到新技术、新知识的能力。管理阶层必须通过联盟关系而增加内部资源不断地增强公司的竞争优势。联盟伙伴的竞争应是学习能力和学习效益的竞争，联盟最终目的是通过联盟提高企业自身的竞争能力。因此，联盟内的企业应该把通过联盟向对方学习作为首要战略任务，最大限度地通过联盟关系而增加内部资源，不断地强化企业自身的竞争优势。我国高技术企业必须在联盟企业中加强组织学习，通过同其他公司的联盟合作获取知识和信息效用的最大化。

3. 建立产业组织间密集、和谐、高效的信息、销售、社会关系网络

产业组织间的网络建设，主要是资金、人才、技术知识、管理知识四大生产要素的有机结合，这既有赖于知识创新体系的建立，又需要风险市场体系的建立。以知识创新体系与风险市场体系的建设为依托，结合资金、人才、技术与管理知识等基本要素，建立产业组织间密集、和谐、高效的信息、销售、社会关系网络。

4. 积极参与国际战略联盟，实行跨国企业重组

通过战略联盟可以获得或保持企业在市场上的竞争优势，降低在面临复杂市场环境下的风险；技术创新上的联盟使企业能进入需要巨额投资的技术领域，共同使用联合企业的创新资源和能力；国际化经营的企业通过与所在国企业的联合而开拓国际市场。战略联盟打破了企业之间传统的经营边界，通过股权参与或契约安排的方式可使企业借助联盟伙伴的力量增强竞争优势。

我国的高技术企业目前尚处于跨国经营的起步阶段，企业的规模较小，技术水平低，缺乏必要的融能力和国际化管理的经验，这些都是我国高技术企业国际化经营进一步发展的障碍。而战略联盟发展的趋势表明，如果我国企业拒绝加"盟"入"网"，长期独来独往，势必影响我国参与国际分工的广度和深度，我国就会游离出世界经济发展的主流，就会在高新技术领域与世界脱轨，就会与许多新的市场机遇中产生的贸易与投资利益失之交臂。而对汹涌澎湃的全球化浪潮，我国高技术企业的联盟重组也必须尽快转向全球战略。在变化莫测的外部国际环境中，与西方跨国公司在某些领域结成战略联盟，对于提高我国企业的国际竞争力，具有非常重要的现实意义。

9.2.4 鼓励和引导民营企业发展战略性新兴产业

民营企业和民间资本是培育和发展战略性新兴产业的重要力量。鼓励和引导民营企业发展战略性新兴产业，对于促进民营企业健康发展，增强战略性新兴产业发展活力具有重要意义。为了鼓励和引导民营企业在节能环保、新一代信息技术、生物、高端装备制造、新能源、新材料、新能源汽车等战略性新兴产业领域形成一批具有国际竞争力的优势企业，国务院发布了《关于鼓励和引导民间投资健康发展的若干意见》[1]；国家发展和改革委员会相关部门制定了《关于鼓励和引导民营企业发展战略性新兴产业的实施意见》[2]，具体内容如下。

1. 清理规范现有针对民营企业和民间资本的准入条件

要结合战略性新兴产业发展要求，加快清理战略性新兴产业相关领域的准入条件，制定和完善项目审批、核准、备案等相关管理办法。除必须达到节能环保要求和按法律法规取得相关资质外，不得针对民营企业和民间资本在注册资本、投资金额、投资强度、产能规模、土地供应、采购投标等方面设置门槛。

2. 战略性新兴产业扶持资金等公共资源对民营企业同等对待

各相关部门和各地发展改革委要规范公共资源安排相关办法，在安排战略性新兴产业项目财政预算内投资、专项建设资金、创业投资引导基金等资金以及协调调度其他公共资源时，要对民营企业与其他投资主体同等对待。

---

[1] 《国务院关于鼓励和引导民间投资健康发展的若干意见》，2010年5月7日。
[2] 《国家发展改革委关于印发鼓励和引导民营企业发展战略性新兴产业的实施意见的通知》，2011年7月23日。

3. 保障民营企业参与战略性新兴产业相关政策制定

各相关部门和各地发展改革委在制定战略性新兴产业相关配套政策、发展规划时，应建立合理的工作机制，采取有效的方式，保障民营企业和相关协会代表参与，并要充分吸纳民营企业的意见和建议。

4. 支持民营企业提升创新能力

要采取有效措施，大力推动公共技术创新平台为民营企业提供服务，探索高等院校、科研院所人才向民营企业流动机制，扶持民营企业引进人才。鼓励、支持民营企业建立健全企业技术中心、研究开发中心等研究机构。支持具备条件的民营企业申报国家和省级企业技术中心，承担或参与国家工程研究中心、国家工程实验室等建设任务。

5. 扶持科技成果产业化和市场示范应用

支持民营企业和民间资本参与国家相关科研和产业化计划，开发重大技术和重要新产品。扶持相关企业协同推进产业链整体发展，促进新技术与新产品的工程化、产业化。鼓励有条件的民营企业发起或参与相关标准制定。支持民营企业开展具有重大社会效益新产品的市场示范应用。

6. 鼓励发展新型业态

鼓励民营企业与民间资本进行商业模式创新，发展合同能源管理、污染治理特许经营、电动汽车充电服务和车辆租赁等相关专业服务和增值服务，发展信息技术服务、生物技术服务、电子商务、数字内容、研发设计服务、检验检测、知识产权和科技成果转化等高技术服务业。

7. 引导民间资本设立创业投资和产业投资基金

根据《国家发展改革委、财政部关于实施新兴产业创投计划、开展产业技术研究与开发资金参股设立创业投资基金试点工作的通知》（发改高技［2009］2743号）精神，各地发展和改革委员会在创立新兴产业创业投资引导基金时，要积极鼓励民间资本参与创业投资。规范引导合格合规的民间资本参与设立战略性新兴产业的产业（股权）投资基金。

8. 支持民营企业充分利用新型金融工具融资

要积极支持和帮助产权制度明晰、财会制度规范、信用基础良好的符合条件的民营企业发行债券、上市融资、开展新型贷款抵押和担保方式试点等，改进对民营企业投资战略性新兴产业相关项目的融资服务。

9. 鼓励开展国际合作

鼓励符合条件的民营企业开拓国际业务、参与国际竞争。支持民营企业通过投资、并购、联合研发等方式，在境内外设立国际化的研发机构。鼓励民营企业在境外申请专利，参与国际标准制定。支持有条件的民营企业开展境外投资，建立国际化的资源配置体系。

10. 加强服务和引导

各有关部门和各地发展改革委应加强协调，及时发布战略性新兴产业发展规划、产业政策、项目扶持计划、招商引资、市场需求等信息，引导各类投资主体的投资行为，避免一哄而上、盲目投资和低水平重复建设。积极发挥工商联等相关行业组织作用，帮助民营企业解决在发展战略性新兴产业中遇到的实际问题。各级公益类信息服务、技术研发、投资咨询、人才培训等服务机构，要积极为民营企业与民间资本发展战略性新兴产业提供相关服务。鼓励和支持物流、会展、法律、广告等行业为民营企业发展战略性新兴产业提供商务服务。

9.3 高技术产业结构政策

高技术产业结构政策是调整高技术产业与国民经济其他产业之间的经济技术联系、高技术产业内部各产业之间结构关系的政策，目的是要促进高技术产业发展，实现产业结构优化升级。近年来，我国高技术产业的发展取得了有目共睹的成就，但是，我国由于高技术产业的发展起步较晚，受到外部关键技术封锁和自身创新能力不足的双重制约，企业普遍面临着低端锁定困局。高技术产品的生产以组装为主，使产业分工和利益分配处于不利地位，高技术产业应有的产业链条长、带动作用大的效果不能充分发挥。因此，要制定、修订和完善高技术产业结构政策，转变高技术产业的发展方式，在强调生产能力增长的同时更要加强创新能力建设，改变我国高技术企业在高技术产业链和价值链低端锁定的局面，培育其核心技术，增加其国际竞争力。

9.3.1 加快培育和发展战略性高技术产业

高技术产业是新兴产业，但并非所有新兴产业都是高技术产业；战略产业是新兴的、关系国家未来和全局的产业，也并非所有新兴产业都是战略产业。具有战略意义的新兴产业才是战略性高技术产业。战略性高技术产业是处于产业初创期、未来将成长为主导产业的高技术产业，是我国国民经济新的增长点，是产业结构转换的加速器。历史经验表明，每一次危机都孕育着新的技术突破，催生新的产业变革。因此必须瞄准未来产业发展的制高点，选择那些潜在市场大、带动能力强、吸收就业多、综合效益好的新兴高技术产业作为战略产业大力扶持和培育，开辟新的发展空间，增强经济发展的后劲。中共十七届五中全会建议、全国人大十一届四次会议审议通过的《国民经济和社会发展第十二个五年计划》，将战略性新兴产业列入"十二五"期间的发展重点。就在十七届五中全会结束当天，国务院发布了《关于加快培育和发展战略性新兴产业的决定》①。列入国家重点培育和发展的战略性新兴产业主要有：节能环保产业、新一代信息技术产业、生物产业、高端装备制造产业、新能源产业、新材料产业、新能源汽车产业等。其发展目标：到2015年，我国战略性新兴产业形成健康发展、协调推进的基本格局，对产业结构升级的推动作用显著增强，增加值占国内生产总值的比重力争达到8%左右，2020年达15%左右。这为战略性高技术产业发展提供了总体思路和战略框架。

1. 节能环保产业

重点开发推广高效节能技术装备及产品，实现重点领域关键技术突破，带动能效整体水平的提高；加快资源循环利用关键共性技术研发和产业化示范，提高资源综合利用水平和再制造产业化水平；示范推广先进环保技术装备及产品，提升污染防治水平；推进市场化节能环保服务体系建设；加快建立以先进技术为支撑的废旧商品回收利用体系，积极推进煤炭清洁利用、海水综合利用。

2. 新一代信息技术产业

加快建设宽带、泛在、融合、安全的信息网络基础设施，推动新一代移动通信、下一代互联网核心设备和智能终端的研发及产业化，加快推进三网融合，促

---

① 《国务院关于加快培育和发展战略性新兴产业的决定》（国发［2010］32号），2010年10月10日。

进物联网、云计算的研发和示范应用；着力发展集成电路、新型显示、高端软件、高端服务器等核心基础产业；提升软件服务、网络增值服务等信息服务能力，加快重要基础设施智能化改造；大力发展数字虚拟等技术，促进文化创意产业发展。

3. 生物产业

大力发展用于重大疾病防治的生物技术药物、新型疫苗和诊断试剂、化学药物、现代中药等创新药物大品种，提升生物医药产业水平；加快先进医疗设备、医用材料等生物医学工程产品的研发和产业化，促进规模化发展；着力培育生物育种产业，积极推广绿色农用生物产品，促进生物农业加快发展；推进生物制造关键技术开发、示范与应用；加快海洋生物技术及产品的研发和产业化。

4. 高端装备制造产业

重点发展以干支线飞机和通用飞机为主的航空装备，做大做强航空产业；积极推进空间基础设施建设，促进卫星及其应用产业发展；依托客运专线和城市轨道交通等重点工程建设，大力发展轨道交通装备；面向海洋资源开发，大力发展海洋工程装备；强化基础配套能力，积极发展以数字化、柔性化及系统集成技术为核心的智能制造装备。

5. 新能源产业

积极研发新一代核能技术和先进反应堆，发展核能产业；加快太阳能热利用技术推广应用，开拓多元化的太阳能光伏光热发电市场；提高风电技术装备水平，有序推进风电规模化发展，加快适应新能源发展的智能电网及运行体系建设；因地制宜开发利用生物质能。

6. 新材料产业

大力发展稀土功能材料、高性能膜材料、特种玻璃、功能陶瓷、半导体照明材料等新型功能材料；积极发展高品质特殊钢、新型合金材料、工程塑料等先进结构材料；提升碳纤维、芳纶、超高分子量聚乙烯纤维等高性能纤维及复合材料发展水平；开展纳米、超导、智能等共性基础材料研究。

7. 新能源汽车产业

着力突破动力电池、驱动电机和电子控制领域关键核心技术，推进插电式混合动力汽车、纯电动汽车推广应用和产业化；开展燃料电池汽车相关前沿技术研发，大力推进高能效、低排放节能汽车发展。

9.3.2 重点发展主导性高技术产业

主导性高技术产业是指具有高增长率和高创新性、对其他产业具有较强关联和带动作用，已进入或即将进入产业成长期的高技术产业。我国现阶段的主导性高技术产业部门主要是通信设备制造业、电子计算机外部设备制造业、电子计算机整机制造业、电子元件制造业、电子器件制造业、家用视听设备制造业、化学药品制造业、办公设备制造业和仪器仪表制造业（赵玉林，张倩男，2007；赵玉林，叶翠红，2011）。主导性高技术产业已对我国的经济增长和产业经济升级产生了突破性的带动作用（赵玉林，魏芳，2006；赵玉林，张钟方，2008；赵玉林，2009）。因此，重点发展主导性高技术产业，对于提高产业整体技术水平，带动经济持续快速健康发展，实现发展方式转变和产业结构优化升级具有重要的战略意义。

1. 电子信息产业的发展应成为重中之重

我国现阶段的主导性高技术产业部门，除化学药品制造业、办公设备制造业和仪器仪表制造业外的通信设备制造业、电子计算机外部设备制造业、电子计算机整机制造业、电子元件制造业、电子器件制造业、家用视听设备制造业都属于电子信息产业领域。我国电子信息产业的国际竞争力不断增强，2000年的出口总额只有551亿美元，2009年达到4572亿美元，如图9-1所示。

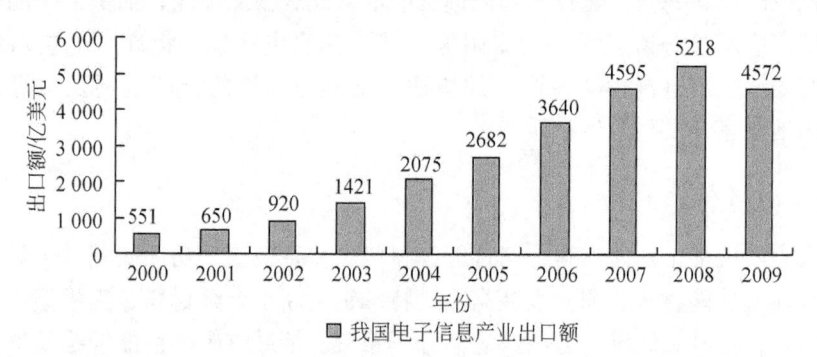

图9-1 2000~2009年我国电子信息产业出口额
资料来源：《中国高技术产业发展年鉴》（2010年）

2009年我国电子信息产业出口下滑主要是受金融危机的影响，为了应对国际金融危机给我国电子信息产业发展带来的不利影响,2009年4月国家出台了《电子信息产业调整和振兴规划》。

根据数字化、网络化、智能化总体趋势,着力增强电子信息产业创新能力和核心竞争力,大力发展集成电路、软件等基础性核心产业,重点培育下一代网络、新一代移动通信、数字电视、高性能计算机及网络设备等新兴产业群,推动电子信息产业发展由速度规模型向创新效益型转变。

2000年,国务院《关于印发鼓励软件产业和集成电路产业发展若干政策的通知》印发以来,我国软件产业和集成电路产业快速发展,产业规模迅速扩大,技术水平显著提升,有力推动了国家信息化建设。

但与国际先进水平相比,我国软件产业和集成电路产业还存在发展基础较为薄弱,企业科技创新和自我发展能力不强,应用开发水平急亟提高,产业链有待完善等问题。

美国是全球主要的软件出口大国,也是软件消费大国。2009年美国软件产业规模达到3954亿美元,占全球软件产业的40%,如图9-2所示。最为全球最大的软件生产国,美国共有软件企业8万多家。世界500强软件企业前10位中有8家公司总部设在美国,如微软、思科、IBM、甲骨文、SUN等。

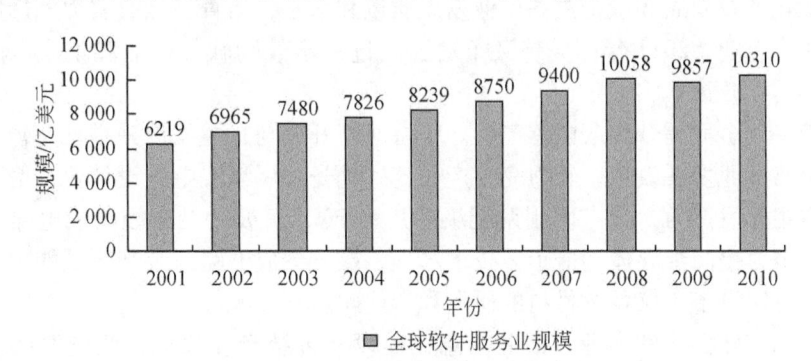

图9-2 全球软件服务业规模

资料来源:The Yearbook of World Electronics Data 2010

目前,全球90%以上的操作系统、数据库管理软件及网络浏览器等基础软件和大部分通用套装软件、高端软件产品被美国所垄断,绝大部分软件技术标准的控制权也掌握在美国手中。美国软件市场是全球发展最为成熟的地区市场,代表了软件市场与技术发展的方向。美国正将重点转移到网络软件的核心技术和产品上,以微软为代表的世界软件巨头正试图在网络时代建立新的垄断联盟。另外,如表9-7所示,2008年和2009年全球十大集成电路生产商没有我国企业。2009年英特尔公司的收入远超过我国所有集成电路生产企业的主营业务收入。

表 9-7　2008～2009 年全球前 10 大集成电路生产商收入和排名

2009 年排名	公司	2009 年收入/亿美元	2009 年市场份额/%	2008 年收入/亿美元	2008 年排名
1	英特尔	319.9	14.2	338.1	1
2	三星	178.27	7.9	173.9	2
3	东芝	97.49	4.3	106	3
4	德州仪器	95.76	4.2	105.9	4
5	意法半导体	84.28	3.7	102.7	5
6	高通	65.03	2.9	64.8	8
7	Hynix 半导体	61.5	2.7	60.1	9
8	瑞萨科技	56.7	2.5	70.6	7
9	AMD	48.2	2.1	53.6	11
10	英飞凌科技	45.3	2.0	84.6	6

资料来源：Gartner，2009

因此，为了缩小差距，提高我国软件产业和集成电路产业的国际竞争力，进一步优化产业发展环境，提高产业发展质量和水平，培育一批有实力和影响力的行业领先企业，2011 年国务院又印发了《进一步鼓励软件产业和集成电路产业发展的若干政策》。

第一，全面提升集成电路产业。坚持对外开放与自主发展并举，完善和实施集成电路产业发展政策，着力完善产业链。优先发展集成电路设计业，增强关键芯片自主开发能力，重点研制系统级芯片（SOC）。鼓励纳米级集成电路生产线建设，努力提高半导体制造工艺技术水平，提升集成电路封装和测试能力。加快半导体专用设备、仪器及材料的研发和产业化。

第二，壮大软件产业。面向信息化建设和传统产业改造，优先发展基础软件，积极开发大型应用软件，推动软件产业工程化，提高软件企业技术水平和国际竞争力，扩大软件外包。建立和完善软件产业公共技术服务体系，大力提高自主创新能力。重点发展操作系统、数据库和工具软件，大力支持安全软件、中间件、构件、嵌入式软件等的研发和应用，进一步提升电力、金融、民航、税务、通信等重点行业大型应用软件的开发能力和集成服务水平。进一步优化软件产业结构，培育大型骨干软件企业和拳头产品，扩大与国际著名软件企业的合作，积极承接软件国际外包业务。

第三，调整优化电子元器件产业。重点突破，强化基础，大力发展电子元器件产业。积极发展液晶（TFT-LCD）、等离子（PDP）、光学投影（DLP）和反射式微液晶（LCOS）等新型显示器件，掌握部分核心技术，加速显像管产业向新型显示产业的战略转型。突破关键技术，积极采用绿色工艺，重点发展高灵敏度、高精度、高可靠性的传感器件和敏感器件及环保型电子元器件。大力发展片式化、微型化、集成化、高性能化的各类新型元器件，形成较强的国内配套能力。

第四，率先做强通信制造业。把握技术融合演进趋势，抓住国际通信产业调整机遇，强化标准制定，培育跨国企业，打造全球一流的通信产品研发生产基地。重点发展新一代蜂窝移动通信、数字集群、宽带无线接入产品，积极推进智能光网络、超长距超高速光传输、宽带有线接入（ADSL）等技术的研发和产业化，实现规模生产。加强下一代网络技术和关键产品的研究开发，形成高端路由器、网络交换机等新的产业增长点。

第五，重点培育数字化音视频产业。充分发挥市场机制作用，全面发展数字化、网络化视听娱乐产品，推进视听产业由模拟技术向数字技术的战略转型。重点发展数字电视产业，构建从核心元器件到整机产品、从硬件到软件、从系统到终端、从制造到运营服务的数字电视产业体系。推动发展数字音视频广播，突破数字音视频编解码、内容保护等关键技术。加快开发下一代高密度激光视盘机等新型家庭数字娱乐产品。

第六，积极发展计算机产业。进一步提升计算机开发设计能力，扩大产业规模，增强国际竞争能力，构建产业配套体系。积极研制超级计算机，实现万亿次高性能计算机的产业化，大力发展高性能个人计算机和高端服务器。推进计算机总线控制器、网络适配器、外部设备和移动计算终端的研发及产业化。重点发展大容量磁、光、半导体存储设备和高速率、网络化、高分辨率、多功能输入输出设备。

第七，大力发展电子专用设备产业。立足国内市场，开展国际合作，加强引进消化吸收再创新，推动电子设备制造向高端、成套方向发展。重点提高8英寸和12英寸集成电路芯片制造、封装、测试设备的研发和产业化水平。增强TFT-LCD、PDP等新型元器件和表面贴装关键生产设备的研制开发和产业化能力。加大数字电视、新一代通信产品等的专用测试仪器及电子产品高精度模具的开发力度。

2. 重点扶持生物技术产业的发展

20世纪70年代，生物技术产业起源于位于波士顿和旧金山地区的几个领先生物技术企业；随后，生物技术开始成长为全球化的产业，欧洲也开始出现很多生物技术公司，并进一步扩散到亚洲。因此，生物技术产业是新兴的战略性高技术产业，即将成为经济发展新的主导性高技术产业。

美国是全球最大生物医药生产国，拥有300多个生物技术上市公司和13万多名雇员，市值超过4000亿美元，成为全球生物技术产业收益最多、利润最高和提供工作岗位最多的国家[①]。我国已日益发展成创新、资本积聚和生物制药产能的中心，如表9-8所示。我国医药制造业的工业总产值不断提高，2009年接近1万亿元。其中化学药品制造产值接近5千亿元，中成药制造产值2千亿元。

表9-8　2000～2009年我国医药制造业工业总产值　（单位：亿元）

细分产业	2000年	2001年	2002年	2003年	2004年	2005年	2006年	2007年	2008年	2009年
医药制造业	1 781	2 041	2 378	2 890	3 241	4 250	5 019	6 362	7 875	9 443
化学药品制造	1 078	1 211	1 401	1 654	1 852	2 406	2 721	3 427	4 198	4 891
中成药制造	533	616.6	724	662	838	1 048	1 235	1 472	1 715	2 057

因此，今后要充分发挥我国特有的资源优势和技术优势，着力发展生物医药、生物农业、生物能源和生物制造，保护和开发特有生物资源，保障生物安全。

首先，优先发展生物医药产业。针对严重危害我国人民生命健康的恶性肿瘤、心脑血管疾病、艾滋病、禽流感等重大疫病防治以及生物防御的需要，充分发挥生物技术优势，重点发展基因药物、合成药物、生物医学工程产品、现代中药等。集中开发一批掌握自主知识产权的新型疫苗、生物试剂和基因工程药物，加快实现产业化。积极发展对治疗常见病和重大疾病具有显著疗效的小分子药物，促进手性合成、激素合成、抗生素半合成等领域取得新突破。加快生物医学材料、生物人工器官、临床诊断治疗设备等生物医学工程产品的规模化发展。鼓励技术含量高、具有显著中医药特色与优势的中药新药产业化。

为了满足人民健康对中药日益增长的需求，推动中药产业结构优化升级和提高中药日益增长的需求，推动中药产业结构优化升级和提高中药产业竞争力，保障中药产业的可持续发展，国家发改委与国家中医药管理局于2009～2011年联合组织实施了现代中药高技术产业发展专项。

其次，大力发展生物农业。积极开发和推广生物农业技术，推动生物农业产品产业化，促进高产高效优质农业发展。广泛应用生物技术，重点发展超级杂交稻、优质高产小麦、杂交玉米和大豆、转基因棉花以及畜、禽、水产等育种业，积极培育抗逆、抗虫、优质基因工程林木新品种，推进生物农药、生物

---

① 《中国高技术产业发展年鉴》（2009年）。

肥料、动物新型疫苗的规模化生产。提升生物农业技术创新能力，建设生物育种基地。

再次，积极发展生物能源。充分利用非粮作物、植物和农林废弃物，大力开发低成本、规模化、集约化生物能源技术，积极培育生物能源产业。选育发展一批速生、高产、高含油、高淀粉含量的能源植物新品种，实现规模化种植。重点建设以甜高粱、木薯等非粮作物为原料的燃料乙醇示范工程，加快木质纤维素生产燃料乙醇技术研发和产业化。积极推动以麻疯树、黄连木等农林油料植物为原料的生物柴油规模化生产。开展秸秆、木屑等农林业废弃物气化、固化供热与发电、大型沼气示范。

加快发展生物制造。以低成本、规模化为目标，以发酵工程、酶工程和微生物应用为重点，积极推广应用生物制造技术。积极推进具有经济价值、可部分替代石油化工产品的生物基材料产业化，鼓励可降解的生物高分子材料、高性能木基复合材料等生物新材料的发展。提高赖氨酸、谷氨酸等生物基化学品的生产技术水平，加快微生物和酶制剂在传统工业的应用。

9.3.3 大力发展高技术服务业

20世纪后半期以来，知识经济的迅速发展催生大批高新技术，极大地促进了服务业的高技术化进程，涌现出一大批以高技术为支撑提供高质量、高技术含量和高附加值的新兴服务业，并使得服务行为发生了质的变化，服务业从提供劳务为主转变为以提供知识为基础的服务。

近年来，我国市场化程度逐步提高，区域经济与高新技术产业发展迅速，传统产业与新兴产业专业分工不断细化与深化，逐步形成了一个人才密集、知识密集、附加值高、低能耗、支撑并服务于经济、产业和企业发展的高技术服务体系。

所谓高技术服务业是指在现代经济社会发展中，现代服务业与高新技术产业相互融合发展的产物；是以创新为核心，以中小企业为实施主体，围绕着产业集群的发展，在促进传统产业升级、产业结构优化调整的进程中，采用现代管理经营理念和商业模式，运用信息手段和高新技术，为生产和市场的发展提供专业化增值服务的知识密集型新兴产业（王仰东等，2011）。

美国现代服务业增长快、总量高，居世界领先地位，2010年时间服务贸易额，美国占到10%以上，如表9-9所示。目前美国现代服务业中的信息服务业、金融服务业、教育培训业等占美国经济总量的30%以上。

表9-9 2010世界服务贸易排名 (单位：亿美元)

排名	地区	服务总额	服务输出	服务输入
	世界	71 666	36 639	35 027
1	美国	8 728.8	5 149.7	3 579.1
2	德国	4 861.5	2 298.6	2 562.9
3	英国	3 835.9	2 272	1 563.9
4	我国	3 624	1 702	1 922
5	日本	2 927.9	1 375.6	1 552.4
6	法国	2 656.6	1 400	1 256.6
7	印度	2 264.2	1 095.4	1 169.1
8	荷兰	2 201.5	1 112.6	1 088.9
9	新加坡	2 078	1 117.4	960.7
10	西班牙	2 063.5	1 208.5	855

美国是当今信息产业最发达的国家，有完备的信息服务产业体系。美国信息服务业产值占GNP的比重达到6%，如表9-10所示。2000～2005年的累计增长率达到32.15%，高出同期GDP增幅的2倍多，成为美国经济中增长最快的产业。

表9-10 2004～2006年美国信息服务业增加值 (单位：亿美元)

细分产业	2004年	2005年	2006年
信息产业	3 060	5 705	5 998
出版业（包括软件产业）	1 308	1 422	1 503
电影和音像行业	402	420	431
广播和电信	3 022	3 242	3 369
信息和数据处理服务	573	622	685

资料来源：Annual Industry Accounts Advance Statistics on GDP by Industry for 2007

目前，我国服务业取得了长足发展，增加值由2004年的65 018亿元增长到2008年的131 340亿元。2010年，我国的服务贸易额也已跃居世界第四，贸易额达到3624亿美元。随着我国高技术产业和现代服务业的快速发展，软件产业、网络游戏、短信服务和电子商务等一批新型服务也呈现出蓬勃发展态势。我国软件服务业2009年的业务收入为9970亿元，是2000年的16倍；软件出口额为196亿美元，是2000年的49倍。另外，2009年我国电子商务交易额达到3.85万亿元，中小企业电子商务规模达到1.99万亿元（王仰东等，2011）。

因此，高技术服务业作为我国现代服务业的重要组成部分，应大力发展。

第一，按照加强基础、强化应用、拓宽领域、扩大规模、规范服务的要求，进一步优化高技术服务业发展环境，加强服务能力和服务体系建设，推动关键领域和新型业态的发展。

第二，加强信息基础设施建设。加强通信、广播电视、互联网络建设，积极推进"三网融合"。重点建设和完善宽带通信网，加快发展宽带用户接入网，稳步推进新一代移动通信网建设，加强国际通信网络建设。构建下一代互联网的骨干和驻地网络，提高网络承载和传输能力，引导 IPv4 向 IPv6 过渡。建设集有线、地面、卫星传输于一体、覆盖全国的数字电视网络。强化信息安全基础设施建设，提高信息安全保障能力。制定和完善网络标准，促进业务融合、互联互通和资源共享。

第三，增强电信服务能力。改善基础业务，发展增值业务，开发新兴业务，促进普遍服务，推动电信业发展向信息服务型转变。充分利用网络资源，努力创新电信业务，增加服务价值，提高服务质量。实施电信普遍服务工程，建立和完善普遍服务基金补偿机制，进一步提高电信普遍服务水平，大力发展适用、方便的农村通信服务。

第四，推进电子商务和电子政务发展。按照需求主导、深化应用、安全可控和实用高效的要求，提高信息化服务能力和应用水平。积极发展电子商务，建立健全电子商务基础设施、法律环境、信用和安全认证体系，建设安全便捷的在线支付服务平台，发展企业间电子商务，推广面向中小企业、重点行业和区域的第三方交易与服务。推进电子政务，整合网络资源，建设统一的电子政务网络，构建政务信息网络平台、数据交换中心、数字认证中心，推动政府部门间信息共享和业务协同，完善重点业务系统，健全政府、企业、公众互动的门户网站体系，依法开放政务信息，培育公益性信息服务机构。

第五，积极发展数字内容产业。加强信息资源开发利用，大力发展弘扬民族先进文化、满足群众需要、促进经济社会发展的数字内容产业。重点发展教育、文化、出版、广播影视等领域的数字内容产品，培育网络游戏、动漫等新兴数字内容产业，推动传统媒体拓展网络信息内容服务。丰富和开发基础地理信息资源，建设公共信息基础数据库，提高信息资源的开放程度。积极向海外推广宣传优秀传统文化的数字内容产品。依法保护数字内容产品的知识产权。

第六，培育技术服务业。完善技术服务体系，大力扶持技术中介机构，促进技术服务业的快速发展。重点加强技术转移中心、创业服务中心和生产力促进中心等机构的建设，改善服务设施和手段。推进各类技术中介机构的专业化、规模化和规范化，构建跨地区、多层次、布局合理的科技公共服务体系。大力促进研究开发、技术推广和交流的网络化，鼓励和扶持面向全社会的技术扩散、成果转化和科技咨询，实现技术服务业的有序快速发展。

9.3.4 促进高技术产业关联发展

主导性高技术产业通过政府产业政策的指导、重点扶植与培育，促使其采用先进的技术和工艺，迅速形成自身的创新能力，并使这种创新能力形成产业关联效应，通过其"强关联"效应，有序地将其他产业融汇成强大的产业结构转换力，从而加速产业结构的转换，以提高其他产业的技术创新能力，带动其他产业的发展。

1. 大力发展促进传统支柱产业升级的高技术产业及其关联产业

在传统产业中，对高技术产业发展影响力大的产业部门主要有金属制品业、电气机械、金属冶炼及压延加工业、交通运输设备制造业，其影响力系数依次为1.32、1.30、1.29 和 1.29。因此，要制定有关政策，鼓励金属制品业、电气机械、金属冶炼及压延加工业、交通运输设备制造业等产业部门积极采用高技术原器件、高技术装备、高技术生产工艺，实现传统产业的高技术化，促进传统产业技术进步和产业结构优化升级。同时，大力发展满足这些领域发展需求的高技术产业，会具有巨大的增长空间。

以汽车产业为例。1989~2000 年，平均每辆车上电子装置在整个汽车制造成本中所占的比例由 16% 增至 23% 以上。一些豪华轿车上，使用单片微型计算机的数量已经达到 48 个，电子产品占到整车成本的 50% 以上，目前电子技术的应用几乎已经深入到汽车所有的系统。因此，要特别支持汽车电子控制装置和车载汽车电子装置的开发和生产。汽车电子控制装置要和车上机械系统进行配合使用，即所谓"机电结合"的汽车电子装置，包括发动机、底盘、车身电子控制。例如，电子燃油喷射系统、制动防抱死控制、防滑控制、牵引力控制、电子控制悬架、电子控制自动变速器、电子动力转向等；车载汽车电子装置是在汽车环境下能够独立使用的电子装置，它和汽车本身的性能并无直接关系，包括汽车信息系统（行车电脑）、导航系统、汽车音响及电视娱乐系统、车载通信系统、上网设备等。

2. 促进高技术产业创新扩散，加快关联产业的融合发展

高技术产业技术和产品广泛应用、扩散于传统产业，出现传统产业的高技术化，从而形成高技术产业与传统产业的融合，从而突破性带动带动经济增长。加快信息技术向机械制造、汽车、家用电子等传统产业的渗透,促进机械电子、汽车电子、航空电子等新型机电融合产业的发展;加快数字技术向出版印刷业、广播电视业、电信业的渗透,促进创意产业、电子图书、可视电话、视频会议、网络期刊等新型信息产业的融合发展;加快生物技术向种植业、养殖业、畜牧业的渗透,促进现代生物农业的融合发展;加快信息技术、网络技术向交通运输业、邮电业、仓储业的渗透,促进现代物流业的融合发展;加快信息技术、网络技术向银行业、证券业、保险业的渗透,促进现代金融业的融合发展。

3. 建立融合型的产业共性关键技术平台

技术融合是产业融合的最主要的原因。没有技术融合,产业融合将很难发生,也就无法利用产业融合加速传统产业的升级改造。因此,从产业融合理论的角度上看,必须建立融合型产业共性关键技术平台,增强产业融合区域的技术创新能力才能推动融合型新产业迅速发展。发展高技术的主体是企业,国家应该积极鼓励和引导企业在信息智能技术、纳米技术、生物技术、新材料技术等融合型产业关键技术进行投资。

国家应该加大对这些领域关键基础性研究的投资力度,为社会提供应用技术研究平台,加强产业融合区域的创新能力的建设,加速科技成果的转化,大力推进"产、学、研"相结合的创新机制建设,形成有利于自主创新的组织体系和运行机制。

9.4 高技术产业布局政策

高技术产业由于其高智力密集和高创新性,其发展更适宜于智力密集区域;按照增长极理论以及高技术产业的集聚化发展特征和趋势,高技术产业应实施区域非均衡发展布局政策。因此,要进一步制定和完善我国的高技术产业区域布局政策和高新区政策。

9.4.1 形成区域高技术产业发展的合理分工与协作

近年来,我国产业集聚发展已引起各级政府的高度关注,并取得了显著成绩。然而,对产业集聚缺乏整体规划和引导,一些地区盲目搞园区建设、铺摊子、上项目，导致地区分割、资源浪费严重；部分产业集群以贴牌生产为主，技术含量较低，产业链不完善，自主品牌和创新能力缺乏；社会化服务体系不健全，特别是对产业集群配套的生产性服务业发展滞后，有些对分散排放没有集中治理，环境污染严重，有些落后生产能力在产业转移中没有依法淘汰。为解决这些问题，国家发展与改革委员会于2007年11月提出了《促进产业集群发展的若干意见》。这些意见对于促进高技术产业集聚发展具有重要的指导意义。

1. 要加强科学规划，优化区域和产业布局

遵循产业集聚形成、演进、升级的内在规律，准确把握产业集聚不同发展阶段特征，结合区域优势和特色，科学规划，合理布局，统筹区域协调发展，提升产业集聚整体优势。推进东部加工制造型产业集聚向创新型集聚发展，加快提升在全球价值链中的分工地位。以特色产业和自然资源为突破口，主动承接发达地区产业转移，延伸产业链条，加快中西部地区产业集聚发展。创新体制机制，发展专业化协作配套，促进东北地区等老工业基地形成一批新型装备制造业集聚。在具备条件的中心城市适度发展文化、创意设计等新兴产业集聚。

2008年2月，国家发展与改革委员会根据我国《国民经济和社会发展第十一个五年规划纲要》和《高技术产业发展"十一五"规划》，为促进全国高技术产业集聚，辐射带动区域经济发展，做出了在高技术产业发展具有优势和特色的地区建设6个综合性国家高技术产业基地和24个行业性国家高技术产业基地的决定[1]，这对于基地所在地加强组织领导和统筹协调，建立和营造有利于高技术产业集聚式发展的政策环境，提升创新能力，壮大产业规模，探索新机制和新模式，促进高技术产业又好又快发展具有重要意义。

2. 坚持节约发展，提高土地等资源利用效率

按照布局合理、土地集约、生态环保原则，充分利用现有资源和条件，改善

---

[1] 根据该决定，在北京市、上海市、天津市、深圳市、陕西省西安市、湖南省长株潭地区，重点围绕信息、生物、民用航空航天、新材料、新能源等产业领域，建设综合性国家高技术产业基地。在广东省广州市和东莞市、江苏省苏州市、四川省成都市、湖北省武汉市、浙江省杭州市、重庆市、大连市、福建省福州市，建设信息产业国家高技术产业基地；在江苏省泰州市、吉林省通化市、山东省德州市、河南省郑州市、黑龙江省哈尔滨市、浙江省杭州市、广西壮族自治区南宁市、江西省南昌市，建设生物产业国家高技术产业基地；在四川省成都市、黑龙江省哈尔滨市、贵州省安顺市、辽宁省沈阳市，建设民用航空产业国家高技术产业基地；在河北省保定市、河南省南阳市，建设新能源产业国家高技术产业基地；在江苏省无锡市，建设微电子产业国家高技术产业基地。《国家发展改革委关于建设北京等30个国家高技术产业基地的通知》（发改高技［2008］474号）。

交通、电力、给排水、污染治理等基础设施水平，加快高技术产业集聚区建设。整合提升各类开发区（包括经济开发区、高新区和工业园区等），促进高技术产业集聚发展。依法搞好土地整理，推进土地资源整合，盘活土地存量，用地指标优先向高技术产业集聚区倾斜。合理规划土地使用方向，优先满足环保型高技术企业小规模用地需求，为高技术中小企业集聚发展提供必要空间。

3. 壮大龙头企业，提高专业化协作水平

积极培育关联度大、带动性强的龙头企业，发挥其产品辐射、技术示范、信息扩散和销售网络中的"领头羊"作用。引导龙头企业采用多种方式，剥离专业化强的零部件和生产工艺，发展专业化配套企业，提高企业间专业化协作水平。支持热处理、电镀等工艺专业化企业发展，加快解决产业链薄弱环节。支持符合高技术产业发展方向、具有相关配套条件的企业实施自主知识产权的产业化，促进产业链延伸。

4. 增强自主创新能力，提升产业层次

鼓励企业在产品设计、生产制造等环节采用先进信息技术，提升工业设计水平，大力推广应用先进制造技术，促进传统产业集群加快由委托加工（OEM）向自主设计加工（ODM）、自主品牌生产（OBM）转变。引导企业采用国内外先进技术标准，主动接轨国际制造业标准体系，推进产品国际标准认证，支持企业参与国家和国际标准制定和修订。鼓励高等学校和科研院所为产业集聚区的企业提供技术服务和人才培训，积极吸引跨国公司以及优势企业在产业集聚区设立制造基地、研发中心、采购中心和地区总部。严厉打击假冒伪劣行为，保护技术创新成果，保护诚实守信者，形成良好的市场秩序和创新氛围。

5. 大力实施品牌战略，积极培育集聚区名牌产品和企业

把企业品牌和区域品牌建设有机结合，重点发展一批技术含量高、市场潜力大的名牌产品和企业，支持有条件的企业和产品争创国际知名品牌。支持产业集聚区以品牌共享为基础，大力培育区域产业品牌（集体品牌或集体商标、原产地注册等）。鼓励有关商会、协会或其他中介组织提出地理标志产品和出口企业地理标志产品的保护申请，依法申请注册集体商标。有条件的产业集聚区可以发展工业旅游和产业旅游，提高区域品牌的知名度和美誉度。

9.4.2 加强高技术产业生态系统建设

根据接近机场、接近高速公路、工作与生活环境、接近市场、大学研究机构

的支持、风险资本、园区区位、城市规模 8 个评价指标对我国 53 个高科技园区进行评价，处于第一阶段的仅有北京和上海，发展较好的有天津、青岛、武汉、深圳、西安等，其他园区则相对较差。发展较差的园区大都存在着基础设施建设、产业纵向网络、产业横向网络、产业体系、产学研合作等生态系统方面的问题，这就要求我们从这几方面入手，逐步加强落后园区的高技术产业生态系统建设。

1. 促进高技术产业集聚区内各企业之间建立良好的网络关系

我国的高技术集聚区，除了少数的高新区外，大部分地区相互支援、相互依存的专业化分工协作的产业网络尚未形成。大多数的区内高技术企业尤其是跨国企业所需的零配件特别是关键性的配件现大多都是从国外进口。区内的企业之间在业务上的关联并不多，中小企业在某些产业环节上为大企业提供专业化供应配套的也少。这就要求我们必须积极促进集聚区内各企业之间建立良好的网络关系。

在区内建立企业之间相互依存的产业网络体系。一方面，对于新建区的产业布局要坚持以分工协作、本地结网形成产业聚群来安排项目，对于新进区的企业之区位决策也应该明确是以产业聚群为导向的。对于高新区已有的产业发展要重视相关产业的网络体系的建立，努力形成大中小企业密切配合、专业分工与协作完善的网络体系。另一方面，针对现在高新区内产业配套弱的现状，以大中型高新技术企业或企业集团为龙头，通过产业环节的分解或鼓励其母体公司内的科技人员和企业家分离出来自办公司，从而衍生出一批具有紧密分工与协作关系的关联企业。通过新公司衍生促进产业内部分工和建立相互依存的产业联系。尤其是要积极为进入高新区的跨国企业提供产品配套与相关服务，以提高这些企业的当地植根性。

2. 加强高技术产业集聚区的服务体系建设

加快发展与高技术产业相关联的金融、信息和商务等生产性服务业。在规模较大的产业集聚区，按照"政府推动、市场运作、自主经营、有偿服务"原则，重点支持研发中心、检测中心等公共服务机构建设，构筑第三方信息服务平台。发展一批以特色产业为依托的商品批发市场，以及各种规范的咨询和中介服务机构，如市场调查机构、技术咨询机构、科技成果交流中心、知识产权事务中心、律师事务所、会计事务所等，加快建立社会化、专业化现代物流服务网络体系。依托产业集聚建立职业技术学院和技工学校，引进国内外职业培训机构，加强高级职业技术人才的培养。

风险投资的聚集对高新技术产业聚群的形成是至关重要的。在硅谷就有大约1/3的美国风险投资公司汇聚于此。我国高新区的成长亦需要大量的风险投资公司进入区内，为区内处于种子和创建阶段的高新技术企业的成长提供孵化器功能。引导和推动在产业集聚区内依法组建行业协会（商会、同业公会等），加速高技术产业集聚区地方网络体系建设。

创新体制机制，降低高新技术企业创业条件、简便创建手续。上海启动五大公共服务平台建设，完善高技术产业化技术支撑体系的经验值得推广。上海科教兴市的五大公共服务平台，包括研发、人力资源、科技创业投资、信息服务和知识产权服务平台。在平台建设上，旨在通过政府推动，最大限度地发挥市场配置资源的基础性作用，促进资源共享，降低科技创新成本，推动科技中小型企业的发展，加快成果转化、利用和扩散，推动人才、技术和资本的更有效的结合。

3. 进一步完善区域创新网络

近年来虽然我国在多种产学研联盟模式方面做了大量的探索，取得了一些经验，但是以企业为主体，构建在利益共享上的产学研相结合的机制尚未真正形成。对目前企业、高校和科研院所承担的研发项目运作分析来看，由于缺乏认同的利益分配机制和知识产权保护机制等原因，使得产学研结合程度不高，科技和人才的优势资源难于集中，聚焦转化科技成果的力度不够，削弱了科技成果转化为现实生产力的能力，影响了重大产业领域的科技瓶颈突破。我国大多数的高新区邻近一些相关的大学或研究机构，这些研究机构也都有相当的研究开发能力，但由于缺乏良好的合作机制，这些大学或科研机构并未较好地成为高新区创新之重要的外溢来源。在许多的高新区内，大部分具有竞争力的项目都不是来自邻近的大学或科研机构，究其原因，一方面与大学和科研机构的管理体制改革的滞后大有关系，另一方面则是合作机制中的各方之间的互动模式尚未建立。

通过多形式、多渠道、多举措的方式使更多的高新区内的企业同当地大学、科研机构之相关的实验室建立定向联系。企业人员可以通过不定期地访问这些定向联系的实验室向研究人员就他们所遇到的技术问题进行咨询，并了解到这些机构所从事的研究可能给他们公司带来的机遇与帮助。而大学和科研机构则应鼓励他们的员工及学生到相关的企业去考察以熟悉企业的情况并了解那里的机会，也可以允许他们到当地的高新区内去兼职或担当技术顾问。此外，大学、科研机构还可以与当地的高新技术企业组建联合实验室或开展合作研究计划。

鼓励大学、科研机构为当地高新技术企业的工程技术人员设立进修，接受继续教育的课程计划，并允许这些学生可以写出论述与其企业兴趣有关的论文来获得学历或学位。为了增加这种课程计划的有效性，应该聘请当地企业中有实力的专家担任兼职教师。加快高校和科研机构的制度创新，鼓励研究人员兼职和创业，尊重知识产权、鼓励研究成果的尽快转移与扩散，以形成高新区的产业发展与高校、科研机构的研究开发活动互动、互补和利益共享。

9.4.3 推进高技术产业有序转移和技术扩散

随着我国全方位对外开放步伐的加快、西部大开发战略计划和中部崛起战略的实施，我国的高技术产业应逐步实现从东至西有序的梯度转移和技术扩散。按照优势互补的原则，把东部地区资金、技术、人才、管理和信息等方面的优势，与中西部地区已有的资产存量和科技人才优势、资源优势和巨大的市场潜力等结合起来，促进东部地区与中西部地区的协同发展。这对开发国民经济需要的重大装备和成套设备，改造技术落后的传统产业，向能源原材料工业渗透扩展，带动中小型企业发展，兴地富民，都能发挥巨大的作用。

中西部地区拥有辽阔的土地资源、丰富多彩的人文资源、得天独厚的旅游资源，以及广阔的市场潜力；而东部地区有较好的投资环境，熟悉国际商务活动惯例，信息、技术、人才等生产要素比较先进，资金比较充裕，有着广泛的国际经济联系，经济发展水平高，但缺乏矿产资源，出现低水平的生产过剩。东部地区进一步发展所需要的大量资源尤其是能源原材料工业产品，不可能全靠进口解决，必须立足于国内，着眼于中西部；东部地区的资金、技术、产品要寻找新的投资机会和开拓市场，也应着眼于中西部。我国西部地区能源、矿产资源和特色资源丰富，但是资金、技术、人才缺乏，而东部地区恰好具有资金、技术和人才的优势，因此，西部地区的产业定位应是原材料和初级产品加工。那么在高技术产业进行梯度转移的过程中，东部的高技术产业应充分利用本地区资金、技术和人才的优势，利用西部地区资源的优势，在西部地区建立加工厂，在促进西部地区发展的同时，以达到高技术的有序扩散。那么我们必须采取一系列配套性政策措施以促进高技术从东部向西部的梯度转移和技术扩散：一是在西部资源条件、交通运输条件或某种其他特殊条件较好的区位建立综合开发区，集中进行基础设施建设，改善投资环境，制定系统的优惠政策措施，吸引东部的资金、技术等。二是推动明显不宜于东部地区的耗能高，原材料消耗大的高技术产业向西部转移。在产业政策指导下，制定差别利税，使之与地方性优惠政策相配套，以鼓励和支持其向西部投资，加快这一转移过程。三是东西部地区在互利基础上组建大型高技术产业集团，使东西部高企业之间生产要素的流动，由原来外部的间接联系，转变为内部的直接联系，从而使生产要素的转移和利益分配内部化，既加强转移的动力，同时也减少了转移环节和转移摩擦。通过微观层次跨区际转移生产要素，西部以较低价格获得对其经济的强有力推动，而且这种方式的要素转移也有益于东部地区的经济发展和整个国民经济的资源合理配置。

参 考 文 献

艾根 M.1990.超循环论.沈小峰,曾国屏译.上海:上海译文出版社.
白重恩,杜颖娟,陶志刚,等.2004.地方保护主义及产业地区集中度的决定因素和变动趋势.经济研究,(4):29-40.
保罗·克鲁格曼.2000.战略性贸易政策与新国际经济学.海闻译.北京:中国人民大学出版社.
北京师范大学经济与资源管理研究所课题组.2001.信息技术产业对国民经济影响程度的分析.经济研究,(12).
波特 M E.1997.竞争优势.陈小悦译.北京:华夏出版社.
曹卫,郝亚林.2003.产业融合对我国产业结构调整的启示.经济体制改革,(3):14-17.
蔡志敏,等,2001.中国高技术产业统计分类测算研究.统计研究,(6):8-14.
陈汉欣.1999.中国高技术开发区的类型与布局研究.经济地理,(1):6-10.
陈静,赵玉林.2002.美国加州高技术产业生态系统建设经验及启示.武汉理工大学学报,(7):95-98.
陈开全,兰飞燕.1999.高科技产业与资本市场.北京:北京大学出版社.
陈权宝,聂锐.2005.基于 GPCA 的高技术产业技术创新能力演化分析.中国矿业大学学报,(1):117-122.
陈卫平,朱述斌.2002.国外竞争力理论的新发展——迈克尔·波特"钻石模型"的缺陷与改进.国际经贸探索,(3):2-4.
陈银法,叶金国.2003.产业系统演化与主导产业的产生、发展——基于自组织理论的阐释.河北经贸大学学报,(2):46-50.
成思危,约翰·沃尔.2000.风险投资在中国.北京:民族出版社.
程极泰.1992.混沌的理论与应用.上海:上海科学技术文献出版社.
德鲁克.2007.创新与企业家精神.蔡文燕译.北京:机械工业出版社.
邓丽君,刘志迎.2006.高技术产业空间集聚的实证分析.高科技与产业化,(5):41-44.
邓英淘,何维凌.1985.动态经济系统的调节与演化.成都:四川人民出版社.
樊五勇.2000.高技术产业税收优惠政策:国际经验及其启示.金融与经济,(8):9-11.
范柏乃,袁安府,马庆国.1998.高技术产业发展的法规、政策与规划.浙江大学学报(人文社会科学版),(3):85-90.
方福康.1999.复杂经济系统的演化分析//成思危.复杂性科学探索.北京:民主与建设出版社.
顾朝林,赵令勋.1998.中国高技术产业与园区.北京:中信出版社.

郭莉, 苏敬勤. 2005. 基于哈肯模型的产业生态系统演化机制研究. 中国软科学, (11): 156-160.

郭励弘, 张承惠, 李志军. 2000. 高新技术产业: 发展规律与风险投资. 北京: 中国发展出版社.

哈肯. 1984. 协同学导论. 北京: 原子能出版社.

哈肯. 1989. 高等协同学. 郭治学译. 北京: 科学出版社.

郝柏林. 1993. 从抛物线谈起——混沌动力学引论. 上海: 上海科技教育出版社.

侯书森. 1999. 微软霸业——破译微软垄断经营内幕. 北京: 中国对外翻译出版公司.

胡佛 E M. 1990. 区域经济学导论. 北京: 商务印书馆.

胡汉辉, 邢华. 2003. 产业融合理论以及对我国发展信息产业的启示. 中国工业经济, (2): 23-29.

胡实秋, 宋化民. 2001. 高技术产业发展的系统动力学研究. 科技进步与对策, (12): 87-89.

黄小斌. 2000. 试论我国高技术开发区布局. 经济地理, (6): 34-38.

江三宝, 张惠萍, 司梦荣. 2002. 美国政府支持高技术产业发展的主要做法. 科技管理研究, (6): 55-64.

蒋金荷. 2005. 我国高技术产业同构性与集聚的实证分析. 数量经济技术经济研究, (12): 91-149.

金煜, 陈钊, 陆铭. 2006. 中国的地区工业集聚: 经济地理、新经济地理与经济政策. 经济研究, (4): 79-89.

康凯, 苏建旭. 1999. 高技术产业化的宏观演化规律. 河北工业大学学报, (10): 53-58.

科技部火炬高技术产业开发中心. 2003. 2002年国家高技术产业开发区发展综述. 中国科技产业, (6): 11-15.

勒内·托姆. 1990. 突变论: 思想和应用. 周仲良译. 上海: 上海译文出版社.

李海舰. 2003. 中国流通产业创新的政策内容及其对策建议. 中国工业经济, (12): 39-47.

李梦玲, 等. 1995. 高技术产业开发区系统评价与分析. 科研管理, (1): 49-53.

李强. 2007. 国家高新区产业集聚实证研究——生产要素集中的规模收益分析. 科学学研究, (6): 1112-1121.

李兴华, 蓝海林. 2004. 高新技术企业集群自组织机制. 北京: 经济科学出版社.

理查德·塞尔比 M A C. 1996. 微软的秘密. 北京: 北京大学出版社.

梁琦. 2003. 中国工业的区位基尼系数——兼论外商直接投资对制造业集聚的影响. 统计研究, (9): 21-25.

梁晓艳, 等. 2007. 我国高技术产业的空间聚集现象研究——基于省际高技术产业产值的空间计量分析. 科学学研究, (3): 453-460.

刘曼红. 2001. 中国人民大学风险投资发展研究中心年度研究报告.

刘韧. 1999. 企业方法——中关村财富之源. 北京: 中国人民大学出版社.

刘志彪. 2005. 现代产业经济学. 南京: 南京大学出版社.

柳承璐, 等. 1998. 我国信息业小型高技术企业的现状分析. 中国工业经济, (8): 67-70.

龙翔. 1997. 日本政府对高技术产业的扶植和宏观调控. 科技管理研究, (1): 19-21.

龙勇，纪晓锋．2005．高技术产业技术进步的 DEA 分析．统计观察，(3)：72-74．
路江涌，陶志刚．2006．中国制造业区域聚集及国际比较．经济研究，(3)：103-114．
罗斯托 W W．1997．这一切是怎么开始的——现代经济的起源．北京：商务印书馆．
罗勇，曹丽莉．2005．中国制造业集聚程度变动趋势的实证研究．经济研究，(8)：105-115．
罗肇鸿．1998．高科技与产业结构升级．上海：远东出版社．
洛伦兹 E N．1997．混沌的本质．刘式达译．北京：气象出版社．
马健．2002．产业融合理论研究评述．经济学动态，(5)：15-17．
马健．2003．信息产业融合与产业结构升级．产业经济研究，(2)：37-55．
马健．2005．产业融合与融合产品的需求增长．当代财经，(2)：82-84．
马克思．1991．政治经济学批判大纲（第 3 分册）．//中共中央党校哲学教研部．马克思主义经典作家论科学技术和生产力．北京：中共中央党校出版社．
美国商务部报告．1998．浮现中的数字经济．北京：中国人民大学出版社．
苗东升．1998．系统科学精要．北京：中国人民大学出版社．
尼科利斯，普利高津．1985．非平衡系统的自组织．北京：科学出版社．
聂子龙，李浩．2003．产业融合中的企业战略思考．软科学，(2)：80-83．
潘薇薇．2004．产业融合背景下的创业模式研究．现代管理科学，(11)：59-61．
普利高津．1982．普利高津与耗散结构理论．沈小峰译．西安：陕西科学技术出版社．
沈华嵩．1991．经济系统的自组织理论．北京：中国社会科学出版社．
史清琪，赵经彻．1999．中国产业发展报告．北京：中国致公出版社．
史清琪，尚勇．2000．中国产业技术创新能力研究．北京：中国轻工业出版社．
史世鹏．1999．高技术产品创新与流通．北京：经济管理出版社．
苏东水．2010．产业经济学．北京：高等教育出版社．
孙蓓蓓，陈屿章．2001．创新投资——中国资本市场创新浪潮．成都：西南财经大学出版社．
田芬，杜希双．2003．我国高技术产业发展中的问题与对策．中国创业投资与高科技，(8)：30-31．
佟铃．1996．创办高技术企业实务．天津：天津科技翻译出版社．
汪芳，赵玉林．2007．我国高技术产业部门之间的关联与波及结构分析．中国软科学，(9)：49-55．
王仰东，谢明林，安琴，等．2011．服务创新与高技术服务业．北京：科学出版社．
王耀中．2002．中国投资体制转型研究——一种中西比较的新视角．北京：人民出版社．
王雨生．2003．中国高技术产业化的出路．北京：中国宇航出版社．
王众托．2005．高技术产业发展中的系统集成创新研究．吉林大学社会科学学报，(1)：103-108．
王子龙，谭清美，许箫迪．2006．高技术产业集聚水平测度方法及实证研究．科学学研究，(5)：706-714．
魏芳，赵玉林．2008．我国高技术产业创新效率的实证分析．工业技术经济，(8)：114-117．
魏权龄．1988．评价相对有效性的 DEA 方法．北京：中国人民大学出版社．
魏权龄．2004．数据包络分析．北京：科学出版社．

魏心镇，王缉慈.1993.新的产业空间：高技术产业开发区的发展与布局.北京：北京大学出版社.

温家宝.2011.关于科技工作的几个问题.求是，(14)：3-12.

吴金明，李铁平，欧阳涛.2001.高科技经济.长沙：国防科技大学出版社.

吴敬琏.2002.发展中国高技术产业：制度重于技术.北京：中国发展出版社.

吴彤.2001.自组织方法论研究.北京：清华大学出版社.

吴学花，杨蕙馨.2004.中国制造业产业集聚的实证研究.中国工业经济，(10)：36-43.

吴瑛，杨宏进.2006.基于R&D存量的高技术产业科技资源配置效率DEA度量模型.科学学与科学技术管理，(9)：28-32.

许庆瑞，王勇，赵晓青.2003.高技术产业发展规律探析.研究与开发管理，(1)：1-6.

杨海锋，邢以群.2001.我国高技术企业组织结构变革的探讨.科学学与科学技术管理，(4)：5-8.

杨洪焦，孙林岩，高杰.2008.中国制造业聚集度的演进态势及其特征分析.数量经济技术经济研究，(5)：55-66.

杨洪焦，孙林岩，吴安波.2008.中国制造业聚集度的变动趋势及其影响因素研究.中国工业经济，(4)：64-72.

伊·普里戈金，伊·斯唐热.1987.从混沌到时有序——人与自然的新对话.上海：上海译文出版社.

易全.2000.高技术对未来的10大影响.深圳：海天出版社.

于刃刚，等.2006.产业融合论.北京：人民出版社.

于刃刚.1997.三次产业分类与产业融合趋势.世界政治与经济，(1)：18-20.

余燕春.1999.美国高技术产业结构变化趋势及其原因.世界经济与政治，(3)：54-56.

俞自由，李松涛，赵荣信，2001.风险投资理论与实践，上海：上海财经大学出版社.

袁勤俭.2002.中国信息产业发展战略.北京：科学技术文献出版社.

袁世升.2000.韩国科学技术革新计划和高技术产业发展政策.全球科技经济瞭望，(5)：18-20.

昝廷全.2002.产业经济系统研究.北京：科学出版社.

张景安.2000.风险企业与风险投资.北京：中国金融出版社.

张磊.2001.产业融合与互联网管制.上海：上海财经大学出版社.

张其金.1999.如何造就中国的微软.北京：当代世界出版社.

张倩男，赵玉林.2007a.高技术产业技术创新能力的实证分析.工业技术经济，(4)：21-26.

张倩男，赵玉林.2007b.区域高技术产业创新能力的比较分析.经济问题探索，(12)：60-65.

张倩男，赵玉林.2008.高技术产业创新能力演变与影响因素分析——以湖北省为例.中南财经政法大学学报，(1)：134-138.

张昕，让·拉丰，安·易斯塔什.2000.网络产业：规制与竞争理论.北京：社会文献出版社.

张忠平，宋化民.1998.高新技术产业管理学.北京：中国石化出版社.

赵国杰，张芳洁.2004.区域高技术产业资源配置的RPM有效性分析.科学学与科学技术管理，(6)：63-66.

赵延东，张文霞．2008．集群还是堆积——对地方工业园区建设的反思．中国工业经济，（1）：131-138．

赵玉林，等．2000．科技成果转化的经济学分析．北京：企业管理出版社．

赵玉林，范小雷．2007．信息产业发展与融合型产业体系的构建．企业经济，（1）：80-82．

赵玉林，李晓霞．1999．我国风险投资体系的发展与完善．武汉工业大学学报，（2）：62-65．

赵玉林，李晓霞．2000．国外高技术产业化投融资体系中政府行为分析．中国软科学，（5）：53-56．

赵玉林，汪芳．2007．高技术产业波及效应分析．科学学与科学技术管理，（6）：103-107．

赵玉林，危平．2000．高技术产业化投融资体系的构建．武汉工业大学学报，（5）：111-114．

赵玉林，魏芳．2006．高技术产业发展对经济增长带动作用的实证分析．数量经济技术经济研究，（6）：44-54．

赵玉林，魏芳．2007．基于哈肯模型的高技术产业化过程机制研究．科技进步与对策，（4）：82-86．

赵玉林，魏芳．2008．基于熵指数和行业集中度的我国高技术产业集聚度研究．科学学与科学技术管理，（11）：122-126．

赵玉林，吴志平，蔡娟．2001．中国用高新技术改造传统产业紧迫性分析．科技进步与对策，（6）：60-62．

赵玉林，徐娟娟．2009．创新诱导主导性高技术产业成长的路径分析．科学学与科学技术管理，（9）：123-129．

赵玉林，叶翠红．2009．中国电子及通信设备制造业集聚实证研究．武汉理工大学学报，（24）：139-143．

赵玉林，叶翠红．2011．中国高技术产业成长阶段及其转换实证研究．科学学与科学技术管理，（5）：92-101．

赵玉林，张倩男．2003．高新技术产业化的风险分析与防范对策．武汉理工大学学报，（9）：85-88．

赵玉林，张倩男．2007．主导性高技术产业领域的评价与筛选．科学学研究，（3）：435-442．

赵玉林，张钟方．2008．高技术产业发展对产业结构优化升级作用的实证分析．科研管理，（5）：35-42．

赵玉林，周珊珊，张倩男．2011．基于科技创新的产业竞争优势理论与实证．北京：科学出版社．

赵玉林．1996．科技成果向现实生产力转化的自组织机制．科学学研究，14（2）：33-38．

赵玉林．1998．技术创新的自组织机制．武汉工业大学学报，（1）：79-83．

赵玉林．2000．高技术产业化投融资体系的构建．武汉工业大学学报，5

赵玉林．2000．科技成果转化的经济学分析．北京：企业管理出版社．

赵玉林．2004．高技术产业经济学．北京：中国经济出版社．

赵玉林．2006．创新经济学．北京：中国经济出版社．

赵玉林．2008．产业经济学．武汉：武汉理工大学出版社．

赵玉林．2009．高技术产业发展与经济增长．北京：中国经济出版社．

参考文献

赵玉林,陈静. 2003. 高技术产业生态系统的演化机制与对策. 武汉理工大学学报（社会科学版）,（10）: 536-541.

郑江淮,高彦彦,胡小文. 2008. 企业"扎堆"、技术升级与经济绩效——开发区集聚效应的实证分析. 经济研究, 2（5）: 33-46.

植草益. 2001. 信息通讯业的产业融合. 中国工业经济,（2）: 18-19.

钟坚. 2001. 世界硅谷模式的制度分析,北京: 中国社会科学出版社.

周寄中. 2002. 科学技术创新管理. 北京: 经济科学出版社.

周叔莲. 2000. 可持续的社会主义和中国经济. 北京: 经济管理出版社.

周振华. 2002. 信息化进程中的产业融合研究. 经济学动态,（6）12-14.

周振华. 2003. 新产业分类: 内容产业、位置产业与物质产业. 上海经济研究,（4）: 13-19.

周振华. 2004. 产业融合中的市场结构及其行为方式分析. 中国工业经济,（2）: 11-18.

Anceaume E, Defago X, Gradinariu M, et al. 2005. Towards a Theory of Self-organization. Springer-Verlag GmbH: 505.

Bain J S. 1959. Industrial Organization. New York: Wiley.

Bell D. 1979. The social framework of the information society. In: The Computer Age, A Twenty-Year View. The MTT Press: 86-99.

Bell, Pavitt K. 1993. Technological accumulation and industrial growth: contrasts between developed and developing countries. Industrial and Corporate Change, 2.

Blackman C. 1998. Convergence between telecommunications and other media: how should regulation adapt? Telecommunications Policy,（2）: 24.

Bowlin W f. 1998. Measuring performance: an introduction to data envelopment analysis. Journal of Cost Analysis,（2）.

Charnes, Cooper WW, Rhodes E. 1978. Measuring the efficiency of decision making units. European Journal of Operational Research,（2）: 429-444.

Day R. 1982. Irregular growth cycles. American Economic Review, 72（3）: 406-414.

Ellison G, Glaeser E L. 1997. Geographic concentration in US manufacturing industries: a dartboard approach. Journal of Political Economy, 105（5）: 899-927.

Fai F, Tunzelmann V N. 2001. Industry-specific competencies and converging technological systems: evidence from patents. Structural Change and Economic Dynamics,（12）: 141-171.

Finegold D. 1999. Creating self-sustaining high-skill ecosystems. Oxford Review of Economic Policy, 15（1）: 40-47.

Freeman C. 1987. Technology policy and economic performance: lessons from Japan, London Pinter.

Gort M, Klepper S. 1982. Time paths in the diffusion of product innovations. Economics Journal, 92: 630-653.

Green paper. 1997. The convergence of the telecommunications, media and information technology sectors, and the implicatins for regulation to wards an information society approach, European Commission Brussels, 3 December.

Greenstein S, Khanna T. 1997. What does industry mean? in Yoffieed, Competing in the Age of Digital Cpmvergence, President and Fellows of Harvard Press.

Haken H. 1988. Information and Self-organization: A Macroscopic Approach to Complex Systems. Berlin & New York: Springer-Verlag: 11.

Haken H. 1997. Synergetics: An Introduction, Spring-Verlog.

Hoover E M. 1936. The measurement of industrial localization. Review of Economics and Statistics, 18 (4): 162-171.

Krugman P. 1991a. Geography and Trade. Cambridge: MIT Press.

Krugman P. 1991b. Increasing returns and economic geography, Journal of Political Economy, 99.

Kubota T. 1999. Creation of New Industry by Digital Convergence. Hitachi Ltd. : 67-75.

Lundvall. B A 1988. B-A innovation as an interactive process: from user-producer interaction to the national system of innovation. In: Dosi, et al. Technical Change and Economic Theory. Pinter Publ.

Lundvall B A. 1992. National Systems of Innovation: Towards a Theory of Innovation and Interactive Learning: London: Pinter.

Mandelbrot B B. 1975. Stochastic models for the earth' s relif, the shape and fractal dimension of the coastlines and the number-area rule for islands. , Proc Nat Acad Sci USA, 72.

Mandelbrot B B. 1982. The Fractal Geometry of Nature, Freeman.

Marshall A. 1961. Principles of Economics. London: Macmillan Press: 32-39.

May R. 1977. Simple mathematical models with very complicated dynamics. Nature, 261: 459-467.

Nelson R R. 1993. National Systems of Innovation: A Comparative Study. Oxford: Oxford University Press.

Nicolis G, Prigogine I. 1977. Self-Organization in Nonequilibrium Systems, From Dissipative Structures to Order through Fluctuation. J. Wiley & Sons: 55-61

Porter M E. 1990. The Competitive Advantage of Nations. The Free Press.

Prigogine I. 1969. Structure, dissipation and life. Communication Presented at the First Confer. On The Theoretical Physics and Biology, Versailles (1967). Amsterdam: North-Holland Pub.

Ramundo V. 1999. The convergence of telecommunications technology and providers: the evolving state role in telecommunications regulation. Albany Law Journal of Science and Technology, (6): 6-9.

Rosenberg N. 1963. Technological change in the machine tool industry: 1840-1910. The Journal of Economic History, 23: 414-446.

Scott Kelso J A. 2002. The complementary nature of coordination dynamics: self-organization and agency. Nonlinear Phenomena in Complex Systems, 5 (4): 364-371.

Uhl C, Friedrich R, Haken H, 2001. A synergetic approach for the analysis of spatio-temporal signals. Nonlinear Phenomena in Complex Systems, 4 (3): 250-263.

Yoffie D B. 1996. Competing in the age of digital convergence. California Management Review, 38 (4).

Zhu B. 2003. A Study on the Mechanism of Hi-Tech Industrial Cluster' s Continuous Innovation in China, China Industrial Economy.